■韩悦行 编著

大连掌故

DALIAN ZHANGGU

文化大连之三

图书在版编目(CIP)数据

大连掌故/韩悦行编著. —大连:大连出版社,2007.10(2009.4重印)
ISBN 978-7-80684-427-4

Ⅰ.大… Ⅱ.韩… Ⅲ.大连市—地方史—掌故 Ⅳ.K293.13

中国版本图书馆CIP数据核字(2007)第111529号

责任编辑:宋 军
封面设计:曹 艺
版式设计:张 波
责任校对:刘春艳 于孝锋
责任印制:徐丽红

出版发行者:大连出版社
地址:大连市西岗区长白街10号
邮编:116011
电话:0411-83620442 83620941
传真:0411-83610391
http://www.dl-press.com
E-mail:cbs@dl.gov.cn
印 刷 者:大连金华光彩色印刷有限公司
经 销 者:各地新华书店

幅面尺寸:170mm×230mm
印 张:22.25
字 数:406千字
出版时间:2007年11月第1版
印刷时间:2009年4月第2次印刷
印 数:5001~15000册
书 号:ISBN 978-7-80684-427-4
定 价:36.00元

为大连寻根

有人说，大连的文化是建国后才开始有的；

有人说，大连近现代的文化是断层甚至空白的；

还有人说，大连就是一座漂着的移民城市，充其量就是残留一些移民文化……

事实应该怎样？大连应该如何定位？

“文化大连”丛书正是在这样的质疑与争议中精心策划编辑的。这套丛书首批推出的有《流光碎影》《大连文化解读》《大连掌故》《大连文化之旅》《大连记忆》《游遍旅顺口》等，从不同的角度向读者诠释大连的历史文化。有以散文的形式娓娓道来（《流光碎影》）；有从研究的角度深入分析（《大连文化解读》）；有以故事的形式通俗演绎（《大连掌故》）；有以旅游为依托欣赏人文（《大连文化之旅》）；有以沧桑的笔触述说大连曾经的点点滴滴（《大连记忆》）；有从旅顺景点入手展现大连百年历史（《游遍旅顺口》）……其中，《流光碎影》入选国家新闻出版总署第二届“三个一百”原创图书出版工程。我们试图以“文化大连”丛书向读者还原大连历史文化原貌，让读者体味大连的文化底蕴。

翻开“文化大连”丛书，我们可以自己了解大连——这个深深插入黄渤海之间、位于辽东半岛最南端的地方，如何从荒僻的古代走进了发达的现代，如何将苦难的遭遇化作成长的动力，如何成为洋气与土气并存、传统与时尚同在的国际化城市。“文化大连”丛书可以帮助读者走出对大连文化的朦胧认识状态，找到作为城市主人应有的文化感觉。

“文化大连”丛书，让我们读懂大连。

编　者

2009年4月

序

大连出版社副社长卢相泰同志约我为悦行同志的《大连掌故》一书作序，因与相泰同志有二十余载的交情，难以拒绝，我与悦行同志仅在几次有关地方史志的会议上晤过面，另外，就是读过他发表在报刊上有关地方史志内容的几篇文章。最近，通过电话与他交谈才得知，1954 年他从东北师范大学中文系毕业后，一直在大连市一所重点中学从事语文教学工作。他是甘井子区营城子镇人。从青少年时期起，他就对地方史志有兴趣，并收集了不少有关这方面的资料。他退休后，即从花甲之年到古稀之年的十余年间，才集中精力从事地方史志的收集研究工作。按照常规，人从工作岗位上退下来，都选择轻松的活动颐养天年，而他则选择了这么一项艰巨任务，以充实自己人生旅程的夕阳红阶段。这足以令人感佩。当我仔细地拜读了他的《大连掌故》之后，我感到他用辛勤汗水和心血浇灌的果实是丰硕的，应当表示真诚的祝贺。

从事地方史志研究工作，本来就是一件艰苦的工作，而从事大连地方史志的研究工作就更加艰苦。这是因为，虽然大连地区有 7000 年的发展史，但自秦、汉以来的 2200 余年间，中国的汉、高句丽、契丹、蒙、满等民族都曾统治过大连地区。从传统文化积淀方面来说，大连地区的文化积淀是不连贯的，甚至是断层的，虽然留下了多民族的文化遗存，却弥补不了这一缺失。这是大连地区古代史的一个特点。近代以来，即从 1840 年以来，两次鸦片战争期间，英国军舰都曾侵扰或占领过大连地区。特别是从 1894 年以来，大连地区作为中日甲午战争和日俄战争的主战场之一，两度遭受战争的浩劫。自 1897 年以来，俄、日两国强租大连地区并实行殖民统治长达 47 年之久，民族灾难之深重更是罄竹难书。此间，大连人民反侵略反奴役斗争从未间断过，曾谱写了一曲曲惊天地、泣鬼神的英雄诗篇。这是大连地区近代史的一个特点。由于上述两个特点，造成了大连地方史志资料的极度匮乏甚至空白的窘状是可以想见的。只从近二十年来，我市从市到县(市)区及各部门、各战线都组织专门班子修志，才弥补了地方史志和专业志的短缺和空白。我举一个外国人和一个外地人的观感来证明修好大连地方史志和介绍大连读物的重要性和迫切性。

1954年，一位波兰部长会议副主席在参观大连旅顺之后，站在白玉山巅之上，颇为感慨地说："这是一座可怜而英雄的城市。"上个世纪80年代中期，《北京晚报》的一位副总编，在参观大连旅顺之后，也是站在白玉山巅之上，把他的无限感慨作了精辟的概括："旅顺口是半部中国近代史。"如果更准确地表述，至少可以说："旅顺口是半部中国近代史的缩影。"

悦行同志在参考前人和当代人地方史志研究成果的基础上，从六个方面，列出331个小标题，有详有略地介绍了大连方方面面的掌故。其中，大连地区近代以来，尤其是两次大的战争和俄、日两国殖民统治时期的内容占据大部分篇幅。语言深入浅出，通俗易懂。

一向具有爱国爱家乡传统的大连人，尤其是年轻人，读一读《大连掌故》，会激励大连人为建设自己美好的家园——大连，作出更大的贡献。

对国内外旅游者和渴望了解大连的国内外读者来说，这是一本了解大连历史的简明读物，阅后一定会对大连的历史有较深入的了解。

董志正

2007年10月1日 于静思斋

目　录

事业兴衰

名人轶事

文化春秋

名胜古迹

地名探源及其他

大连之始

19世纪末，俄国为了控制中国东北，称霸东方，策划在黄海沿岸选求一个不冻港的地点，企图建设连结欧亚的大商港，并且用东清铁路将它与俄国连接起来，成为俄国领土的组成部分。为了实现这个目的，1897年12月15日，俄国军舰首先侵占了旅顺口，然后强迫清政府签订了《旅大租地条约》和《续约》，通过不平等条约，俄国攫取了租借旅大和修建铁路的权利，将旅大划归俄国的“关东省”，置旅大为关东州，治所在旅顺口，设四市五区，实施殖民统治。

1899年8月11日，沙皇尼古拉二世下达关于建设自由港达里尼（大连）的敕令。9月28日，俄国政府通过了大连商港和城市设计方案，同时任命东清铁路公司总工程师沙哈罗夫为达里尼市长，主持建设港城事宜，同一天建港工程正式动工，这一天就是大连建城之始。

俄国以殖民地化的手段建设大连市区，设计师就是大连市长及其助手特莱寥辛和盖尔贝茨，他们以法国巴黎为范本，选定中山广场为市区中心，向四面八方辐射出街道。市街划分欧洲区、行政区和中国区三部分。欧洲区以中山广场（时称尼古拉耶夫斯卡娅大广场）、港湾桥、人民路（时称莫斯科大街）、上海路和站前公园（时称欧罗巴市场）为中心地带。这里是欧洲人、俄国人的居住区，环境幽静，景色宜人，人民路是商业街。行政区在胜利桥一带，这里集中着俄国大连殖民官署机构，中国区在西岗子北京街一带。

大连当时名叫青泥洼，是个荒凉的渔村。东清铁路公司收买了渔村3300公顷土地，作为建城用地，将当地居民迁移到香炉礁、西岗子、刘家屯一带。东清铁路公司从山东、河北等地招来数万中国人建设大连。到了1904年初，大连经过5年的建设，投资800万卢布，已形成近6平方公里、人口4万、初具规模、为港口服务的城市。其中中国人2.6万人，俄国人1.4万人，日本人300人，另有英、美、法、德等国人。当时的人民路宽阔整洁，两侧集中着外国的商行，有英国的旭升洋行、和记洋行，美国的茂生洋行、斯密坦商会，德国的万利洋行、哈利洋行、福来洋行，法国的门顿商会，俄国的道胜银行，还有邮政局、电报局、消防署和旅馆、医院。40多条街上安装了2000多盏路灯。市内电话达200号，电话可直通旅顺。

当时大连的工厂有50多家，其中最大的是东清铁路的铸造厂、机车制造所（今大连机车厂）、修船厂（今大连造船厂南坞），三家各有中俄工人近千人，另外有铁工厂、砖瓦厂、石灰厂、采石厂，轻工业制造厂有钟表厂、面粉厂、酿酒厂、制盐厂、克瓦斯厂、首饰厂、屠宰厂。商店种类也很齐全，有成衣铺、洗衣店、理发店、照相馆、澡堂、刺绣店、书店、粮店、菜店、水果店、饮食店、鞋帽店、服装店、马车店、棉织店、绸缎店、茶叶店、日本货店等等。新兴的大连市街已超过了旅顺口，取代了旅顺口工商经济中心地位，成为辽东半岛上最大的近代化港口城市。

大连商港第一期（1899～1902）工程投资 1080 万卢布，俄国在大连港建成栈桥码头（今二码头东侧），甲码头岸壁 1686 米，大码头（今一码头）南面一部分，水深 5 米；在码头上建成仓库 12 栋，总面积 14614 平方米；港内铺设双轨铁路，修建了入港运输道路、大栈桥办事处、轮船售票处、海关、检疫联合办公室。1903 年大连港可同时停泊 25 艘千吨级海轮，全年挂港轮船 792 艘，有中、俄、日、英、美、德等国船员。航线有上海、日本、朝鲜、海参崴及欧美诸港，大连港已初步成为东方贸易大商港。

俄国在建设大连港和街市的同时，又将从东清铁路哈尔滨向南延伸到旅顺口，修筑了南关岭到大连港的铁路线，1901 年 7 月通车。于是从大连可以北通俄国的远东中心站依尔库茨克，南行海路可以通达欧美诸国，大连成为沟通欧亚两大洲的海陆交通枢纽。

这就是 20 世纪初年，大连建城之始的概况。

大连沦为俄、日殖民地的前前后后

1894年日本帝国主义发动的侵华战争，清政府败北，签订了屈辱的《马关条约》。条约第二条规定清政府割辽东半岛予日本，这便损害了沙俄在中国东北的利益，于是，便联络法国和德国，向日本政府提出：为将来远东永久和平，放弃占有辽东半岛。日本鉴于国力的不足，忍痛接受了劝告，但清政府必须交出白银3000万两，作为赎金，这就是1895年11月8日清政府同日本签订的《交收辽南条约》的主要内容。

1896年6月3日，沙俄以索还辽东半岛有功为由，强迫清政府签订《中俄密约》，规定清政府允许俄国在东北修筑中东铁路，连接海参崴，从此沙俄的侵略势力深入东三省，为侵占大连湾、旅顺口提供了条件。

当德国强占了胶州湾之后，沙俄以保护中国为借口，1897年12月将舰队开进了旅顺口和大连湾。1898年3月27日，强迫清政府签订了《旅大租地条约》，租借旅顺口、大连湾，为期25年，条约规定俄国在租借地内有行政权，旅顺口为军港，俄国可建造军事设施等。同年5月7日，又强迫清政府签订了《续订旅大租地条约》，条文规定从复州普兰店湾以北起到貔子窝湾尽北处画一直线，以南为俄国租借地，和其相应的"隙地"由中俄共管，中东铁路支线终点设在旅顺口、大连湾。同年7月6日，沙俄又强迫清政府签订《东省铁路续订合同》，合同中有关大连地区的内容有：中东铁路公司所属船只可行驶于辽河及大连湾各海口，有权筑路至营口等地，中国允许公司在铁路沿线采伐森林、开采煤矿，俄国在辽东半岛租地代为中国设立海关，关税由俄国酌定等等。上述条约和合同最终实现了沙俄占领旅大的目的，并改旅大为"关东州"，建立关东州总督府，进行殖民统治达7年之久。

日俄战争，沙俄战败。1905年9月5日，日俄在美国签订了《朴次茅斯和约》，和约规定俄国同意将旅顺口、大连湾及其附近领土和领水的租借权利，长春至旅顺口间的铁路及其支线和附属该铁路的一切权利、财产和煤矿均转让给日本。日本为了使从俄国手里夺得的特权合法化，1905年12月22日，强迫清政府签订《中日会议东三省事宜条约》，其中有关大连的内容是清政府承认俄国将旅大租借地，长春至旅顺口间的铁路及其支线，以及相关的一切权利全部转让给日本。从此日本势力侵入东北三省，大连地区又沦为日本殖民地，长达40年之久。

1945年2月，斯大林、罗斯福、丘吉尔三巨头在克里米亚签订《雅尔塔协定》。该协定为支持苏联参加对日作战，背着中国政府承诺“苏联应恢复1904年日俄战争前俄罗斯帝国之各项权利”。其内容是大连商港国际化，并保证苏联在这个港口的优惠，恢复租借旅顺港为苏联海军基地，对中东铁路和南满铁路实行中苏共管，并保证苏联的优惠。这便是1945年8月14日当时的国民党政府与苏联签订的《中苏友好同盟条约》的主要内容，期限30年。

中华人民共和国成立后，1950年2月10日，我方与苏联签订了《中苏友好同盟互助条约》，并宣布上述条约失效。

1954年10月中苏会谈公报规定，驻旅顺口地区的苏军于1955年5月31日前，从旅顺口海军根据地撤走，从此，旅大地区根绝了一切外国驻军，同时标志着大连彻底结束了她的不幸命运和灾难历史。

历史风云

望海埚抗倭大捷

明朝初年，日本正处于南北朝分裂混战时期，战败的封建主、武士们武装结伙，骚扰我国沿海地区。辽东沿海物产丰富，常遭倭寇入侵。洪武二十年(1387)前后，倭寇四次侵扰金州，烧杀抢掠，无恶不作，给当地百姓造成重大损失。明廷对此极为重视，永乐九年(1411)为加强海防，抵御倭患，任命刘江为辽东总兵，镇守辽东。

刘江是江苏宿县人，本名刘荣，因替父刘江参军，人们都叫他刘江。刘江威武多谋，受明成祖朱棣器重，曾随成祖转战山东、河北。

刘江到任后，亲赴金州东南沿海视察防务。他在倭寇经常出没的地方，发现望海埚(今亮甲店金顶山)高地是一个重要的战略险地。该地高旷，前面是一片低矮的丘陵和大海，后边有小黑山做依托。于是他决定在这里修筑城堡，屯兵把守，准备迎击来犯的倭寇。

永乐十七年(1419)六月三日晚，刘江接到哨兵报告，东南海面有火光出现。他估计这必定是倭寇来犯，便立即做了部署：派都指挥徐刚在山下埋伏；派百户江隆带兵绕道海上，烧毁敌船；派钱真率马队切断倭寇退路。

为纪念刘江修建的真武庙

第二天早晨，倭寇1600多人分乘31艘海船来到青云河口，将船泊在马雄岛，离船上岸，狂叫着直扑望海埚。当倭寇一步步进入了埋伏圈内后，刘江举旗鸣炮，顿时炮火连天，伏兵四起，以排山倒海之势，从两侧包抄过去。倭寇本是一群乌合之众，一见明军神兵天降，霎时慌作一团，溃散逃命，一时间倭寇横尸遍野，活着的逃进樱桃园负隅顽抗。刘江采取网开一面的战术，命令士兵让出西门。倭寇不知是计，纷纷从西门逃命，隐藏在丛林中的钱真马队迎面冲杀过来，一顿砍杀，斩首742人，生捉857人，逃到停船地方的倭寇，全被江隆活捉，没有一个逃脱。这次战役史称“望海埚抗倭大捷”。

望海埚抗倭大捷给倭寇以沉重打击，从此倭寇再不敢入侵辽东，使得辽东海域出现了百年的安宁局面。这次大捷刘江立了大功，被封为广宁伯，将士们也都得了赏赐。当地百姓为纪念刘江，在望海埚的金顶山上修建了一座真武庙，并将其抗倭伟绩镌刻在石碑上。

今天，这里已辟为爱国主义教育基地，刘江的抗倭功绩，将永远激励后人保家卫国。

张盘三保旅顺口

明朝末年，从天启元年(1621)至天启五年(1625)的四年间，明廷以金州、旅顺口为据点，后金以辽阳为基地，双方接战不断，其中与旅顺口有关的战役有三次。

第一次，天启二年(1622)九月。毛文龙率兵攻克后金镇江城(今丹东)，俘获后金守将佟养真，从而使黄海、渤海航道连成一片。努尔哈赤认为这是后金的侧背之患，于是发兵攻打金州和旅顺口。毛文龙命令守备张盘带兵出击，张盘在金州登陆，率兵包围了金州城，在城下举火呐喊，声响震天。后金兵害怕被俘，急忙从北门逃走。史称“张盘收复金州旅顺口之战”。

第二次，天启三年(1623)四月。后金万余骑兵重围旅顺口，张盘率军抵抗。后金派使者前来招降，张盘在军前斩杀来使，以表坚决抗敌。最后张盘设伏兵击溃了后金兵。

第三次，天启五年(1625)三月。张盘驻军旅顺口，朱国昌驻军长海岛，曾有功驻军三山岛，这是毛文龙布置的三足传烽，以遏制后金兵的进攻。后金的奸细曾有功邀请张盘和朱国昌二将，前来南关岭商讨修建军事设施。两位将军按约来到现场不见曾有功，埋伏的后金兵突然将两位将军包围起来。两位将军在激战中相继殉国。后金兵攻破旅顺口，害怕毛文龙反攻，于是将旅顺口洗劫一空，烧毁南北二城，引兵北去。

在明末，同后金争夺金州、旅顺口的战役中，总兵毛文龙的部将，即麻洋岛守备、游击将军张盘，多次击败后金兵，保卫了旅顺口。非常不幸，这位抗金英雄最终牺牲在奸细的阴谋中。

毛文龙被杀

明朝天启元年(1621),辽东巡抚王化贞命令毛文龙率兵收复黄海北部诸岛。毛文龙出兵顺利,不久相继收复了广鹿岛、獐子岛、石城岛,然后登陆占据镇江(今丹东),活捉后金守将佟养真,毛文龙被晋升为参将(明代镇守边区的统兵官,位次于总兵、副总兵),驻守镇江。后来镇江失守,毛文龙退居到皮岛(又名椵岛,位于西朝鲜湾内),以此作为恢复辽东的根据地。毛文龙在岛内组织难民,日夜操练,声势逐渐强大,牵制了辽南金、复、海、盖四州,又经常率兵袭击后金,为此他每年向朝廷请领120万两白银和若干粮食,作为军费开支。

第二年,毛文龙晋升为东江总兵,防守鸭绿江、三山岛、长兴岛和旅顺口一带,以遏制后金兵南下,他又多次委派都司(省驻军司令)张盘收复金州、旅顺口。天启四年(1624),毛文龙击败了后金部首金重德、太奈,三战三捷,杀敌450人,缴获大量马匹、军械,朝廷认为他孤守边区,屡建奇功,特授左都督(明朝最高军政机关,设左右都督),赐蟒袍和大批银两、粮食。

崇祯元年(1628),袁崇焕督师辽东,他在宁远(今辽宁兴城)设立东江饷司,供应毛文龙的军饷,但毛文龙认为取饷不便,没有执行这个命令。袁崇焕又听说毛文龙手握重兵,骄傲自满,私建市场,谋取营利,收税养兵,据地自肥。袁崇焕多次派人前往核查他的军费开支,均遭拒绝。后来袁崇焕查出毛文龙领取的军饷多于兵员实数,于是他们之间的矛盾愈演愈烈,终于酿成枉杀的大错。

崇祯二年(1629)六月初五,袁崇焕来到旅顺口双岛,以观看将士射猎为名,邀来毛文龙。袁崇焕在军前突然斥责毛文龙说:“将军的兵饷从宁远运取本来很方便,但为何将军一定要从登莱州领取兵饷呢?莫不是欺瞒皇上超额冒领?”没等毛文龙答辩,袁崇焕便令人夺去了他的冠带,将他捆缚起来。袁崇焕随即在众军前宣布毛文龙十二条罪状,说:“你有应斩的十二条大罪。皇上规定,大将在外,必须有文臣督监,而你独揽大权,一当斩;你欺瞒皇上,二当斩;统管登莱,为非作歹,三当斩;军马钱粮不让核查,侵夺军粮数十万,四当斩;私开马市,暗通后金,五当斩;不请示朝廷,私授姓氏,六当斩;占据海岛,劫掠商船,七当斩;强征民人为兵,百姓不得安宁,八当斩;驱令百姓挖取人参,劳民伤财,九当斩;拜魏忠贤为父,供像于岛中,十当斩;打了败仗,冒功领赏,十一当斩;开镇八年,观望养敌,未能收复国土一寸,十二当斩。”

袁崇焕宣布罪状完毕,没容毛文龙申辩,便把他斩首了。大敌当前,袁崇焕本不该如此轻举妄动,误了军机大事,以至造成毛文龙部将耿仲明、尚可喜与孔有德投降后金,明军力量大受挫折,这都是袁崇焕的私心所铸成的失误,后来他也被后金的离间计所杀。

黄龙血洒黄金山

黄龙是明末辽东人,为人行侠仗义,文武双全。天启七年(1627),在锦州抗后金的战役中,他英勇杀敌,屡建战功,升为参将。崇祯三年(1630),在收复滦州的战役中,他身先士卒,立了首功,升任东江镇总兵。

崇祯四年(1631),孔有德、耿仲明在山东叛乱,攻陷登州,祸及旅顺口和海上诸岛。叛军高成友占据旅顺口,黄龙派李惟鸾击败高成友,随后黄龙移军旅顺口。

叛军孔有德、耿仲明企图招降黄龙,在登州拘捕黄龙老母和妻儿,黄龙未从,慨然说:“大丈夫忠孝不能两全,无国焉有家!”叛军竟然杀其老母和妻儿。崇祯六年(1633)二月,孔有德、耿仲明被明将朱大典击败后,带领万余人,渡海北上,袭击旅顺口。三月,黄龙率军打败叛军,俘敌千余人,取得旅顺口大捷,明廷下令嘉奖黄龙。五月孔有德、耿仲明带领士卒两万人投降后金。皇太极将孔有德、耿仲明安置在辽阳,以对付旅顺口的黄龙。七月,孔有德、耿仲明设计将水军聚集在鸭绿江口,黄龙将旅顺口的水军全数发往鸭绿江口,围剿孔有德、耿仲明的水军。孔有德探知旅顺口兵员尽出,城内空虚,便向皇太极献计,攻打旅顺口。皇太极派贝勒岳托和德格类统率八旗马步万余人,孔有德、耿仲明为先锋,直指旅顺口。黄金山下成了双方交锋的战场。黄龙以固守旅顺口为己任,浴血奋战,英勇拼杀,突围不成,拔剑自刎,同死者有部将李惟鸾、项祚临、樊化龙、张大禄、尚可义五人,这一天就是1633年阴历七月十四日。

明廷为表彰黄龙保卫旅顺口的英雄业绩,追赠黄龙为左都督,赐祭葬,建显忠祠,李惟鸾等五人附祠。清乾隆四十一年(1776)下诏特赐黄龙“忠烈”,修坟墓,建显忠祠。光绪十三年(1887)修筑旅顺口军港,海防兵备道台刘含芳发现黄龙墓,将六墓合为一大墓,建立显忠祠。后来俄、日帝国主义相继占据旅顺口,墓祠均被平毁。该遗址现已辟为爱国主义教育基地。

李鸿章开发旅顺口军港

1874年,日本突然侵犯台湾,这对清政府震动很大。李鸿章上奏主张加强海防军务,清廷根据他的奏议,决定筹建北洋、东洋、南洋三支海军,并命他督办北洋海军事务。后来南洋海军督办去世,他便总揽了筹建海军大权,在天津设立水师营务处，经理海军专务。李鸿章想在北洋海域内筑港建坞，但大沽口和营口皆不适宜，于是便派遣北洋水师总教习、英国副将葛雷森、哥加等人到大连湾进行实地考察。他们认为那里口门太宽，难于布防，不宜筑港。于是李鸿章便改变初衷，决定在旅顺口设北洋水师基地。1881 年冬，在旅顺口十余里外的龙眼泉水源地将水引入旅顺口，作为建设军港用水，这是中国最早的自来水管道。在旅顺口建港的消息传出后，清廷某些官员反对，但李鸿章力排众议，奏请朝廷，获得批准。1880 年秋，李鸿章委派县令陆尔发和德国炮台专家汉纳根及英国海军上校柯克，前往旅顺口实地勘察修筑炮台和船坞的具体地址。根据汉纳根的报告，这一年的 10 月，决定先修建黄金山炮台，以保护军港。1881 年阴历三月，李鸿章又派北洋水师营务处道员马建忠亲赴旅顺考察港口的山海形势、炮台和船坞的布局，以及攻防战略的问题，然后向李鸿章作了详细汇报。

李鸿章(1823 ~ 1901)

旅顺黄金山炮台

这一年的阴历十月三日，李鸿章乘验收从英国买来的超勇、扬威二快舰之便，偕同海关道员周馥、营务处道员马建忠等官员来到旅顺口，这是李鸿章首次视察旅顺口。第二天，他亲率官员登上黄金山和白玉山，察看地势海域，认为旅顺口是北洋要隘，京畿门户，为奉直两省海防之关键和咽喉要地。回京后，他将旅顺口筑港建坞的决策和开发旅顺口的计划上奏朝廷，获准。于是组建旅顺口工程局，负责建港工程事宜，至此，旅顺口建港工程正式启动。

李鸿章对旅顺口港坞工程极为重视，从工程项目、资金划拨、进口器材、选派官员和任用外国顾问等，都亲自过问审批。他先后三次调派指挥工程建设的负责官员，前两次派去的官员都因工作不力被撤回，最终选定袁保龄，可见他对工程重视的程度。旅顺口港坞工程建设费时10年(1880~1890)，耗银300余万两，建成大石坞、拦潮大石坝、厂房、码头、仓库、电报局、医院、水师提督官署等，设备上乘，功能齐全，是远东第一流的近代海军基地。

李鸿章先后八次前来旅顺口巡视。1883年阴历六月，他由上海乘船赴天津，绕道旅顺口考察海防建设工程进展的情况，这是第二次。第三次是在1884年阴历六月，会同张之洞、张佩纶等巡阅北洋海军，查看旅顺口海岸炮台修建情况。次年阴历十月，李鸿章率北洋海军提督丁汝昌、天津海关道员周馥，来旅顺口验收从德国买来的定远、济远、镇远三舰，同时查验已经竣工的海岸东西九座炮台，这是第四次。第五次是在1886年阴历四月，陪同醇亲王来旅顺口检阅海陆军，查看船坞建设的情况。第六次是在1888年阴历七月来旅顺口检阅驻防海陆军并查看船坞建设。由这一年开始每三年检阅一次旅顺口海防驻军。1891年阴历五月和1894年阴历五月，例行检阅旅顺口驻防海陆军，后三次亦赴大连湾查看炮台。

北洋舰队的创立，旅顺口军港和大连湾炮台群的开发与近代化建设过程中，李鸿章作为决策者和组织领导者，起到了不可替代的重要作用。但是由于清政府的无能和指挥不当，北洋舰队在中日甲午战争中最终被日本联合舰队所消灭，旅顺口军港和大连湾海防炮台群也相继沦于日军之手。

黄海大战显忠魂

1894年爆发了中日甲午战争。9月15日，北洋水师提督(舰队司令)丁汝昌奉命率北洋舰队，从大连湾起航，护送运兵船到大东沟。任务完成后，17日上午返航回旅顺口。此前日本联合舰队司令海军中将伊东祐亨早已查明了这一情况。于是在14日率舰队从仁川港出发，15日到达大同江口，17日上午驶进黄海北部大鹿岛海域，等待同北洋舰队交锋。

17日12时50分，中日两方舰队相遇，日本蓄谋已久企图击垮北洋舰队的黄海大战爆发了。战斗开始，北洋舰队10艘战舰列成“人”字阵形，日方12艘战舰采用先“一”字形，后两翼包抄的战术，置北洋舰队于左右受敌的劣势。

“致远”舰管带邓世昌

海战开始不久，丁汝昌的旗舰定远舰被炮火击中，帅旗损毁，丁汝昌受重伤，整个舰队陷入失去指挥的危境。致远舰管带（舰长）邓世昌指挥作战，最先冲入敌阵，向日本旗舰松岛号和主力舰吉野号发起猛攻，发炮百余发。日舰发现致远舰孤立无援，便集中4舰围攻致远舰，致远舰多处中弹，邓世昌左腿受伤，舰体倾斜，此时恰与吉野舰相遇。他对大副陈金揆说：“敌舰专恃吉野，苟沉是船，则我军可以集事。”于是开足马力全速向吉野舰冲去。邓世昌临危不惧，坚决勇敢，极大地鼓舞了全舰官兵誓与吉野同归于尽的决心。就在即将撞及吉野舰时，致远舰不幸突中鱼雷，即刻沉没。全舰官兵除27人获救外，全部壮烈殉国。

邓世昌坠海后，随从刘忠跳入海中送给救生圈，他不应。他大声说：“阖船俱没，义不独生！”仍复奋掷自沉，消失在大海之中。他的爱犬紧紧咬住主人的衣袖，不让他下沉。邓世昌挥手驱赶，爱犬又衔住他的发辫，但他已下定“义不独生”的决心，狠击狗脖，逼它离开，然后自沉大海。爱犬衔着主人的花翎帽，恋恋不舍地徘徊环游，后被救起。

邓世昌毕业于福州船政学堂，成绩优异，为人刚正不阿，深为将士所尊敬。在海战中他忠实地履行了自己的誓言：“如有不测，誓与日舰同沉。”时年46岁，是中国海军军人的楷模。

事后，光绪皇帝亲书挽联：“此日漫挥天下泪，有公足壮海军威。”赏给恤银10万两，赠“教子有方”的金匾与邓母，并授予邓家三代一品官俸禄。

方伯谦被斩

方伯谦（1852～1894），字益堂，福建侯官人，清末海军将领。毕业于福州船政学堂，曾到英国海军学校学习。1884年任北洋水师威远舰管带（即舰长），驻守旅顺口。同年在旅顺口老虎尾监督修建威远炮台。1885 年升署北洋海军左营副将、济远舰管带。

1894 年中日甲午战争爆发后，清政府由海路向朝鲜牙山运兵 2000 余人，派副将方伯谦率军舰济远、广乙、威远护航，由威海卫开赴牙山。7 月 24 日，租用英国爱仁、飞鲸两只商船首批运送兵员到达牙山，而另两只英船高升和操江舰已离开大沽，正在赴牙山途中。25 日晨，济远、广乙两舰，离开牙山返航，驶抵丰岛附近。突遭日舰袭击。这是济远舰首次同日军交锋，方伯谦贪生怕死，炮声一响，惊慌失措，躲藏在船舱里，部下请求开炮还击，他迟迟不发。帮带大副沈寿昌主动登上望台，指挥作战，二副柯建章到前炮台督战，激战中沈寿昌、柯建章壮烈牺牲，此时全舰阵亡 73 人，伤 40 余人。广乙舰防御能力较弱，负伤退出战斗，搁浅后纵火自焚。

日舰吉野、浪速开足马力追赶济远，这时由西南驶来操江舰和高升轮，日舰浪速和秋津洲分别向两船发起攻击。吉野猛烈攻击济远，方伯谦下令挂白旗，接着又挂起日本旗。但吉野仍穷追不舍，水手王国成和李仕茂用尾炮连发 4 炮，3 炮击中，吉野受创逃遁。方伯谦逃命心切，竟置高升、操江于不顾，开足马力向旅顺口逃去，以致高升轮被击沉，清兵 700 多人为国捐躯，操江舰被掳去。这是方伯谦在甲午战争中第一次怕死逃敌，断送了高升轮和操江舰，但是他却向清廷请功领赏。

1894 年 9 月 15 日，丁汝昌率北洋舰队护送运兵船到鸭绿江口外的大东沟。17 日中午北洋舰队在返航途中，行至黄海大鹿岛附近时，同日本联合舰队相遇，于是中日黄海大战爆发。在这场海战中，方伯谦又一次临阵脱逃，史书上是这样记载的：

致远舰沉没后，北洋舰队左翼阵脚的济远、广甲二舰远离本队，处境孤危，本应向靖远靠拢，以保持阵形。开战后，济远累中敌炮，二副守备杨建济阵亡，共伤亡十余人。济远舰管带方伯谦先挂本舰已受重伤之旗，而后见致远沉没，害怕日舰炮火轰击，慌忙转舵西逃，于下半夜 2 时许逃回旅顺口港。方伯谦在丰岛海战中就是逃兵，其为人狡诈阴险，水手们给他起了个绰号叫“黄鼠狼”。当北洋舰队处境危急之际，他竟违抗命令，置舰队于不顾，率舰逃跑，并在慌乱中撞沉已搁浅的扬威舰。广甲舰管带吴敬荣见济远向西逃逸，也尾随而逃，夜半时驶至大连湾三山岛外，因慌不择路，舰底触礁进水搁浅，吴敬荣弃舰逃命，两天后，广甲被日舰开炮击沉。济远、广甲逃跑后，致使日舰集中火力围攻经远，该舰官兵奋力反击，因不敌被击沉，200 多官兵壮烈殉国。

海战后，李鸿章奏参逃将称：“致远沉后，该管带方伯谦即先逃走，实属临阵退缩，应请旨将该副将即行正法，以肃军纪。广甲管带澄海营守备吴敬荣亦随济远逃，至中途搁礁，咎有应得，惟人尚明白可造，可否革职留营，以观后效。”1894 年 9

月23日，清政府军机处电寄李鸿章谕旨：方伯谦军前正法，吴敬荣革职留营。次日天未明，方伯谦被押至旅顺口黄金山大坞西刑场处斩。

日军登陆花园口

中日甲午战争爆发后，担负进攻旅顺口任务的日本第二军经过反复侦察和争论，最后决定在庄河县城西南40里的花园口登陆。

花园口面临黄海，背依丘陵，是一个普通的小渔港。这里悬崖陡峭，地势险要，涨潮时水深三米，自古就是海防要地，唐兵征战辽东就在这里登陆，也是明朝防倭的重要据点。

1894年10月24日凌晨5时40分，日本第二军司令官大山岩大将率军到达花园口近海，8时开始登陆。数十艘汽艇，各牵引三四只舢板，分乘数百名日军强行登陆，11月1日，第一师团全部登陆完毕。混成第十二旅团于10月30日开始从朝鲜仁川出发，到11月8日陆续运到花园口。两次登陆前后费时16天，共登陆24049人，马2740匹。其间没有遇到清军任何的阻击。登陆后的日军立即在附近村屯建立据点，并向各处派出侦察兵和间谍刺探军情。工兵开始修筑行军道路，在碧流河架设军用桥。

10月26日，驻守大连湾的清军将领赵怀业得知日军在花园口登陆的消息后，急电李鸿章和奉天将军裕禄及北洋沿海水陆营务处会办龚照玙，要求派北洋舰队来增援金州、大连湾。李鸿章回电斥责赵怀业说："倭匪尚未近貔子窝，汝等只各守营盘，来路多设地雷埋伏，并无守城之责。旅顺兵单，同一吃紧，岂能分拨过湾，可谓胡涂胆小！"

日军在花园口登陆后，便向金州进犯，10月28日占领貔子窝，11月6日攻占金州，7日攻占大连湾，21日攻占旅顺。至此，日军完成对旅顺口军港和大连湾军事要地的占领。

中日甲午战争日本侵略军在花园口登陆

日谍的覆灭

1894年中日甲午战争前夕，日本军部为刺探清军驻防情况，责令其间谍头目根津一(1860～1927)大尉，组织一批训练有素的谍报人员，随第二军登陆，派赴辽南各地。

根津一精通汉语，熟悉中国，他在上海组建了间谍机关——日清贸易研究所。积极培训间谍，深入中国城乡，搜集各种情报，为日军侵华作准备。甲午战争爆发后，日本军部任命他为日本第二军参谋，专门从事谍报活动。他从自己的学生中选拔出六人，即山崎羔三郎、钟崎三郎、藤崎秀、大熊鹏、猪田正吉、向野坚一(前三人因名中都有“崎”字，所以叫“三崎”)，组成一个谍报小组，企图在金旅复一带搜寻军情。他们都通晓汉文，熟悉中国民情，并有间谍活动经验和死心塌地效忠天皇的决心。

日本第二军司令官大山岩非常重视他们的工作，在登陆前特别接见他们，并给以鼓励，第一师团长山地元治，这个制造旅顺口大屠杀的元凶，激励他们为天皇效力，参谋长大寺安纯反复强调：此行责任重大，一定完成任务。根津一代表司令部为他们举杯饯行。军部为了把他们乔装打扮成中国百姓的样子，还在花园口的海面上，抓住四名中国渔民，剥下他们的衣裤，穿在间谍的身上，并编好长辫，在10月24日先后离船登陆上岸。

山崎羔三郎(1863～1894)，1893年便潜入朝鲜，冒充华侨药商，刺探军情，获得成功，深受赏识。登陆后第二天，他在貔子窝被清军巡逻兵捕获。钟崎三郎(1868～1894)战前曾在山东、河北一带做过情报工作，受到军部的嘉奖。登陆后第三天，在离碧流河四里处，被清军哨长黄兴武捕获。藤崎秀(1870～1894)曾任日军第一师团的翻译，受到参谋长的器重，登陆后第五天在碧流河附近为当地人所捕。这三个间谍被清军押送到金州副都统衙门，经副都统连顺审问，报请盛京将军裕禄核准，于10月31日午夜，在金州城西门外的草地上被处斩。猪田正吉和大熊鹏登陆后东行，在大孤山的路上被清军捕杀。向野坚一在碧流河一带被捕，在路上，以银元收买押送人得逃。他先后在复州、金州一带活动，为日军提供了重要情报，他是六个日谍中惟一生还的。

当时的金州衙署曾在城内关帝庙的门上贴出布告，上书“倭寇奸细，潜伏甚多，往来严视，捕拿重赏”。由此可见，金州地方政府和清军官兵对日谍的潜伏破坏活动是早有预料的，并保持高度的警惕，因此日军派遣的六个间谍，登陆后不久便全被中国军民捕捉，除一个潜逃外，其余均受到严厉惩处。

王书翰使壮烈殉国

1894年9月26日，日军万余人在庄河花园口登陆，进犯旅顺。金州副都统连顺仅有马步两营及洋枪队、抬枪队300人。正定镇总兵徐邦道率楚军马步三营扼守金州东道。他见日军来势汹汹，恐力不敌，急赴大连湾，面见淮军统领赵怀业，望其出兵力阻日军，被拒绝。后赵不得已拨出一营两哨。徐邦道大失所望，连顺亦知淮军不可恃，便写信乞援于盛京将军裕禄。大意是日军逼近，局势日紧，徐总兵虽歼志日坚而孤军无援，赵统领观望，程军门未到，各将意见不一，金州恐难固守。故驰函历陈，请速选主将指挥抗敌。

书信写好，交给幕下23岁的王清福，驰送盛京，并令营官荣安护送出境。11月4日黎明时分出发，在李家屯北山坡与日军侦察队相遇。护送马队立即东转，以吸引敌骑，使王君得脱而去，不幸王君坐骑中弹被俘。日军将王君押至十五联队，第一大队长斋藤德明使用柔语诱劝，继以酷刑拷问，王君坚决不吐实情。后搜出信件，知事败，义不苟生，大骂敌人，头触石而死。

陈云诰对王书翰使的壮烈牺牲深为感动，写下长诗《光绪甲午中日之战，金州副都统幕府王书翰使死甚烈，作长歌以记之》，诗曰：

光绪纪元岁甲午，衅启倭夷寇中土。
北洋锁钥严海防，金州旅大为门户。
州城东有貔子窝，敌众来如骤风雨。
花园登陆万余人，谁作干城固吾圉！
镇军马步只两营，楚军三营亦奚补。
淮军人数虽较多，统领闻风气先沮。
谓言受命中堂公，专守炮台不御侮。
一纸求援无奈何，使达盛京路险阻。
但求速解金州围，旅大不亡在此举。
一生九死谁敢任，慷慨王君冒艰苦。
不幸遇敌李家屯，马蹶坡陀身被虏。
倭军惨酷施毒刑，百折不挠忘痛楚。
终然搜得怀中书，骂贼眦张发森竖。
宁为玉碎无瓦全，触石舍生我自取。
时在冬月朔日晨，撒手悬崖遽千古。
君不见，练兵海陆三十年，北洋李相专其权。

遍布淮军旧部曲，乡邦亲故皆飞骞。
卒惰将骄作气势，棘门霸上非中坚。
台澎思痛委异族，辽东幸免沦腥膻。
书生名不隶军籍，但司笔札襄旗员。
奉使盛京不辱命，临危为国身躯捐。
维彼偷生气怜辈，干谒当道皆超迁。
王君恤典独不及，姓名湮没随风烟。
吁嗟乎！王君浩气塞两间，
景行遗烈无愚贤，岂徒史册千秋传！

陈云诰(1877~1965)，字紫纶，号蛰庐，河北易县人，清光绪进士。曾任翰林院编修、国史馆协修等职。辛亥后隐居京师。解放后，聘为中央文史研究馆馆员。擅书法，任首都书法研究会会长。这首长诗作于1962年10月。

徐邦道奋起抗日

1894年，中日甲午战争爆发，徐邦道(1837~1895)奉命调防大连湾，招募新兵。10月24日，日军在庄河花园口登陆，直扑金旅。徐邦道等急电李鸿章请求援军，李鸿章回电斥责他们“胡涂胆小”。徐邦道对旅顺诸将建议：“金州失，则旅顺不可守，请速分兵逆之，顾旅顺后路。”由于诸将各不统属，无一响应，坐视不问。金州副都统连顺只有制兵一营，兵力甚为单薄。徐邦道独自率领拱卫军三营和马队一营、炮队一营，开赴金州御敌。

徐邦道甚感兵力不足，主动与驻大连湾守将赵怀业请求援兵。赵怀业说：“我奉中堂令，守炮台，不与后路战事，汝辈欲战，须请令方可！”最后赵怀业只派步兵两哨随徐邦道去金州。徐邦道率部在金州东石门子构筑工事，凭险阻敌。

11月5日，日军第一旅团长乃木希典少将指挥两个大队向徐邦道拱卫军阵地发起攻击，徐邦道凭垒据守，指挥将士奋勇反击，激战三个小时，击伤大队长副官大野尚义，打退日军多次进攻。下午4时日军再攻，又被击退。次日凌晨，日军用大炮猛击拱卫军据守的阵地，激战两个小时，清军伤亡甚多，兵单难支，军情急迫。徐邦道向赵怀业求援被拒绝。拱卫军腹背受敌，放弃阵地后退。

11月15日拂晓，徐邦道不顾金州新败，将士疲惫，决定在日军进犯旅顺的道路上，组织埋伏，袭击敌人。拱卫军在旅顺口土城子一带设防包围日军骑兵搜索队。徐邦道率军奋力出击，打退了日军，首战告捷，鼓舞了士气。17日，徐邦道同姜桂题、程允和率马步5000人，再往土城子迎战。在土城子附近包围了日军骑兵搜索队，给日军以重创，打得日军连尸体都来不及收拾，向营城子狼狈溃逃。土城子反击战是甲午战争爆发以来，清军首次胜利，击毙小队长中万德次以下11人，击伤步兵中尉三谷仲之助、骑兵大尉浅川敏靖等35人。

11月21日，日军进犯旅顺口，徐邦道率军守卫鸡冠山堡垒，他冒着弹雨，身先士卒，指挥将士同进犯的日军进行顽强的战斗，拼死守住阵地，击毙大队长少佐花冈正贞和日兵多人。这时日军已攻破椅子山、松树山、二龙山诸堡垒。徐邦道孤军难守，被迫退入城区。午后日军占据旅顺口后路各堡垒，突入城区，双方进行艰苦的巷战，清军死伤惨重。入夜，徐邦道、张光前、程允和等将领沿南关岭北撤，旅顺口陷落。

徐邦道

1895年闰五月初三(7月5日)，徐邦道背生痈疽不治，死于辽阳。

陈宝财和红枪帮

陈宝财，祖籍河南。他的父亲曾参加过太平军和捻军，在战斗中牺牲。后来，他随同母亲和叔父逃难到山东，接着又辗转到金州曲家村落户，以种地为生。他自幼聪明伶俐，并练就一身好武功，经常同村里的青年切磋武艺。

1894年中日甲午战争爆发，10月24日，日军从庄河花园口登陆。不久日军进犯貔子窝，到处烧杀抢掠，陈宝财基于民族义愤，便把当地的青年组织起来，成立了红枪帮，以红缨枪为战斗武器，操练习武，伺机杀敌。

11月3日，日军斋藤南明少佐率领步兵第十五联队、骑兵第一中队和工兵第一大队向金州亮甲店、陈家店、刘家店一带进犯。陈宝财得到消息后，立即率领44名红枪帮的勇士，埋伏在金州城东凤凰山下的落凤沟内。待到日军临近时，陈宝财乘敌不备，突然率众向日军袭击，打得敌人措手不及，当即被打死10余人。后来敌人调来人马进行围剿，步步紧缩包围圈，红枪帮的勇士们被压缩在极小的范围内。敌人对他们进行远距离的射击，陈宝财带领勇士们英勇抗击，但是没有长枪武器进行反击，最终全部战死在落凤沟。

战后，当地百姓为缅怀抗日牺牲的红枪帮勇士们，为他们特别树立了功德纪念碑。

阎世开怒笔斥敌

阎世开（1857～1894），字梅一，号绶廷，大连南关岭三道沟人。抗日爱国志士。出生于家境清贫的诗书门第。其父阎学典，一生致力于乡里私塾教育。除教授传统教材外，还自编《乡里庄户杂字》。

阎世开墓碑

世开自幼聪明好学，博览群书，人品学识颇类其父。成年后承袭父业，全心从事乡村私塾教育，并以身示范，因材施教，名扬四方，为乡人所敬重，村民纷纷将自己的孩子送来就学。先生对于贫困子弟，免收学费，尽力周济。课余常给学生讲“岳母刺字”、“包公执法”、“文天祥爱国”等历史故事，潜移默化地进行爱乡土、爱国家的教育，以唤起民族意识，强调读书为了报国。

1894 年中日甲午战争爆发，日军攻占金州大连湾。11 月 9 日先生正欲去南关岭教书，被日军所俘。日军师团长见阎世开仪表不俗，认为必是地方名士，便佯之以礼，并以重金相诱，让其指出至旅顺口的山川地势和行军路线，先生听后怒发冲冠，严词拒绝。日军不解汉语，但文字相通，先生便伸纸提笔，慷慨疾书，怒斥其侵略暴行。日军继以战刀相逼，先生面无惧色，顺手拾起石砚朝日军砸去。日军恼羞成怒，将其拥至该村西山麓残酷杀害。

后人张之汉，字仙舫，时任东三省盐运使。闻知此事，深为阎先生的爱国节操和视死如归的伟大献身精神所感动，认为阎先生是“奇士”，其笔“可以撑天地泣鬼神”，特作《阎生笔歌并序》，其序云：

生名士开（系世开之讹），字梅一，籍金州，振奇士也。甲午中东之役，州陷敌，民咸避兵去，生独落戎马间，怀奇蓄愤，欲有所伸。敌军方窥旅顺，阻山险，募向导，谓生可。贿以金，不从，胁以刃，益怒骂。敌不解华语而文同，辄抽笔伸纸，所书皆忠愤之词。剑槊齐鸣，笔走不辍。敌怒，遽拥出山麓，剖心肝以死。噫！阎生此笔，可以撑天地，泣鬼神矣！因为作歌：

在秦张良椎，在汉苏武节。

奋椎难击博浪沙，抗节岂比胡天雪。

非椎非节三寸毫，竟凭兔颖探虎穴！
千军直扫风雨惊，披肝沥血凝成铁。
饮刃宁惜将军头，振笔直代常山舌。
头可断，舌可抉，刃可蹈，笔可折。
凛凛生气终不灭，吁嗟阎生古义烈！
阎生著籍辽海东，系心家国身蒿蓬。
策卫喜读剑侠传，斩蛇恨无隆准公。
海国无端腾战雾，天堑鸭江竟飞渡。
席卷已下金州城，毡縋更觅阴平路。
识途马老用阎生，冲冠义愤岂能平！
直将易水悲歌气，激作渔阳挝鼓声。
阎生发冲敌目笑，不解华言舌空掉。
抽笔愤书忠义词，飞雪刀光迸出鞘！
刀边骂敌怒裂眦，掷笔甘就刀头死。
心肝攫出泣鬼神，淋漓血染山凹紫！
呜呼！
皇朝圣武开神皋，鼓鼙将帅思贤劳。
九连城头将星落，颓军断后谁盘硝？
东南铜柱沉江涛，太阿倒柄凭人操。
十万横磨岂不利，一割无用同铅刀。
胡为乎！
刀围大帐笋锋密，挺然独立阎生笔！

在先生就难之地南关岭中沟村果树园里，立有“阎世开先生之墓”汉白玉石碑，以供后人瞻仰、凭吊，现迁至乔山公墓。

金、大、旅失陷

1894年8月，中日甲午战争爆发，10月24日晨，日本第二军在庄河花园口登陆，然后便向貔子窝、金州方向进犯。

当时金州驻军仅有步兵一营、骑兵两哨，城内有旗兵洋枪队200人、抬枪队100人，兵力非常单薄。

徐邦道到金州后，同金州副都统连顺商定，连顺率步、骑驻守金州城，他率拱卫军到石门子台山、狍子山，修筑工事，阻击日军。11月5日，日军攻击拱卫军，双方

日军占领大连湾和尚岛中炮台

展开激战。6日凌晨，日军步、骑、炮、工兵约6000人，分两路向石门子发起攻势。拱卫军撤出战场，石门子战斗结束。

上午8时，日军集中大炮轰击金州城，11时，日军突破东门，连顺率部从西门和南门撤出。大连湾守将铭军统领赵怀业，在金州战斗最紧张时刻，抛下大连湾炮台，率领3000多步骑逃往旅顺口。这个逃将“赵不打”，沿途骚扰百姓，抢劫财物，搞得百姓鸡犬不宁，惶恐不安。7日早晨日军来到了大连湾，这里已是一个空港，日军兵不血刃地占领了大连湾，获得火炮120余门、炮弹246万颗、德国枪支600余支、枪弹3381万发及马匹、行帐、粮食、衣物等军储，甚至大连湾布雷图也被日军所得。

日军休整10天后，17日向旅顺进犯。这时旅顺守军共有马、步、炮、兵33个营，约1.4万人。北洋营务处会办龚照玙有旅顺口驻军协调之责，由于他贪生怕死，失去信心，很难担负起旅顺口前敌总指挥的重任。早在金州失守的当晚，他就托词逃到烟台，遭到李鸿章的训斥，又折回旅顺口。由于他的逃跑，影响很坏，人心涣散，形势混乱，旅顺口驻军已成群龙无首的局面。

15日、17日，日军侦察兵在土城子一带进行侦察、遭到徐邦道等将领两次袭击，日军无力抵挡，突出重围，撤回营城子。这次战役日军死伤共46人，是甲午开战以来取得的最大胜利。

21日凌晨，日军对旅顺口发起总攻，日军先后以重炮轰击椅子山、二龙山、鸡冠山清军三处炮台。一小时后，椅子山、案子山清兵炮台先后失守。11时松树山炮台失守，接着二龙山、东鸡冠山炮台失守。到了中午，旅顺口后路各炮台均被日军占领。下午日军相继占领了旅顺口市区和海岸炮台，当晚旅顺口各路清军在徐邦道等将领的带领下，北上与宋庆援军会合，而龚照玙就在这天早晨在小平岛乘渔船弃军逃跑了。

费时10年，耗银300余万两，20余座海陆炮台，东洋第一的军港设施，一夜之间完全陷入日军之手。旅顺口战役据日方统计，日军伤亡288人，清军伤亡2500人。

圆明和尚抗敌自焚

大连小平岛有座娘娘庙，1894 年 11 月，侵华日军进犯该地，想要拆掉娘娘庙的窗框烧火，因住持和尚圆明与众僧坚决反对而没有得逞。后来日军大批入侵该地，勒令圆明和尚迁出寺庙，改作指挥部。圆明和尚宁死不迁，怒斥侵略者："尔等海盗，出无名之师，占有主之地。毁我桑梓，戮我苍生，自古迄今，未有尔等残暴也。今挟兵刃威我身躯，毁庙堂，污神灵，罪不容诛。吾乃佛家之徒，以慈悲为宗旨，岂能让我神圣之地，作海盗杀人之窠？勿为妄想！"又作诗云："一夕半北（隐'死'字）未分开，只落魂魄上九台；今生不能雪此恨，转世投胎再回来。"

圆明和尚让众僧逃出庙去，他自己神色自若，卧在禅房。日军闯入寺庙，见其诗文，兽性大发，堆柴于庙前焚烧圆明和尚。众僧不忍离开，躲于庙后，只听师父在熊熊大火中怒骂："海盗，海盗，咱们来世再见！"当夜众僧在当地青年的协助下，用炸药毁掉了庙宇和侵略者。

战后，当地渔民捐资重建庙宇并立石碑，记载圆明和尚不屈兵刃、不惧火焚的抗敌心志。

龚照玙丢弃旅顺口

龚照玙（1840～1901），字鲁卿，安徽合肥人。30 岁在北洋制造局当差，由于家境富裕，以监生捐纳同知、知府、道员。1890 年经李鸿章推荐，总办旅顺口船坞工程，并会办北洋沿海水陆营务处。

1894 年 10 月 24 日，日本侵略军由庄河花园口登陆。11 月 6 日占领金州，在这紧急关头，他以粮饷不足、津旅电讯中断为由，乘船逃往烟台。被山东巡抚李秉衡发现，要以临阵逃脱之罪就地正法，他苦苦哀求，表示愿回旅顺出战，于是李秉衡将他释放。

他直奔天津面见李鸿章，企图能得到他的庇护。李鸿章见他把苦心经营十几年、耗银 300 万两的旅顺港坞丢弃不管，岂能容忍。要他即刻赶回旅顺领兵督战，若敢擅离旅顺，定斩不饶。

龚照玙畏敌先逃，影响很坏，使得旅顺军民惶恐不安，未战先乱。旅顺有七个将领，他们已陷入群龙无首、有将无帅的局面，各不相属，各行其是。总兵张光前出面召集诸将，希望能选出一个主帅来，统领大家抗击入侵之敌，大家把年龄最大、资格最老的姜桂题选出来主持军务。姜桂题是个行伍出身，才资平庸，守战无策，目不识丁的老粗，根本难当此任，无力改变将士坐视观望、推诿消极的被动局面。

11月11日，龚照玙回到旅顺任所，仍然不思联络诸将，做好防务，准备反击来敌。他根本没有受过军事训练，也不会领兵打仗，要他督战旅顺战役实在是难为他了。11月21日凌晨，日军对旅顺发起总攻。他深知旅顺守军大多是新近招来的农民，没有什么战斗力。他无力指挥这场战役，又怕当俘虏，只得悄悄逃离这个多难之地，以保住自己的性命。在天色未明时，扮作商人模样，会同卫汝成和几个僚属在小平岛坐上渔船逃到烟台。

1895年1月22日，清廷将龚照玙判处死刑，后来他以白银贿赂当局，1900年八国联军入侵之际开释出狱，翌年病死。

沙俄殖民统治机构

1897年12月，俄国军舰进占旅顺口。第二年3月，强迫清政府签订了《旅大租地条约》之后，沙俄在旅顺建立了一个军政合一的殖民政权——军政部，沙俄开始了对“租借地”的殖民统治。首任军政部部长为沙俄太平洋分舰队司令官、海军中将杜巴索夫。军政部通过旅顺民政管区的警察署进行司法统治。行政事务由陆军少将沃尔科夫负责。1898年8月，沙皇新任命陆军少将苏鲍季奇接替杜巴索夫出任“租借地”俄军司令官，并赋予州级行政权力。“租借地”政权受阿穆尔总督格罗杰科夫管辖。

1899年8月，沙皇颁布了《暂行关东州统治规则》，单方面将旅大“租借地”定名为“关东州”，隐含将租借地扩展到整个关东，即东北三省的野心。设“关东州厅”于旅顺口，关东州厅设州长官、州陆军副司令官、州陆军会议、州参谋部和军法会议。地方行政设民政部、财务部、外务部以及其他各部、局。第一任州厅长官为尼古拉二世亲信——海军中将阿列克谢耶夫。关东州厅长官在民政方面拥有边疆高加索最高民政长官的权力；在陆军方面拥有边疆军区司令官的权力；在海军方面拥有舰队和军港司令官的权力。州厅长官有权直接与驻北京、东京俄国公使、驻汉城的俄国代理公使以及武官进行联系，阿列克谢耶夫成为关东州的最高统治者。

在行政区建制上，沙俄将关东州划分为4个市、5个行政区，4个市为旅顺市、达里尼市、金州市、貔子窝市；5个行政区为旅顺行政区、金州行政区、貔子窝行政区、亮甲店行政区和岛屿行政区。各区统治机构叫做抚民府，各区区长由沙俄民政部推荐，由沙俄将校出任，区以下基层政权组织为乡、会、村。乡设乡约，会设会长，村设村长，他们都是中国人，乡约和会长实行工薪制，村长实行义务制。当时关东州5个行政区共有20个乡、51个会、1786个村。

1903 年 7 月，沙皇正式批准了建立"远东总督府"，颁布《远东暂行统治条例》。远东总督府设在旅顺口，阿列克谢耶夫被任命为远东总督。远东总督府辖区包括阿穆尔州、外贝加尔州、滨海州、堪察加州、关东州、库页岛。总督作为陆军总司令指挥阿穆尔州军区、关东州军以及东三省的俄国占领军；作为海军总司令官有权指挥太平洋舰队以及军港；在行政上有权监督辖区内一切行政官厅和官员；在中东铁路沿线有维护治安的最高监督权；在外交上有权统一远东外交，保护俄国的侨民权益。阿列克谢耶夫是沙皇的代表，总督府辖区成了俄国在远东的"国中之国"。

1905 年，随着沙俄战败，远东总督府也迁出了旅顺口。

阎福升誓死抗俄

阎福升(1840～1907)，原名培元，字锡三。大连金州人，原籍山西太原，汉军镶黄旗。父亲阎帮鼎任户部山西司郎中(五品)。兄弟四人，福升为长。

阎福升自幼知书识礼，擅长骑射，以行伍起家。曾出任校佐、金州佐领(四品)。甲午之役，历尽艰难，恪尽职守，抗击日寇。战后擢任金州左翼协领摄十二旗佐领，积极筹划善后，安定民生，恢复生产。1896 年起任护理金州副都统(即代理)。

当时沙俄东渐，企图霸占旅大。1898 年，胁迫清政府签订《旅大租地条约》和《续订旅大租地条约》，规定金州厅为自治地，仍属奉天省管辖，不属租借地之内。而沙皇认为金州厅自治妨碍对"关东州"的统治，于是在 1900 年 6 月沙俄关东州总督阿列克谢耶夫命令外交专员科罗斯托维茨、外交办事处秘书季杰曼和罗索夫大尉来金州面见地方官员，企图签订一个协定，将金州划为租借地之内，但是遭到阎福升等人的坚决反对，阴谋没有得逞。俄方恼羞成怒，终于在一个月后的 7 月 27 日，民政专员格罗姆勃契夫斯基上校率俄军占领金州城，同时以中国官吏勾结义和团为借口，将金州护理副都统阎福升、协领富伦、继德、海防同知马宗武、训导王奉琛、巡检汤询等 67 名中国官员押往库页岛。

金州副都统阎福升故居

阎福升临行前对家人说："吾个人生死无足惜，为国捐躯乃吾之分内事也，尔等毋为吾忧！"囚禁期间，俄国当局对他进行胁迫、恫吓，他决不屈服，将生死置之度外，表现出一位爱国官员的凛然正气，直到 1901 年 9 月《辛丑条约》签订后，才得以回国。

阎福升经常救济生活贫困之家，灾荒之年更是不遗余力出资捐助，为乡民做了许多好事。甲午战后为解决军粮不足，他曾动用家资以充军饥。当时有人评论他：其不畏死，不荣幸生，大节凛然而不可夺，可谓铁中铮铮者也，其艰苦卓绝之操，足以风当世焉。

1907 年 9 月 13 日，阎福升病逝，享年 65 岁。其故居辟为金州区三八小学，现列为市级重点文物保护单位。

马成魁聚众抗捐

1899 年 1 月，60 名俄国官兵和翻译来到金州杏树屯刘家店的税站收税，强令百姓在春节前将粮草税款全部缴完。当时旅大的俄国殖民者无物不税，无税不苛，巧立名目，横征暴敛。农历腊月二十一这一天，农民们自发地来到马成魁家，和他商量关于缴税的对策，推举他去税站要求减免税捐。

马成魁（1839～1904）是金州人，为人耿直，主持公道，不畏强暴，敢作敢为。第二天，他便带领部分农民来到税站，慷慨陈词，提出三点要求：地税要减；牲畜税要免；井盖自由处理。税站的俄国官员不仅没有答应，而且还在当天晚上，将 20 名农民抓进了牢房。

腊月二十三，马成魁又率众向税站提出减免税捐和释放乡亲的要求，俄国官员们没有答应。就在马成魁率众离开税站时，翻译张福盛唆使俄兵扣留了他的儿子和孙子。马成魁顿时火冒三丈，随手打了翻译，又拔出匕首逼他放人。俄国官员为缓和情势，把扣留的农民全部放了。这一夜，马成魁同村民们商量，决定第二天召开群众抗捐大会，以此来对付沙俄。于是当夜他便派人给周边的村会送信，要求各村派人来参加抗捐大会。

马成魁多次领导村民反对苛捐杂税，打过贪官污吏，坐过牢，在农民中很有威望，听说他要开大会，农民们纷纷前来参加。第二天早晨，大约有上千的农民聚集在刘家店的税站，农民手持砍刀、棍棒、扎枪，还有 20 多面村旗，人声鼎沸，与手持马刀的俄国骑兵形成对峙。不大工夫，俄军又从貔子窝调来 200 多名骑兵。这时马成魁的队伍里，突然传来一声枪响，于是俄国骑兵手举马刀向农民冲来，进行疯狂地砍杀。马成魁手举大刀砍向俄国骑兵，农民沙连月拿一根长木棒与三个俄国兵搏斗，最后木棒只剩下三尺，仍不怯阵，直到牺牲。马成魁的儿子马文财扛着大旗冲进俄国马队被打死，马成魁的后腰也被捅了一刀，鲜血直流，仍坚持战斗。俄国马队四处追杀逃散的中国农民，一时间刘家店成了杀人场……

这次抗捐斗争遭到沙俄的血腥镇压，死伤农民百余人，但也大灭了殖民当局的威风，他们被迫撤销了刘家店税站，免收了当年的土地税，对死伤者也做了处理。

1904 年，马成魁被杀害。

日俄争夺旅顺口之战

旅大沦为俄国的殖民地后，日本不甘心沙俄夺去了旅大，经过十年的扩军备战，终于在 1904 年 2 月 8 日，日本海军偷袭了旅顺口港外的俄国太平洋分舰队。2 月 10 日，日俄双方宣战，于是一场旨在重新瓜分中国东北的帝国主义战争，在中国的领土上爆发了。

1904 年 4 月 30 日，以黑木维祯大将为首的日本第一军抢渡鸭绿江，攻占凤凰城。5 月 5 日，以奥保巩为首的日本第二军在金州杏树屯猴儿石登陆；5 月 26 日，日军以 3.5 万人的兵力向金州南山俄军阵地发起总攻。经过一天的激战，俄军败退旅顺口，接着日军轻易地占据了大连港。日军为了阻止俄国满洲集团军南下和确保顺利攻占旅顺口，将第二军北调，与在大孤山登陆的第四军会合，迎击南下的俄军。5 月 29 日，在盐大澳登陆的乃木希典大将的第三军与第二军第一师团会合，担当攻占旅顺口的任务。

7 月间，乃木第三军动用共计 4.8 万人和 386 门大炮，对付旅顺口要塞的 4.17 万俄军、火炮 514 门，港内各种舰只 36 艘和海军 1.2 万人，双方兵力相当。7 月 30 日，日军向旅顺口要塞发动总攻，日俄双方展开了一场争夺旅顺口要塞的攻守战。在五个月内，日军先后对旅顺口要塞发动了四次总攻，双方争夺异常激烈。如在第四次总攻时，双方为争夺二〇三高地展开了拉锯战。经过连续 9 天的激战，日军昼夜轮番冲锋，抢夺高地，最后日军在 12 月 5 日以伤亡 1 万人的代价夺得了高地，俄军也伤亡 5000 人。日军在高地上架炮，将旅顺口港内的俄国舰只全部击毁，并采取围攻、挖地道爆破和猛烈炮击等多种战术，相继夺取了鸡冠山北堡垒、二龙山堡垒、大鹰巢阵地、松树山堡垒、望台山阵地。1905 年 1 月 1 日下午，俄国远东军司令官向日军投降，第二天俄方在投降书上签字。一场争夺旅顺口的战争，以俄败日胜结束了。日军投入的总兵力为 13 万人，死伤近半；俄国军队伤亡 3 万人。

接着，日俄陆军在奉天大会战，日俄海军在对马海峡大会战，结果俄国陆海军全败。后来在美国的调停下，1905 年 9 月 5 日，日本外相小村寿太郎和俄国总理大臣维特在美国朴次茅斯进行和谈。双方签订了和约，规定俄国将南满支线（长春至旅顺口）和旅顺口、大连湾及其附近领土领海的租借权及营造物均转让给日本政府。日本为了取得清政府的同意，于 12 月 22 日与中方签订了《中日会议东三省事宜正约》,清政府承认日俄和约中俄国让与日本的各种特权。从此,大连又沦为日本殖民地,直到1945年8月15日日本战败投降,日本殖民统治长达40年之久。

“马福连事件”

1900年,貔子窝的马福连组织一支400多人的反俄武装,同沙俄进行斗争。在日俄战争期间,这支队伍被日军收买,在貔子窝、普兰店一带袭击沙俄军队。

日俄战争结束后,马福连目睹日军重新侵占旅大,镇压大连人民,于是他调转枪口,多次袭击日本兵站及其警务机关。日本满洲军总司令命令马福连解散队伍,但是他不予理睬,依然不断地袭击日军。于是日本殖民当局决定消灭这支队伍,责令金州警察署署长鹤岗永太郎设法让其投降归顺,如果不成就地除掉。

1905年8月22日,鹤岗带领近百名警察在夹心子宴请马福连,马福连及其随从34人应约前来参加宴会。会后,鹤岗把马福连引到别处对他说:“为了日本政府的和平事业,希望你从今洗手不干,解散武装,不再当马贼,做个顺从的良民。”马福连一听气上心来,说:“你们侵略中国,镇压百姓,对你的忠告我实在难从,就是我答应了,我的部下也不能答应!”鹤岗说:“那么你把队伍带出关东州,到别的地方怎么样?”马福连勃然大怒,厉声说道:“应当离开这个地方的不是我们,而是你们侵略者!”鹤岗吼道:“你这个混账东西,竟敢不接受我的忠告!”马福连突然站起来,拔出手枪指着鹤岗说:“我告诉你,洗手的事办不到,离开貔子窝也难从命!”鹤岗马上转变态度,满脸堆笑说:“好,好,坐下来慢慢谈,别把手枪对着我。”

马福连收起手枪,趁他不注意的时候,鹤岗突然扑向马福连,掐住他的脖子,拔出利剑刺向马福连的胸部。马福连拔枪朝向鹤岗,一个日本巡查猛地将马福连的手枪打掉,马福连被刺死。

马福连的34名随从仍在饮酒,貔子窝支署署长高斋藤金三提出作捆绑游戏来助酒兴,随从们不知是计,分成两组,交换捆绑,捆绑之后谁也解脱不开,于是日本警察不费吹灰之力就把他们逮住。鹤岗命令将他们全部押到附近的高粱地里枪杀。这便是轰动一时的貔子窝“马福连事件”。

日本殖民政权

1905年日本占领大连后的40年间,大致经过三个阶段,逐步建立起一套完整的殖民统治机构。

一是军事占领阶段(1904年5月~1905年6月)。1904年5月,日本占领军先后成立了金州、大连和旅顺军政署。军政署下设管区,管区设民务所,统管会长和村屯长。军政署先后隶属于满洲军总司令部和辽东守备军司令部。

二是军政统治阶段(1905 年6 月 ~1919 年4 月)。1905 年6 月,在大连成立了关东州民政署,隶属满洲军总兵监部,下辖大连、旅顺和金州民政支署。1905 年 10 月,关东总督府在旅顺成立,直属满洲军总司令部,陆军大将大岛义昌任总督。1906 年 9 月,关东都督府在旅顺成立,大岛义昌继任都督,由外务大臣管辖。关东都督府内设长官官房、军政部和民政部。民政署下设大连、旅顺、金州民政署,金州民政署下设普兰店、貔子窝民政支署。

三是民政统治阶段(1919 年 4 月 ~1945 年 8 月),1919 年 4 月,将关东都督府中的军政部分离出去,成立了关东军司令部,原民政部改为关东厅,林汉助任长官。内设长官官房、民政部和外事部。1921 年关东厅废除民政部新立内务局和警务局,内务局设地方、财务、殖产、土木、学务课;警务局设警务、保安、卫生课。1924 年,旅顺、大连设民政署,大连民政署管辖金州、普兰店、貔子窝民政支署。1934 年 12 月,日本为加强对伪满的统治,成立了关东局,关东局长官为日本驻伪满大使,下设关东州厅,负责"关东州"的政务管理。关东州厅内设官房、内务、经济、土木、警察部。1937 年 5 月,关东州厅从旅顺迁往大连,撤销大连民政署,其辖区和职能划归大连市。关东州厅时期的地方行政分为市制和会制两种,市制施行于大连和旅顺市,会制施行于州内其他地方。关东州厅统辖两市 69 会。为突出大连市的地位和职能,还设有市役所(市政府)、市议会和参事会三个机构。市役所为行政执行机关,由市长负责;市议会是决议机关,市长为议长;市参事会的议长为市长,职能是审查市议会提出的议案等。

日本殖民当局为把旅大变成侵略东北的桥头堡,满足他们殖民奴役的需要,在 40 年间,政权形式不断更迭,为的是把旅大人民牢牢地控制在这个法西斯政权统治的体系之中。

1945 年 8 月,日本战败投降,这个殖民政权也随之解体。

长者广场上的三大统治机关

今天的人民广场,解放前叫做"长者广场",意思是富有广场。这里有"关东州厅"、"关东地方法院"、"关东州厅警察部"三大统治机关,是日本殖民当局统治大连地区的权力中心。

关东州厅(今大连市人民政府办公楼)是日本统治大连地区的最高行政机关。关东州厅前身是"关东都督府",1906 年成立于旅顺,下设民政部和陆军部。民政部下辖大连、旅顺、金州三个民政署。1919 年实行军政分离,将民政部改为关东厅,下辖各民政署,原陆军部升格为“关东军司令部”。1931 年“九一八”事变后,关东军司令部迁往沈阳。1934 年日本在旅顺设立“关东州厅”,下辖大连、旅顺两市和金州、旅顺、普兰店、貔子窝四个民政分署。为了便于对整个大连地区的殖民统治,1937 年 6 月 1 日关东州厅由旅顺迁入这里。该楼是钢筋混凝土结构,地上三层,地下一层,东侧地下二层,建筑面积 12228 平方米。

关东地方法院(今大连市中级人民法院办公楼)的前身是 1906 年关东都督府在旅顺设立的“关东都督府高等法院”和“关东都督府地方法院”。地方法院审理民事、刑事初审案件,高等法院审理不服地方法院判决的案件,为终审裁判。1914 年法院改为“关东厅高等法院”和“关东厅地方法院”。地方法院在大连设立“关东州地方法院大连支厅”,管辖大连、金州、普兰店、貔子窝管区内的民事、刑事案件的一审判决。1934 年法院更名为“关东高等法院”和“关东地方法院”。1936 年地方法院迁入大连支厅楼内办公,支厅撤销。该楼建于 1930 年,钢筋混凝土结构,地上三层,地下一层,建筑面积 5900 平方米。

关东州厅警察部(今大连市公安局办公楼)建于 1930 年,钢筋混凝土结构,地上三层,地下一层,建筑面积 5800 平方米。警察部下属的特别高等警察课、经济警察课、外事课等都在这里。这里是日本殖民当局警务系统的核心。

日本关东军

1919 年,日本关东都督府实行军政分立,成立了关东厅和关东军司令部。第一任关东军司令官是由天皇任命的立花小一郎中将,司令部设在旅顺。关东军司令官对上接受日本内阁陆军大臣、大本营参谋总长的管制,对下统率、指挥驻扎在中国东北的师团和独立守备队,以及旅顺要塞司令部、旅顺重炮大队、关东宪兵队、关东军陆军仓库等。

关东军以大连作为推行“大陆政策”的基地,多次出兵干涉中国内政。1911 年辛亥革命,革命党人蓝天蔚率领北伐军在辽东半岛登陆,因关东都督的催逼,北伐军撤走。1912 年 6 月,日本间谍川岛浪速和清朝遗老肃亲王善耆相勾结,联合喀喇沁亲王,在关东军的帮助下举兵,企图搞“满蒙独立”。1916 年 7 月,由川岛代表肃亲王向日本政府借款 100 万日元作军费,在关东军的指挥下,搞第二次“满蒙独立”。郭松龄倒戈回师奉天,张作霖借助关东军消灭了郭松龄。1927 年 8 月,关东军和关东厅的首脑们,在旅顺召开第二次东方会议,具体研究如何通过扩大满铁经营权来实现对东北的占领。1928 年 5 月,北伐军接近济南时,关东军调兵前往制造济南惨案，屠杀中国军民一万多人。同年6月，关东军在皇姑屯炸死张作霖，以除掉占领东三省的障碍。1931年9月18日夜，关东军攻占东北军的北大营和沈阳城。关东军为了指挥上的方便，将司令部移往沈阳、长春。至1933年3月承德失陷为止，关东军完全占领了东三省。

旅顺日本关东军司令部旧址

关东军是一支法西斯军队，剿杀东北抗日军民，制造无人区、万人坑，建立细菌部队，进行活人实验，罪恶累累，罄竹难书，是东北人民最凶恶的敌人。

1945年8月8日，苏联红军出兵东北，8月15日日本天皇宣告无条件投降，8月22日关东军司令官山田乙三大将在长春向苏联远东军总司令华西列夫斯基元帅正式投降，缴械各种火炮3700门、坦克600辆、飞机861架、机枪11000挺、汽车2000辆、战马13000匹、军库679个，投降官兵59.3万人(关东军战死8.4万人)。至此，骄横一时的关东军宣告解体。

旅顺刑务所

日本占据大连后，便在关东总督府的民政部内设立监狱署。随着殖民统治的强化，捕人增多，殖民当局便扩建旅顺原沙俄未竣工的监狱，1907年11月建成，定名为“关东都督府监狱署”，以后相继改称为“关东厅监狱”、“关东厅刑务所”、“关东刑务所”、“旅顺刑务所”。

旅顺刑务所的牢房建筑呈“个”字形，共有二层253间牢房。每层牢房并列两排，在走廊中间铺设铁栅栏，便于监视和通风透光。三面牢房的接合处设有看守台，可同时监视三面牢房。全所能同时关押2000人。院内有15座厂房，是在押人的劳动场所。监狱围墙高4米，围墙长725米，院内面积2.6万平方米。此外还有窑场、林场、菜地、墓地，共占地22.6万平方米，是当时东北地区最大的法西斯监狱。

旅顺刑务所从1907年到1945年日本战败，关押了大批所谓的“政治犯”、“思想犯”、“经济犯”。从建狱开始的30年间，累计关押2万人；自1926年以后，每年平均为1000人。太平洋战争以后，囚禁的抗日志士和爱国同胞就更多了。现在很难说清这座人间地狱在38年中,到底关押、杀害了多少人。

1927年以后,中共大连地下党组织先后遭到四次破坏,许多共产党员和爱国同胞被关押在这里,惨遭迫害,甚至牺牲。大连地委书记邓鹤皋、杜继曾、张洛夫等人,先后在这里被关押。1940年6月,大连抗日放火团姬守先等在这里被绞死。1945年8月,日本投降的第二天,刑务所还绞杀了共产党员刘逢川等6人。1909年10月朝鲜著名爱国志士安重根,因在哈尔滨火车站刺杀朝鲜统监伊藤博文而被捕,也在这里被杀害。

旅顺刑务所监狱

旅顺刑务所除单牢外,其余都是15平方米的集体牢房,可关押八九个人。墙上贴着用中、日、朝文印制的狱规:“不准说话、倚墙、向外看……”。这里夏天闷热,空气污浊,马桶的臭气和蚊蝇的叮咬,令人不堪忍受;冬日无取暖设备,墙壁结霜,寒风刺骨,冻得人难以入睡,并且严刑酷罚名目繁多。对服劳役的人,每天强制做12个小时的苦工,生产军需品。刑务所想方设法要消除在押人的民族意识和反抗斗志,特别是太平洋战争爆发以后,每天都要宣传“大东亚共存共荣”。

旅顺刑务所是日本帝国主义残害中国共产党人、抗日志士和爱国同胞的人间地狱。现在被列为全国重点文物保护单位,成为对青少年进行革命传统教育和爱国主义教育的课堂。

韩光第“为国捐躯”

韩光第,原名韩玉楼,字斗瞻。祖居大连前牧城驿村,清嘉庆年间移往吉林双城。其父韩英贵为清军佐领,曾任双城县议会议长。韩光第自幼勤学,善悟性,恪守儒学宗义。

1912年,韩光第考入吉林省立警官高等专门学校,结业后东渡日本,入东亚高等预备学校攻读法律。他深感国无武力不足以安内攘外,遂投笔从戎,回国进北京中央讲武堂,1920年转至奉天东北讲武堂。

1922年,韩光第毕业后正式步入军界。历任排长、连长、营长、团长、中将旅长，先后获三等大绶文虎章、二等大绶嘉禾章和一等国徽章。

韩光第平素注重官兵的品德修养，教育他们遵纪守法，爱护百姓。在他自撰的《官长训令》中写道：“军纪必须尊重，百姓务必爱护，做事问得起良心，抬头对得起青天，遇到什么狂风暴雨、惊涛骇浪也不必畏惧！”“国家养兵究为何事？现在战端将启，吾辈军人再贪生怕死，尚有何面目见父母兄弟妻子邻里亲友呢？”“我们东三省是国家的屏障，现在东边受日本的压迫，北边有俄国的阴谋，处境危险，各官想一想，我们军人是否与东北这块大地同生同死、共荣共辱呢？”他在自编的《士兵须知》中，要求士兵做到“如其苟且忍辱，为奴隶而生，不如从容就义，为英雄而死”，“情况愈危险，愈紧急，愈宜镇定”，“当机立断贵乎速，切戒迟缓观望”等等。

1928 年 7 月，张学良被推为东三省保安总司令。年末韩光第给他写信，建议他“宜不时召请各元老访问庶政得失及外面舆论、地方民情与求治方策作为参考”，还建议他“宜亲贤远不肖，戒除偏爱偏信偏听之念，从而兼爱兼信兼听”，又提出“急急选造外交人才及政治人才军事人才”。在信的最后，特别提醒张学良要报杀父之仇，“宜励精图治，卧薪尝胆，有坚定之决心，有充分之准备，此心此志灌输入文武僚属及三省有志之士之脑中”。

“中东路事件”爆发，韩光第奉命驻防海拉尔，直觉事态严重，再次写信给张学良，陈述利害：“东铁事变外交紧急，我东北边疆夹于野心之两大强邻，既难联俄以抗日，势必驱虎而进狼，外交上稍有不慎，军事上准备欠周，一旦和平破裂，诚恐所谓俄国、日本问题同时并起。”他表示：“前进有路，后退无门。战胜为一时之荣，战不胜宁为玉碎而不辱，为千秋后世之荣。钧座如无令后退，纵剩一人一卒亦决不后退一步，唯有拼此满腔热血以赴之。家事先有预嘱早已安排……所不能忘怀者中华民国与我司令长官、万督办耳。”

1929 年 11 月，苏军开始进攻西线，韩光第率十七旅防守扎兰诺尔。11 月 13 日，苏联步、骑、炮、坦克兵约 1.5 万人向扎兰诺尔和满洲里发动攻势。韩光第亲临前线指挥，打退苏军多次进攻。16 日夜，苏以重炮 60 余门、飞机 20 余架、坦克 20 余辆猛攻扎兰诺尔。17 日晨，苏联飞机 21 架向韩旅阵地投弹扫射，弹如雨注，血肉横飞。苏联步兵用机枪扫射韩旅阵地，韩旅官兵在枪林弹雨中奋力抵抗，战壕内积尸累累。午后 1 时，苏骑兵包围扎兰诺尔车站，团长林选青牺牲。韩光第率骑兵连、卫队连冲出包围前往救援，与敌战多时，左臂受伤。3 时许，苏联坦克、装甲车从后侧冲入阵地，韩旅官兵誓死血战，短兵厮杀至日暮。18 日拂晓，苏步兵、坦克、装甲车向韩旅阵地冲击，用炮轰击扎兰诺尔街市，一时间火光冲天，烟尘蔽日，商民死伤甚多。苏联坦克又转攻韩旅阵地，用机枪扫射。韩旅连长汤海泉用手榴弹抛炸坦克未成，跃身攀登车顶，以手枪射击车孔，中弹落地身亡。韩光第腿部受伤，仍在前沿督战。团长张季英见势急紧，问韩良策，韩光第厉声说："誓与此土共存亡！"副官张德元见韩光第受伤，苦劝暂退。韩光第说："强敌在前，全军将没，我怎能后退！"话没说完，敌坦克驶来，韩光第和副官跳进战壕。韩光第腹部受伤倒地，手捂伤处，口吐鲜血，大呼消灭敌人，气绝而死。团长张季英重伤，见旅长壮烈牺牲，不忍独生，开枪自尽。副官张德元见此惨死景象，怒火中烧，提起机枪猛射，被敌砍杀……

扎兰诺尔失陷。

韩光第殉国后，其陵园修建于双城车站。陵园内筑有三门流檐式牌楼，门楣上镌刻着蒋介石、张学良、万福麟题写的匾额："为国捐躯"、"气壮山河"、"万世流芳"。园中的方亭里竖立着韩将军的墓碑，碑后是将军圆顶墓。1945 年，陵园被苏军破坏。

据悉，目前哈尔滨市政府正拟重建韩光第将军墓园，纪念这位为国捐躯的民族英雄。

吕永发火烧小衙门

吕永发(1870 ~ ?)，大连金州人。

1905 年，日本占领大连，吕永发不堪日本人的统治和汉奸恶霸的欺辱，暗地里与张玉宽、乔德福等 12 名农民，组织了一支抗日武装队伍，专门袭击日本警察和汉奸恶霸。1906 年 7 月 26 日，吕永发率队首次出现在四十里堡的郭家屯，处死了欺压群众的巡捕王明爽。第二天早晨又组织 27 名农民包围了七顶山乡老虎山警察驻在所，当场击毙日本警察多崎三吉，击伤两名巡捕。事后日本金州警察署迫于无奈将驻在所撤回金州城。当天下午，日方从普兰店警察署派出一名巡查队长、15 名巡查、5 名巡捕和一小队士兵，前来出事地点搜捕。当他们来到三十里堡达子营高地时，与吕永发的队伍相遇，双方打了四个小时直到日落，吕永发趁着天黑带队冲出包围圈，在三道湾乘船离去。

这一年的 8 月 1 日和 21 日两天，吕永发率队先后两次在三道湾登陆，袭击警察所，日方闻讯出动大批军警搜捕未成。

1908 年 4 月 5 日，吕永发带领 7 名农民，从大盐湾双岛子登陆，日方出动 20 多名警察、巡捕和 150 多名壮丁，进行了两天一夜的搜捕，没有发现一个人影。

1908 年 7 月 26 日傍晚，吕永发带领 12 名农民，包抄汉奸恶霸老爷庙伪会长姜日叔的家，带走了姜日叔和其弟姜日贞、姜洪达并当场处死了普兰店民政支署的敌伪爪牙张俊昌。日方得到消息后，连夜派出三四十名警察、巡捕和壮丁，搜到第二天晚上，把这一带的村庄、山谷、树林和庄稼地全搜查遍了，也没有发现任何踪迹。8月15日，吕永发所部与金州民政署长吉田带领的两个警察队在三十里堡大盐场相遇，吕永发指挥农民当场击毙了巡捕王玉清，击伤数人。

吕永发这支农民武装两年来袭击日本军警和汉奸恶霸，烧毁一所小衙门，使得日伪汉奸昼夜不安。这一年冬天，吕永发因武器弹药不足，衣食也无法筹措，便把队伍解散了。他个人潜往奉天、吉林，后被奸人告密，惨遭杀害。

顾人宜与辛亥革命

顾人宜（1867～1931），原名人仪，字冈宾，是大连普兰店市星台镇人。

顾人宜自幼读私塾，后行医于乡里，颇有名声。1900年八国联军入侵中国，各地奉旨办团练，他被推为团总。1904年复州置12社，他被派充聚社（今星台镇）社长。此后各地发起成立“联庄会”的地方武装组织，他被推举为会首。他的族弟顾人邦、顾人敏都是受过教育的人。顾人敏任瓦房店煤矿总办，聪明机智，善于言谈，因工作关系，经常来往于省城和北京之间，结识了宋教仁、张榕、蓝天蔚、吴禄贞、商震、宁武等同盟会会员，接触了民主革命思想。1908年顾氏三兄弟都参加了同盟会，他们领导的联庄会也走上了民主革命的道路，树起了青色金龙大旗，自己制造火枪和大刀，还购置了一批俄国步枪，组成了百余人的民军队伍，与清政府展开针锋相对的斗争。此间东三省总督徐世昌下令清丈山林荒地，他领导民众坚决反对，迫使清丈作罢。从此他领导的民军威望大振，清官和税官再也不敢进入他所管辖的区域。顾氏三兄弟被称为“顾氏三杰”。

1911年10月武昌起义胜利的消息传到奉天，革命党人公推蓝天蔚为关外讨虏大都督，顾人宜为革命军南路协领，以顾家岭（今星台镇）为根据地。顾人宜又将自己的房地产抵押给日本正金银行，贷款购买枪械，招募民军千余人。邵兆中、杨大实、尹锡武等同盟会员，先后带领民军来到顾家岭，增强了民军的力量。这时顾人宜领导的复州民军已成为奉天南路一支劲旅。

11月20日，顾人宜率领民军攻打李家卧龙（今城子坦境内）的清兵，民军首战告捷，打响了辛亥革命在辽南的第一枪，鼓舞了辽南各地民军的革命斗志，揭开了辛亥革命在东北地区的序幕，是东三省革命进入新阶段的标志。

11月27日，顾人宜在李家卧龙宣布成立中华民国军政分府，并以中华民国征清满洲第一军司令官的名义发表宣言，指明起义的目的在于响应辛亥革命，推翻清朝统治。许多清军官兵，在民军的威慑下携械投诚，不数日民军便发展到四千余人。

1912年元旦,南京临时政府成立,孙中山任命蓝天蔚为关外大都督,率领北伐军,分乘三艘军舰于1月16日到达烟台。顾人宜得悉,购买大炮10门,步枪3000支,准备迎接北伐军。蓝天蔚委任商震为关外军总司令,顾人宜为关外军第一镇镇统。

北伐军的舰艇于1月下旬开赴庄河海口,赵尔巽急电关东都督府大岛"严查禁阻",又调遣自己的炮队进行攻击,但被北伐军击败。北伐军登陆后,在庄河、复州民军的配合下,兵分两路,一路向安东、凤凰城一带进军,一路由顾人宜率领向瓦房店进军。2月3日夜,顾人宜在水门子与驻防的清军交火,清军败退。2月11日,清军反扑,顾人宜再战清军于水门子一带。适时南京临时政府与袁世凯达成协议,清帝退位,电令蓝天蔚停战,于是顾人宜奉命休战。

此后,北伐军撤回关内,顾人宜将关外军开赴烟台待命。袁世凯委任顾人宜为关外革命第一军司令官、陆军部中将咨议。后来袁世凯趁顾人宜回家守墓之机,解散了他的关外军,顾人宜成了一个有职无权无军的将军。

1918年,顾人宜南下广州,任孙中山大元帅府参军兼政府咨议。1923年孙中山发表《和平统一宣言》,主张直、奉、皖和西南各省四方和平统一,顾人宜返回奉天,充任张作霖巡阅使署中将咨议、奉天第一军参议。1927年因病告假就医。1931年3月病逝,终年65岁。

辛亥革命烈士连承基

连承基(1878~1913),字绍先,大连市普兰店四平镇人。

他出身于农家,自幼聪明,就读于复州横山书院。1897年,考入吉林警察学堂,耳闻目睹沙俄侵略东北的罪行和清王朝的腐败统治,激发他忧国忧民、立志改革社会的思想。1901年春,他留学日本,在东京警官学校学习,其间接触了民主革命思想。1903年春,在奉天宪政学堂任教,后任吉林警察署长。1907年,在吉林结识了进行革命活动的徐镜心、宋教仁等革命党人。连承基对他们非常敬佩,探寻反清救国之路,积极参与同盟会的革命活动。后来他弃官在辽南一带从事反清革命活动。

1911年10月,武昌起义爆发,他得到消息,即赴往大连,同那里的同盟会辽东支部取得联系,筹款购买武器,招募民军,准备起事。

1912年1月,连承基、徐镜心、刘芝舟、宋涤尘等人带领五百民军,扮作商人,从大连乘船去山东。船行海中,民军威胁船长改道蓬莱。第二天早晨,船抵蓬莱,登陆后会合当地民军,占据了老柏山炮台、水师营、府衙、自治会和电报局,成立登州军政府，连承基被推举为军政府都督兼总司令。民军同时占领黄县、龙口，清军闻风而逃。孙中山重视以烟台为中心的武装起义，任蓝天蔚为关外大都督，任胡瑛为山东都督，驻守烟台。胡瑛组建山东军政府，任连承基为山东革命军总司令，授中将军衔。

2月7日，清军以三千兵力反攻黄县，民军因兵力不足，放弃黄县。2月14日，刘基炎率民兵前来增援，夺回黄县。正待西进时，南京政府来电停止一切军事行动，因为清帝已宣布退位，实行共和，连承基退兵回烟台待命。

袁世凯排斥异己，歧视民军和鲁军，下令解散山东军政府，遣散民军，改编鲁军，任连承基为旅长。1913年春，袁世凯召连承基进京议事，当连承基到达天津时，袁世凯下令遣散鲁军。此时连承基发现被骗，决定驻足天津，以待时局的变化。不久宋教仁被杀，二次革命爆发，连承基参与反袁斗争，秘密联络国民党人邹耀廷、郑天楚、任重等招募遣散的民军、鲁军，购买军火，重组武装，兴师讨袁。事泄，1913年8月，连承基在天津被捕，押至北京，受尽折磨，坚贞不屈。9月18日晨，连承基、邹耀廷等七人被害。

连承基牺牲后，部下将其遗体护送原籍安葬。孙中山得知后，极为悲痛，发来唁电和抚恤金，悼念烈士，抚慰亲属。

石磊血染复州城

1914年农历八月二十七日，以石磊为首的24位革命志士，为阻截宗社党的军火船只被日警俘获。他们在刑场上大义凛然，视死如归，在辽南大地上谱写出一曲“国破家亡身何在？誓将热血染神州！”的慷慨之歌。

参加同盟会，投身革命事业

石磊，原名石恒岱，字巨符。辽宁省辽阳县东新堡人。光绪十六年(1890)三月十二日出生于一个制皮业主家庭。他在奉天盛京陆军学堂毕业后，因成绩优异，被东三省总督府保送到日本士官学校深造。在日本，他与蓝天蔚、张榕、连承基等辽宁籍七名同学相识，一起参加了孙中山的同盟会，时称“东北七星”。

1909年，他们学成回国，石磊担任新建陆军第二混成协司令部参谋。1911年10月武昌起义，奉天新军推举蓝天蔚为关外讨虏军大都督，石磊任本溪湖地区总司令。

在蓝天蔚的指挥下，石磊率部在本溪、凤城、辽阳一带袭击清军，又联合南路总司令顾人宜，进攻城子坦李家卧龙清军驻防地，打响了辛亥革命在奉天地区的第一

营城子石磊墓

枪,揭开了辛亥革命在东北的序幕。在各次战役中,他亲率革命军冲锋陷阵,锐不可当,各地清军闻风丧胆。

1913年初,孙中山指示在大连成立"革命行动委员会东北支会",石磊被召到大连,任支会理事,负责机关工作。

1914年4月,在日本大隈内阁和军部的支持下,肃亲王善耆等为反对革命,从事满蒙独立和复辟活动,在大连成立宗社党,进行武装演练和骚扰。

劫夺宗社党武器

1914年旧历八月,有人向石磊报告:日本为宗社党用船从老虎滩向营口运送武器。石磊立刻召集革命党人,决定劫夺这批武器。深夜,石磊率领革命党人,开枪夺船,缴获了37箱枪支弹药。在战斗中王青山腿部受伤,石磊扶他返回大连治伤。船上的事情委托给刘耀臣,要他负责把武器送到葫芦岛。

刘耀臣等驾船来到金州湾时,日本水上警察追踪而至,革命党人被俘,押到金州警察署。第二天,石磊和王青山被捕。石磊在狱中对大家说:人生终有一死,我们为革命而死,死得光荣,死得值得。我们的死必将激起民众对敌人的仇恨,民众很快就会觉醒起来,打倒宗社党、打倒袁世凯……

"政见不统一,归顺实是难"

复州知事苏鼎铭得知革命党人被捕,为了升官发财的罪恶目的,将他们引渡到复州衙门。在县衙大厅上,石磊面不改色,谈笑自若,义正词严地讲述反袁护国、拯救中华的意义。苏知事见他年轻英俊、口齿伶俐、气宇轩昂,心中顿生招降之意。于是,把他软禁在客厅里,指派陪审员范、蔡二人昼夜相劝。苏知事的儿子是石磊的同学,劝他写"自白书",不仅能保住性命,日后还会飞黄腾达。石磊听后,写了两首诗作为回答:

自由花开日,英雄保国期。一着不得当,输却满盘棋。

外贼内奸险,愤膺志更坚。政见不统一,归顺实是难。

苏知事看到劝说不成,便面见石磊,对他说:"你如能识大局,归顺于我,我可以保你不死,日后必有重用,怎么样?"石磊正气凛然地回答:"革命兄弟,同来同往,视死如归,勿劳多言!”苏知事摇摇头,便悻悻地走开了。

“今儿为国而死是家门之大幸”

农历八月二十六日夜,石磊在狱中给父母写了一封长信:

父母亲大人膝下:

跪禀者……儿依依膝下二十五年,今当与老大人诀别,不得不将儿被逮之情形及儿死后之事,为老大人一一禀之。

儿子旧历八月十七日在大连被捕,十八日解至金州,二十二日又解至复州。儿党事重大,必死无疑,枪毙之期,即在一二日内……儿自有生以来,未曾惜死,然今日之死,实在恨焉,何则?儿本中国赫赫之党人,今死于复,却加以贼名。想儿读圣贤书,明白事理,岂肯作背辱宗祖而伤家门之事?是非曲直,自有定论。以吾门第论,以儿举动论,是贼人,是党人,不待辩矣!今儿为国而死是家门之大幸,老大人非但不必悲伤,而应扬眉吐气于乡中,乐得此佳子也!儿祖母年迈古稀,自儿有生以来,重若珍宝,突然闻孙之死信,恐一痛而绝,果尔,则吾之罪更大矣!请老大人缓告而慢劝之。儿母亲病弱身体,请自加保重,勿为儿死过于悲伤,有伤慈躬,使儿罪增多矣……再儿妇愚直,与儿伉俪甚笃,能守则守之,万勿强其嫁,苟守之,请格外优待。寡妇孤子,大不易处。欲嫁则嫁之,万勿强其守,苟嫁之,亦不必骂其不节,青年守节诚非易事……

信尾石磊写了四首诗:

呼啸阴风江水悲,泣沮青天雨似飞。男儿护国任夭折,杜鹃萦山带雪归。

十年仗剑海上游,毅力不达死不休。国破家亡身何在?誓将热血染神州!

老天为我叹悠悠,万里江山披白绸。明日太阳来吊孝,家家檐前泪珠流。

分明是革命,硬说海上贼。今生长已矣,真伪诉于谁?

“今生未能雪袁恨,但等投胎转世来”

1914年农历八月二十七日早晨,石磊坐在头辆大车的左耳板上,其余的革命志士分坐在后边八辆大车上。石磊头戴瓜皮帽,身穿青缎子马褂和深灰色长袍,四方脸,赤红色的面孔,毫无惧色。大车停在永丰塔下,石磊昂首挺胸跳下车来,面对众人慷慨陈词:同胞们,我们24个人不是土匪,我们是革命党人,是反对宗社党的,是反对日本人的,是反对袁世凯的。我们是革命党人,是爱国的,是坚决反对袁世凯复辟帝制和捍卫民国的。我们宁愿为国而死,也不屈服……

革命党人齐声高呼:“中国革命万岁!”

石磊眼看革命同志即将牺牲,内心激起极大的愤慨和痛惜,当即吟《就义诗》:

武昌革命下江楼，胜者王侯败者囚。廿四英雄空纪念，永丰塔下守孤丘。

一夕半百未分开，只落魂飞上九台。今生未能雪袁恨，但等投胎转世来。

枪声响起，革命志士壮烈牺牲。

苏知事害怕革命党人前来报仇，下令关闭三天城门，不准百姓进出。

烈士英名永垂不朽

烈士的父亲石宝深得知噩耗后，委托大侄子石凯赶着大车，星夜奔往复州城收殓遗体。复州巡警队全队长把烈士写的诗和信交给他，又把烈士在狱中和临刑的情况作了陈述。按祖规，凡刑死者不得进祖坟，烈士便被埋葬在自家的菜地边上。1960 年，辽阳发大水，坟丘被水冲毁，烈士二弟石恒兰收殓遗骨，移葬在东新堡石二达沟。多年来无人管理，牛羊蹄踏，夷为平地。2000 年，石磊的大侄子石英老人为大伯父的革命精神所感动，多年来走遍辽南各地搜集有关烈士的遗物和记叙文字，将烈士的遗骨由辽阳迁移到大连甘井子区营城子镇烈士陵园安葬。2000 年 5 月竖碑立墓。

辽阳地区学校的教师，十分敬佩烈士，将他的诗文编成教材，代代相传。石磊的革命业绩，被载入《大连市人物志》，大连烈士陵园立有他的石雕像，烈士殉难地被列为大连市爱国主义教育基地。

"满蒙独立运动"

善耆(1866～1922)，字艾堂，号偶遂亭主人。皇太极的直系子孙，1898 年承袭第十代肃亲王。历任镶白旗副都统、护军统领、工巡局管理事务大臣、理藩院管理事务大臣、民政部尚书。

1900 年八国联军侵犯北京，帝后返京时，善耆通过日本人川岛浪速的交涉安然进入紫禁城。从此善耆与他相识，并为他向清廷奏请了二品官，后来他们交换庚帖，结拜金兰。川岛浪速是日本"大陆政策"的狂热鼓吹者，在甲午战争和八国联军侵华战争中，他充当翻译官。

善耆是个复辟狂，一心要挽救已灭亡的清王朝，为此在 1912 年 1 月，他和恭亲王溥伟、江宁将军铁良等为首组成宗社党。在清帝"逊位诏书"上拒绝签字，主张整兵一战，并发誓"不恢复清室，永不进北京城"。

1912 年 2 月，共和告成，川岛浪速向善耆表示日本政府可以帮助他复兴清室，并劝他移居旅顺，以便活动，并可以得到日本人的保护，善耆一家便逃到旅顺。

1912 年 6 月，宗社党将 47 辆大车的武器运到郑家屯，不料与奉军相遇，军火全

旅顺肃亲王(善耆)府旧址

被焚毁。同时宗社党在开原、公主岭、海城等地的组织也被破坏,其骨干分子退回旅顺,善耆鼓励他们等待时机,东山再起,于是第一次“满蒙独立运动”就这样失败了。

1914 年 4 月,日本大隈内阁成立,第一次世界大战爆发,日本想乘机侵华,解决满蒙问题,加藤外相积极支持善耆的“满蒙独立运动”,关东都督府中村觉大将也传令满洲各地日本人要支持这个“运动”。川岛浪速从日本赶来旅顺,同善耆筹划再建宗社党和“满蒙独立运动”。善耆为表达对川岛的感激,把十四格格显玗送给他为养女,川岛为她起了个日本名字,即川岛芳子。

在日本政府的支持下,善耆派其儿子到东京组建宗社党本部,在大连、海拉尔等地设立分部。其主要成员有善耆、溥伟、陕甘总督升允、蒙古贵族巴布扎布等。善耆又以在东北的森林,煤矿为抵押,由大隈担保,向日本大仓财团借款 100 万日元购买军火,招募 2000 多人,组建“勤王军”。

1916 年 3 月,川岛浪速在大连设立指挥部,策划第二次“满蒙独立运动”,准备在 6 月于庄河、复州一带举事。这时袁世凯突然病死,段祺瑞任国务总理,日本改变了政策,以援助段祺瑞来控制中国,于是善耆第二次的“满蒙独立运动”再次受阻。日本政府指令巴布扎布的蒙古军退回内蒙,并解散宗社党的军队。至此善耆以宗社党进行的复辟活动完全失败。1922 年 2 月,肃亲王善耆在复辟无望的惆怅中病死在旅顺。

大连中华青年会

受“五四”爱国反帝运动的影响,爱国报人傅立鱼为改变大连人文化落后的状

大连中华青年会旧址

况,决心创办教育组织,几经努力,终于在1920年7月1日成立了大连中华青年会。青年会公推傅立鱼、杨凤鸣为正副会长,设讲演部、学校部、体育部、武术部、交际部、出版部、救济部、童子部,收到各界人士赞助金三万元,作为会务基金。

青年会把承办教育作为惟一宗旨,组成昼夜学部,分高等班、国民班。课程昼学部有修身、国文、算术、历史、地理、图画、手工、唱歌、体操、日语、英语等科,夜学部有日语、英语、汉文三个班,另有识字班。教材是商务印书馆和中华书局出版的通用课本,教师是从关内特聘的。学校部还组织学生到社会进行"救灾"、"赈济"、"妇女放足"等宣传活动。学生毕业后到关内高一级学校深造。14年间培养的学生达数千人之多。

青年会举办"星期讲坛",内容广泛,包括古今中外各种事情。讲演人大多为有声望的社会名流,如著名学者胡适讲"新文化运动"、戏剧家欧阳予倩讲"中国戏曲改革之途径"等;大连地下党团负责人也利用讲坛向市民宣传中国革命。讲演活动打破了大连沉闷的局面,把人民从殖民地奴化教育中解放出来,开阔了视野,增长了知识,激发了民族精神。

青年会为激发民族意识,培养爱国观念,兴办了图书馆。1923年设立阅览室,创立简易图书馆,订阅报刊40种,新购图书近千册,为大连青年提供了有益的精神食粮。

青年会于1923年2月出版会刊《新文化》,一年后更名为《青年翼》,至1928年8月,先后出版了67期。孙中山先生为该刊题词:"宣传文化"。会刊内容丰富,撰稿人包括孙中山、汪精卫、李大钊、恽代英、胡适、梁启超、马寅初、郁达夫等名人。《新文化》是传播新思想的进步刊物,发行全国,影响较大,对培养青年爱国反帝的精神起到了积极的作用。

青年会还通过组织大型体育比赛,进行爱国反帝活动。每年举行水上陆上运动大会,专门吸收中国学生、工人和店员参加。1920年7月,大连人第一次在老虎滩举办水上活动,被誉为"东北大陆民族破天荒之举动"。青年会足球队成立于

1921 年 3 月，是大连的中国人成立最早的一支足球队。青年会开展体育活动，在大连留下了光辉的一页，如刘长春、史兴隆等都是由青年会培养出来走上了全国和世界体坛。

青年会为增强大连人的爱国观念，利用纪念日，组织爱国反帝活动，如 1921 年双十节，白天召开庆祝会、游行会，晚上举行提灯会；1926 年 4 月 12 日，组织了纪念孙中山逝世一周年活动，散发传单，提出了“打倒帝国主义”的政治口号，引起了日本殖民当局的注意。

1924 年在全国革命形势的推动下，大连各团体为统一行动，在傅立鱼、傅景阳等人组织下，将大连中华青年会、大连中华工学会等七个团体组成“大连中华团体有志联合会”。联合会的第一个活动是举行“九七”辛丑条约国耻纪念大会，又举行了庆祝双十节万人游行大会。

“五卅”惨案发生后，联合会成立了“沪案后援会”，举行示威游行、散发传单、开追悼会、募捐等活动；《泰东日报》也发表声讨帝国主义罪行的文章；“后援会”向上海总工会汇寄一万多元捐款。“后援会”的活动震怒了日本殖民当局，从此他们对青年会进行严密的监视。

1926 年，大连福纺纱厂举行“四・二七”大罢工，联合会有力地支持了这次罢工活动，罢工坚持一百天，斗争取得了胜利。为庆祝罢工胜利，在这一年的双十节特别举行了万人游行，锣鼓喧天，鞭炮齐鸣，大长了中国人的志气。

1928 年 7 月 22 日，日本殖民当局以“政治结社”、拥护张学良“东北易帜”的罪名，将傅立鱼逮捕，并强行驱逐出大连；同时搜捕青年会进步师生，洗劫图书馆，会刊也被迫停刊。1934 年，大连中华青年会被日本殖民当局强行解散。

大连中华工学会

在京汉铁路“二七”大罢工的影响下，大连满铁沙河口工场(今大连机车车辆厂前身)青年工人傅景阳、于景龙等人经过一年的筹备，于 1923 年 12 月 2 日成立了“沙河口工场华工学会”。会上选举傅景阳为会长，于景龙为副会长，聘请傅立鱼为顾问。工学会内设文牍部、夜校部、讲演部、体育部、娱乐部、救济部、交际部。从此大连工人运动进入了有领导、有组织的阶段。

1924 年初，指导东北工运的中共党员李震瀛第二次来大连，根据党中央的指示，帮助修改了工学会章程；选派一批工会干部，分别打进日本企业；发展会员建立工会。

这一年的夏天，中共中央工运委员会书记、中华全国总工会筹备委员会主任邓中夏来大连，对大连工会工作提出了具体的指导意见。1924 年 12 月 2 日，工学会召开第二届会员代表大会，将沙河口工场华人工学会更名为“大连中华工学会”，出版《工学会会刊》。

1925 年 2 月，傅景阳出席全国铁路工会第二次代表大会，当选为全国铁路总工会委员。会后他根据铁总精神，将大连中华工学会改名为“南满铁路大连工会”。

在“五卅”运动中，大连工会迅速壮大，会员达到 4000 余人，在全市十余家工厂(如大连福纺纱厂、小野田水泥厂、满洲船渠工厂等)建立了基层组织，同时成立了“大连沪案后援会”，开追悼会，组织募捐，有力地支援了上海工人运动。

1926 年，大连福纺纱厂大罢工，工学会成功地领导了这次一百天的大罢工，取得了胜利，使日本殖民当局大为震惊。

1927 年 8 月 20 日，大连中华工学会被日本殖民当局查封。工学会的历史虽不到四年，但对大连和东北地区工人运动的影响是不可磨灭的，它不仅推动了大连地区的工人运动，还为党团组织培养了一批骨干，在工人群众的心中，播下了反抗日本殖民统治的火种。

邓中夏指导工运

1924 年 6 月初，为了开展大连工运，时任中共中央职工运动委员会书记、中国劳动组合书记部主任、上海大学校务长邓中夏(1894 ~ 1933)由上海来到大连。

大连中华工学会会长傅景阳向他做了工作汇报。邓中夏高度评价大连中华工学会的工作，他认为能在日本殖民当局压迫下，把工会的牌子公开挂起来，这是一件很了不起的大事，显示了大连工运的力量。他说工学会是大连工运的领导核心，将来还要向其他行业发展，把整个大连的工人团结在工学会的周围。工学会要利用沙河口铁路工厂的有利条件，逐渐把南满铁路的工人组织起来，再同中东铁路的工人们联合起来，打通国际路线。大连中华工学会干部听后深受鼓舞，深感责任的重大。

邓中夏很重视知识分子的作用，他访问了大连中华青年会会长傅立鱼，对他的爱国热情和救国抱负给予高度评价，邓中夏向他介绍了关内国民革命的动态。他又访问了大连中华增智学校校长林升亭，称赞他勤勤恳恳为工学会举办夜校，教育工人。他应林校长的邀请，在该校作了《中国共产党反帝反封建的革命主张》的报告。

一周后，邓中夏在欢送会上，一再告诫工会干部：要吸取“二七”惨案的教训，提高警惕，严防日本殖民当局对工学会下毒手。工学会在斗争策略上，要学会善于打

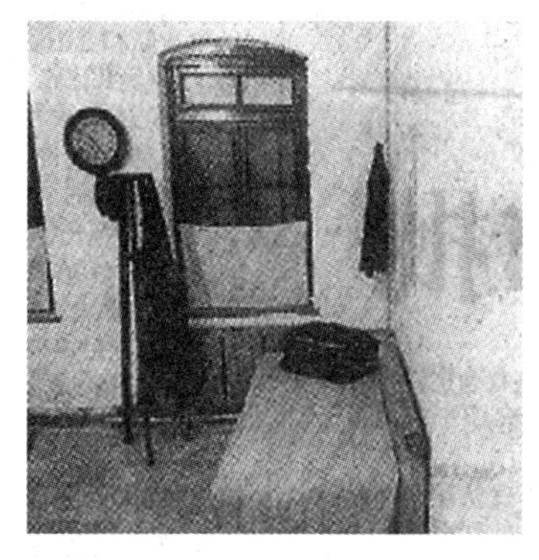

邓中夏在大连中华工学会工作、居住过的房间

击敌人,保存自己,发展组织,壮大力量,加强阶级教育,启发民族意识,坚持经济斗争,使工人的生活在斗争中得到提高,使工人增强对工学会的信任,把大连建成东北工运的基地,最终把日本侵略者赶出中国去!

邓中夏还向工学会推荐了歌曲《最后胜利是我们的》,后来,这首歌曲作为《大连中华工学会会歌》,唱遍大连,成为大连著名的工人歌曲之一。

工运领袖唐韵超

唐韵超,原名唐宏经,1901 年 3 月 1 日生于大连市金州一个农家。大连中华工学会副委员长、中共中央候补委员(六大)、东北人民政府劳动部长。

1917 年进南满铁道沙河口工厂劳动。1921 年参加大连中华青年会学习,受到进步思想的启迪,接触了马克思主义。

1923 年末成立大连中华工学会,唐韵超被选为副委员长。1926 年加入中国共产党。4 月,大连福纺纱厂举行大罢工,他作为中共大连地委委员、工运部长,并以中华工学会副委员长的身份,参与领导这场大罢工,并取得了胜利。10 月被日本殖民当局逮捕,翌年 3 月释放,以后转移到奉天,在满洲省委工作。

1928 年 6 月,作为满洲省委代表参加在莫斯科召开的中共六大,并当选为中共中央候补委员。会后参加了共产国际六大会议。

1945 年 8 月,大连解放。唐韵超从金州家乡来到大连参加革命工作,组织大连总工会,当选为总工会委员长。11 月,经东北局批准,重新入党,担任市委委员。在市委的领导下,他带领工会成员粉碎国民党对大连地区的经济封锁,把大连建成稳固的特殊解放区,支援全国解放战争。

1947 年调离大连。1948 年 8 月,在全国第六次劳动大会上,当选为全国总工会执行委员、劳保部长。以后又担任东北行政委员会劳保总局局长、东北人民政府劳动部部长、东北总工会常委。

1952 年 8 月,东北局书记高岗以“隐瞒历史”、“反苏”等莫须有的罪名将唐韵超开除出党,判刑 6 年。1957 年 2 月提前释放,在本溪市小堡畜牧场、歪头山砖瓦场工作。

1980 年,中华人民共和国最高人民法院撤销原判,宣告无罪,平反昭雪,恢复党籍。

百岁老人,中共六大代表唐韵超告诫青年们说:“中国共产党走过 80 年的历程,是无数革命先辈浴血奋战、前仆后继、励精图治才换来的。没有共产党,就没有新中国,没有新中国,就没有今天改革开放带来的翻天覆地的巨大变化。我真诚地希望,我们党的各级干部、广大党员和人民群众都要珍惜这来之不易的一切。”

民族英雄金伯阳

金伯阳

金伯阳(1907 ~ 1933),原名金永绪,旅顺金家屯人。1925 年从旅顺公学堂毕业后,考入南满铁道大连沙河口工厂技工养成所当见习生,从此他开始了产业工人的生活。在同乡工人、共青团员王立功的帮助下,进步很快,懂得了很多革命道理,不久便加入了大连中华工学会,任工会干事,负责宣传工作。他刻蜡版,印传单,帮助办夜校,教工人识字,宣传革命道理。

1926 年,大连福纺纱厂爆发“四·二七”大罢工,金伯阳作为王立功的助手,积极参与宣传鼓动和通讯联络工作。他刻印、散发《福纺纱厂工人泣告各界同胞书》、《致福纺罢工工友书》等,向全市人民宣传罢工的真相,赢得了全市人民的同情和支持,鼓舞了工人的斗志。经过斗争的考验,金伯阳加入了共青团。

1926 年,金伯阳来到哈尔滨,担任北满地委交通委员,在三十六棚工区中进行宣传工作。第二年金伯阳被捕,一年后遇赦获释。经过严峻考验,金伯阳转为中共党员,在满洲省委机关做机要文书和交通联络工作。

1931 年 2 月,金伯阳当选满洲省委候补委员,担任工运工作。他经常深入奉天北市场工人区进行宣传,揭露日本帝国主义的侵华阴谋。“九一八”事变后,他在沈阳站附近张贴反日标语,宣传抗日,年底转到哈尔滨,与赵尚志组织哈尔滨反日总工会,成立了哈尔滨赤色工会,发动中东路、三十六棚、电力局和英美烟草公司的工人进行罢工斗争。

1932 年秋,中共满洲省委为了加强对南满游击队的领导,特派省委军委书记杨靖宇和金伯阳一道去南满吉奉铁路沿线指导抗日游击战争。年底,他们来到磐石游击区,传达省委指示,整顿游击队,改编为中国工农红军第三十二军南满游击队。

1933 年秋,这支队伍扩编为东北人民革命军第一军独立师,杨靖宇任师长兼政委。敌人调集大批军队进行讨伐，金伯阳以省委巡视员的身份，积极协助杨靖宇的工作，率领部队进行反围剿。11 月 15 日，部队在辉南县旱龙湾地区，遭到敌人的突然袭击，金伯阳为掩护部队转移，不幸中弹牺牲，年仅 26 岁。

金伯阳为了民族解放，献出了年轻的生命。他是中国共产党的优秀党员，东北工人运动的杰出领导者。1935 年中共中央《八一宣言》中称他是抗日救国的民族英雄。1981 年 12 月，旅顺口区委和人民政府为表彰他的历史功绩以教育后代，在他的家乡树碑纪念。1997 年，又在旅顺口解放桥广场树立了他的铜像。

“三·二六”收回旅大租借运动

1898 年 3 月 27 日，沙俄强迫清政府签订的《旅大租地条约》中规定：俄国租借旅顺口、大连湾及附近水域，期限 25 年。1904 年日俄战争，日本通过《朴次茅斯条约》和《中日会议东三省事宜条约》，取得沙俄在南满掠得的包括旅大租借地的特权，从此大连变成了日本殖民地。

1923 年 3 月 26 日是中国收回旅大租借地的日子。当时北洋政府曾多次向日本政府提出交涉，但日本政府恃强凌弱，根本不理中国政府的合理要求，反而向中国提出二十一条，其中包括延长旅大租借权为 99 年。日本的强盗行径，激起了全国人民的义愤，掀起了声势浩大的收回旅大运动。

在首都北平，有人联名发表收回旅大的通电，北平学生联合会召开代表大会，表示誓死收回旅大的决心，全国商会联合会召开评议会，提出废除二十一条和收回旅大，中华民国救国会、中华女子救国会、国民外交后援会、国民收回旅大运动会、南洋华侨救国协会等 11 个团体召开联席会议，决议督促政府速向日本严正交涉。3 月 26 日，旅大租借期满，北平 30 余所中等学校和北平各界旅大收回促进会、北平远东外交研究会等 10 余个团体，共 5000 余人，齐集天安门，冒雨游行，把收回旅大运动推向高潮。3 月 28 日，中华全国商会联合会同京师总商会、全国商约研究会、北平各行商会联合举行游行请愿运动，并向总统府递交请愿书，指出二十一条理应废除，旅顺大连理应照约收回。与此同时，全国各地和世界各地华侨都纷纷召开大会，举行示威游行，要求废除二十一条和收回旅大租借地。

而旅大地区早在 1922 年底，金州人民就曾向省议会提出收回旅大问题。在旅大租借期满之际，《泰东日报》连续发表 60 余则有关废除二十一条和收回旅大的消息。旅大人民曾组织示威游行，散发传单，但是遭到日本殖民当局的残酷镇压。

关于收回旅大的问题，当时日本驻沈阳总领事林权助对张学良说：“城是箭射得来的，还要用箭射过去。”不言而喻，日本是根本不想交还旅大的。张学良在回忆这段历史时，说得非常清楚：“日本帝国主义在中国已得的权益……决不肯轻易交还。设想中日关系可以和平解决，公平调整，实在是妄想。”

1923年全国人民掀起的收回旅大“三·二六”运动失败了，但是通过这次运动，中国人民清醒地认识到日本帝国主义侵华野心不死。直至八年抗战，最终打败了日本侵略者，旅大地区才结束了殖民地的历史。

韩吉贵反日占田

金州三十里堡的西甸子，面积5000亩，清时为军用牧地，俄国占领时废除，由农民开垦种稻，日本占领后划为官地。至1919年，这里有农民115户，稻田3000亩。

日本资本家和田笃郎看中了这片稻田，他把金州城外征购的土地，献给官方做关东厅农事试验场用地，以此来换取西甸子稻田，于是引起一场反日占田的斗争。

1920年3月，金州民政署长小早川贞登偕同和田来到三十里堡派出所，向西甸子农民宣告稻田收归国有，转给和田经营，愿意种植的可与和田签约，租期一年，产粮对半分，不愿意的自便。

西甸子农民不满日本人占田，便推举村长王忠玉和农民韩吉贵等五人为代表，请小学教师朱永槐代写请愿书，又请日本人梅琦将请愿书呈给关东厅长官山县伊三郎，还抄送给日本报馆，想通过报纸引起社会的关注，但是报馆为了保全日本人的利益，没有发表。《泰东日报》编辑长傅立鱼知道这件事情后，出于对农民的同情，亲自来到西甸子调查访问。之后，他把金州民政署长与和田相互勾结、强占土地的真相，在报上披露了出来，于是在社会上掀起了轩然大波。

金州民政署长十分恼火，他状告《泰东日报》，逮捕了韩吉贵，开除了朱永槐，撤销了王忠玉的村长职务。小早川与和田暗中买通了关东厅，关东厅驳回了农民请愿书。

这年秋天，韩吉贵从监狱出来，眼看着农民劳动一年的果实要被和田抢走，他再次联合农民找傅立鱼想办法。傅立鱼决定利用《泰东日报》社长、日本人金子雪斋对小早川指控的不满，请他出来替农民打抱不平。11月，农民为了扩大影响，争取社会的同情，组织百余人来大连游行请愿。第二天傅立鱼在报上发表了题为《为三十里堡农民向山县关东长官乞命》的社论，为农民喊冤叫屈。傅立鱼又陪同金子雪斋去旅顺关东厅，向长官面呈农民的请愿书，同时又把和田的狡猾无赖、金州民政署的渎职腐败和农民的悲苦情景作了申诉。

12月初，山县长官将此案转批给大连民政署中野有光进行调解。中野不做处理,农民再次找到傅立鱼敦请金子雪斋催办。第二年3月,金子雪斋又去旅顺,山县长官决定让《泰东日报》社代表农民一方,直接与和田谈判解决。由于和田的无赖,双方谈判直到6月还没有结果。后来韩吉贵直接去找关东厅山县催办,经过坚持不懈的斗争,1921年9月,和田终于作了让步,双方达成协议:租粮由对半分改为三七分成,农民得七;永不准增租;永不准改佃。至此,为时一年半的反日占田斗争取得了初步胜利。

“沪案后援会”

1925年5月30日,上海2000多名学生为抗议日本纱厂枪杀中国工人顾正红的暴行,举行反帝示威游行,英租界巡捕开枪镇压,死伤多人,制造了震惊中外的“五卅”惨案。

事件发生的第二天,大连《泰东日报》以《举国愤怒之上海,外人无理枪杀华人大事件》的文章,揭露了惨案的真相,矛头直指屠杀中国民众的英、日帝国主义。日本殖民当局惊恐万分,强令禁止发售当天的报纸,并加强对工厂、车站、码头的警戒和监视。

共青团大连特别支部接到团中央的指示,要求立即组织“三罢”(即罢工、罢市、罢课),但由于时间仓促,日本当局控制得严密,工作未能如期开展。中华工学会委员长傅景阳电请大连名人、中华青年会长傅立鱼出面指导。傅立鱼立即从熊岳城返回大连,6月15日召开大连中华团体有志联合会代表会议,成立“沪案后援会”,并做出四项决议:举行游行示威;散发传单;开追悼会;募集捐款支援上海工人。

大连的学生界首先起来响应,大连商业学堂学生会、大连中等学校学生联合会、旅顺师范学堂和基督教青年会相继加入后援会。6月16日,旅顺工大64名中国学生、旅顺二中90名学生首先举行罢课,在旅顺中心区召开追悼会,散发传单,进行募捐活动。同时大连商业学堂、复县师范等几所学校也举行了罢课游行和募捐活动。大连地区的工人冲破敌人的警戒和封锁,举行罢工。

6月21日上午10时,“五卅殉难诸烈士追悼大会”在永善茶园(今人民剧场)举行,大会由傅立鱼主持。在庄严肃穆的气氛中,会场内外聚集万名群众,傅立鱼报告了“五卅”惨案经过和殉难烈士情况。各界代表赵晋如、林升亭分别宣读悼词。大会自始至终悲愤雄壮,会场内外群情激奋。会后举行了分路游行,散发传单,高呼“打倒帝国主义”的口号。后援会的捐款倡议,得到社会各界的响应,一个月内,收到各界捐款11648元,分四批汇寄到上海总工会。

大连沪案后援会的活动，一开始便遭到日本殖民当局的限制和反对，他们以各种借口阻挠这次活动。但是沪案后援会顶住了殖民当局的压力，勇敢地领导了这次爱国反帝斗争。

“四·二七”大罢工

“福纺”是日本人开设的“满洲福岛纺绩株式会社”的简称，即今大连纺织厂的前身。

1926年4月，日本殖民当局宣布金票（日币）涨价，每元金票兑换1.2元小洋（奉洋）。4月25日，厂方开资用小洋，却按金票扣饭费，使4月份饭费上涨，于是激起工人的愤怒。粗纺车间女工杜秀贞、关桂贞向厂方提出仍按小洋收饭费的合理要求，遭到厂方的拒绝。第二天粗纺车间女工没有上班，其他车间的工人也没上班。

大连中华工学会福纺分会委员长、共产党员侯立鉴和副委员长初玉昆立即将情况汇报到党组织和工学会。中共大连地委书记杨志云、地委工运委员、工学会委员长傅景阳及其他有关人员研究决定，把工人的经济斗争有计划地引向政治罢工，并向厂方提出六项条件：一、不准打骂虐待工人；二、准许孩子妈妈在工间给孩子喂奶；三、增加1/3的工资，不许涨饭费；四、每两周有一个公休日，公休日干活发双倍工资；五、缩短劳动时间，每天以10小时为限；六、对内宿工人要降低房租，不拿电灯费，对外宿工人要发补助金。

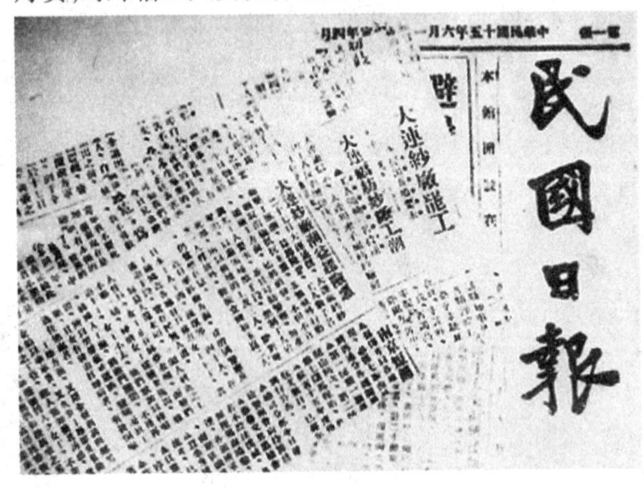

报纸上刊登的大连纱厂罢工消息

4月27日上午8时，工人代表侯立鉴、初玉昆找到厂主角野久造，正式提出了工人的六项要求，被拒绝。于是侯立鉴下令拉响汽笛，实行全厂总罢工。

为了预防厂方搞破坏阴谋，中共大连地委决定以工学会的名义，举行记者招待会。会上，傅景阳介绍了罢工的起因和经过；女工杜秀贞、关桂贞在会上控诉了日本资本家残酷剥削工人的罪行。第二天,大连各报纷纷发表文章报道罢工真相。5月1日,工学会发表了《福纺纱厂一千二百名工人泣告各界同胞书》分送各厂,揭露福纺工人惨遭迫害的情况,争取工人群众的支持。日本厂方为了破坏罢工,派工头分赴各地招工,诱骗工人复工。工学会发动工人进行反招工。日本殖民当局为了制止罢工,逮捕了领导罢工的侯立鉴和其他骨干分子。中共大连地委和工学会立即采取对策,6月24日在福纺大门口,召开声援福纺工人罢工大会。傅景阳主持大会,参加大会的有3000多人,各厂运来20多马车的粮食和物资支持罢工,会后还举行了游行示威,高唱《工人团结歌》。第二天傅景阳等19人被捕。大连地委和工学会发表了《福纺罢工工友致大连全体工友书》、《福纺罢工工友泣告周水子农村父老书》,发动全市工人支持福纺罢工工人。6月29日,大连各厂工人联合发表了《大连各厂工人致福纺罢工工友书》,坚决支持福纺罢工工人把斗争进行到底。

在罢工最艰难的时刻,中共北方区委派邓鹤皋等人来连加强地委工作和领导罢工,还制订了"适可而止"的正确策略,提出要在有利条件下复工,争取罢工的胜利。

全国各地工会组织纷纷发表支持罢工的声明,全国总工会提出要在全国抵制日货。日本当局考虑到事态发展的严重性,终于答应了工人的条件。8月4日,工学会宣布复工,历时一百天的大罢工,最后取得了胜利。

这次大罢工的胜利,是党的正确领导及全市、全国人民坚决支持的结果。它锻炼和壮大了大连党和工会的队伍,培养了一批干部,沉重地打击了日本殖民统治者,在大连和全国工人运动史上增添了光辉的一页。

旅大青年义勇会

1929年3月下旬,为了唤起旅大青年的民族意识,进行抗日爱国斗争,旅顺工科大学、旅顺师范学堂、大连商业学堂和水师营公学堂及大连各公学堂的教师,发起成立了旅大青年义勇会。该会以宣传三民主义,唤醒旅大青年,推行爱国运动,改进旅大人民生活,增进旅大民众幸福为宗旨,于3月26日在牧城驿普通学堂举行成立大会。有会员100多人,分布在旅大城乡。成立大会通过了组织章程,设会长1人,秘书2人,下设总务、宣传、调查、服务、研究5个组。总会在旅顺,大连、金州设分会。总会领导人是牧城驿普通学堂的教师穆超。旅大青年义勇会的中心任务有八项:宣传三民主义;宣传收回旅大租借地;提倡国货,抵制日货;拒日购买中国土地;拒食毒物(指鸦片);打倒土豪劣绅;破除迷信;提倡博爱,反对压迫。

6月30日,有人诬告该会是共产党组织,日本警方把会长穆超、秘书长王明辉拘捕。在审讯和搜查中没有发现问题,20天后将两人释放。

1929年双十节,旅大青年义勇会金州分会会长刘毅率领学生举行国庆纪念大会,并游行示威。金州警察署出动大批警察和巡捕进行干涉,双方发生冲突,刘毅等十余人被捕。

11月间,旅大青年义勇会秘书长王明辉等开展破坏日本人购买中国人土地的斗争,使成交的土地停止出售,激怒了日本人,殖民当局下令大肆逮捕义勇会会员。穆超逃往奉天,刘毅、傅永忠脱险。王明辉、刘大中等十多人被捕,后王明辉、刘大中两人死于狱中。

1931年"九一八"事变后,旅大青年义勇会一度有了发展,会员发展到400多人。他们到处进行反日宣传,游说工人罢工,火烧日军仓库。于是日本殖民当局开始镇压,大肆逮捕会员,先后有十余人牺牲。后来,旅大青年义勇会成员被迫转移到关内,他们在大连的活动也就结束了。

抗日放火团

1931年"九一八"事变后,日本帝国主义侵占了东三省。苏联为了防止日本的突然袭击和破坏日本的军事设施及战略物资,成立了一个军事情报训练班,招收外国和中国青年,专门进行爆破和燃烧技术的训练。这个组织就是国际情报组,老百姓叫它抗日放火团。1933年,中共满洲省委和东北地区国际情报组,选送数批中共党员和爱国青年去苏联接受训练。大连地区的领导人赵国文、黄振林就是这个班的学员。

中国情报组的指挥中心设在上海,领导人是A·鲍维尔,住在上海苏联领事馆里,他负责人员的调遣,制订工作计划和提供活动经费。姬守先在上海担任鲍维尔的交通联络员,情报组的一切工作布置、人员调派、经费分配都经过他下达到各地,各地的情况也要经过他汇报给鲍维尔。

1934年夏大连国际情报组正式成立,大连是工作重点地区,为迅速开展放火爆破活动,先后派来数人,都因工作不力被调回。直到1936年3月派来中共党员秋世显和赵国文,工作才有了进展。大连抗日放火团有赵国文、秋世显和邹立升三个小组,他们之间互不发生联系,谁发展的成员归谁领导,活动地区不固定。当时情报组成员有70人,放火团的活动异常活跃。据统计,从1935年9月开始到1940年6月止,在大连地区共放火爆破57起,使日本损失日币2000余万元(按1938年物价能买白面1000万袋)。其中规模较大的放火有:

1937 年 1 月初，邹立升和高绪琛烧毁大连油漆厂厂房 34 间，原料仓库 1 座。

1938 年 2 月，王金泰和陈根茂烧毁码头大豆 300 吨。

1938 年 4 月 15 日，吴成江和陆炳义在甘井子石油株式会社火烧 6 万桶石油、石蜡，大火燃烧 16 个小时，价值达 700 万日元。

1938 年 6 月，秋世显、邹立升指挥于守安在码头四个仓库同时放火成功，烧掉布匹、毛织品、茶叶、糖、芝麻、蛋黄、纸张、罐头、水银等大批物资，大火燃烧了三个昼夜。

1939 年 12 月，于守安烧掉码头军用马草 10 多个车皮和飞机零件。

1940 年 6 月，赵国文和秋世显指挥王有佐火烧周水子陆军仓库 1 座，烧掉毛衣毛裤 5 万多套和大量军用饼干，价值 800 万日元。

大连抗日放火团的成员斗志顽强、组织严密，使得日本殖民当局一直认为是自然失火或漏电失火。1937 年 8 月，日本在哈尔滨逮捕了北满国际情报组负责人，从他的口供中得知大连也有情报组，于是关东州厅警察部组成特别侦察班，市内各警察署也成立搜查班，日夜侦讯，先后逮捕若干嫌疑人，但是没有一个是真的。

1940 年 6 月，情报组成员王有佐的老乡许元丁，在一次与福昌华工公司小工头牛嗣义谈论招工的事情时，无意中泄露了王有佐放火的事情。牛嗣义会同大工头宋洪泰一起将此事报告给关东州厅警察部巡捕长隋云尉。隋拘留了许元丁，并指示牛嗣义对王有佐进行监控调查。6 月 24 日晚，巡捕长带领一批人，在东关街发现赵国文和王有佐接头，赵国文在电车上被捕。根据他的口供，在全市进行大搜捕，在沈阳逮捕了秋世显，在上海逮捕了姬守先。除鲍维尔、洪德锡、王金泰三人逃脱外，其余无一幸免，先后有百余人被捕，中国境内的国际情报组全被破坏。

1942 年 3 月 16 日，日本关东地方法院判处姬守先等 12 人死刑，4 人 10 年徒刑，9 人 7 年徒刑。由于酷刑拷打，先后有 20 余人死于狱中。

这便是 30 年代轰动一时的，使日本人闻风丧胆的大连抗日放火团。

泰华楼里的枪声

1921 年 4 月 14 日，大连日本殖民当局为了统一东北货币，实行金融垄断，下令推行“金建制”，要商民将手中的银元限期兑换成日本朝鲜银行券。当时规定，一元银币兑现朝鲜券 7 角，这使中国商民蒙受重大损失，于是引起商民的反对和抵制。

大连华商公议会会长郭精义，为了维护华商的利益，决定举行罢市，以示抗议。后多次向日本关东厅长官申诉民意，要求维持“银建制”，但被拒绝。郭精义会长无奈，在傅立鱼的提议下，组织请愿团，前去东京，向日本政府请求解决。

在请愿团出发的前一天，大连工商界代表人士，在泰华楼饭店（今中山区教育局址）举行欢送宴会，突然一声枪响，飞来一粒子弹，擦过郭精义会长的耳边，射进对面的门框上，很明显这是殖民当局妄图阻挠请愿而制造的罪恶勾当。

郭精义会长来到东京，一天夜里，有人从窗外进来，手里拿着郭精义会长的照片，挨屋查找。因为郭精义会长的儿子拉肚子，他和儿子在厕所里，才躲过了这场灾难。

郭精义会长从日本回来后，时感牙痛，来到日本久保田牙科医院治疗。院长给他的牙床注射了一针，回家后便不省人事。1922 年 11 月 13 日逝世，年仅 56 岁。

郭精义会长故后，全市华商停业，以志哀悼。奉天省政府特派代表前来致祭。中华民国北京政府特赠"义声载道"匾额一方，以表彰他的爱国精神。

"庄河大刀会"

"庄河大刀会"是 1932 年上半年由华春盛在长岭（庄河西部桂云花山附近）创立的。当年 9 月，大刀会和抗日义勇军联合，在庄河、盖平交界处马家沟一带，消灭了土匪野狼队，打死 50 人，活捉 90 人，大刀会无一伤亡，从此大刀会名声大振。到了 10 月，大刀会发展迅速，由原来的 3 个团猛增到 16 个团，更名为联庄自卫团，成立了总团部，推举郭殿政为总团长，日本早稻田大学工科学生倪元德为副团长，奉天高等警官学校毕业生鞠抗捷为参谋长。各团分设团长和道长，团长负责政治领导，道长都是从山东请来的师傅，负责传授法术，教练武艺。到了 12 月土城子战役前，大刀会已有 33 个团，约 4000 多人，是庄河诸抗日队伍中的一支劲旅。

大刀会的成员都是自愿参加的，不脱产，每人自备一支红缨枪，枪头一尺，两面开刃，拴上长红缨，配上硬木枪杆。平时各归自家，有军情凭鸡毛信传令集合。

1932 年冬，日本向抗日武装发起疯狂围剿。12 月 15 日，庄河大刀会总部得到消息，日本靖安队 500 人，从瓦房店向庄河开来，扬言要消灭大刀会。总部发出鸡毛信，把队伍集中在旋城。当晚侦察得知：日军一支骑兵营一半驻在庄河街里，一半驻在土城子（离庄河 12.5 公里处），日军大佐和他的卫队住在土城子寇福昌的大院里。郭殿政、鞠抗捷当即决定攻打土城子。

半夜，大刀会约 1000 人来到土城子，总部决定一部分攻击寇福昌大院，一部分攻击土城子前后街驻敌，进攻前总部法师命令大家吃符念咒，大练气功，带领大家逼近大院。先是砍倒两个敌哨，然后鸣枪进攻。霎时杀声震天动地，战士们不顾一切向敌人冲去，睡梦中的敌人来不及迎战，到处乱窜。敌人在房顶上架起了机枪，对准院子里大刀会的战士。大刀会孟道长带领几个小伙子，爬过墙头，把敌人的机枪手刺伤，机枪哑巴了。大刀会的战士在激战中把敌人引出大院外。有个肥头大耳的老鬼子，挥着战刀，横冲直撞，战士们把他围住，老鬼子抵挡不住，冲出重围，蹿到大院的西北角，企图翻进大院，就在他爬墙的时候，被战士用红缨枪刺死。原来他就是日本陆军少将森秀树（死后晋升为少将），他的副官上尉木下谦一郎也被刺死在粪堆上，另外还刺伤日军数十人，缴获长短枪30余支，战刀1把，战马30多匹和部分弹药粮食等。

土城子战役后，总团长郭殿政带领部分大刀会战士与邓铁梅的抗日义勇军会合，于12月25日下午，在文家街同日本守备队交火，刺杀日军10余人，缴获敌军大车两辆。

此后不久，郭殿政离开队伍去了北平。鞠抗捷感到前途渺茫，又无外援，队伍装备太差，无力同敌军战斗，经过反复磋商和研究，便放弃了战斗，带领部分战士回到了家乡。不久鞠抗捷便进关参加了东北抗日救亡工作。1938年他加入了中国共产党，新中国成立后，历任国家工业部门的局长、部长助理，中国计量科学研究院院长、党委书记，中国计量测试学会理事长及全国政协委员等职，1991年病逝。

庄河“六君子事件”

1931年“九一八”事变后，在日本帝国主义血腥统治下的庄河县，发生了一起骇人听闻的杀害爱国知识分子事件，这就是人们称之为“六君子事件”，代表人物是庄河县中学校长宋良忱。

宋良忱又名作模，字伯叔，1883年生于庄河大孤山。他在奉天两级师范学校毕业后，又去金陵师范大学深造，毕业后回家乡执教。1922年春接任庄河中学校长，实现了他多年矢志投身家乡教育事业的愿望。此时他风华正茂、精力充沛、治校严谨，提倡“尽责务”三字校训，号召学生不畏寒窗之苦，努力完成学业，树立“国家兴亡，匹夫有责”的爱国思想。他为培养人材，不惜重金到北京、上海等地聘请名牌大学毕业的老师来校任教，以提高学校的教学质量。庄河中学在当时名望极高，宋良忱在庄河教育界颇有名声，他的治学精神，博得群众的崇敬和欢迎。

宋良忱一向爱乡爱国。1933年初，爱国人士孙德馨、廖香南因反满抗日被捕，宋良忱不顾个人安危，只身前往庄河警察署，提出要保释孙、廖二人，未成，二人被害。“九一八”事变后，日伪当局强令停用商务印书馆、中华书局出版的教科书，一律改用伪满的教材，但宋良忱校长想方设法抵制日本的奴化教育，继续使用老教材，为此日伪当局将他调离中学，改任庄河教育局长，最后为使他彻底离开教育界，调任他为庄河电话局长。但是，他始终没有放弃反满抗日的斗争。

1931 年"九一八"事变以后,在北平的东北各界爱国人士杜重远、阎宝航、高崇民、车向忱等人,在张学良支持下,成立了东北民众救国会。车向忱受救国会的委托,扮成药房先生,于 1931 年底来到安东进行抗日救国的宣传,为成立救国会奠定了思想基础。第二年救国会又派原安东林科学校校长李献廷来安东,联络教育界组织抗日救亡活动。

1933 年春,安东省教育界"有力同心者"在安东图书馆秘密成立东北民众救国会安东分会。

1935 年底,安东省教育厅长孙文敷向出席安东省教育厅举办的中学教师鉴定会议的 13 名代表,部署各县要立即组织以县教育局长和农会会长为中心的抗日救国会。当时出席会议的庄河县代表是宋良忱和林贵家。

宋良忱、林贵家回县以后,便积极筹划庄河抗日救国会的各项准备工作。1936 年春,宋良忱召集以教育界为主的有关人士成立庄河抗日救国分会。这个分会由 13 个人组成,以宋良忱为会长。

救国会的成员主要由中小学校长、教师和其他各界爱国人士组成,救国会将中小学教师全部转入该会组织,把每人每年缴纳的教育会费全部转入救国会会费。建会之初曾号召会员捐款,捐款一部分支援安东分会,另一部分捐给东边道抗日义勇军。此间抗日将领邓铁梅曾来庄河,同宋良忱有过接触,救国会送给他一部分捐款。当年 6 月第二次募捐,教师扣其当月工资的 5%,合计为 7000 元,工商界会员捐款 3000 元,宋良忱校长一人捐款 300 元,总计 10580 元。邓铁梅领取 3500 元,又支援杨靖宇的部队 2500 元。

1936 年底,东北人民革命军总司令杨靖宇的副官李相山派人潜入桓仁县城进行活动时被日伪警务机关逮捕,不久,救国会安东分会遭到破坏,以孙文敷为首的负责人全部遭到逮捕。

1937 年元旦,庄河日本宪兵队以反满抗日的罪名逮捕宋良忱,五天以后又逮捕了杨继皤、孙俊卿、姜维亭、徐成章、林贵家、王道权、戚景龙、张彦果、王俊峰、于心泉、许三辰、孙孝先等人。此间,安东分会下属 11 个县的分会全遭破坏,一时间安东省教育界横遭大逮捕,许多学校关门停课,而且又扩展到工商界,孙文敷等 58 人被杀,300 余人被判刑,这便是轰动一时的"安东教育界大惨案"。

宋良忱在狱中发现庄河只逮捕 13 个人,全是分会的领导人,他估计是分会领导名单被发现。于是他在狱中一再告诫难友,在审讯时只讲被捕 13 个人以内的事情,绝对不许牵扯其他人或事,他们经受了种种惨无人道的精神折磨和肉体摧残,始终如一,坚贞不屈,再没有牵连出一个人。

2 月 3 日,庄河警察署将他们转移到奉天陆军监狱。监狱判处宋良忱、杨继皤、孙俊卿、姜维亭、徐成章、孙孝先6人死刑。3月13日，被害于奉天南门外浑河边，时称庄河“六君子事件”，即“庄河教育界惨案”。

庄河抗日救国会以募捐的形式，号召人民支援抗日义勇军，同日本侵略者进行针锋相对的斗争，实在令人敬佩，可歌可泣。庄河爱国知识分子在敌人的重压下，表现出的爱国精神和视死如归的大无畏民族气节，将永远彪炳史册，光耀人间。

地下党屡遭破坏

1926年1月15日，中共大连特别支部根据党中央和北方区委的指示正式成立。有党员9人，杨志云任书记。地下党成立后，即着手组建大连地区的国民党组织，以推动国共合作开展工作。2月初，国民党大连市党部成立，林升亭任书记。1926年4月，大连福纺纱厂爆发了大罢工，中共北方区委为了加强对罢工的领导，派邓鹤皋任大连地委书记。地委成功地领导了百日大罢工，取得了全面胜利。地委又在人和堂中药铺和大龙街益记笔店建立了联络机关，又在旅顺胡家村建立党支部。这一时期发展党员230名，建立支部23个。这一年的7月24日，由于叛徒胡杰三的告密，邓鹤皋等49名党团员和群众被捕，这是大连地下党遭到的首次大破坏。

邓鹤皋

1927年末，中共满洲省委派曲文秀来大连重建党的组织——关东县委会。这时期工作大有进展，先后恢复和建立了10个支部，发展党员45名。县委会曾领导油篓工人要求增资、轮船工人反对工头私吞伙食费、华泰船员反对拖欠工资、双岛盐场工人要求按期发放工资、东亚砖场工人要求按时发放工资、福昌华工反对工头克扣工资的斗争等等。1928年4月末，曲文秀在街上贴标语被发现，随后有47人被捕，这是大连地下党遭到的第二次大破坏。

1928年10月，满洲省委组建中共大连特别支部，张干民任书记。他组织过码头工友反对工头的盘剥和压迫的斗争，又在庄河建立了支部。1930年5月，满洲省委派王永庆来连任特支书记。他把工作重点放在油坊业，曾组织三泰、三菱、日清油坊400多工人要求增资的斗争，取得胜利。1931年3月，满洲省委派童长荣来连接任市委书记，他领导工人要求增资、改善待遇的斗争，发动党员和工人进行纪念“五一”、“五卅”的活动，举行游行集会，散发传单等。1931年11月，满洲省委派张洛书来连接替童长荣任市委书记。张洛书扭转了“左”倾错误，秘密建立基层工会，培养积极分子,发展党团组织,开办志成书店,建立地下联络点和旅顺林家沟小学团支部等。1933 年 10 月 28 日,由于叛徒于冀贤的告密,张洛书等 37 名党员被捕,这是大连地下党第三次遭到大破坏。

1935 年 1 月,张敬文受满洲省委任命为大连市委书记。他先后发展党员 30 名,建立支部 3 个。同年 10 月,满洲省委又调张福生来大连任市委书记,经过一年的努力,发展党员 50 多人,建立支部 13 个。后来又调任王清志为大连市委书记,发展党员 100 多人。1937 年 4 月,中共哈尔滨特委被破坏,大连市委的通信地址被敌人发现。4 月 17 日,日本宪兵先后将王清志等 111 人逮捕,这是大连地下党自成立以来遭到的最大破坏。

1941 年冬,胶东区党委派左友文来大连开展工作。1943 年春,胶东抗日同盟总会派张寿山来大连建立分会,他们活动在农村和盐场,一直坚持到 1945 年 8 月日本战败投降大连解放。

抗日空军烈士赵庸

赵庸原名赵祥光,1910 年生于庄河青堆子。早年在沈阳冯庸大学工科读书,喜欢驾驶飞机。为人坚毅沉着,身强力壮,爱好体育活动,擅长铅球,有“大力士”之称。

1929 年,中苏边境发生战端,冯庸大学师生组成“歼俄义勇军”,开赴满洲里前线,赵庸为其中一员。后被东北边防军司令长官张学良、冯庸校长所制止,全部返回学校。

1930 年初,青年学生报国心切,赵庸报考杭州笕桥中央航空学校,被分配在轰炸员班,并改名赵庸。

1934 年 12 月毕业,任中国空军第八大队第三十队轰炸员。他对数学颇感兴趣,曾编著《导数论》,由上海商务印书馆出版。

1937 年抗战爆发后,他满怀激情投入空战,参加过著名的“八一四空战”,多次参加轰炸日本运输舰队和上海的日军。他还驾驶过大型轰炸机,飞往长崎、福冈等地散发抗日宣传单,多次胜利完成任务,在军中颇负声誉。

在一次飞往日本东京散发宣传单后,完成任务返回,在江西南昌附近的上空,燃料耗尽,赵庸为了保留这架轰炸机,在关键时刻,放弃跳伞的选择,而采取冒险滑翔着陆的办法,由于地面过低,飞机触山坠毁,赵庸壮烈牺牲,时年 27 岁。

1947 年,南京国民政府航空委员会函告庄河县政府:赵庸为抗日空军烈士。南京航空烈士公墓的墓碑上镌刻着他的名字。

查子香斧砍日酋

1937年12月13日,大连日本殖民当局在中央公园(今劳动公园)举行庆祝“南京陷落”大会。参加大会的有关东军司令部和旅顺要塞司令部的代表、大连日本殖民机构的头目、在乡军人会的成员、工商界、文化界的人士以及日本居民,大约千余人,聚集在公园忠灵塔(现已拆除)广场前。会场四周有日本宪兵和警察监守,不准中国人靠近。上午9时大连市长宣布开会,突然有个年轻人从帷幕下窜出,手持利斧,对准前排中间胸前挂满勋章的秃脑袋狠狠砍去,此人当即倒下。接着又向旁边的军官砍去,这个军官头一偏,斧子砍在他的左臂上,一时间日本人莫名其妙,惊慌失措,向四处散去。这位年轻人随后被日本警察捉住。

年轻人的名字叫查子香,25岁,湖北广济人。1934年10月随同乡人吴庆业来大连,在他的仁和轩理发馆当学徒。这个理发馆专为日本人理发,生意兴隆,每天都同日本人打交道,受尽了他们的侮辱,他看在眼里,记在心上,发誓要为国报仇,为民雪冤,暗下决心,要找个机会杀掉几个鬼子。后来他从日本顾客口中知道日本要开“祝捷”大会,他认为这是杀敌报仇的好机会。于是他从市场买来西服和斧头,只等待开会的日子。开会的那天,查子香穿着笔挺的西装,冒充日本人混进了公园,在别人都不注意的时候藏进挂在塔上的帷幕下。

事情发生后,消息很快传开,大扫殖民当局的威风,大振中国人的志气。原来被砍死的是日本在乡军人会的会长,被砍断左臂的是关东军司令部代表某大佐。两个日本高级军官遭到如此下场,这在日本殖民统治下的大连是第一次,给殖民当局一个沉重的打击和极大的讽刺。查子香的壮举显示出中国人的抗日决心,中国人是不可欺辱的!

日本警宪在全市进行疯狂的大搜捕,逮捕了仁和轩的吴老板,打得他死去活来,逼他招认是查的后台。又把湖北籍的理发师传到警察署审讯,要查出查子香的同党。

查子香在狱中受尽折磨,坚强不屈。1939年9月的一天夜里被秘密杀害。

夏文运地下抗日

夏文运(1905－1970),字益之。大连金州七顶山人。

1925年,他在旅顺师范毕业,因成绩优异被“满铁”资助到日本留学,1930年毕业于东京帝国大学文学部。

1935年6月，他担任日本关东军参谋部情报科长和知鹰二中佐的译员。驻广州，作关东军同李宗仁军队的联络人。因为"夏"、"何"二字的日语发音相似，所以他对外自称"何益之"。

李宗仁同他经常接触，发觉他为人正派，年轻热情，才华横溢，很可惜他做了伪差。有一次，李宗仁问他："我看你是一位有德有才的青年，现在我们国家遭到日本的入侵，你能甘心为他们服务吗？"夏文运听后，顿时热泪盈眶，说道："九一八事变后，我丢掉了教授的职务，生活无着，报国无门，于是我接受了关东军的招募，作了译员。现在地位虽然显赫，却时常遭到日本人的奚落。"他郑重地对李宗仁表示：如有机会我一定报效祖国，当万死不辞！

李宗仁见他情真意切，话语诚挚，便与他私下约定，让他做情报人员，刺探日军机密。通过秘密电台和专用密码与李宗仁直接联系。夏文运当即一口答应下来，并拒绝了任何报酬。从此，夏文运便利用职务之便，为李宗仁提供了大量绝密情报。

1937年，日军对中国发动大举进攻。李宗仁在《回忆录》中写道："关于敌军进攻徐州，突入皖西、豫南，以及围攻武汉的战略及兵力分布，我方无不了如指掌……此种情况完全由何益之自和知将军处获得而供给我的。"尤其在台儿庄战役，夏文运及时发去的电报，为战役胜利创造了条件。

1941年末，夏文运的活动被日方发现，到处追捕，他从上海逃到香港，躲过了这一难。

1946年2月，夏文运在北平被军统头子戴笠逮捕。李宗仁亲自打电话证明他不是汉奸，而是地下抗战的功臣，于是他免于一死。

1950年初，夏文运在上海被捕，经查实无罪释放，去日本定居，担任日本国铁的特别顾问。1955年末，郭沫若率领中国科学院考察团访日时，特意去看望他。

1970年11月3日，夏文运因脑溢血在东京逝世，终年65岁。

夏文运在中华民族生死存亡之际，不为名利，不怕牺牲，为李宗仁提供了许多绝密情报。由于情况特殊，生前他三缄其口，因此受到许多误解，其亲友也受到了连累。李宗仁满怀深情地写道："何君冒生命危险，为我方搜集情报，全部出于爱国的热忱。他始终其事，未受政府任何名义，也未受政府分毫的接济。如何君这样的爱国志士，甘做无名英雄，其对抗战之功，实不可没。"

苏联红军进驻大连

1945年2月，苏、美、英三国首脑签订《雅尔塔协定》，规定在德国投降后三个月内，苏联将参加对日作战。其条件是：维持外蒙古现状；恢复由日本1904年背信弃义进攻所破坏的俄国权益，即库页岛南部及临近岛屿须交还苏联；大连商港国际化，保证苏联在该港的优惠权益，恢复苏联租用旅顺港为海军基地；设立一个苏中合办的公司，共同经营中东铁路与南满铁路。

1945年日本投降，旅大人民迎接苏联红军

从协定内容来看，苏联通过对大连港、旅顺港和中长铁路的控制，使中国东北与外蒙古、南库页岛、千岛群岛连接起来，构成一道安全屏障，以警惕美国的扩张。美国通过协定以换取苏联出兵对日作战，减少美军在远东战场的牺牲。雅尔塔会议在没有中国政府参加的情况下讨论和决定了有关中国主权和利益的问题，大国的强权政治损害了中国的主权。

1945年4月15日，苏联外长莫洛托夫向日本驻苏大使佐籐宣布：1941年签订的《苏日和平条约》无效。5月2日，苏军攻克柏林，取得对德战争的胜利。7月底，苏联已做好对日战争的准备：150万军队、29000多门火炮、5000多辆坦克、5000架飞机，太平洋舰队和阿穆尔河舰队也进入了战备状态。8月8日，莫洛托夫召见佐籐，宣布从8月9日开始，苏日处于战争状态。

1945年8月9日零时，苏联百万红军从三个方面越过中苏边界进入东北，对日本关东军发起全线总攻击。当时关东军有24个师团、11个独立旅团，大约75万人。仅用一周的时间，苏联红军就一举打垮了日本关东军。8月15日，日本政府宣告无条件投降，苏军控制了东北全境。

蒋介石在美国政府的压力下，6月30日派宋子文率代表团到莫斯科进行中苏谈判。8月14日，国民党政府同苏联签订了《中苏友好同盟条约》和关于大连、旅顺口及长春铁路的协定，期限为30年，满足了苏联的要求。

1945年8月22日，苏军根据《中苏友好同盟条约》进驻大连。苏联后贝加尔方面军副司令伊凡诺夫中将率250名空降兵，在旅顺土城子机场着陆，并就任旅顺警备区司令。日本驻旅顺守备军司令官小林海军中将向苏军投降。同日，雅曼诺夫少将率250名空降兵在大连周水子机场着陆，并就任大连警备区司令（后由高兹洛夫中将接替）。8月24日，苏联近卫坦克第六集团军抵达旅大地区，同时苏联太平洋舰队空降兵在旅顺口降落。8 月底，苏军进驻大连地区的兵力约一万余人。9 月 28 日，苏联海军太平洋舰队部分军舰开入旅顺口，齐帕诺维奇海军少将任旅顺海军基地司令。

大连市政府成立

1945 年 8 月 22 日，苏军根据《中苏友好同盟条约》进驻旅顺、大连并实行军事管制。

10 月中旬，韩光受中共中央东北局的委派来大连，组建市委之后，即与苏军当局磋商成立市政府。10 月 27 日，苏军大连警备司令官高兹罗夫在大和旅馆（今大连宾馆）主持召开大连市各社会团体代表会议，协商成立大连市政府。出席会议的有市职工总会代表唐韵超、陈云涛，治安维持会代表邵尚俭、迟子祥、朱秀春，医师公会代表简仁南，国民党大连市党部代表王德崇，佛教会代表阎之如，商会代表金蓉波，山东同乡会代表王鹰九等 10 余人。会议历时 3 小时，一致同意成立大连市政府。苏军当局提名大商人迟子祥出任市长，唐韵超以职工总会的名义推举共产党员陈云涛为副市长。与会人员以签名的方式表示通过。10 月 28 日，苏军驻大连警备司令官高兹罗夫发布公告，宣布日本殖民统治机构的行政官尽行退职。任命迟子祥为大连市长，陈云涛为副市长。

11 月 8 日，大连市各界群众在市政府大楼前广场（即人民广场）召开大会，庆祝旅大地区民主政权的诞生。会上，市长宣誓就职，颁布 11 条施政纲领。包括保障人民生命财产及合法权利；保障人民之言论、出版、集会、结社、思想、信仰、身体的自由；凡敌军及伪满军之武器、弹药、装备、器材，任何人不准破坏或隐匿；迅速恢复一切生产；保障学龄儿童有受教育的机会；实行婚姻自由；坚决镇压战争罪犯及罪大恶极的汉奸，没收其财产等。

大连市政府内设秘书处及财政、社会、建设、教育、卫生 5 个局，下设 29 个科，92 个股。

开创特殊解放区的韩光

韩光（1912 ~ ），黑龙江齐齐哈尔人。1930 年加入共青团，次年转入共产党。30 年代曾任共青团北满特委书记、直委秘书长、东北抗联第一、第三军领导工作。40 年代任中共中央统战部秘书长、东北工委副书记。

1945 年 10 月，韩光带领一批干部前来大连开展工作，组建党和政府的组织。

在苏军司令部的协助下，11 月 8 日成立了大连市政府，年底初步组建了市委和各区、县委党的组织。

为了巩固新生的政权，市政府发布命令没收敌伪财产；惩办罪大恶极的汉奸特务；取缔了 200 多处妓院、60 余家烟馆和赌场；杜绝鸦片的贩运；遣送 20 万日本侨民回国；1.6 万户居民调整住宅；进行反奸清算和减租减息等。

为了掌握枪杆子，成立了大连市公安总局、公安分局和警卫队，韩光任总局政委。同时成立群众组织：中苏友好协会、妇女建国会、青年联合会和职工总会；出版党报《人民呼声报》（后改为《大连日报》）和市政府机关报《新生时报》；接收广播电台，控制舆论工具。1947 年 7 月中共旅大市委改称旅大地委，韩光任书记，全市建立 89 个党支部，发展党员 1600 余人。

1947 年为了粉碎国民党的经济封锁，解决人民的吃穿问题，韩光提出了“发展生产、安定民生、节衣缩食、投向生产”的工作方针。大力恢复和发展工业、农业、盐业和水产业的生产，保障大连地区的粮食供应，稳定了人民生活，并且为解放战争生产了大量的武器。

1949 年 2 月，中共旅大地委改称中共旅大区党委会，韩光任第一副书记、旅大行政公署主席。中华人民共和国成立后，先后任旅大市市长、中共旅大市委第一副书记。

1952 年，韩光调任中共黑龙江省委第二书记、省长，其后历任国家科委常务副主任、国家建委主任、党组书记。先后当选中共第 8 届中央候补委员、第 11 届中央委员、第 12 届中央纪委书记、中央纪委常务书记。

事业兴衰

南满洲铁道株式会社

1905年日俄战争结束后,日本根据《朴次茅斯和约》的规定攫取了旅大租借权和从长春到大连的铁路及其所属的一切财产和权利。就在日俄进行谈判之际,美国铁路大王哈里曼向日本政府提出收买南满铁路方案。日本政府因战争使经济陷入困境,所以对此提案很感兴趣,并签署了备忘录。从朴次茅斯谈判归来的外务大臣小村寿太郎听到此事,甚感震惊。他认为日本政府首脑并不懂得南满铁路的重要性,因而小村寿太郎绞尽脑汁,说服了日本政府和政要,终于保住了南满铁路在日本手里。1906年,日本政府成立南满洲铁道株式会社(简称"满铁"),社址设在大连东公园町(今鲁迅路6号)。这是日本侵略东北的重要机构。

满铁是由日本政府成立的,接受日本政府的监督,其首脑由天皇裁决,政府任命。满铁的组织机构,初创时设立了5个部:总务部、调查部、运输部、矿业部、地方部,后来随着业务的拓展,扩大到12个部,至日本战败前夕,满铁的组织已相当庞大,控制整个伪满交通运输,对伪满统治起着举足轻重的作用。

初期,满铁为了垄断东北南部的运输,首先对长大线进行改轨和铺设复线;改建安奉线和建设鸭绿江大铁桥;兴建大连沙河口铁道工场;增设驿站;营建大连港和大连轮船株式会社;修建甘井子煤炭码头;承接福昌华工株式会社;经营抚顺煤矿;创建鞍山制铁所。它在东北经营各种企业和事业,其投资额占日本在东北投资的半数以上。

满铁积极参与侵占东北的罪恶活动,组织"满洲青年联盟",大造侵略舆论。满铁总裁是"九一八"事变的谋划者和参与者。满铁积极配合关东军的军事活动,全力发挥军事运输的重要作用,保证关东军作战计划的实施和"大陆政策"的推行。如果没有满铁的支持和配合,关东军要在短时间内侵占东北是不可能的,所以满铁得到了日本军部和关东军的嘉奖。

1935年,日本以1.7亿日元收买了苏联控制的中东铁路,从此东北的铁路全部操纵在满铁手中。1939年,满铁又经营起华北的铁路、公路、水路和其他各种企业。太平洋战争爆发后,海上运输困难,满铁加快铺设从朝鲜汉城经奉天至山海关的复线工程。

1907 年，满铁成立大经济调查部，这是一个拥有 2000 多人、遍布中国和欧美的情报调查机构；同年又成立了大连图书馆，收藏的书报近百万册，是东北最大的图书馆；1910 年又承接大连中央试验所，专门从事对东北物资的研究。上述三大机构都是为侵略战争服务的。

满铁是日俄战争的产物，是日本侵略东北的重要工具，随着日本战败投降，满铁也自行解体了。

沙河口铁道工厂

沙俄租借旅大后，为适应铁路机车车辆的维修需要，1899 年修建东清铁道机车制造所，厂址在今中山区胜利桥北。1907 年 7 月，日本满铁接管了该厂，改称大连工厂。那时日本还不能生产大型机车和车辆，满铁从美国购进大批机车、客车和货车的部件，在大连工厂进行组装。

随着满铁运营业务的扩大，原来工厂的规模已不适应，于是在 1908 年 7 月，满铁把大连工厂迁移到沙河口（今大连机车车辆厂）重建。新厂址占地面积 177 万平方米。1911 年底新厂建成，改名为满铁沙河口铁道工厂，隶属于满铁运输部。新厂建有锻冶、组装、旋盘、铸铁、模型、制罐、客车、货车、台车、制材车间和仓库。新厂安装了大批机械和起重运输设备，建有 22 条蒸汽机车修理线、新建了小学校、医院、邮局、浴池、俱乐部、商店、体育馆、神社、教堂等设施，成为大连西部一个新兴的工业区。

1916 年工厂开始新造蒸汽机车和车辆，那一年新造组装蒸汽机车 12 台、客车 6 辆、货车 137 辆。此时拥有职工 4417 人，其中中国工人 2595 人。当时该厂还能为满铁所属的其他厂矿生产各种机械设备，是满铁系统里重要的铁路工业机械厂。

1931 年"九一八"事变后，为了适应侵略东北的需要，该厂大批生产铁道装甲车、装甲汽车、冷藏车、保温车、摩托车等军事车辆和军用器材。1934 年制成"亚细亚"号特快客车。

大连沙河口铁道工厂车间

1937 年"七七"事变，日本帝国主义发动全面侵华战争，对车辆的需求急剧增加，工厂生产规模继续扩大，机车车辆生产成倍增长。从山东骗来的大批中国劳工，每天从事繁重的体力劳动，长达16个小时，而工资仅为日本人的七分之一，还要接受监视、搜身的污辱。太平洋战争爆发后，生产持续增长，1943年全场职工9000人，生产能力达到历史最高水平，全年组装新造蒸汽机车47台、客车12辆、货车311辆，修理蒸汽机车241台、客车614辆、货车3739辆。

沙河口铁道工厂自建厂以来共制造组装蒸汽机车516台、客车775辆、货车5355辆，修理蒸汽机车3904台、客车14354辆、货车93893辆。日本帝国主义就是利用这些机车和车辆对我国进行军事侵略和经济掠夺。

解放后，该工厂改为大连机车车辆厂，直属铁道部。经过多次技术改造，该厂已成为国有大型企业之一，是我国生产内燃机车的最大基地。

川崎造船所

1899年9月28日，沙俄开始动工兴建大连港和大连轮船修理工厂。1902年底，轮船修理工厂建设初具规模，有3000吨级的小船坞一座和机械、铜工、锻造车间及发电所，雇佣工人500人。日俄战争爆发后，沙俄撤退时，将大连的码头、船坞、修船厂、发电所全部毁坏。

1907年4月，日本南满洲铁道株式会社接管了大连轮船修理工厂，作为大连铁道工厂的附属厂。一年后租给神户川崎造船所，更名为川崎造船所大连出张所，以修船为主，兼造小型汽船。

1923年4月，满铁收回川崎造船所大连出张所，创建满洲船渠株式会社，除修船外还修理陆用机械，生产有所发展，至1929年，工厂增至700人，机械设备120台，动力设备710千瓦，年生产总值116万日元。

大连船渠川崎造船所旧址

1931年9月，大连汽船株式会社吞并了满洲船渠株式会社。由于扩军备战，这时期主要经营修船、造船、车辆生产、陆用机械的制作和修理。平均年生产总值为300万日元。

1937年“七七”事变以后，为适应全面侵华战争的需要，满铁成立了大连船渠铁工株式会社，关东军指令，以生产军用车辆为主。后来随着太平洋战争的爆发，生产转向军用运输船只。这时期共建造 3000 吨级标准船 2 只,4500 吨级标准船 3 只,8100 吨级战时标准船 1 只,3850 吨级战时标准船 6 只。在战争的刺激下,1944 年下半年生产总值突破 1000 万日元,达到历史最高水平。在这七年中,大连船渠进行了三次大规模的扩建,至日本战败投降时,生产规模发展到有 5 个部、12 个课、12 个工厂、50 多个车间、5000 余名职工,拥有 4000 吨级船台 3 座,6000 吨级和 8000 吨级船坞各 1 座,旱坞和栈桥各 1 座,占地面积 15 万平方米,厂房和其他建筑物 157 栋,固定资产总值 1599 万日元,财产总额为 5325 万日元,年造船能力 2 万吨,修船 10 万吨,年产值 3000 万日元。

解放后,该厂更名为大连造船厂,是国家大型造船企业之一,并发展成为我国出口船舶的重要生产基地。

大连机械制作所

1918 年 5 月,奉天铸铁公司和大连机械制造所组合成株式会社大连机械制作所(简称"大连机械")。厂址在大连台山町 23 号(原大连重型机器厂前身)投资 200 万日元,该厂以制造精巧的优良产品而闻名,规模庞大,设备完善,仅次于大连铁道工厂(今大连机车车辆厂)。

"大连机械"经营项目有:设计、制造、安装铁路车辆、铁路线路的附属品及信号装置、铁路桥梁、各种铁筋、豆油容器、各种暖炉、汽缸汽机、烟筒等各种机械类,另外还铸造铁管、黄铜、氧气管和铸铁、铸钢等。

"九一八"事变后,日本加紧对华侵略,1939 年该厂资本金增至 3000 万日元,增加电炉设备,开始制作大型蒸汽机车和矿山林区用的小机车,为山西阎锡山制造窄轨机车,还生产飞机零件及履带式铁甲车和山野炮弹弹体。1943 年该工厂达到了发展高峰,资本金增至 6000 万日元,职工 6500 人,工厂占地 65 万平方米,建筑面积 1399 万平方米,机械设备 1613 台,电气设备 1057 台,年产蒸汽机车 60 辆,铁甲车 72 辆,客车 60 辆,铁路道岔 3500 组,氧气 50 万立方升。

"大连机械"设立精机部、下料、铆焊、装配、木工、刷油、利废、一机械、二机械、机关车、制罐、铸钢、工具、氧气、制材、轨条、铸铁等若干生产车间和辅助车间。

"大连机械"后期成了"满铁"的附属企业,为了适应战争的需要,转向军用工业生产,专门制造兵器军械和炮弹。

日本大企业

日本殖民统治时期，大连有七家日资大企业，它们是小野田、进和、满麻、内外棉、满石、满化、满曹，简述如下：

小野田水泥株式会社（原大连水泥厂前身）

1907 年，日本人在泡崖北山建设该厂。占地面积 415366 平方米，投资 700 万日元，拥有工人 875 人。年产 42 万吨，产品有普通水泥、极细早强水泥和白水泥。产品商标为“龙”牌，产品销往日本、南洋、中国内地。

进和商会（原大连钢厂前身）

1905 年，日本人创建，营销钢材和五金商品。1935 年，投资 1000 万日元，在甘井子建设 14 个大型金属制造厂（今大连钢厂西厂），占地面积 10 万平方米，拥有职工 2080 人。有各种车床千余台，产品有铁钉、镀锌、铁丝、铁丝网、七股胶线、黑退火铁丝、道钉、矿山用具、通讯器材等。产品销往东北和华北各地。

满洲制麻株式会社（原大连麻纺织厂前身）

1917 年，日本人井上辉夫在大连日吉町（今长江路）集资 100 万日元创建。占地 54300 平方米，有各种机器设备 302 台。产品有麻制品和麻棉混纺两大系列：麻袋、麻纱、麻布、麻线等。原料来自印度、东北的黄麻。产品销往日本、朝鲜和东北各地。

大连满洲石油株式会社车间

内外棉株式会社金州支店（原金州纺织厂前身）

1923 年，日本八大棉商投资 1200 万日元创立。占地 60 万平方米。该厂机器来自英国哈华特公司制造的自动化设备，拥有各种机器 2400 台。年产棉纱 48239 捆，棉布 41 万米，产品商标是五子夺魁和桂月牌。产品销往印度、南洋和中国各地。

满洲石油株式会社（原大连石油厂前身）

1934 年，由日本四大财团和伪满投资 500 万日元在甘井子创建。产品有汽油、煤油、柴油、沥青。该厂炼制产品

大连满洲化学工业株式会社全景

的原油来自美国，年生产额达 1082 万日元。太平洋战争爆发后，原油供应中断，工厂停产。

满洲化学工业株式会社（原大连化学厂前身）

1933 年，日本人投资 2500 万日元在甘井子创立。生产硫铵及各种化肥、化工产品。产品销往日本、朝鲜，战时生产军火原料。1941 年硝铵产量 7348 吨，供给奉天造兵所、抚顺煤矿和南满火药会社，用于矿山和军用火药。

满洲曹达株式会社（原大连化肥厂前身）

1936 年，由日本六家财团和伪满共同投资 800 万日元在甘井子创建。原料来自大连的海盐和石灰石。年产纯碱 72000 吨，烧碱 2317 吨。战时纳入军工生产轨道。（曹达即碳酸钠）

日本工业经济情报机构

日本为了开发各类原料加工工业，发展各种军工企业，成立了工业经济情报机构，对“满蒙”的资源作了系统而深入的调查。在大连先后成立 5 个经济情报机构。

东亚经济调查局。这是满铁总裁后藤新平提出的，1908 年 11 月设立于满铁内部。聘请东京帝大教授松冈均平博士主持，另聘外国人作助理。他们从事搜集世界各地的经济资料，以备广泛地提供各方面的咨询调查，为指导日本战时经济，打开世界经济市场，对中国资源的掠夺，提供战略设计。1929 年 7 月，该局投资百万元，自成法人，成为一个独立机关。

满铁地质调查所。1907 年 4 月成立，对“满蒙”各地进行广泛的地质和矿藏的调查，至 1937 年共耗费开支 210 万元。资源调查配备大批成套的先进设备，有单色光镜、屈光测向计、显微镜照相机、岩石电动研磨机、经纬仪、绝缘钻孔机等。这是日本对东北进行大规模经济掠夺的基础工作，不仅有极大的经济价值，更有重要的军事战略价值。

满蒙资源馆。1925 年 3 月成立,馆内藏有丰富的海洋生物、地质与矿产、古人类与古生物、现代动物与现代植物的标本、实物资料、图表等 4000 余件,展示出“满蒙”资源的缩影。日本侵略者利用这一点,对中国东北资源进行野蛮的霸占、开发与掠夺,以满足扩大侵略战争的需要。

工业博物馆。1927 年开馆,馆内分为工业馆、满蒙馆、交通馆,又进一步分类为机械、电气、采矿、建筑、上下水道、农业、陆运、海运、航空、通讯等各个部门,汇集各种工业的有关机械设备及原料制品,展示出由资源到产品转化流程中的各种工艺手段。

满铁中央试验所。另有专文介绍。

大连港

1899 年 9 月,沙俄正式启动大连的建港工程,至 1903 年底,一期工程结束,大连港初具规模。

1905 年日本战胜沙俄,攫取了大连港的全部权益。1907 年,满铁成立大连筑港事务所,主营建港业务。首先建设防波堤,4 座防波堤总长 3978 米,于 1918 年完成,防波堤内港区水域面积为 296 万平方米。

其次是码头建设工程。当初沙俄建的码头岸壁为台阶式,不便于船舶靠离和货物装卸,后改建为直立式岸壁。同时对一码头、甲码头、二码头进行改建、扩建,又增建乙码头和三码头、丙码头和四码头及长门町码头工程,上述工程最后完成于 1939 年。这时大连港已形成一个完整的港区,港内铁路、仓库俱全,具备了各种货物装卸、联运的能力。

大连港客运站旧址

为了油品储运的安全,筑港事务所于 1918 年在寺儿沟先后建成第一栈桥和第二栈桥;为适应煤炭出口量的急剧增加,1930 年在甘井子建成煤炭专用码头，日装船量 1.3 万吨，年出口煤 300 万吨；为满足客运的需要，1924 年大连港建成客运站，候船厅面积 3768 平方米，可容纳旅客千余人；同时又建成港桥一座和码头办公大楼。20 世纪 30 年代又陆续完成了满化、满石工业码头、黑嘴子码头和香炉礁码头的建设。

大连港总体建设至 30 年代大体完成，码头可同时停泊 2000 吨至万吨级船舶 31 艘，吨位 18.3 万吨，货物年通过能力达 1331 万吨，已成为当时一座名港。

大连港的建成，加速了日本对东北物资的掠夺，1936 年以前每年出口货物平均为 709 万吨，大豆及其制品和煤炭出口物资占总数的 78%。1937 年日本发动侵华战争和《战时贸易统制令》的实施，使商港变成了军港。太平洋战争爆发后，美国海军潜艇经常出没在黄海，封锁了日本海上的航线，海运受阻，客货吞吐量急遽下降，大连港已近乎瘫痪。

解放后，大连港务局对老港区进行了改造和扩建，港区面貌发生了根本性的变化。改革开放以来陆续建成鲇鱼湾油港、和尚岛码头、大窑湾新港等，大连港已成为我国北方最大的港口之一。

福昌华工株式会社

福昌华工株式会社是日本殖民当局管理大连码头工人的机构，其前身叫福昌公司。1907 年满铁开始经营大连港，设立大连栈桥事务所，聘用相生由太郎为所长，统管码头的装运业务。

1909 年 11 月，相生由太郎辞去所长职务，建立福昌公司，包揽了大连港全部装卸业务。由于福昌公司的势力日益扩大，钱财收入日益增多，引起其他财团的不满，再加上相生由太郎患病后导致半身不遂，他便在 1926 年 10 月，将 15000 余名华工及作业机具，以 180 万日元转让给满铁，福昌公司随之更名为福昌华工株式会社。

随着码头装运业务的扩大，华工需要量日益增多，会社便派工头到山东、河北、上海等地，用欺骗手段，招收贫苦农民和失业工人。1925 年码头工人是 14000 人，而到了 1944 年便增加到 35000 人。日本殖民当局对外招的华工实行严格审查和控制。在关东州劳务协会里进行登记、编号、照相片、盖指纹，发给“劳工票”以备检查。为了控制工人，按乡土编班，每 50 人为一班，设工头、先生进行监管。1931 年“九一八”事变以后，殖民当局为加强对劳工的控制与统治，先后在大连港区内建立五个特务机构：大连宪兵队埠头分遣队、满铁大连埠头整备室、大连水上警察署、满铁调查部弘报课、满铁警护军出张所。在工人住宿处红房子碧山庄也相应设立警察机构,监视工人的行动,检查工人进出的信件。

码头工人劳动条件极差,没有机械化装卸设备,也没有劳保护具和安全措施,平均每天发生10起工伤事故;劳动强度特别大,一个工人每次要挑300斤煤,要扛8块豆饼(一块豆饼25千克);劳动时间长,每天工作12个小时,还要加班到深夜,没有星期天,只有春节、端午、中秋三大节放假一天,但扣除工资;对工人剥削极为惨苦,福昌只拿出总收入的28.5%支付工人的工资,再经过工头们的克扣,工人实得19.9%,且一年只在春节、端午节、中秋节发放工资,平日买东西没钱只得到工头们开设的三合盛赊账,接受他们高利贷剥削;福昌为消除工人的反抗情绪,设立天德寺和万灵塔,用宗教迷信来麻痹工人,引诱工人烧香拜佛,使其逆来顺受。

1945年8月,日本战败投降,福昌华工株式会社也随之解体。

莫斯科大街

一提起斯大林路,每一个老大连人都知道它是今天大连市人民路的前身,但在100年前,这条路还有一个名字,因为这条路是沙俄修建的,所以,当时这条路名字叫做"莫斯科大街"。

1899年,沙俄对大连进行开发建设,今天的人民路和中山路之间的中山广场至青泥洼桥一段,名字叫做"莫斯科大街",这条大街全长1.37公里。当时,这条大街在大连已是一条商贾云集、异常热闹的商业大街,尤其在这里经商的外国商行多如牛毛:英国的旭升洋行、和记洋行,美国的茂生洋行、斯密坦商会,德国的成利洋行、哈利洋行,法国的门顿商会,俄国的道胜银行,而且在这条大街上,还有电报局、旅馆、医院等。

1905年,日本占领大连后,为了纪念日本军阀山县有朋,便将莫斯科大街改名为"山县通",日语称"通"为大街,即是"山县大街"之意。山县有朋在甲午战争时期任日本第一军司令官、大本营监军兼陆军大臣,日俄战争时期任陆军参谋总长兼兵站总监,曾两次组阁,参事院议长,是日本最有权势的元老。日本同沙俄一样,都以殖民统治者自居,对街道命名完全表现出宗主国的特权。在日本统治时期,在今日的人民路上,聚集着几十家日本和欧美的公司洋行,其中著名的有日本三井物产会社、三菱商事会社、德国益斯商会、捷克斯科达商行、丹麦宝隆洋行、美国德士古洋行、法国赫利斯坦商会、俄国比利洋行、希腊卡瓦斯基商会等等。1909年,在今天的人民路上还曾经铺设过有轨电车道,这条大街在当时是通向大连港重要交通线路。

解放后,人民政府废除了日本殖民色彩的"山县通"街名,改为斯大林路,80年代后，改名为人民路。

大连铁路

1896年6月3日，沙俄政府以3000万卢布的贿金诱逼李鸿章签订了出卖东北的《中俄密约》，继而又签订了《东省铁路公司合同》和《东省铁路公司章程》。沙俄为了进一步控制东北，1897年12月14日，派遣军舰进占旅顺口。第二年3月27日，威逼清政府签订《旅大租地条约》，俄国付给李鸿章50万两白银作为酬金。沙俄为了巩固既得利益，继后又签订《续订旅大租地条约》、《东省铁路公司续订合同》。在这些条约和合同中，沙俄攫取了租借旅大和修筑中东铁路以及南满支线的权利。于是从1898年9月开始，从旅顺向北修建直达哈尔滨的铁路。1903年1月10日竣工，7月14日正式通车运营。

中东铁路及南满支线的修建，形成了以哈尔滨为中心，西至满洲里，东至绥芬河，南至旅顺口的纵贯东三省的"T"字形大铁路。这条铁路贯通东北腹地的主要大城市和农村，为沙俄侵占东三省，掠夺物资财富保障军事运输和供给，起到了重要作用。

日本帝国主义不甘心沙俄独占东三省，在1904年爆发了日俄战争，沙俄败北。根据《朴次茅斯和约》，日本夺取了旅大和从长春到大连间的铁路及其一切附属权利。日俄重新瓜分了东北势力范围，以长春为界，俄国占据北满，日本占有南满。

1906年1月，日本成立了"满洲经营委员会"，专门谋划侵略东北的政策。6月7日成立"南满洲铁道株式会社"，第二年4月1日正式运营。早在1904年的战争中，日本铁道兵就将长大铁路的俄国宽轨（1.524米）改为日本窄轨（1.067米），后来为了与京奉线接轨，又改为标准轨距（1.435米），1908年5月30日，长大线完成了标准轨距的改造。1909年12月，完成了大连至苏家屯复线铺轨工程。1934年9月完成了大连至长春复线通车工程。

沙俄为了旅顺军港的需要，一直将铁路延伸到旅顺口。1901年7月，又从南关岭将铁路修至大连。1908年日本将旅顺线由南关岭改在周水子接轨，旅顺至周水子间改为支线，南关岭至大连间的支线改为干线，支线全程50公里。

日本殖民当局为了掠夺海盐和农产品，1926年5月，修建从金州至城子坦的金福铁路。后由满铁收买，改名金城铁路，全程102公里。解放后，大连市加强了铁路建设，1986年10月竣工的城庄铁路，又将铁路延续到庄河市，全长48公里。

日本帝国主义为了掠夺东北煤炭，1928年在甘井子修建了煤炭码头，同时又修造南关岭至甘井子煤炭码头的铁路，将抚顺煤炭直接运到甘井子码头，装船运往日本,年运量300万吨,占日本煤炭进口的70%。解放后的1957年扩建为复线,南甘线营运里程12公里。为了提高大连至甘井子的运输效率,减缓南甘线的运输压力,1953年开通周甘线,全长5.8公里。

另外,瓦房店还有白老线、田五线和金州大窑湾线,以及100多条的企业专用铁路线。

大连驿

大连铁路是沙俄在20世纪初修建的,连接俄国,直达彼得堡。大连火车站设立于1903年,是一处简陋的木头房子,地址在今天的胜利桥附近,日俄战争时遭到破坏。日本占领大连后,在原地重建简易的平房车站。日本殖民当局为适应侵略战争和掠夺物资的需要,车站急需改建和扩大,于是在1935年动工兴建新车站(即今天的大连火车站),于1937年5月31日举行落成典礼,6月1日正式营业。

大连火车站日本人称“大连驿”,工程设计是太田宗太郎。这个建筑当时被誉为亚洲第一车站,它是日本上野车站原型的放大。建筑面积14118平方米,其建筑规模和现代建筑风格,在大连建筑史上名列前茅。该建筑是地上四层、地下一层的框架结构。车站设计很好地解决了人与货、进与出的诸多矛盾关系。候车大厅2031平方米,高大、空旷,解决了人声喧杂的问题,并且与售票室、餐厅、货栈、检票口等设施衔接合理,给旅客带来极大方便。软席旅客候车室193平方米,贵宾室129平方米。天桥63米,地道85米,站台19115平方米。车站立面设计简洁大方,气势宏伟。楼窗高大,透光明亮。车站两侧的坡道,汽车可直达二楼,乘客可免徒步之劳。坡道造型也很新颖、别致,恰似巨大的鸟翼要带着旅客展翅高飞。站前广场14818平方米,宽广平整,为下车的旅客提供乘车的方便。

大连火车站是大连地区唯一的一级火车站,是大连铁路有限责任公司辖区内最大的客运站。该站每日办理旅客列车到发52对,日均进出旅客4.5万余人次,办理行李包裹3200余件。

为适应新世纪铁路交通的发展和大连城建事业的需要,旧车站进行了整修,增建了现代化的空中候车大厅和北大厅、北广场。

满铁大连医院

沙俄强租大连后,于1899年创建东省铁路大连病院,这是一所综合性医院,隶属于东省铁路公司,院址在今中山区胜利桥北。病院分别设有外科、内科、妇科、精神病科、花柳病科和传染病科等。1904 年，日本占领大连后，改为满铁医院。

1926 年，日本满铁新建医院，另选新址在今中山区解放街 6 号，1929 年 4 月正式营业，更名为大连病院。这是一座规模宏大、气势不凡、风格凝重的近代著名建筑。建筑物顶部的一圈白色将赭色造面的整体，衬托得鲜明、亮丽，给人以爽适、轻盈之感，院内庭院开阔、宁静，是养病的好地方。

该病院占地面积 89823 平方米，建筑面积 45671 平方米。设内、外、小儿、妇、耳鼻、皮肤、眼、耳、X 光、物疗等科和研究部，有病床 816 张，是当时大连规模最大、门类齐全、医术水平最好的医院，是日本南满地区的医疗中心，许多日本人都为之感叹。日本国内医校的毕业生，都要在这里进行实习和接受工作前的锻炼。医生大部分是日本人，一小部分是中国人，如名医孟天成、杨凤鸣、简仁南、韩冈志、赵禁婪都曾在这里工作过。

为了适应医疗事业发展的需要，1915 年，满铁创立了大连病院沙河口分院（原址在今大连机车车辆厂职工医院），1924 年又创立了大连同寿医院（原址在五一广场大世界商厦），1929 年在金州创建大连病院分院。

解放后，大连病院由中苏双方共管，更名为中国长春铁路公司大连中央医院，首任院长是苏联人马扎诺娃。1952 年，医院移交我国，改称沈阳铁路局大连医院（简称大连铁路医院，今改为大连大学中山分院）。医疗服务范围为辽南地区铁路沿线职工并向社会开放，是大连规模最大的职工医院，全院年门诊量 167 万人次，住院患者近万人次。该院先后被评为全国医药卫生先进单位、辽宁省卫生战线红旗单位和辽宁省文明医院。

大连华商八大家

20 世纪初，沙俄对大连进行建港开发，工商贸易也随之逐渐繁荣起来，于是在工商界中，产生了较有名望的商号，俗称“老八大家”，即德和号、顺发栈、福顺栈、同兴德、同盛德、公顺栈、洪成兴和双盛泰。进入 30 年代初，大连的民族工商业有了长足的发展，个人资本金达到 200 万以上者有 8 人，人称“新八大家”，以区别沙俄殖民统治时期的“老八大家”。这新八大家是日本殖民时期民族工商业资本家的代表，他们发迹于 20 年代，形成于 30 年代，衰落于 40 年代，随着日本战败、大连解放，他们经营的工商企业也荡然无存了。

张本政（1865 ~ 1951）是新八大家之首，字德纯，祖籍山东文登，旅顺人。1906 年，张本政创设政记公司，航运于烟台、威海、大连、大东沟之间。由于经营顺利，发展迅速，直至 1945 年大连解放。在 30 年间，总购进大小船只 39 条，总运力 6.7 万吨,雇用中日员工1630余人,筹集资金1000万元,改名为政记轮船股份有限公司。张本政个人拥有70%的股金,中国招商局也认购了部分股票。政记公司先后在安东(今丹东)、青岛、天津、上海、广州、香港、东南亚、日本等地设立分支机构,成为垄断中国北方海运的一霸,被称为“北方船王”。此外,张本政还在大连本地及外地经营政记油坊、铁工厂、染厂、钱庄、农园、银行、五金行、窑厂、木材厂、电灯公司、制纸厂等。1946年清理他的财产时,查出银行存款171.5万元(时币),在大连有土地1050亩、房屋1886间,是大连头号富户。张本政在日本殖民时期担任日本官差49个之多,太平洋战争期间,他先后向日本“献金”74万日元,轮船均为日本征用,日本天皇赏给他五等勋位瑞宝章1枚、金牌1个、表彰状1纸。1951年5月以汉奸罪判处极刑。

邵尚俭(1881~1950),字慎亭,金州人,大连工商界第二号人物。1907年在大连开设天兴福油坊,接着又开设天兴福第二油坊、天兴福银号、金州宁海制粉厂、金州天兴福钱庄。1913年在黑龙江肇东县购置土地4000亩,垦荒种植大豆、小麦,加工出口,在长春、开原、哈尔滨开设5个天兴福制粉厂。邵家在中东铁路和南满铁路沿线广置房产,设立粮栈和产品分销处,形成产、供、销一条龙,这种经营方式是大连华商企业的首家。20年代,邵家在大连及外地以“天兴福”命名的企业多达20余家,同时在大连市内外新建房屋100余间,重修金州老宅5处,计300余间,又置果园两处,兴建邵氏家庙。邵氏兄弟对地方公益事业竭力支持,如1919年、1924年金州遭灾,他们从东北运来97节火车皮苞米、高粱,无偿救济灾民。1927年,邵尚俭选为大连商会副会长,直至1945年解放。他在日本殖民统治期间,担任日本官差28个。1940年在他60岁生日时,日本天皇授予他六位官阶勋章1枚。1941年,殖民当局以天兴福油坊为核心联合16户油坊,组成协和制油株式会社,邵尚俭任社长兼总经理。1947年4月,大连地方法院以汉奸罪判处其徒刑15年。1950年病死于北京。

许亿年(1883~1950),字万亭,小平岛人。安惠栈是许亿年经营的企业,1904年,许家在大连开设安惠栈杂货店,此后经营顺利,发展很快,在大连先后开办安惠栈油坊、钱庄、特产代理店、杂货批发代理店、沙河口安惠栈支店、长春安惠栈特产代理店等。二三十年代,安惠栈以房产作抵押,又以政记轮船公司张本政为保证人,同日本三菱商事株式会社、三井物产株式会社、昌光硝子株式会社签订经销面粉、砂糖、玻璃、火油合同。许亿年将面粉、砂糖包销到东北各地,从中获利巨大,使得安惠栈有能力向农业方面发展。1934年安惠栈在营城子牧城驿购地500亩,盖房40间,打电井6眼,成立万亿农园,专门从事蔬菜生产、加工;又在马栏子成立第二万亿农园,有土地400余亩,果树4000棵,养猪700头,养鸡4000只;又设立货运汽车站，购进货车11台，另有3个浴池，雇用人员总计1000余人。他经营的安惠栈门类齐全，在西大连地区经济实力最大，1929年出任西大连商会会长，1950年病死于北京。

周子扬（1886～1953），名承武，甘井子区革镇堡羊圈子人。西岗子头号大富商，1910年随其父在大连开设泰来当铺，1913年开办泰来油坊，每日生产豆饼1000片，每月可得两万元。20年代其财产已超过200万元，是大连"后来居上"的大富商。临近30年代，油坊业日渐衰退，周子扬当即转向老本行当铺业，开设了5处当铺，成为当铺业和估衣业的霸主。这时，周子扬得利于协理韩冈璇（字佐衡）的协助，企业大有发展，先后开设了窑场、钱庄、杂货店、针织厂、粮栈等。1930年开始投资房地产业，建设房屋近2000间。1943年与许亿年出资125万元买下露天市场，更名为乐天市场，又在农村购置果园和菜园。从1924年开始，他被西岗商会常务董事选为第一副会长，1940年庞睦堂病故，接任会长。他热心公益事业，筹款兴建黑嘴子码头和黑嘴子大桥，辟建新开大街、大连西站货场等，做了许多好事。1953年病逝。

安承生（1873～1944），字春和，山东福山人。1906年在大连开设双聚福杂货店、肉食店和粮栈。由于大连工商贸易日趋繁荣，各地商人来连经商货币不统一，给商人带来许多不便，安承生根据这一情况，立刻在自家店铺办理货币兑换业务。他是大连开埠以来，第一个从事这种业务的华商，因此生意火红，日进斗金，后来发展到办理存贷、国内通汇业务，成为金融汇兑业务大户，是大连华人钱庄银号的开山祖。他除了经营双聚福钱庄外，还有双聚福油坊、房地产等，并长期担任大连商会常务董事。

郭精义（1876～1922），名学纯，号炳文，大连傅家庄人。1905年开设福顺栈，是华人首家经营比较大的对外贸易商行，又开设福顺成油坊（后改为福顺厚油坊）、福顺厚代理店、特产商号、银号、木厂、浴池等企业。1905年，郭精义当选为大连公议会协理。1908年创办《泰东日报》、宏济善堂。1914年出任大连华商公议会会长。1921年，在"金银建"风潮中，坚决维护华商的利益。病逝时，北京政府送匾额一方，题"义声载道"。

庞睦堂（1882～1940），名志顺，甘井子区南关岭泉水子人。1907年，在西岗子开设福顺义银号，资本金20万元，不久又开设福顺义第二银号。1910年，在刘家屯开设福顺义油坊，1921年又在寺儿沟开设福顺义第二油坊，每年产豆饼50万片。30年代创建华人第一家睦堂造纸厂。1923年选为西岗商会会长，直到1940年病逝，时称"庞会长时代"。庞会长热心于公益事业，做了许多对中国商民有利的事情。

刘仙洲，山东登州人。早年随其伯父刘肇亿来连经商。刘肇亿是老八大家之一，经营顺发栈，是大连开港建城时期的最大承包商，从山东、河北招来大批民工，民工居住的香炉礁地区就是他辟建的。1905年刘肇亿任大连公议会总理，1914年卸任回山东。刘仙洲被推为公议会协理。1907年经营储蓄公司，资本金40万元，为大连华人最大的金融公司。

1945年8月，大连解放时，新八大资本家只剩下4个人，即张本政、邵尚俭、周子扬、许亿年。

“油坊之都”

1905年，日本帝国主义侵占大连后，为了发展本国的农业，采用豆饼做肥料和饲料，于是大连便成了大豆制品的加工地。为了开发油坊业，日本殖民当局实施“先款后货”和三年不纳税的优惠政策，因此外地的资本家云集大连，开设油坊，一时间大连的油坊如同雨后春笋般地涌现出来。到了第一次世界大战前夕，大连油坊业从无到有，发展到48家，资金总额222万元，年产豆饼924万片，成为大连第一大工业，东北油坊业的集中地，大连也因此被称为“油坊之都”。其中日本人的三泰油坊和日清制油株式会社大连支店最为有名，财力最大。

大连油坊业经过十年的初创和发展，到1927年达到顶峰，油坊户总数89家，资金总额1000万元，年产豆饼4050万片，总产量占东北的58%。这时期是大连油坊业的黄金时代。

从1928年开始，大连油坊业转入逐年衰退阶段，原因是当时整个资本主义世界爆发了经济危机，日本工厂半数倒闭，农业不振，豆饼需求量剧减。1930年出口日本的豆饼比1926年减少41%。1932年出口量比1926年降72%。由于世界经济危机的影响，各国普遍实行关税壁垒政策，以图自救，因而也影响大连豆制品的出口。

1931年“九一八”事变后，日本占据东北，日商三井、三菱等财团，在东北各地设立粮谷收购站，东北大豆全被他们所控制，华商只得从日商手中转买大豆，于是成本提高，利润减少。后来伪满颁布《重要物资检查法》，大豆来源更加困难。1937年抗战前夕，大连油坊只剩下45家，年产豆饼1273万片。

“七七”事变后，日本帝国主义发动了全面的侵华战争，大连油坊业遭到空前的浩劫。日本关东军颁布的《关东州重要产品统制令》，对油坊业加以百般限制。1941年太平洋战争爆发，日本殖民当局规定，油坊业直接为关东军生产加工，纳入战争的轨道，组成了关东、协和两个集团。到了1945年日本战败投降，大连的油坊业已到了油枯灯灭的绝境了。

西岗大菜市

1905年日本占领大连以后，在大连站北面设立了一个蔬菜水果商品中央批发大市场，老百姓都叫它“大菜市”。该市场地处东、西大连的中间，铁路北站、黑嘴子码头附近，交通运输十分方便。市郊农民生产的菜果都在这里进行交易，或者由市场进行统一收购批发，买卖十分兴旺。

1918年春，中央批发大市场更名为大连市青果统制株式会社，招商进场营业，有营业户50多家，经营菜果的大家有大和号、大聚福、同茂盛、同昌福等10余家。农民自产的农副产品，不受限制，可以进场自由贸易，议购议销，手续简便，收费不高，因此受到农户的欢迎。到了20年代，贸易额逐年增高，成为全市最大的菜果商品批发、零售市场。

进入30年代，市场扩大了营业范围，从南方各地购进各种细菜名果，又从台湾地区、日本和朝鲜运进黄瓜、洋葱、土豆、白萝卜、卷心菜、西红柿等应时鲜菜。这些商品除部分供给市内外，主要向东北、内蒙古东部等广大地区销售。因此大市场不仅是全市销售菜果的中心，也是通向东北的销售中心。

1941年日本发动太平洋战争，实行战时经济统制政策，对菜果实行控制，由于海运受到美国潜艇的袭击，来自日本和外地的菜果进货奇缺，本地生产的菜果数量有限，市场经营状况一落千丈，在日本投降前夕，市场已濒临倒闭的边缘。

解放后，市场开始恢复营业，当时政府对蔬菜实行“自由种植、自由销购”的政策，大菜市私营大家三和顺、龙泰行、龙丰行等几家，经营销售都很兴旺。1955年末全市实行公私合营，大菜市便改为国营企业。1960年后，全市蔬菜交易在十大商场进行，大菜市一度停滞。

改革开放以来，西岗大菜市由市蔬菜公司、果品批发市场、兴业蔬菜批发市场三家组成，新建的商业大厦，每天进行贸易的人数超过万人，车辆上千台，全市的零售蔬菜70%是从这里批发出去的。目前每天菜果上市量达1200吨，交易量为910吨，成交金额130万元，其中蔬菜品种达40种，果品42种，仍然是大连最大的菜果批发中心。

周家炉

周家炉是周文富（善宁）、周文贵（义亭）兄弟二人于1907年在大连西岗大龙街开办的铁匠炉，专门制造、修理四轮马车和打制马蹄铁掌。因为他们姓周，老百

大连顺兴铁工厂及其主人周文贵、周文富

姓都叫它“周家炉”。周家兄弟原是旅顺元宝坊人,周文富早年在旅顺船坞机器厂当徒工,周文贵以赶马车为业。周家兄弟对待顾客非常热情,承做的物件保证质量,因此深得顾客的信赖,要求订货和修理的日渐增多,生意兴隆,发展迅速,一年的工夫工人便增加到30多人。周文富负责马车制造,周文贵专管业务往来,兄弟俩配合密切,营业规模日趋扩大,周家炉的名声大振,1910年正式挂名为顺兴炉。

顺兴炉发展的机遇来到了。日本占据大连后,大肆掠夺东北的大豆,利用中国的廉价劳动力,加工豆饼、豆油,销往国内和欧美各地,一时间大连油坊业飞速发展。但是中国油坊加工的设备陈旧老化,浪费人力、物力,出油率低。为了改变这种落后局面,周文富开动脑筋,终于制造出铁制螺旋榨油机,效果非常显著,产量大幅度上升,不仅大连50家油坊前来订购,而且扩大到东北各地。这时顺兴炉已发展到拥有200多人的机械大厂。

中国油坊虽然采用了螺旋榨油机,但是与日商三泰油坊以蒸汽机碾豆、冷气机榨油制饼相比,差别太悬殊了。周文富想进一步制造冷气机,但三泰油坊日本人严格保密,不准别人参观仿效。正在这为难之际,三泰油坊要检修机器,便找到顺兴炉。周文富抓住这个难得之机,利用一切手段,终于获得冷气机的图样。不久顺兴炉仿制的冷气机试制成功,价格便宜,出油率高,于是前来订货的络绎不绝。周文贵发了财,乘机扩大生产,增建厂房,更新机器设备,设立木样、翻砂、车床、虎钳、铆焊、打铁六大车间,拥有职工1300余人,顺兴炉更名为顺兴铁工厂。该厂规模之大同日本官办的沙河口工场(今大连机车车辆厂)和川崎船渠(今大连造船厂)并列,为大连有名的三大厂之一。

1918年秋,周家兄弟投资20万元,在哈尔滨创立振兴铁工厂,职工400余人。以制造油坊业机器为主,兼造江轮和机器检修,成为哈尔滨四大名厂之一。第一次世界大战国际航运不畅,油饼滞销。周文贵计划在顺兴铁工厂附近自建高炉,制钢炼铁,以解决原材料的不足,但是遭到日本满铁的限制,前后只运来两车铁矿石,后来竟然拒运，致使高炉停产，损失17万元。第二年周家为了适应扩大生产的需要，在刘家屯（今民权街附近）购地36000平方米，新建厂房，计划制造轮船和汽车。但是日本殖民统治者不让中国民族工业兴起，多方刁难，百般限制，使得计划不能实现，只得转向制造矿山卷扬机、通风机、抽水机等通用机械。此间哈尔滨振兴铁工厂突遭火灾，化为灰烬，周家无力重建，全力保持大连顺兴厂，但此时该厂的生产已处于停滞状态。

顺兴铁工厂的生产不见起色。1922年春，周文贵以10万两纹银收购复州湾五湖嘴子煤矿，改名振兴煤矿，并更新设备，全部采用新式机械采煤，日产量达1000吨，且煤质好，客户争相前来订购。日本人又出来横加干涉，指使日轮不准为他运煤，迫使周家出资10万元购买5条货轮专门运煤。1924年周文贵又买下抚顺金沟煤矿，排水填砂，广开矿道，采用新法采煤，大见成效，日采量达200吨。于是引起抚顺煤矿公司日本人的注意。他们勾结满铁，拒绝运煤，最后煤矿被迫停产，煤堆自燃，损失超过百万元。1926年周文贵收购了复州陶土矿一处，经营有方颇有起色，于是日本窑业资本家勾结满铁守备队以武装相威胁。周文贵亲赴东京高等法院起诉，历时半年，终于胜诉，保住了矿权。

1928年10月，周文贵在大连乘船赴复州湾煤矿，在金州三道湾海面突遭风暴，船翻命终，年仅52岁。周文富无力挑起重担，厂矿经营滑坡，债权人纷纷前来索债，日商企图以低价收购周家的厂矿。周文富为维护民族工业的尊严，毅然将复州湾煤矿献给奉天省政府。张学良将军感念其报国之诚，拨给现款250万元，始将债务还清。1929年顺兴铁工厂破产。1931年4月，周文富因忧愤而终。至此兴旺一时的顺兴铁工厂及周氏兄弟的其他事业，由于日本殖民当局的百般摧残而惨遭破产，人财俱空！

顺兴铁工厂是大连民族工业的代表，周氏兄弟是爱国的民族工业家。在1916年哈尔滨人民掀起救国储金活动中，周文贵曾登台演讲，当场砍断无名指，血书“储金救国，勿忘国耻”八个字，当众献金3万。周家又资助才智出众无力升学者10余人去国外留学。1914年、1920年、1925年三次出巨资，从东北购进粮食，救济旅顺灾民，又在大连等地开设庇寒所、施粥场以解救穷人之苦。顺兴铁工厂先后为东北等地，培养和输送技工3000余人，这些人对东北的现代工业发展起了很大的作用。

华春照相馆

1908年，金州人邱玉阶创办了大连第一个中国人照相馆——华春照相馆，地点在华商聚集的西岗子最繁华的大龙街。取名“华春”，含意是华人的春天来临了。

大连华春照相馆旧址

在长达50年的经营中,该馆一直是华商照相业中规模最大、质量最好的。当时的人都愿意到华春去照相,华春顾客盈门,营业火爆,打破了日商垄断照相业的局面。

华春不仅商业道德上乘,更重要的是他们以精湛的技术满足顾客的要求,还备有各种布景、服装、用具,任顾客免费选用。

华春还在大橱窗里挂上京戏名角和电影明星的大照片。本来不想照相的人,看到这些新鲜玩艺,也要进去试一试。那时流行文明结婚,必不可少的要照结婚相;青年学生的毕业照更是时尚;亲戚聚别,朋友往来也免不了要拍照留念;大连居民多是来自关内,日子长了也要照相寄回老家去,好让家人放心。华春地处红灯区,有些姿色艳丽的妓女为了拉客,也到华春留下自己的芳影,赠送知己。这些名媛美女照很有魅力,行人驻足观赏,赞叹唏嘘,于是华春门前一度出现过排队等待照相的现象。

华春老板为了拓展业务,还把儿子邱凤仪送到日本东洋摄影学校深造。儿子没有辜负父亲的期望,学成回国后接替父亲主持店务,更新设备,扩大业务,建立新的管理制度,特别要求店员把好质量关,事事让顾客满意,不达要求免费重照,以保持华春的声誉。同时,该馆重视培育新人,规模仅次于华春的物华、毓英照相馆的经理,都是由华春培养出来的,还有人前往东北和关内开展业务,可以说华春照相馆对大连和东北地区的摄影业起到了奠基和推动作用。

大连华春照相馆一直经营到1956年公私合营为止,当时它的股金是4万余元,占全市照相业总股金的40%,由此可见华春的规模已是相当大了。

大和旅馆

1909年,大连南满洲铁道株式会社在大广场(今中山广场)南侧修建了一座豪华的欧式旅馆,取名“大和旅馆”,即今大连宾馆。该旅馆为四层钢筋混凝土结构,建筑面积11376平方米,营业面积9000平方米,客房80间,餐厅10个,由日本著名的青年建筑设计师太田毅设计,对面的中国银行(原日本横滨正金银行行址)也出自他的手笔，1914 年大和旅馆建成营业。

大和旅馆旧址

这是一座文艺复兴时期的建筑风格与巴洛克式建筑特点相融合的欧式建筑。其主楼正面中心部位横竖分断，中间二、三层用八根爱奥尼式扶壁柱作为主体，显得庄重古雅；门庭高抬，伸出精巧别致的拱式玻璃雨篷；四面转角墙和窗边、门洞，多采用曲线造型，呈不规则变化，其色彩构图也与一般建筑物不同。整体建筑给人以古朴典雅、隽秀凝重的感觉，是大连市最具特色的近代著名建筑之一。

大和旅馆由日本人经营，知名度很高，东北各大城市都建有大和旅馆。当年住在这里的都是日本军政要人、财阀大亨和其他知名人物。黄炎培（1918 年）、汪精卫（1922 年）、蒋介石（1923 年）、孙科（1924 年）、胡适（1924 年）、康有为（1925 年）等曾先后在这里下榻过。

1945 年 8 月，苏军进驻大连，大和旅馆临时改做苏军警备司令部。10 月 27 日，警备司令官高兹洛夫在这里召开大连各界代表协商会议，选举产生市政府首脑。后辟为苏联国际旅行社。1950 年底移交给大连人民政府，1953 年改名为中国国际旅行社大连分社。1956 年改称现名。

解放后，这里曾接待过国家党政领导和外国首脑，他们是刘少奇、周恩来、董必武、彭德怀、邓颖超、班禅额尔德尼·确吉坚赞，以及赫鲁晓夫、布尔加宁、苏加诺、竹下登等著名人物。

有轨电车

有轨电车是近代工业革命的产物，1881 年世界第一辆有轨电车行驶在巴黎街头，从此代替了马拉轨道车，成为城市的主要交通工具之一。从 19 世纪末开始，有轨电车在世界一些大城市中得到了迅速发展。

20 世纪初，世界列强相继瓜分中国，进行经济掠夺和文化渗透，他们出于自己的利益需要，在中国的一些大城市，先后建起了有轨电车线路。1906 年天津出现了我国最早的有轨电车，接着，1907 年在哈尔滨，1908 年在上海，1921 年在北京，

大连电车

1924 年在沈阳,1935 年在长春,相继建成了有轨电车的公交系统。

日本帝国主义侵占大连后,将这座港口城市作为侵略中国的桥头堡和掠夺东北物资的基地。1909 年 9 月,南满铁道株式会社开始铺设第一条有轨电车线路,从码头到青泥洼桥,全长 2.45 公里,这是大连有轨电车的开始。至 1939 年,已建成 6 条连接全市的有轨电车线路,其中以大连火车站为中心,东至寺儿沟,西至沙河口火车站,南至老虎滩;以沙河口火车站为中心,南至黑石礁,北至周水子火车站;还有一条从中山广场至解放广场的线路等。线路总长 32.7 公里,运行车辆近百台,这是当时大连城市主要的交通工具之一。

由于有轨电车有噪音、占道和雨雪天气行车不便等缺点,六七十年代,曾淘汰了部分有轨电车线路,只保留了 16 公里的有轨电车营运线路。但是有轨电车同其他交通工具相比,具有没有尾气污染、载客量大、营运时间长、维修率低、成本耗费低等优点,加之改进后新式有轨电车运行平稳,噪音得到控制,九十年代后大连市政府决定,建设现代有轨电车线路,以解决市内公交形势滞后和尾气污染问题。现在,有轨电车不仅有了很大发展,并逐步形成了一道新的旅游交通景观。

马车会社

大连马车会社旧址

日本殖民统治时期，大连的主要交通工具是电车和从日本引进的四轮马车，又叫日本马车。这种马车比较快捷，还能运载小物品，因此很受乘客的欢迎。四轮马车的结构也很简单，它的前边有两个小轮，后边是两个大轮，车轮是胶皮镶嵌在铁轮上。马车夫坐在车厢的前头，乘客坐在车厢里。平时车厢的雨篷放倒在乘客的身后，遇到风雨天，雨篷支起遮蔽风寒。车厢里可以乘坐三四个人。驾车马1匹。车辕装有一盏煤油灯。

日本殖民当局为了控制和管理马车运输事业，在1922年2月，由日本人合资经营株式会社大连马车收容所，资本金20万元。后来转让改组为华资股份有限公司大连马车收容所，当时老百姓都叫它马车会社，董事长是西岗商会会长周子扬。

马车收容所地处沙河口原白云山22番地（今白云山前）。收容所主要为在大连市内经营客货马车的业主、车夫以及马匹提供住处，在白云山前建有几十栋红砖瓦房、马厩和停车院落；制造、销售和修理马车及其零件；租赁马车；联系货物运输；打制马蹄铁掌、配备马匹和为病马医治等。收容客马车700余辆、马1500余匹、住宿者3000余人。寺儿沟还有一个马车收容所。

除四轮马车外，还有两轮的人力车，它来自日本，所以又叫东洋车，总计1800台。一人拉车，车上坐一人。人力车夫集中住在今昆明街“小车大院”里。日本殖民统治垮台后，人力车也就消失了。

解放后，人力三轮车兴起，50年代初，四轮马车最终退出了历史舞台。

宏济善堂

1906年，大连洼口公议会（商会）改组为大连公议会后，日本殖民当局将地方慈善事业全部推给了他们。当时大连城建发展迅速，人口激增，社会救济费用庞大，公议会资金短缺，无力承担。公议会总理刘肇亿就仿照上海娱乐场所“大世界”义卖彩票（奖券）的办法，由工商大户筹集资金成立了宏济彩票局，将彩票获利的款项，作为举办慈善事业的基金。

1908年，刘肇亿成立了宏济善堂（今大连第三十七中学校址）。善堂的宗旨是“本堂为慈善机构，救济对象为中国人，不取任何费用”。该堂设总理、协理各一人，下设事务局，设经理一人，处理日常事务。事务局下设病院、抚孤、义地、济困、戒烟五大部。另外还创办永乐茶园，后改名为宏济大舞台，将营利投入善堂作为基金。刘肇亿首任善堂总理，郭精义任协理，周华吉任经理。1914年大连公议会改组，郭精义接任善堂总理，张本政任协理。1924年郭精义病逝，张本政升任总理，邵慎亭任协理，张洪五任经理。

宏济医院在当时是颇有名气的，医疗设备和医务人员的素质都很好。免费为穷人看病，每天门诊人数达200余名。

抚孤部主要是收容社会上的弃婴孤儿以及父母无力抚养的儿童，善堂提供食宿，送入学校接受教育。对于没有生活来源的寡妇、贫穷无助的老人和残疾人，善堂都发给补助或收容养老。

善堂还购置了一块坟地，作为义地供给无墓地的死者使用。凡是无力殡葬和无人管理的死者，善堂一律施给棺木和埋葬。

济困部是善堂对社会实行救济的主要部门。凡外地来连谋生不成而生活困难者，除给以临时安置外，还给食宿费遣送回乡。妇女被拐骗来连，又无亲友收留，善堂根据其自愿或遣返回乡，或帮助谋生。另外还举办施粥活动，每年冬季定期施粥3个月。

戒烟部负责上瘾烟民的劝戒工作，在戒烟期内，上瘾的烟民一律收容并给良药戒烟。

宏济善堂前期做了许多好事，为大连的穷人解困济难，但是到了后期，由于日本殖民当局的插手干预，成了某些人趁机营私舞弊的场所，戒烟部还贩卖鸦片，这时的善堂完全改变了初衷。

解放后宏济善堂由大连市人民政府接管，改为大连劝业工厂。

大连公路

大连的公路始建于1912年，日本殖民当局以“赋役”的方式，强令沿线农民修建公路，历时10年，基本上建成了城乡干支的道路网。当时旅顺是政治中心，大连是商业中心，为了连接两市，从1921年开始修筑旅顺至大连南路的公路，1924年竣工，全长46.8公里，包括黄泥川洞和白银山洞，两洞共长418.2米。该路为辽宁地区第一条近代黑色公路。

1925年，殖民当局开始对大连公路干线进行改建，包括大连至金州的公路，全长27.7公里，大连至旅顺北路，全长41.6公里。金州至普兰店公路，全长28.9公里，周水子至甘井子公路，全长4.7公里。除大金公路是柏油路面外，其他都是碎石路面。至1941年末，全旅大地区公路里程达2870公里，基本上达到干支道路网四通八达。

1910年2月，外国某公司为了商业宣传推销轿车，送给满铁一台轿车，这是大连使用汽车开始。1913年8月，满铁购进第一台美制15个座位的汽车从事市内客运业务，列为大连市第一号牌照，这是大连汽车客运经营之始，从此逐渐打破了人力、畜力车一统天下的局面。1917年日本人创办大连汽车、马车株式会社，专门从事汽车、马车的修理和运输业务。1924年10月，旅大南路竣工，日本人开始经营南路客运，这时大连和旅顺市内汽车客运也已开始，这便是大连最早的公路运输企业。

20世纪30年代以前，大连公路运输主要依靠畜力车和人力车，畜力车有双轮的牛马车和四轮的客用马车。人力车有1906年从日本引进的东洋车和人力板车，板车早期为铁轮，30年代后改为胶轮。这些车运行于城区，而农村则完全依赖于牛马大车，30年代以前的大车是铁瓦轮，笨重缓慢，此后逐渐改为胶轮，载重量多，行走轻快。据1930年统计，大连城乡有牛马货车19380辆、人力平车6392辆、客用马车1151辆、东洋东2256辆。

汽车是近代先进的交通工具，它的发展比较迅速，据统计1918年全市有汽车80辆，1923年增至229辆，1935年发展到1984辆，其中出租汽车有375辆，公共汽车144辆。当时的大连都市交通株式会社操纵全部客运路线和公共汽车，为大连最大的汽车客运垄断企业。至于中国人只有140余辆客、货汽车。

牧城驿公路桥

1941年日本帝国主义发动太平洋战争，造成经济衰退，汽油短缺，公路运输受到严重影响。汽车大幅度削减，轿车由1938年的500辆减少到200辆；公共汽车由400多辆减少到300辆；货车仅剩下400多辆。大连公路运输日趋衰败，已经处于路废车破的困境了。

大连海运

大连地区海运历史悠久，早在殷商时代辽东半岛与山东半岛之间就有船舶往来，到了近代就更加繁盛，各地天后宫的营造就说明了这一点。大连沿海主要港口有大连、金州、旅顺、柳树屯、小平岛、复州湾、貔子窝、庄河等14处。

1897年，沙俄强租旅大，修建大连港，东清铁路公司经营的船舶开辟了烟台、长崎、海参崴等地的航线。

日本占领大连以后，为了加紧经济掠夺，组建了海运统治机构，制定了许多海运法规，扩充了海运力量 。1905年1月14日，日俄战争刚刚结束，第一艘日本船“舞鹤丸”就从神户港出航来到大连，开启了日本至大连的航线。

当年日本垄断了大连的海运业，主要有日本大阪商船株式会社、日本邮船株式会社和日本大连汽船株式会社三大家，此外还有日本辽东汽船会社、大连东和汽船会社、大连佐藤国汽船会社、大正汽航会社、山下汽船会社等53家海运企业。经营航线主要是大连至日本、朝鲜、中国、南洋、欧美之间的各地港口。

日本邮船株式会社财力最大，拥有120艘船舶，总吨位60万吨，其航线除了日本至中国外，还远航到欧美各地。

“满铁”经营的大连汽船株式会社成立于1915年，资本金50万元，是大连最大的海运企业，经营大连至日本、中国沿海的航线和仓储业。至1935年拥有轮船48艘，总吨位16万吨，还租船6艘。

大连山下汽船会社和辽东汽船会社各经营5艘轮船，均在2万吨以上，还有8家海运企业经营万吨以上的轮船。

当年日本海运企业纵横于大连海域，控制着大连海运的命脉，中国地方民族海运业横遭日本的扼制和挤压，仅有张本政的政记轮船公司得以苟存和发展。这家公司是中国人经营的最大海运企业，本店在大连，天津、龙口、青岛、上海、广州、香港等地设有支店。1941年，该公司有轮船39艘，总吨位67万吨。日本发动侵略战争以后，有14艘被日军征用，有17艘被盟军炸沉，有3艘触礁沉没，最后只剩下两只小火轮。

据1936年统计，由大连港输出的货物，日本占70%，中国占10%，欧美占20%。输入大连港的货物，日本占70%，中国占10%，欧美占9%，其他占11%。

大连港输出的货物主要是煤炭、大豆、豆粕、杂粮等,掠夺性极为明显,特别是煤炭和大豆。输入大连港的货物,多是由日本进口的机械、水泥、纸张、砂糖、麻袋、棉布等,具有明显的倾销性。

以大连黑嘴子码头为中心的木帆船运输,在海运中占有重要地位,他们与沿海100多个大小港口通航。木帆船具有形体小、调度快、运费低、不受港口限制、为轮船集中货源等优点,所以在近海运输中备受欢迎,是一支重要的补充力量。据1934年统计,出入大连港的帆船有19866只,载货186700吨。出入旅顺港的帆船有2220只,载货16949吨,由此可见木帆船在海运中的作用是不可忽视的。

大连邮电

邮电业是办理邮政和电信的业务,前者包括邮件的收寄和传递、报刊发行以及汇兑等;后者包括电报、电话、传真、数据通信等。大连地区通信历史悠久,近代邮电通信已有百余年的历史。

大连近代邮电通信始于光绪十年(1884),当年7月由天津架起电报线,经过山海关、营口,南抵金州、旅顺口,北至奉天,电线1778里,11月竣工,同时又在金州和旅顺口设立电报局,成为东北地区第一条电报线和第一个电报局。

光绪二十二年(1896),清政府在牛庄设立邮政口岸,其中有一条邮路就是经过大石桥、盖平到达大连湾、旅顺口,这是大连近代通信业的开始。

1899年10月26日,沙俄于旅顺口、大连和大连湾建立邮政电报局,翌年3月12日,在金州建立战地邮政电报局。当时大连地区收寄的邮件统经旅顺口转递。1900年,开发从旅顺口到彼得堡的公众电信。同年8月21日,沙俄建成旅顺口至烟台的海底电缆。1902年,大连市内建成拥有200门交换机的中央电话交换局,用户125户。长途电话通达旅顺口和沙河口砖瓦石灰厂和南泡崖采石场。据1902年统计,大连电报局经办的普通邮件3.6万件,包裹332件,汇款1714件,电报4598件。

1905年,日本占据大连后,首先设立了118处邮电局、所。翌年9月1日,成立关东都督府邮便电信局。1919年设立大连中央电话局。1926年设立大连无线电信局和大连中央电报局。1911年至1930年间,建立大连海岸局,开通大连至东京、大阪、朝鲜京城、天津、北京间无线通信,并在沙河口和柳树屯建立收发信所。1919年至1926年,建立大连经朝鲜到东京的直通线,增设大连到长崎另一条通往日本的海底电线。此前在日俄战争期间,从佐世保敷设一条海底电缆直至大连。1927年4月开通大连、旅顺到奉天、天津、北京的长途电话。1923年4月1日,建立了谷量为8500门交换机的大连中央电话二分局。1923年到1943年期间,建立大连市内和貔子窝、金州等8个自动电话局以及旅顺、普兰店等10个人工电话局。至此构成了大连至日本、朝鲜和大连至东北、华北、华东的有线和无线通信网。

据1942年统计,大连邮路共9207公里,局、所118处,电话杆线834杆公里,架空电缆275.8皮长公里,地下电缆25.4皮长公里,市内电话交换机容量达到26704门,年发出电报171.6万份,长途电话133.4万张,信函3861万件,包裹45.7万件,汇兑64.4万件。

大连是日本的殖民地,歧视中国人,占大连人口84.7%的中国人,装用电话仅占23.7%,中国人与日本人邮寄信函之比为1:10,挂号信与包裹为1:7,汇款为1:27。从这些数字中,可以看出日本殖民当局蔑视中国人权和起码的社会福利。

浪速町与连锁街

日本人为了发展他们的工商业,在大连中心地带,即火车站的两侧创建了两处大型商业区。1911年,日商已达1800户,他们大多集中在这里,这里便成了当时大连最热闹、最繁华的商业地段。

1909年,在车站东侧创建了浪速町商业大街(今天津街)。这个名字来源于日本巡洋舰的名字,为了宣扬它在日俄海战中的战功,遂以"浪速"作为街名。浪速町西起今九州饭店入口,东至今修竹街,全长1720米,街宽16米,车行路面9米。此间的中国商家由于无力承担暴涨的房租,逐渐西移到西岗子中国人的商业区,这里便成了日本商人的专营区。

连锁街旧址

浪速町的日商约计500余户,加上附近的日商就更多了。这里有1930年开业的辽东百货店(今天百副食品店),1933年建成的几久屋百货店(今天百大楼),还有浪华洋行、辽东饭店(今大连饭店)、群英楼、大阪书屋、大正车行、正隆洋行、永记洋行等等。

1935年,在浪速町修建了门式街灯30余座,每座铜门上悬挂25盏白色圆形玻璃灯。入夜,明亮的灯光映照着大街,两旁商家的霓虹灯闪耀着五光十色,将夜晚装扮得一片辉煌灿烂,大街上如水的人流摩肩接踵,仿佛是在逛庙会,畅快的音乐增添了夜游的兴趣。这条浪速町给大连带来了极大的声誉,就日本来说,也是最著名的商业大街。但是好景不长,太平洋战争爆发之后,日本为了解决制造军火原料的困难,把街灯全部拆除,这表明日本军国主义的垮台已成定局。

辽东饭店旧址

1928年5月,在火车站西侧,日本人开始创建连锁商店街(今青泥洼桥北)。在满铁的资助下,动用工程经费100万元,占地面积430万平方米,商店皆为钢筋水泥建筑,街面三层,街内二层。开设店铺200家,分为8个区段,均为日本人经营。1930年末正式对外营业。经营项目有中外服装、鞋帽、食品、玩具、糖果、水果和五金交电、机械零件、汽车配件、油漆化工等工业用品。内设电影院常盘座、娱乐场所、儿童游乐园、浴池、食堂、邮局、银行、仓库等。连锁街是大连日商第二个集中商业地带,仅次于浪速町。在它的南面有著名的常盘桥市场(今大连商场)、三越百货店(今秋林女店)等等。

大承包商崔青林

崔青林(1884~1944),字凌峰,河北盐山人。大连刘家屯商民会会长。大连最大的土木工程承包商。人称“崔家大柜”。

1903年,崔青林从天津来大连,专门从事承包土木建筑工程。1904年承包京奉铁路沟帮子铁桥建筑工程。1905年承包营口牛庄铁路工程。1909年承建辽阳至汤岗子铁路复线、四洮铁路(四平至洮南)工程。1913年去日本承建桦太(今库页岛)丰岗铁路工程。1927年承建金福铁路(即金城铁路)、吉敦铁路(吉林至敦化)、天津日租界码头工程。1928年承建沙河口火车站、填埋朱家屯海岸、修复浑河大铁桥工程。1929年承建朝鲜宝城、光州、绫州铁路、安东鸭绿江堤坝、营口堤坝和开发城子坦稻田工程。

崔青林除了经营土木建筑工程外,还开设天津义和祥粮栈、抚顺义和祥粮栈、大连德聚兴粮栈、德和永绸缎庄。今沙河口刘家屯(即民权街)和西岗子大同街福兴里、福兴大戏院(今大众剧场已拆)及其附近的房屋都是他的产业。

崔青林以其雄厚的财产和权势,独霸刘家屯,任刘家屯区长。1916 年他在沙河口第一个成立了刘家屯商民会,自任会长。该会管辖的是一个特殊的繁荣区域,其热闹程度仅次于西岗子新开大街。每年会费收入可观,西大连商会会长许亿年多次要求他合并到西大连商会,均被拒绝。最后的解决办法是刘家屯商民会按月将会费的四分之一让给西大连商会。一个沙河口有两个商会,这正符合日本殖民当局"分而治之"的政策。

崔青林是大连工商界头面人物之一。1944 年病死于大连,终年 60 岁。

国医双璧

栾荩之(1890~1953),名培基。山东黄县人。

高祖栾皋为御医,受朝廷敕赐立栾国府。至荩之为医传六世。年幼天资聪敏,精读医典,娴熟《伤寒论》,背诵如流。20 岁即悬壶于乡里,为人治病。

1928 年来大连,自设"小小堂"行医。1935 年出任大连汉医药研究会会长兼讲师长,被聘为北平国医学院名誉委员。

1930 年和 1940 年,大连瘟疫流行,寺儿沟一带中国人患者甚多,日本当局惨无人道,扬言要将病人焚化。他目睹此景,极为愤慨,甘冒风险,深入疫区,精心施医,不取分文,拯救了许多生灵,深得群众的拥戴。他常说:"医者无虑,何能为医?不学无术可笑,借医行骗可恨!"他一生培育门徒 20 余人。撰有《伤寒论注解》、《六经六气论》。1953 年病逝,终年 63 岁。

孔抒堂(1888~1957),名宪猷。山东福山人。

自幼喜读医书,并立志"不为良相,但为良医",拜周相寄为师,常为乡人治病,名声远扬。1918 年来大连,受聘于老德记西栈药房、德记药房、天和药房、大仁堂药房坐堂。1941 年自设益民药房,诊病售药。其间曾组织西岗汉医自治研究会,任会长。1945 年任大连市国医公会副会长。1949 年任中医考试委员会副主任。1952 年任新开路中医联合诊所所长。1955 年为全国中华医学会会员,同年被选为大连市政协委员。

他行医 40 余年,治学勤奋,广收并蓄,融贯为一。常说:"治病之法,不可离《内经》、《伤寒》之本旨。不明《内经》,取法必乱;不通《伤寒》,而昧于去病之路,法乱必败;用药无路,则病不除,反而增剧。第一要审病之标本,决之适从;第二规定药之寒热温凉;第三决其病当以汗、吐、下、和四法,何者为宜,则病必治。”著有《孔抒堂先生医案》、《经验记录》。1957 年病逝于大连,终年 69 岁。

王仁眼科医院

王仁(1892 ~ 1968),字寿山,陕西洋县人。眼科名医。

1912 年,王仁毕业于陕西省立师范学堂,后去日本留学,入东京成城中学。1917 年,考入长崎医学专门学校。1921 年毕业,在该校附属医院眼科实习一年,又在眼科教研室研修三年。王仁热爱祖国,在留学期间,曾担任留学生长崎学生会干事,参加过反对袁世凯政府与日本签订“二十一条”卖国条约的罢课斗争。

1924 年回国,在大连满铁医院任眼科医师。他曾去大连农村考察眼病,救治许多眼病患者。1931 年,在大连市西通 64 号(今中山区中山路)创办王仁眼科医院。他通晓眼科理论,有丰富的临床经验,能解决许多疑难眼病,在手术方面,能进行眼睑手术、结膜手术、白内障手术、斜视手术、角膜手术、眼球摘除手术等。

解放后,1948 年 7 月,他任大连市学生保健馆眼科医师。1949 年 3 月,出任大连市立医院眼科主任,为医院眼科技术发展作出了贡献。

王仁为人性情温和,以“仁”为医家之本,对患者一视同仁,仁声远播,口碑载道,家喻户晓,妇孺皆知,前来就医者络绎不绝。许多患者为感谢他手到病除、重见光明之恩,赠送锦旗和匾额。他是大连西医眼科的开拓者。

1968 年,王仁在“文革”中被迫害致死,终年 76 岁。1979 年 4 月平反昭雪,恢复名誉。

简仁南创办仁和医院

简仁南(1897 ~ 1969),字静村,台湾台南市人。父母早亡,家庭贫困。1917 年,考入台湾医学专科学校。在校期间,参加台湾文化协会,宣传爱国主义思想。毕业后,先后在台南市医院、台南安仁医院行医。1922 年 4 月,因参加抗议日本当局成立“台湾协会”的签名运动受到迫害。

1923 年,他流亡到大连,在南满洲铁道株式会社大连总医院任外科医生、中国人病房主任。1924 年 6 月,参加大连中华基督教青年会,任会长,兼平民学校校长,此间,他组织医生到市郊为农民治病。1925 年,考入日本东京医学专科学校,获医学学士学位。1928 年,在大连奥町(今民生街)78 号处,创立仁和医院。1938 年,在寺儿沟设立分院。他同情贫苦病人，经常免费为码头工人治病。1940 年，以《动脉硬化症的实验研究》论文获博士学位，此后又发表 10 余篇医学论文，成为日本外科学会、满洲医学会和热带病等学术团体的成员。他是大连西医事业开创者之一。

1945 年 8 月大连解放，他将自己的两所医院献给了人民政府。同年 9 月，被选为旅连台湾同乡会副会长、大连市医师公会副会长。曾任市卫生局卫生科科长、卫生局考试委员会委员、大连医学会监察委员。曾任大连医学院解剖学教授。参加过辽沈战役辽南军区手术队，任队长。在抗美援朝期间，参加过大连后方医院的抢救治疗工作。

简仁南先后被选为台盟旅大特别支部主任委员、中国保卫世界和平大会大连分会委员、辽宁省第一届和大连市第四届人民代表、中国人民政治协商会议第十届全国委员会委员。

1969 年 4 月，在"文化大革命"中被迫害致死，终年 72 岁。

五大市场

随着大连城市建设和商业的发展，从 1905 年开始陆续开张了有名的"五大市场"。它们以经营副食品为主，辅以日用百货，全部是集中分摊式的经营。这五大市场是：

信浓町市场，地处大连火车站前至胜利桥一带，是当时最繁华的地段，店铺林立，商业繁荣。1905 年日本人在这里建起了木板简易房，作为综合性的大市场。初建时有店铺 75 家，中日商家各半，一年的销售额为 40 万日元。1935 年因修建大连火车站，市场被迁至常盘桥（今青泥洼桥），1936 年在常盘桥新建营业大楼，1938 年正式营业，改名为常盘桥市场。营业大楼占地面积 6570 平方米，经营面积 5855 平方米，商户 130 余家，从业人员达 400 余人，经营百货、服装、土杂、副食品，日平均客流量达 27000 余人次，日均销售额 2 万日元。它是当时规模最大的综合性商场，解放后更名为大连商场。

山县通市场，地处今人民路。该市场建于 1914 年，占地面积 10000 平方米，建筑面积 1600 平方米，店铺 40 家。该市场周围均是大银行、大商社、大企业，居民甚少，客流量不大，营业清淡，日商占多数。解放后改为民寿商场。

千代田市场，地处寺儿沟春和街，创建于 1921 年。初建时有店铺 20 户，顾客大都是中国人。其规模仅次于前两个市场。30 年代中期，有店铺 24 户，日商只有 1 户。解放后改称春和商场。

小岗子市场，建于 1909 年，是中国人最早的商场。占地面积 6300 平方米，建筑面积600平方米。该市场地处繁华的西岗大龙街，顾客全是中国人，生意非常兴旺，顾客日流量和销售额仅次于信浓町市场。1920年春节发生火灾，市场化为灰烬，其后修成简易店房。解放后更名为西岗市场。

西岗市场西门旧址

沙河口市场，建于1922年，它是以满铁沙河口工场为中心而发展起来的。营业面积600平方米，顾客多为日本人。开始时只有19家店铺，到了1928年经过整顿，店铺增至50家，日商占多数。解放后更名为民勇商场。

大连商会

19世纪末以来，俄、日帝国主义相继侵占大连，为建立侵华基地和掠夺东北物资，对大连实施开发建设。大连的民族工商业就是在殖民统治下逐渐产生和发展起来的。大连旧商会便是大连民族工商业者自己的组织，在当时殖民当局严密控制下开展活动，几十年中，它为广大工商业者和市民做过一些有益的工作。旧商会的组织形式经历了四个时期。

洼口公议会（1900～1904）。1899年沙俄开建大连，到了日俄战争前夕，大连已是初具规模的港口城市，市区有工厂、商店500余家，工人约万余人，承包商17家，最大的包工商有纪凤台、刘肇亿、张德禄。1900年成立的洼口公议会，是大连最早的商会组织，会董由有经济实力的八大家充任，他们是德和号（张德禄）、顺发栈（刘肇亿）、福顺栈（郭学纯）、同兴德、同盛德、公顺栈、洪成兴、双盛泰。公推张德禄为总理，刘肇亿为协理。其主要任务是维持社会治安，解决商民纠纷，征收税金，发行地方钞票等。

大连公议会（1905～1913）。从1905年至1945年是日本殖民统治时期，商会三易其名，最初叫大连公议会，它是在洼口公议会的基础上，成立于1905年10月，辖区是东大连（今中山区），公推刘肇亿为总理，郭学纯为协理，会董由8家扩大为32家。公议会主要任务是办理商户注册，报领建厂建店场地，开辟商业街道，开放夜市，筹建菜市场，兴办医院、学校，创建消防组织等。这个时期工商户由1904年的77户增加到204户；资金由420万元增加到2240万元；生产总额由270万元增加到1900万元。

大连华商公议会（1914～1930）。为区别日商的商会组织，大连公议会改组为大连华商公议会。公推郭学纯为总理，李子明、张本政为协理，议董32人。1919年换届时，郭、李、张连选连任正副总理。1924年郭学纯病故，李子明接任。1927年李子明病故，张本政接任总理，刘仙洲、邵慎亭为协理。当时大连工商业者来自四面八方，分为四大帮派，归属于新八大家。四大帮是本地帮、山东帮、河北帮和南方帮，其中本地帮和山东帮占优势。资金雄厚的新八大家是刘肇亿（继承者是其亲侄刘仙洲，储蓄公司经理）、郭学纯（福顺栈油坊经理）、张本政（政记轮船公司经理）、邵慎亭（天兴福经理）、庞睦堂（福顺义油坊经理）、周子扬（泰来油坊经理）、许亿年（安惠栈经理）、安承生（双聚福油坊经理）。华商公议会做了五件大事：郭学纯领导全市工商界对日本殖民当局的“金建制”进行抵制和斗争，取得胜利；创建大连宏济善堂，实施恤寡抚孤、育婴养老、戒烟施棺、义葬济贫等义举；修筑黑嘴子码头海岸桥；为直、鲁、豫三省大水灾募捐；创办《泰东日报》。这个时期，大连经济呈上升趋势，民族工商户由1912年的204户增加到294户；资金总额由2240万元增加到6500万元；生产总额由1900万元猛增到12600万元。

大连市商会（1931～1945）。1931年，大连华商公议会改称为大连市商会，辖区仍是东大连，推选张本政为会长，刘仙洲、邵慎亭为副会长，直到1945年旅大解放，商会换届三次，张、刘、邵三人连任正副会长。1942年刘仙洲病故，由金蓉波补任。日本殖民当局为进一步控制商会，委派关东州厅高等刑事薛余堂为商会书记长，处理商会日常工作。张本政是亲日派，商会处处迎合日本殖民当局的旨意，为其主子推行各项经济法令，强行摊派各种债券，成了附逆祸国、为虎作伥的工具，商会在商民心目中早已没了威望。

大连市除了大连商会是具有全市性的商民组织外，还有四个区域性的商会，即大连西岗商会、西大连商会、刘家屯商民会和寺儿沟商民会。

大连西岗商会（1908～1945）。西岗居大连市中部，1908年，民族工商业户已发展到1200余家，是中国人经商的中心地，经营户数与商情繁盛状况已超过当时的东大连（今中山区）。西岗华商公议会成立于1908年10月，杜寿山为会长，苏贵卿为副会长，会董26人。1914年5月换届，新选牛作舟为会长，徐香圃为副会长，会董24人。1917年至1920年，商会两次换届，牛、徐连任正副会长，在西岗商会史上称为“牛会长时代”。1923年换届，公推庞睦堂为会长，周善亭、徐香圃为副会长，常任董事12人。1926年换届，庞睦堂连任会长，周子扬、阎之汝为副会长。

1929 年换届,庞睦堂连任会长,周子扬、周作立为副会长。1932 年西岗华商公议会改称为大连西岗商会,庞睦堂连任会长,周子扬、王文川为副会长。1935 年换届,庞睦堂连任会长,周子扬、徐宪斋为副会长,此时增设特高刑事程国庆为书记。从 1923 年至 1940 年,在将近 20 年的时间里,庞睦堂始终在任会长,史称“庞会长时代”。1940 年庞睦堂患痈症去世。会长由周子扬接任,栾诚久、王少臣为副会长,直到 1945 年大连解放。西岗商会为商民和市民做了许多好事,影响深远,如为解决华人子弟就学困难,1922 年创建西岗子公学堂(今大连一中校址);为适应工商业者经营业务的需要,举办实业、会计、珠算、英语补习班;为使中国子弟接受中学教育,1932 年设立大连协和实业学校(今 469 医院院址),培养许多人才;为商民建立货物西站;开辟新开大街(今新开路);成立消防队等。

西大连商会(1929 ~ 1945)。西大连是指沙河口西部地区,工商户多达千余家,该商会成立于 1926 年,许亿年为会长,刘先鸿、周家壁为副会长,董事 40 人。许亿年任职到大连解放。1932 年周家壁离职,由初吉亭接任。1936 年初吉亭去职,由吕作厚接任。1940 年吕作厚辞职,由张质彬接任。1943 年刘吉亭去职,由朱长城接任,书记长为魏继高。西大连商会本应合并于西岗商会,没有必要另立。但许亿年经营的安惠栈门类颇多,农、工、商俱全,经济力量雄厚,是新八大家之一。许亿年为独霸一方,又得到日本殖民当局的支持,所以在一市之内,便出现鼎足三立的局面,这在商会史上是罕见的,这是因为适应了日本殖民统治当局“分而治之”的政策需要。

刘家屯商民会。成立于 1916 年,辖区在今五一广场以西民权街一带,位于沙河口东部。商户多为小商贩,其中以大烟馆、饭馆、妓院、赌场较多,是一个比较繁荣的区域。会长是铁路工程承包商崔青林。该会会费收入相当可观,许亿年多次要求合并,但没有成功,最后的协商是刘家屯商民会每月将会费的 1/4 转让给西大连商会。

寺儿沟商民会。成立于 1916 年,辖区在今三八广场以东地区,会员都是小型工商户。首任会长郭子珍,副会长高振荣、王树兴。郭子珍去世后由高振荣接任会长。王树兴去世后由关云善接任。

露天市场

露天市场是大连最大的市场,这是由清末肃亲王善耆和他的日本顾问川岛浪速创办的。

日本特务、浪人川岛浪速是日本中央警官学校的毕业生,能说一口流利的北京

原大连露天市场北大门

话，在中日甲午战争和八国联军侵华时，他充当一等通译官。1900 年，慈禧太后和光绪皇帝西逃时，肃亲王随銮护驾，返京时在京郊受阻。肃亲王通过川岛从中斡旋，西太后和皇帝安然入京，为此川岛受到清政府二品官的恩赏。肃亲王同他的关系非常亲密，任命他为北京高等巡警学堂的总监，负责培训清政府高等警官的工作。1907 年，两人结为金兰，肃亲王又将自己的女儿显玗送给他为养女，改名叫川岛芳子（即金碧辉），后来成为日本军部的著名间谍。1912 年，肃亲王在川岛的监护下，全家移到旅顺口，他把复辟的愿望寄托在川岛身上。

1918 年前后，肃亲王在两次“满蒙独立运动”中，将自己的万贯家产全部用尽，而现时全家生活所需和关东都督府派去的侍卫人员津贴费都一无着落。为了应付燃眉之急，由川岛出面与日本殖民当局联系。殖民当局考虑到肃亲王的利用价值，决定给予他特殊照顾，于 1921 年批给他 4 万平方米空地，作为建立商业市场之用。川岛一手经办市场，他向东洋拓殖会社贷款 30 万日元作为筹建经费。

露天市场的法人代表是肃亲王的长孙连祖（宪章之子）。肃亲王长子宪章因为脑袋大，人称“大头王”、“大头太子”，他整天吃喝玩乐，不务正业，因此肃亲王没有委派他做市场的法人代表，市场的经营大权完全操纵在川岛手中。

露天市场总管理机构是事务所，凡是要求进入市场营业者，必须经过事务所同意，再由日本警察署批准方可领到营业执照。事务所主任由川岛派其亲信充任。主任以下设总办、协办各一人；总办之下设办事员若干人，此外还有勤杂人员。肃亲王的次子宪桂、八子宪其都曾参与过市场管理。

露天市场位于当时的西岗桥立町（今沈阳路），东自今沈阳路，西至今长春路；南自今新春街，北至今长江路的一个狭长地带，共分四个区段，建有简易房 700 多间，除剧院、浴池、烟馆和妓院规模较大外，其余全是一层红砖房和木板房。该市场四周也用木板栅栏和砖房为围墙，上无棚盖，露天市场便由此得名。

露天市场既是娱乐场所，又是生活用品的卖场，因此每天客流量无法估计。由于它的名声越来越大，凡是外地来客，甚至外国人路过大连，都要来到这里欣赏一番，成了当时旅游地的热点。

露天市场在川岛的操纵下，固定店铺逐年增加，各类摊贩有增无减，客户有 500 多家，每年收入 10 万日元，每月除拨给肃亲王府费用 2000 日元外，其余完全由川岛支配。

到了 1943 年，日本败局已定，川岛急于捞钱回国，将市场以 125 万日元兑给了大连商会会长张本政。川岛自己拿走 50 万日元，分给肃亲王长子宪章 30 万日元，次子以下每人 3 万日元，孙辈没有，其余部分给了日籍职员。

当时大连地下党的人员，常利用此地为掩护进行地下活动。如赵恩光、赵鸿浩、李彭华等人，曾在二区摆过洋服摊，把营业得来的利润作为党的活动经费。

解放后，市场更名为博爱市场，1947 年博爱市场被政府接管。50 年代由于国营商业的发展，博爱市场名存实亡；60 年代市场被拆除，盖上了高楼大厦。

关东军细菌培养基地

1925 年 8 月，日本南满洲铁道株式会社（简称满铁）在大连下葭町 20 番地（今沙河口区五一路 8 号）建立了满铁卫生研究所（原大连制药厂前身），所长是满铁地方部卫生课长金井章次博士。该所初期主要从事流行病、传染病的菌苗和疫苗的研究。1927 年满铁将中央试验所的药品试验、饮水、食品及其他卫生试验的业务全部划归到该所统一管理。至此，日本在大连的卫生研究、试验、制造等业务均由该所承担。

“九一八”事变后，由于军事需要，从 1933 年起，该所经费完全由关东军支付，业务规模也相应扩大，占地 2 万平方米，拥有楼房 29 栋，从业人员 124 人。1939 年，满铁卫生所正式划归日本关东军哈尔滨 731 部队，对内称关东军防疫给水部大连出张所，又称满洲第 319 部队，对外称大连卫生研究所。这时所长是安东洪次博士(战犯,1947 年从大连逃回日本)。关东军对该所的业务作了调整,731 部队长石井四郎把霍乱菌专家三奏技师、细菌班全体人员和昆虫班部分人员派赴大连。三奏来到大连后就开始进行霍乱菌的冷冻试验,后来 731 部队的山口中佐带领植物班也前来参加试验。昆虫班在大连收集老鼠、跳蚤,让其传染鼠疫、霍乱、伤寒、猩红热、赤白痢等传染病菌,同时还担负细菌生产、药剂制造、动物繁殖等业务,直至用活人人体解剖和细菌实验。据战犯山内丰纪交待,该所细菌培养罐共有五六百个,日本投降时,为毁灭罪证,培养罐全部被投进大连港外的深海里。由此可见,满铁大连卫生研究所,实际上是关东军 731 部队重要的细菌基地。

解放后,满铁卫生研究所改做大连健康化学制药厂,1968 年更名为大连制药厂。1990 年和美国辉瑞制药有限公司合资兴建了辉瑞大连制药有限公司。现大连制药厂的建筑全部拆除。

孟天成与博爱医院

孟天成(1882~1966),字学礼,台湾台南人。自幼聪敏,好学不倦,在叔叔孟叔齐的资助下,于台湾总督府医学专科学校毕业。1911 年冬来大连,先后在满铁医院和宏济善堂医院任医师,后在奉天南满医学堂进修,1916 年创建博爱医院(今大连市二院前身),任院长兼外科医师。

孟天成通晓日、英、德、法等多种语言,他一面从事医学研究,一面继续进修深造。1917 年 7 月,他入日本东京帝大医科,学习泌尿科、皮肤科、病毒科和妇产科;1924 年 2 月,进福冈九州帝大医科学习皮肤科、鼻科、咽喉科、整容外科、牙科;1925 年 6 月入东京帝大医学部学习妇产科和细菌卫生学。

1922 年 8 月,孟天成从末梢血液与脾大的鼠蹊淋巴腺发现了黑热病小体。为弄清辽南地区黑热病的流行情况,他深入查访 80 多个村庄,发现了百余名小儿黑热病患者,最终查清了黑热病的流行地域和发病原因。从 1934 年到 1936 年,他撰写了十余篇关于黑热病的论文和著述,分别发表在《满洲医学杂志》和《日本病理杂志》上,为此于 1937 年 4 月荣获医学博士学位。

孟天成在 1932 年创建了博爱医院分院(今寺儿沟传染病院前身),建筑面积为 1000 平方米,40 张床位;1934 年扩建博爱医院新院,建筑面积为 4200 平方米,床位 40 张;1942 年又在甘井子新建了分院(今大连四院前身),建筑面积为 1000 平方米,60 张床位,并为职工先后购买了三处宿舍。博爱医院和分院的医疗设备,在当时是比较先进的。

1946 年 5 月,孟天成在报上发表启事,愿意献出本院和所有分院、宿舍的财产及药品、资料，为公安总局警士治疗。博爱医院便更名为公安总局医院，他出任院长。1954 年公安医院移交给市卫生局，他调到解放军 215 医院（原同寿医院，今五一广场大世界大厦地址）任院长。

孟天成一生热爱医学，刻苦钻研，医术高明，声名远播，前来就医者络绎不绝。他率先开展了新法接生，并开办助产士班，先后为东北、山东、上海和大连培养了数百名助产士。他一生为四万多名患者解除病痛，为大连人民的健康做出了卓越的贡献，是大连地区西医学界的奠基人之一。

1966 年 5 月，孟天成病逝于大连，终年 84 岁。

杨凤鸣和岐山医院

杨凤鸣（1893～1966），字岐山，大连市旅顺人。

1919 年，杨凤鸣从奉天南满医学堂毕业后，来到大连满铁医院任医师。此间他参加了大连中华青年会，当选为副会长。1922 年，他赴日本京都帝大医学部深造了两年，回国后在满铁分院任内科主任。1931 年，他在西岗子自建岐山医院，并出任院长，这是一所具有一定规模的综合性医院，有房屋百间，住院、医疗条件都很方便，在大连颇有名气。

杨凤鸣很有民族气节。伪满成立后，曾多次请他出任卫生部大臣，均遭拒绝。

杨凤鸣在医学上有精深的研究，他撰写的中华民族血型研究论文《人种血型研究》，在医学界颇有影响，60 年代初该论文曾被英国血液病学界引用过。

解放后，杨凤鸣倡议并联络同人张凤书、简仁南、王义心等，组成大连医师公会，被推举为会长。1947 年，他停办自家医院，出任关东（旅大）公署卫生厅厅长，协助政府开展医疗工作。在他的主持下，制定了许多大连卫生管理法规；整顿医师队伍，举行中西医师考试、考核发证工作；组建过战地医疗队，支援东北解放战争。

岐山医院旧址

杨凤鸣从医四十多年，是大连西医界的老前辈，他工作认真，勤奋好学，知识渊博，为大连卫生事业的发展作出了贡献，是大连地区西医学界的奠基人之一。他通晓日、英、德三国语言，为了发展医学技术，埋头钻研十余年，编译出10余万词条的书稿《英汉德日医学辞典》。此外，他在文学方面亦有造诣，善诗作，1945年出版了《岐山诗集》。

1966年9月3日，杨凤鸣因在“文革”中受迫害投井自杀，终年73岁。1979年4月国家为他恢复名誉。

新开大街

俄国租借大连后，将青泥洼桥以西的小岗子划作中国人居住区。随着大连的开发建设，人口逐年增加，到了1905年日本占领时，小岗子已经成了中国商业街。1920年，在今博爱街一带，肃亲王善耆兴建了一处露天市场，使居民突破了10万，商家增至2000户，通行的街道更显得拥挤不堪。到了30年代，小岗子人口占全市的一半，商民增加迅速，工商业繁荣，其程度不亚于东大连（今中山区）的日本商业街。但是整个街道很落后，全是些石板路或是泥沙道，到了雨雪天，泥泞路滑，给顾客和行人带来许多不便，而日本商业街全是柏油大马路，这正是殖民地的特点。殖民当局根本不考虑中国人的需求，只管向中国人收税要钱，而当时小岗子工商业缴纳的税款占大连财政收入的大半。

1928年，西岗商会会长庞睦堂代表当地商民向殖民当局申请拨款批地修路，当局一直拖延不理；后来商会决定由华商募捐集资，辟街筑路，当局还是迟迟不予准许，最后只得请大连商会会长张本政出面交涉，终于在1931年春获准修路。

新建马路从1931年夏天开始动工，地址在最热闹的地段，南北方向辟出一条大街，南起人民广场东侧，北行越过电车道至铁路线。两旁的商家和居民，由商会给予补助限期动迁。终于在1933年夏天，一条崭新的柏油马路修好了，定名为“新开大街”，解放后改名为新开路。

1934年，大街两侧开始栽树、安装路灯、开放夜市，大街北头的铁路线上又架设了立交桥（今北岗桥），同铁路北站、黑嘴子码头和大菜市连成一线，形成了一个完整的商贸体系。

新开大街建成后，许多大商家纷纷来到这里经商贸易，成了西岗子的商业中心。它的西侧是最热闹的露天市场和福兴大戏院，东侧是小岗子市场，北边是烟馆、妓院、赌场。围绕着新开大街周围的商业活动直到深夜，到处是灯红酒绿，光彩璀璨，成为大连的“不夜大街”。

进入40年代，日本帝国主义发动太平洋战争，实行战时经济体制，工商业萧条，商家纷纷倒闭，新开大街也随之失去了往日的辉煌。

关东州劳务协会

日本占据大连以后，对东北实行掠夺式的开发，随着开发的进展，迫切需要大量的劳动力，于是当时山东、河北等地的贫苦农民便成为日本招募廉价劳动力的对象。

当时，每年加入东北的劳动力为30万，到了30年代达到70万人，其中有相当一部分留在大连从事各种繁重的体力劳动。

日本殖民当局对这支庞大的中国工人群体实行严格的管制，早在1911年，日本人相生由太郎便创办了福昌公司（福昌华工株式会社），进行统一管理和使用，为了方便监控，还在寺儿沟组建了中国人叫做“红房子”的工人宿舍“碧山庄”。“九一八”事变以后，中日矛盾进一步加深，大连殖民当局便加紧对中国工人的监视和控制。1933年日本在伪满设置了“劳动统制委员会”，1935年日本关东局和伪满政府分别制定了“外国工人管理规则”。日本殖民当局为了便于分化和管制，硬把中国人分为“关东州人”、“满洲国人”和“支那人”。1937年抗日战争爆发后，伪满成立了“满洲劳工协会”，紧接着1938年10月22日，日本关东州厅也成立了“关东州劳务协会”，同时颁布“工人登记规则”，由劳务协会实施。“关东州劳务协会”的成立，标志着日本殖民当局对大连地区中国工人的统治、监控和役使进入了一个新的阶段。

关东州劳务协会是由特殊会员和一般会员组成的。特殊会员是对协会有特殊贡献、学识渊博和经历特殊的人物，他们入会须经会长推荐和理事会通过。会长由关东州厅长官兼任，副会长由关东州厅内务部长、警察部长、经济部长兼任。下设理事11人，日常工作由常务理事主持，另外有若干评议员和顾问。一般会员由有雇佣工人20人以上的业主组成。到1941年，日本会员有613人，中国会员有1668人，其他国家的会员有7人，共计是2288人。

劳务协会内设总务、计划、登记、劳务第一、劳务第二、劳需、监察7个课，后来又增设弘报系和勤劳训练所。协会本部设在大连市不老街61号（今已拆除）。协会在大连市内设有18个事务所，在旅顺、金州、甘井子、貔子窝设立5个出张所，负责办理审查、登记、照相、盖指纹等任务；在大连火车站、水上警察署等地设有职员派遣所，控制工人出入；在东山庄、西山庄收容所内也派有该会的常驻人员，监视工人活动，审查经济来源。劳务协会直接由关东州厅警察部外事警察课及内务部民生课领导。

劳务协会的职能主要有四项：

第一,工人登记。这是劳务协会的主要任务,登记范围包括大连地区所有中日厂矿企业里的中国男女工人。登记的工人要到协会登记课领取并填写登记申请表,交纳照片,盖指纹。协会审查认可后,发给登记者劳工票。工人领取的劳工票必须接受签证,无签证的劳工票无效。

第二,盖指纹。盖指纹是劳务协会对旅大工人进行统计的重要环节。劳工票要有工人本人的照片和十指指纹。劳务协会对采集到的指纹制成指纹卡,编号保管,同照片卡、姓名卡并用。协会共保存了40余万人的指纹。服务于刑事案件和中国人的反满抗日政治事件的侦破,如1940年6月在破获抗日放火团的案件中,协会提供的指纹起到了作用。

第三,职业能力申报登记。1940年1月2日,关东州厅根据日本政府"国家总动员法"颁布了"关东州职业能力申报规则"。这是为了摸清各种技术工人数量,以备发展战时经济和为侵略战争服务的。

第四,调节劳动力供需业务。劳务协会为了确保大连地区所需的劳动力,在一定时期对劳动力的内外交流实行必要的限制。

关东州劳务协会名义上是一个社会团体,实际上是日本殖民当局为掠夺东北物资、侵略战争而设立的服务机关,是统治、奴役、迫害大连地区中国工人的官办机关。1945年8月,随着日本战败投降,关东州劳务协会自行解散。

大仁堂

大仁堂经理刘恕庵,河北安国县人。20世纪30年代初,他依靠同乡药材帮的关系,来到大连经营中药店,加入了中药业的"京帮"行列。他在寺儿沟开了一家小药店,因为心仪北京同仁堂的名气,又为了招揽顾客,便用了同仁堂的牌号。

当时,日本药商将国内生产的人参,大量倾售到大连,价钱比关内的人参贱一半。刘恕庵抓住这个机会,大量收购日本人参,运往安国县药品市场进行推销,以假乱真,发了一笔大财,于是他又在西岗大龙街设立了一个分店。

30年代初,西岗子新开大街刚刚辟建,刘恕庵为了扩大业务,又在这里再设分店。起初他以"京都同仁堂参茸药店"登记注册,办理手续的人问他如果与同仁堂是一家,应当称为大连分店,如果不是,北京同仁堂是名家,不得冒用牌号,以免引起争执。最后他接受了人家的劝告,改称"京都大仁堂参茸药店",并于1933年10月15日正式开业。"京都"二字颇有吸引力,许多老百姓都对北京中药深信不疑,所以都愿到大仁堂买药,一时间大仁堂顾客盈门。大仁堂抓住这个良机,特别注重药品的质量,做到货真价实,药房用的人都是安国县人,老百姓就相信卖的药也都是安国来的。店员服务周到，态度和蔼，配药认真，百问百应，赢得老百姓的信赖，大仁堂的声誉在人们的心目中一天天高了起来。

当时大仁堂的资金、规模、影响都属于中等，不能同康家德字号相比。但是刘恕庵不气馁，决心想办法赶上去。他采取两种办法：一是在药材上下功夫，如果药店临时缺药，无法配方，立刻派店员到京帮药店借药，来满足顾客的需要；二是与有名气的汉医师挂钩，如名医刘志学、孔抒堂开的处方上，都要求病人为了保证药效一律到大仁堂取药，于是大仁堂名虽不列前茅，但是经营非常兴旺火红，即使日本殖民当局在实行经济统制时期，还是照常营业。

1944 年，刘恕庵到天津成立了福记大药店，就把大仁堂交给了老店员经营。直到今日，大仁堂依然开张营业。

金州聚增长

聚增长的经理张聚生是金州城里人。青年时期在吉林四平街做生意，埋头苦干，专心研究，掌握了一套经商的办法，也积蓄了一笔资金。1916 年回家在城里北街创办金州第一家绸缎庄聚增长。

张聚生统管聚增长的经营管理大权，雇佣店员多时达到百余人。聚增长是个老字号，商品档次高，卖场大，门面装潢新颖，资金雄厚；店规严明，要求店员作风正派，集中食宿，平日不准喝酒吸烟，晚间不得闲逛，忠诚于本商号，如有贪污、工作不尽心或与顾客顶撞，影响本店声誉的事情发生，立即解雇；要求店员注意商店的信誉，货真价实，童叟无欺，接待顾客，殷勤周到，百问不厌，百拿不烦，笑迎礼送。该店每年都举办一次大减价，有时还举办有期限的特价优惠，买一送一，以薄利促多销，积极招揽生意。买卖做得兴隆发达，在众多的竞争对手中，如广发元、金生利、福伦祥都不是对手，只有大伦号一家才能与之匹敌。

1927 年，为适应业务的发展，在原址新建一座丁字形的三层楼房，是当时古城唯一的高层建筑（今金州中医医院院址）。外形宏伟壮观，橱窗新颖大方，商场布局合理，商品陈列美观。一楼前厅摆放着各种绫罗绸缎，高级呢绒皮货。后大厅专销各色棉纺织品。二楼经销洋广杂货，妇女用的化妆品和针头线脑等日用百货。经理室、总账房均在这里。三楼是批发大厅，摆列各种货物样品。后院有洽谈室、宿舍、食堂、仓库等，如此门类齐全零售兼批发的百货绸缎庄是不多见的。

聚增长从创业到中兴阶段是张聚生一人主持的，以他的才干、信誉和周到服务赢得了顾客的信任，超过了同行。后来五个儿子长大之后，达到鼎盛时期。长子张大中，三子张寅中在西街永盛杂货店学生意。次子张宇中在大连协茂盛做管账先生，四子张镇中和五子张炳中，在自家绸缎庄与父同心协力共同繁荣。特别是张宇中与协茂盛经理由献廷是莫逆之交，长年从该商号赊进大宗商品，充实货源，扩大销售，增加了资金周转，使聚增长如虎添翼。1920 年张聚生病逝，张宇中接替了经理职务。1927 年又在众绅商的推举下，任金州商会会长。

1943 年由于日本实行战时经济统制，聚增长无法经营下去，只得关门收摊。

金州康德记药房

清朝末年，在金州城里创办第一家药房就是德记号药店。历经俄、日殖民统治，直到解放后与医药公司合营，已有百余年的历史。康洪源是德记号第四代传人，1956 年他率先参加了公私合营，是大连中医药界的知名人士。

德记号药房自采自购，自己加工制作中成药，兼有坐堂医生看病和卖药，是一家综合性中药店，闻名于辽南大地。尤其是康氏家族世代相传的验方，用黄芩、丹参、酸枣仁、蝎子、石决明等，配制的丸散、膏丹就有 500 余种，基本上满足了城乡群众治病用药的需求，而其中治疗妇科病的中成药“妇浸膏”，远销到南洋新加坡、马来西亚等国家，是德记号的名药，受到广大妇女的欢迎。

德记号办店的宗旨：以济世心取德于民。该店主张薄利多销，让群众吃好药、吃贱药，因而登门求医买药的络绎不绝。实施赊欠记账的方法，对城乡交往多年的老主顾看病买药记账、对经济拮据的农户，没有钱也可以赊钱看病吃药，秋后派专人走村串巷逐家清账。对无力还账的，还以用自产的米谷鸡鸭作价抵账，对极困难的也不催逼，可以拖到下一年，极大地方便了群众，所以德记号药房在群众中的声望与日俱增。

由德记号到康德记的演变，也可以看出它在群众心目中的地位。药房本叫德记号，大家都知道药房是康家创办的，久而久之，大家就简化成康德记。招牌依旧，店号叫成了康德记。

德记号赢得了群众的赞誉，得到奉天省长王永江的赏识，取“德记”两个字，题了一幅楹联：德兼和缓活人术，记取黄农济世心。铜板对联挂于正门两侧，给该店提高了名气。

该店最兴盛时期，雇用制药工人 20 余人，康氏家庭以金州城德记号为中心，分别在辽南各地建立分号，如东栈、西栈、福栈、洪栈、漂栈、全栈、老德记、新德记等十余家。

日本殖民当局在侵略战争年代，推行战时经济统制政策，百业萧条，中药业更加艰难，康家德记药房纷纷倒闭，只有金州德记号一直营业到建国后。1988 年 9

月,康洪源又在金州拥政街自家门房开设康德记联合诊所,百年老店又重新呈现在古城金州。

三越与几久屋

1898 年,沙俄强租大连后,俄商在青泥洼桥开设了俄罗斯百货商店,专营俄罗斯商品,以供应俄国官吏及其家属为主,对中国人也开放。

1905 年日本占领后,该商店收归军管,经营效益不佳。1933 年,日本东京三越株式会社委派董事北田内藏等人来大连考察商务。第二年东京三越总店决定收购俄罗斯商店的全部资产,并投资 500 万日元,改建成为地上五层,地下一层,营业面积达 8500 平方米的一座白色的百货大楼——三越株式会社大连支店,即今天的秋林女店。该建筑模式同东京三越总店一样,建筑形式简单,墙面平整,窗式稍加组合,只在出入大门和女儿墙上做了一些花饰。楼顶的塔楼装饰美观,成为商店的标识,是大连近代著名建筑之一。

1937 年 9 月,三越洋行正式营业,地下和地上三楼经营百货,四楼为中西餐厅,可容纳顾客 300 余人,五楼主要展销欧美新潮产品。该洋行经营欧美商品,这是它的一大特点。为了同几久屋洋行竞争,东京总店通过各种渠道组织货源,支援大连支店,以增强其竞争力,同时又委派得力人员井上庆吉来大连支店担任总经理,主持支店的经营业务。井上庆吉与几久屋洋行岸田的经商能力不差上下,只因几久屋洋行出售日用小商品,赢得顾客较多,而三越偏重于高档商品,顾客稍少,于是三越洋行的营业额稍差几久屋洋行,位居全市第二。但是三越洋行是以出售高档外国商品而闻名东北的,再加上地处火车站和汽车站附近,往来顾客超过几久屋洋行。

1945 年 8 月,苏军接管了三越洋行,更名为秋林股份有限公司,供应对象是苏军及其家属。1953 年 10 月,大连市政府接管经营,改称国营大连秋林公司。现为大商集团分店之一,专营妇女用品。

1931 年,日本国会议员岸田正记来大连观光游览,日本商工会议所所长相生由太郎向他介绍,浪速町缺少一家综合的百货大商店,一再劝他投资经营。岸田是日本广岛地区的大财阀,其父是经营百货的高手,在日本大阪开设的几久屋洋行很有名气。后来岸田决定在大连、奉天(今沈阳)两地开设几久屋支店。1932 年他投资 3000 万日元,在浪速町 11 番地(今天津街)动工兴建几久屋支店,1933 年 10 月正式营业。

几久屋开业后,连年盈利,到 1940 年兼并了邻近的商家后,几久屋扩建成了四层大楼,地下一层,同年又兼并了隔街几家商店。营业面积超过了 1 万平方米,经营商品达 3000 余种。由于商德也很好,为顾客服务耐心,深得顾客的欢迎,1939 年全年营业额达 800 万日元以上,压倒了三越洋行,居全市百货商家之首。

1936 年岸田正记回国出任海军参议员,店务交给了其弟岸田正次郎,他也是位经商专家。解放后,几久屋收归国有,改名为天津街百货大楼,是市内重要的百货商家之一。

大连名菜馆

群英楼开业于 1892 年,初名“春字号”,1912 年扩建,更名为群英楼。山东籍店主王杰臣是位烹饪鲁菜的能手。他擅长爆、扒、蒸、烧、炸,最拿手的菜是“鸡锤海参”、“红鲤戏珠”、“鲜贝原鲍”、“桔子大虾”、“海味全家福”、“糖醋黄花鱼”、“红烧海参”、“一鱼三味”、“盐爆双笼”、“虾仁蛋白汤”。他的这些名鲁菜以清鲜肥嫩为特点。他还开设亚东楼,大连的鲁菜师傅大多都是他培养出来的。

钟会臣开办在电气花园(原动物园)的**登瀛楼**是非常有名气的饭馆,这是一座别致的中国古典建筑,到这里用餐的都是名商大贾和日本军政要人,李鸿章之子李经方是该饭馆的股东。现已拆除。

西岗福兴里的**杏乐天**也很有名气,经理山东人迟元亨是位有名的鲁菜专家,他做的鲁菜风味纯正,备受顾客好评。他还在刘家屯(民权街)设立了分店。他的拿手名菜是“海参肘子”、“红烧海参”、“扒通天鱼翅”、“溜黄菜”、“摊黄菜”。他培养了许多鲁菜师傅,日本人经营的辽东饭庄(今大连饭店)的鲁菜名噪全市,用的师傅就是从他这里以重金聘请的。

西岗的**红杏山庄**以烹饪金州辽菜而闻名。经理林国斌的绝活是“溜海蜇皮”,全市独此一家。这个菜难在火候上,稍有不慎海蜇皮便化成水汤。而他做的海蜇皮保持原样,味道鲜美,就连日本人也来品尝。他还有“炸八块”和“溜黄菜”,都是没人敢比的绝手活儿。

王麻子锅贴铺开张于 40 年代,是从露天市场起家的。王麻子有一种持之以恒的勤奋精神,练得一身好手艺,有四种绝活叫响全东北和山东省:一是锅贴,外脆里嫩,鲜香油亮;二是杠头,外皮坚硬,内里香软;三是油炸金州大麻花;四是王麻子葱烧海参,风味特别,所以冠上他的名字,这在全市是头一份。

成立于 40 年代初的**山水楼**,能制作浙、粤、鲁菜 200 种,这在全市是首家。其中有十大名菜最出色,这就是浙菜的“黄鱼参”、“雪中鸳鸯”、“松鼠黄鱼”、“火瞳金鸡”;粤菜的“水晶鱼”、“蚝油牛肉”、“盐焗鸡”、“葱油黄鱼”;鲁菜的“荷花虾”、“盐爆双鲜”。

西岗**日新饭店**以西餐闻名全市。隋经理独创的拔丝冰淇淋是大连独有的名菜。因为此菜做起来很不容易,所以许多人就是为了品尝这个菜而来这里一饱口福的。

此外,西岗东关街的**四云楼**、**普云楼**和沙河口的**正阳楼**、**东亚楼**都有有名的厨师,既有本地风味,又有鲁菜特色。在青泥洼桥开张的**惠宾楼**,是从露天市场走出来的,鲁菜主要品种有“醋溜鱼片”、“白雪干贝”、“鸳鸯加吉鱼”、“烤肥鸭”等。华商大饭店的**泰华楼**、**聚仙楼**以“葱烧海参”、“烧鸭”、“清蒸加吉鱼”、“红烧鱼翅”等名菜吸引顾客。西岗新开大街的**东升园**,专做全羊肉酒席;西岗**宝乐天饭馆**是有名的清真回民饭店;**马家饺子馆**、**狗不理包子铺**,都是有名的风味饭店,原来都在西岗露天市场营业,成名后就迁到东大连扩大经营。

二三十年代是大连饮食业的黄金时代,饭店林立,各放异彩,厨师们全凭灵巧的双手做出诱人的美味佳肴,为大连人留下了许多传统名菜。

金州小吃

驴肉包　40年代,金州城有一家低矮的普通店铺,店面没有字号,只在灯笼上写着“真正驴肉包子”六个字。这个不起眼的小店美名远扬,是金州独一无二的驴肉包子铺。

这个包子铺,远在20年代是董家开的饭馆,后来由于天吉接手开驴肉包子铺,不久又兑给他的伙计徐长荣。在徐长荣经营的二十多年中,是金州驴肉包最负盛名的时期。

徐长荣的驴肉包有特点,据他侄子徐延良说:“驴肉包当然是驴肉做的,如果全用驴肉做馅,馅发艮,不好吃,所以每10斤驴肉掺上二斤肥猪肉和二斤小蛎子,再加上各种小佐料,调和在一起。这样的包子汤鲜肉香,油而不腻。”

徐长荣的驴肉包子铺顾客盈门,川流不息,特别是晚间,有些人是从大连和别的地方专程来吃包子的,还有的是专来买包子馅,回去自己包,或是买半成品回去蒸。据说当年驴肉之乡的唐山,专门派人来学艺。

解放以后,驴肉短缺,徐长荣的驴肉包子铺也就歇业了。但是他的驴肉包的绝技为金州的饮食业增加了一段佳话。

叉子火勺　金州南街有个羊肉馆,掌柜叫李延年,每天除了制作各种羊肉炒菜外,还做羊肉包子和叉子火勺。他的羊肉包子很出名,馅里掺猪肉,膻味不大,又不失羊肉味道,再加上小蛎子,所以又鲜又香。

李延年最有名的是叉子火勺，把面和好后，撒上盐面，涂上油，抹上小佐料，在模子里捻上几粒芝麻，把面放进花模子里压实，然后倒出来，放在铁叉子上烧烤，故名叉子火勺。火勺外表焦黄，口感酥脆、香软，很受顾客的欢迎。

50年代，李延年去世后，他的叉子火勺手艺没有人继承，这实在是金州饮食业的一大遗憾。

刘豆腐脑 从1935年到1947年，刘文荣在金州西市每天早市卖豆腐脑。每天天不亮，他就把做好的豆腐脑挑到市场上去，一头是豆腐脑，一头是羹汤。因为他的豆腐脑很好吃，往往是他没有来到，顾客们就在棚子里等着他。

先前刘文荣的哥哥就在这里卖了十几年的豆腐脑，因为货真价实，受众人的欢迎，大家都亲切地叫他“刘豆腐脑”。哥哥去世了，刘文荣就继承了哥哥的这个行业，仍旧保持当年哥哥做的豆腐脑的特点，所以顾客们也同样叫他“刘豆腐脑”。

刘文荣和哥哥做的豆腐脑，在同行里是最好的，豆腐脑不老不嫩，细腻白净，羹汤有两种，蛎子羹和鱼子羹，羹里加上点白肉丁、碎木耳和小佐料。白嫩的豆腐脑，浇上黄色的汤，好看好吃，鲜美可口，真是色、味、香俱佳。

刘文荣是个性格开朗、乐观的人，身上扎着白围裙。动作利落、干净。一边盛豆腐脑，一边唱自编的顺口溜：“豆腐脑，真叫好，喝一碗不过瘾，喝两碗叫你热得脱棉袄……”他对人热情周到，不笑不说话。每天早晨一挑子货，一个小时就卖完了。比起同行快多了。

50年代刘文荣去世了，他的手艺没有后人继承，再也喝不到他的豆腐脑了。

“亚细亚”特快列车

“亚细亚”是行驶在南满铁路线上的豪华型特快客车，满铁曾以此为骄傲，向世界宣扬。

1933年8月13日，满铁理事会决定制造“亚细亚”特快客车，该车是由机车和一等车厢、二等车厢各一节和三等车厢两节加上餐车、行李车所组成，总定员为328人。机车蓝色，客车绿色，车体中间有一道白杠，整个车体为流线型。机车重200吨，备有自动投煤装置，主动轮直径2米。客车座位自动化，备有空调装置。

该特快的全部客车车厢和3辆机车是由满铁沙河口铁道工场制造的。

“亚细亚”从1934年9月1日开始，在大连至新京(今长春)间704公里的铁路线上运行，运营限时为120公里，是当时世界上最快的列车之一。停车站只有大石桥、鞍山、奉天(今沈阳)、四平，行车时间8小时20分，平均时速为82.5公里。1935年9月1日起延长到哈尔滨，行车时间为12小时30分。该特快对日本统治东北，缩短大连至哈尔滨之间的距离，起到了重要作用。当然它的快速和豪华与东北人民是无关的，它是欧美游客和日本殖民统治者的旅行工具。

由于太平洋战争中，日本的海运受到美国潜艇的袭击，大连港客运严重衰落，以日本旅客为主的“亚细亚”特快列车，终于在 1943 年 3 月停运。日本战败后，该机车被苏军运走。

大连水源地

沙俄强租大连后，在西郊马栏河修建了水源地，向市内铺设配水管道，每天供水千余立方米，专供沙俄行政区、车站、码头等用水。日本占领后，由于市区扩大，工矿企业发展，人口增多，用水量迅速增加。于是相继修建了一批水源地，至 1945 年每天供水量 6 万立方米。其中较大的水源地有：

五家店贮水池 位于大连西郊棠梨沟马栏河上。1914 年动土，1921 年竣工。集水面积 31 平方公里，坝型为块石砼重力坝，坝高 29 米，坝长 248 米，坝顶宽 3.7 米，底宽 24 米，总库容 555 万立方米。日供水 4800 立方米。

龙王塘贮水池 位于旅顺龙王塘官方村。1920 年开工，1925 年竣工。系块石砼重力坝，坝长 326.7 米，总库容 1578 万立方米，集水面积 37 平方公里。日供水 1.2 万立方米。

大西山贮水池 位于市西郊湾里村。1927 年动工，1934 年竣工。为块石砼重力坝，坝长 583.3 米，坝高 37.3 米，顶宽 5.5 米，底宽 23.5 米。集水面积 28.8 平方公里，总库容 1680 万立方米。日供水 2 万立方米。

牧城塘贮水池 位于营城子镇前牧城驿村。1933 年动工，1935 年竣工。大坝为砼心墙土坝，坝长 533 米，坝高 22.4 米，集水面积 20.8 平方公里，总库容 414 万立方米。日供水 3500 立方米。

小孤山贮水池 位于旅顺龙王塘镇郭家沟村。1931 年动工，1938 年竣工。大坝为砼心墙土坝，坝高 13.5 米，集水面积 28 平方公里，总库容 508 万立方米。日供水 4100 立方米。

北大河贮水池 位于金州二十里堡。1938 年动工，1942 年竣工。坝长 310.5 米，为块石砼重力坝。集水面积 37.9 平方公里，总库容 1000 万立方米。日供水 8200 立方米。

名人轶事

张成镇守金州城

张成(1231～1294),湖北蕲州人。

南宋末年在蕲州参军,在元至元十二年(1275)随宋安抚使管景模归附元朝。至元十六年(1279)以百户应诏选赴京师充当侍卫。至元十八年(1281)受命随千户参加东征日本,占据志贺岛、壹岐岛,时值飓风大作,舰船破损大半。至元二十一年(1284)班师回京。翌年朝廷因张成作战有功,授封敦武校尉管军上百户,赐白金钞币若干。至元二十二年(1285)随千户率军前往黑龙江水达达路征东元帅府奴儿干都司(即今黑龙江出海口尼古拉耶夫斯克)屯田镇守。至元二十三年(1286)去黑龙江东北极边屯营。至元三十年(1293)受诏将所统军并为金复州附军万户府屯田镇守海防。同年七月在金州城东北双山、沙河之西屯田。至元三十一年(1294)四月初六病死于屯田处,终年63岁,葬于金州城北门外。

关于张成事迹,见于1925年在金州城北门外出土的张成墓碑。该墓碑是其忠翊校尉管军上百户重孙所立。

张成墓碑对于研究元代军队屯田、征倭,特别是元朝在黑龙江流域驻防、开发,设立行政机构,具有重要的史料价值。该墓碑现藏于旅顺博物馆。

翰林徐赓臣

徐赓臣(1824～1880),字韵初,号东沙。普兰店市大田人。

年少天资聪慧,才华横溢。4岁能背《百家姓》,5岁能诵《三字经》,6岁能读《名贤集》和《唐诗三百首》。有一年家乡唱大戏,有人要他为戏台子写对联。他欣然接受,提笔写出:

唱本两个曰,曰喜怒曰哀乐曰出一口。

戲原半边虚,虚帝王虚将相虚动干戈。

观众看了,莫不称好。

1849年,年仅26岁的徐赓臣,成绩优异,科拔贡生,授工部虞衡司七品京官。4年后举进士,钦点翰林院庶吉士。在翰林院长年背井离乡。一天,咸丰皇帝来到翰林院,见他有思念家乡之情,便问道:“十口心思,思父思母思妻子。”

徐赓臣答道:

“寸身言谢,谢天谢地谢君王!”

咸丰皇帝甚为欢喜,当即允假,回家探亲。

后来徐赓臣选授直隶广平府肥乡县知县。任知县时,救治蝗灾,赈恤饥民,政声颇佳。

1867 年,他应鲍春霆提督之请,驻防南阳,出奇策,破捻军,升任直隶州知州加知府衔,赏戴花翎。

两年后,徐赓臣辞官回家,在横山书院执教。五年间,复州文风大振,培养了许多弟子,不取分文,其高尚品德,为人传诵。1880 年 8 月 14 日病逝,终年 57 岁。

徐赓臣手迹

徐赓臣著有《韵初遗稿》、《斯宜堂诗稿》均散失,唯《鸦片词》48 首尚存,今录其二首供赏:

可叹富家郎,
要趋时,
莫主张,
无端上了终身当。
何必赌场,
何必宿娼,
管教断送洋烟上。
不思量,
油灯一盏,
烧尽好田庄。

(《鸦片词》之八)

利害说难周,
吃烟人,
不自忧,
万般烦恼皆身受。
为甚来由,
罗网轻投,
思量好处全无有。

劝君休，
光阴易逝，
发恨早回头！

（《鸦片词》之二十四）

徐赓臣仿唐刘禹锡的《陋室铭》作《吗啡铭》，以诫后人，全文如下：

针不在长，能锥则行。药不在多，过瘾则灵。斯是吗啡，惟吾心倾。瘾来牙根紧，锥上抖精神。药痕沾手白，有色透皮红。可以烂身体，丧残生。

无官吏之干涉，有败产之恶行。南则青泥洼（大连），北则奉天城（沈阳）。铁痴曰：欲罢不能。

徐赓臣尤擅书法，行楷俱佳，刚劲潇洒，俊秀飘逸。他博学多才，工诗词古文，一生有许多佳作，现均已不存。

大连最后一位翰林是牧城驿的李绪昌（约1837～1875），字衍堂。清同治三年（1864）中举人。翌年殿试二甲79名进士，钦点翰林院庶吉士、翰林院编修、正七品。因精神疾病离世，终年38岁。他的大哥李贵昌，字子良，清同治六年（1867）举人，出任四川荣昌县知县。

“字震九州”魏燮均

魏燮均（1812～1889），诗人。又名昌泰，字子亨，号铁民，别号九梅居士。辽宁铁岭人。

他自幼勤于耕读，咸丰年间府学贡生。不慕名利，一生未仕。曾结友组织诗社，笔耕不辍，吟诗著文，修编县志，考察古迹，对地方文化建设用力颇多。

他擅长诗文的创作，五言诗居多，达3000余首；又工书法，有“字震九州”之说。其学识为时人所推崇，被誉为“辽东三才子”之一。其诗文编有《九梅村诗集》、《画雪斋笔记》、《嗣响唐音集》、《燕游小草》等。

他一度在金州幕府做过几年小吏。此间曾游访名胜古迹，涉足乡间民舍，目睹农民的穷困生活，写下了一批反映金州民风和自然景观的诗作，如《抵金州》、《金州野望》、《登金州城西楼晚眺》、《游响水寺登其后山远眺》、《暮秋再游胜水寺》、《题石鼓寺（唐王殿）》、《金州杂咏》、《荒年叹》、《流民行》、《赈灾行》等。这些诗篇记录了金州的山海、古城、庙宇、殿阁和自然景物，同时也揭露了封建制度统治下的金州人遭遇天灾人祸的痛苦惨状。其中长诗《金州杂感》为代表，最能反映出金州农民的穷苦生活，凄惨悲凉，令人震惊，是一首现实主义的杰作。现抄录其中三节，以展全貌：

金州据一隅，大海环三面。
境内多峰峦，平野无其半。
山枯草木稀，地僻民风悍。
垦田无膏腴，黄壤黑坟遍。
滨海斥卤生，毗山石砾乱。
土硗苗不肥，禾稼细如线。
丰年尚欠收，而况遭荒贱。
加以重赋征，苦累更无算。
睹此瘠土民，令人兴嗟叹。
……
秋无露积禾，场圃净如涤。
有田百顷家，碌碡声亦寂。
百室如磬悬，穷阎更鲜食。
农夫咽秕糠，作苦殊无力。
妇女仅一餐，饥饿无人色。
草子收为粮，树皮剥亦吃。
……
故乡不可恋，逃往北荒陲。
田园贱售主，家具担相随。
耕牛不值钱，且卖作路赀。
收拾就长道，携家从此辞。
邻里走相送，亲戚别含悲。
一去数千里，会面安可知？
妇有出嫁女，索衣哭路岐；
男有寄人儿，临别泪如丝。
掩面不忍顾，风吹各天涯。
老弱蹀躞行，踉跄争奔驰。
回首望故乡，漠漠海云垂。

诗人也有一些描摹山林自然的小品，如《暮秋再游胜水寺》：

秋风生郭外，黄叶满村飞。
山雨忽吹散，野云徐徐归。
海中晴见岛，马上冷侵衣。

历尽经行处，招提在翠微。

再如《登金州城西楼晚眺》：

登楼一凭眺，天末晚凉生。
野树远依堡，海云低过城。
乱帆收夕照，寒角动秋声。
无限离乡感，谁知羁旅情。

为官清廉乔有年

乔有年，字春溪，号古农，大连甘井子区营城子镇双台沟人。

乔有年少时聪慧，才华横溢；词章简练，意趣深刻；胆识过人，见解超常；不顾私利，承担公义；居官清廉，明断公案，深为时人敬仰。

咸丰末年，金州官署不顾农民实际，递年擅增粮税，百姓无力承受，叫苦不迭，乔有年勇与官署力争减除，终得解决，并立规约，刻石永训。

同治七年(1868)，有康七、于龙川等率众三百余人围攻金州城，衙署官员闻风逃逸，水师协领穆谨欲进兵镇压，副都统不许，百姓惊恐不安。在这万分危难之际，身为进士的乔有年，不顾个人生命的安危，肩负众望，只身冒白刃之险闯进康营，以理劝说，终于说服了康、于，免除了一场格斗厮杀之灾。

同治十年(1871)，金州西暴雨成灾，粮食颗粒无收，官署照常征税，韩道观率三百余人，赴金州官署哀恳赈恤救灾。金州副都统安图、衙署司员满洲防御奎三以"哄堂塞署"之罪，将韩道观、金成已等九人捕押。时遇乔有年归家过年得知此事，于正月初三，骑马抄小路赶回京城，金州防御奎三暗派刺客追杀未遂。乔有年抵京恳求同乡邓御使向朝廷申奏两次，朝廷命钦差赴金州查办两次，于同治十二年(1873)冤案终得昭雪，韩道观等九人无罪开释。安图罚杖五十，降为骁骑校，不久抑郁而死，其他官员均受惩处，同时灾民也得到应有的赈济。在这场官司中，幸亏乔有年当仁不让，多方奔走，致使韩道观等得以生还。事隔百余年的今天，每当提起此事，乡民莫不交口称赞乔有年之义举。

光绪元年(1875)，乔有年由工部主事降为知县，在出任山东章邱知县时，曾巧断、平反了一大冤案，广为时人称道。原来章邱城里有甲乙两家订为亲家，两家各有一子在校读书为郎舅。乙家子的姐姐把荷包托其弟转给甲家子，但荷包被大学长抢去。乙家子没敢把此事告诉姐姐。后来大学长以荷包冒充未婚夫骗奸了乙家女，怕事暴露又打死了乙家子。于是乙家诉之于县，县官抓去两家子女，久未决案。乔有年到任疑有屈情，设计查出凶手臂上有一黑疤。第二天乔有年召集学生吃面，天热脱衣，乔有年发现臂有黑疤者就是大学长，经审讯大学长供认不讳，甲乙两家子女得释。

乔有年为咸丰八年（1858）的举人，同治元年（1862）的进士，任工部主事（正六品），光绪元年（1875）降为知县（正七品），历任山东蒙阴、沂水、章邱等知县，为官清廉，明断公案，政绩卓异，后升授予知州（从五品），未任而卒，据说被人所害，葬于济南府城外。

韩道观为民申冤

韩道观（1842～1920），字澄怀，大连甘井子区营城子镇后牧城驿人。

清同治十年（1871），金州西水灾严重，颗粒无收。各乡代表纷纷向金州衙署报灾，请求赈济免税，但衙署匿灾不报，漠然视之。海防同知徐仲三亲率衙役，仍按常年课率征税，威逼乡民，限期交纳。适值金州副都统安图前来旅顺视察水师，乡民跪其车前，请求代为上奏，赈济救灾，减免课税，他当即许诺，但迟迟不见答复。

韩道观心急如焚，会同乡民三百余人，前往金州衙署再次恳求。衙署司员防御奎三唆使爪牙掀翻大堂公案，反诬韩道观等聚众闹事，扰乱官府，当场捉拿韩道观等九人，严刑审讯，残酷拷打。韩道观毫无畏惧，拼命抗诉，据理力争，痛斥官员的无理行径。衙署恼羞成怒，将韩道观等监押在狱，声称以贼匪重罪论处。后又提解省城，再三审讯，韩道观拒不屈服。

年底，同乡工部主事乔有年由京返乡省亲，其母向他诉说韩道观为民申冤反被扣押一事。他得知后，于正月初三骑马抄荒野小路回京，多次躲过奎三刺客的追杀。乔有年到京后，草拟奏折，烦求同乡邓御史，两次向朝廷申奏此案之真情，朝廷下令派钦差两次调查，同治十二年（1873），冤案才得以推翻。韩道观等九人无罪获释，得以生还，衙署官员分别受到降级革职处分。安图罚杖五十，降为骁骑校，不久抑郁而死；奎三革职查办。灾民也得到相应的赈恤。

韩道观为民申冤一事，当时家喻户晓，传为美谈。1932 年，其孙韩冈寿为祖父树立名誉功德碑。高大的汉白玉石坊建立在前牧城驿汽车站北侧，往来行人，驻足瞻仰。石碑两侧的刻字，概括了他为民一生的高贵品德：“担当公谊肩如铁，抗拒强权气若虹。”

最后的举人李义田

李义田（1864～1927），字在旃，号薑隐，别号海外闲人。大连市甘井子区营城子镇双台沟人。居室名半可园、达观庐。光绪乙酉十一年(1885)补博士弟子员。己丑十五年(1889)科举人。未出任。工诗善书画,诗作颇多,均散失,能见到甚少。大连《辽东诗坛》杂志社成员。是一位爱国诗人。摘诗如下:

晚秋山居

长空瞥见雁南归,点点秋林鸦乱飞。石径晚松红叶艳,深桥疏柳碧条稀。
朝来霜气侵阶砌,瞑觉炊烟没户扉。天遣风光留九月,菊花开后尚依依。

金城杂感

斗大孤城傍海滨,风光犹带古时春。最怜夹道依依柳,一样迎人复送人。
附郭人家近水涯,短篱种豆盛开花。沿溪多少浣衣女,犹著红裳是小娃。
芳草天涯绿讯稀,王孙昨日故乡归。余来重访宣城宅,通德门前尚旧徽。
海天如镜面平磨,西出城关听棹歌。不识钓竿何处著,春光辜负好烟波。
廨舍荒凉十二旗,当年枉改汉官仪。嫁衣依样为人作,瞥眼兴亡一局棋。

山居杂咏

一角茅亭云雾里,恍疑家在武陵源。世人莫问秦耶汉,流水桃花两不言。
小小轩窗四面开,海容山色近蓬莱。不须采花云深处,烟径苍茫迷去来。

岁暮遣怀

转毂年华岁又阑,几多情绪触毫端。风听海面潮时大,雪积山头高处寒。
世事真如麻更乱,壮怀未信酒能宽。竭来扫打尘心静,堆案群书久不见。

袁保龄主持港坞建设

光绪六年(1880),旅顺口港工程开建后,李鸿章先后派县令陆尔发、黄瑞兰前来主持这项工程,都因工作不力被调回。光绪八年(1882)9月,改派道员袁保龄任旅顺口港坞工程局总办。袁保龄出生于河南项城的官僚地主家庭,父亲袁甲三是漕运总督,袁世凯是他的侄子。袁保龄到任后锐意改革,整顿工程局,裁减无用官员,启用工程技术人员,妥善处理官兵、军民与外国人之间的关系。他在工作中任劳任怨,廉洁奉公,大胆采用西方先进技术,克服重重困难,五年间完成了旅顺口港坞的一系列重要工程建设。

先是建成沿海一侧9座海防炮台,配备火炮66门,在海岸上筑成一条坚固的防线;为遮护船坞,修建一条长390米的拦海大坝,因黄瑞兰主持这项工程时,质量太差,渗漏严重,后来他把旧坝增高加厚,根除了坝基的隐患,为建坞工程打下了良好的基础;为了使澳东一带的山水南下入海,动员宋庆军队和民夫,用半年时间开掘了一条330米长的引河;为防止因落潮水浅巨舰不能入港,挖掘了一条长90米、宽 90 米、深 4 米的港口航道,使得舰船进出港口不受潮汐的限制;修建舰船机器维修厂,解决了北洋舰队修船的困难;为了装卸大件货物,修建了一座 33 米长的小码头;为了便于各军营炮台之间的联络和运送物资,修建碎石马路;又修建军械库、引信库、火药库、帆索库、电报局、医院、粮库、煤厂和办公房等。

袁保龄主持的工程建设,奠定了旅顺口港坞工程的基础。除了工程技术借助于外国专家外,其他都是中国人完成的。由于操劳过度,身染重病,光绪十五年(1889)袁保龄死于旅顺口,终年 48 岁。李鸿章称他在主持旅顺口港坞工程中,出力最多,贡献最大,他的功劳不可泯灭。清廷授予他资政大夫,晋封为光禄大夫,赠内阁学士,列入国史列传。

左宝贵与“亘古清真”

左宝贵(1837 ~1894),字冠亭,山东费县人,回族。早年投军,由于作战有功,被提升为副将,记名提督、广东高州镇总兵,留驻奉天。甲午战争时,进援朝鲜,防守平壤城北玄武门。亲自登城指挥,血战日军,中炮牺牲。清廷追赠他为太子少保,谥号“忠壮”。他同以身殉国的海军名将邓世昌共称“双忠”,名垂青史。

甲午战前,左宝贵在辽南视察防务,曾去过复州城。当地衙署听说左大人要来,做了相当的准备。但是他身着便装,不带侍从,住进了城里回族正兴栈,饮食起居全由商家照料。他来到复州城,不摆官架子,四处探访,同当地百姓广泛接触,了解他们的疾苦,作了一些安抚。他看到复州城山清水秀,人和物丰,汉回和睦,心中非常欣慰,听人说当地的清真寺古朴典雅,便特意入寺拜访。

复州城的清真寺建于乾隆年间,有大殿、沐浴室、居室,设备齐全,是辽南的名寺。清真寺教务张阿訇是位学识渊博、刚正不阿的人,他对官府从来没有什么好感,也不趋炎附势,自然对左大人的到来也没有当作一回事。但是当他看到左大人轻装便服来到寺内,虔诚躬谨,顶礼膜拜,一一均按教规行事,又以教友的身份会见张阿訇和其他穆斯林时,他的朴素平易、虔心奉教的态度使张阿訇深受感动,从此他们结下了深厚的友谊。

左宝贵赠给复州城清真寺三块匾额,其中有一块是他亲笔书写的“亘古清真”四个苍劲有力的大字。这个大匾为复州城增添了无尽的光彩和荣誉,复州人把它尊奉为圣洁之物。几十年来在复州人和穆斯林的保护下,一直高悬在清真寺上。

长江水师大臣李秉衡

大连英雄纪念公园中的
李秉衡石雕像

李秉衡(1830～1900),字鉴堂,大连庄河人。

他年少好学,又习武功。捐资县丞,出任直隶完县、枣强知县。光绪三年(1877)奉命办理安州水灾事宜,深入灾区,察看灾情,工作精心,废寝忘食,发放救济粮款,妥善处理灾民的生活和生产,政绩突出,升任蔚州、冀州、直隶州知州。光绪七年(1881)升任永平府知府和山西平阳知府。在任期间,一贯提倡廉政奉公,所有官吏不得惊扰百姓,时有“北直廉吏第一”之美称。

光绪十年(1884),调任广西按察使、护理巡抚、布政使。时值法军入侵镇南关,他与清将冯子材分任战守,全力支持前线军火粮饷,设立医局救治伤员,鼓励将士打击法军,为战胜法军提供条件,战后修建镇南关城楼。

光绪十一年(1885),广西遭受水灾,受灾4万户,灾民20万。他亲临灾区,动员绅商开办粥场,营救灾民,他带头捐银400两,促使广西官吏捐银20万两,解决了灾民的困难,为救灾和恢复生产创造了有利条件。

光绪二十年(1894),他任山东巡抚,正值中日甲午战争,亲赴烟台、威海,苦心筹划,调拨将士,防守海口,并令登莱各县举办团练,以防日军入侵。在烟台扣押临阵逃脱的旅顺口港坞工程局总办兼北洋沿海水陆营务处会办龚照玙,龚再三恳求宽恕,答应返旅参战,才将其释放。

光绪二十三年(1897),他在处理巨野教案时,维护了百姓的利益,得罪了德国人,德国借机占领胶州湾,并要挟清廷将其革职,清廷无奈将其降职二级,他辞去四川总督。

光绪二十五年(1899),他奉命查办“奉天事件”,查明奉天将军依克唐阿与下属寿长、荣和相互勾结,胡作非为,克扣军饷,贪污腐败,致使军队发生哗变。由于他处理及时,避免了一场兵变。

李秉衡是个保守派,坚决反对洋务运动和维新变法;反对学习西方科学技术;反对修铁路;反对设立邮局、电信;反对开矿山;反对发行纸币;反对设立学堂;反对李鸿章的外交政策;反对俄国修建中东铁路等等。

光绪二十六年(1900)6月,八国联军进攻天津,他时任长江水师大臣,率军保卫北京,兵败自杀。

清廷赐封他为光禄大夫、建威将军,谥忠节。

黄遵宪作诗《哀旅顺》

黄遵宪(1848～1905),清末诗人。字公度,别号人境庐主人。广东梅州人。

光绪举人,历任驻日、英参赞及旧金山、新加坡总领事。官至湖南长宝盐法道、署按察使,参加戊戌变法。

光绪二十一年(1895),中日甲午战争,中国败北,旅顺口沦陷。诗人满怀悲愤写下了《哀旅顺》一诗,全诗如下:

海水一泓烟九点,壮哉此地实天险。
炮台屹立如虎阚,红衣大将威望俨。
下有深池列巨舰,晴天雷轰夜电闪。
最高峰头纵远览,龙旗百丈迎风飐。
去城万里此为堑,鲸鹏相摩图一啖。
昂头侧睨视眈眈,伸手欲攫终不敢。
谓海可填山易撼,万鬼聚谋无此胆。
一朝瓦解成劫灰,闻道敌军蹈背来。

诗人极写旅顺军港的雄险:天险雄壮,炮台屹立,红衣威严,巨舰列阵,雷鸣电闪,龙旗飘扬,长城万里……充分表现出诗人对军港的赞美之情,但是由于清政府的腐败无能,日军仅用一天的时间便"蹈背"而来,将军港"瓦解成劫灰",多么可悲！可叹!

1905年3月28日,诗人病逝于故里,终年57岁。著有《日本国志》、《日本杂事诗》、《人境庐诗草》。

黎元洪落难大连湾

黎元洪(1864～1928),字宋卿,湖北黄陂人。北洋军阀政府总统。黎元洪在北洋天津水师学堂毕业后,调到广东水师,任广甲舰三管轮,官六品。

光绪二十年(1894),中日甲午战争爆发。9月12日,北洋舰队护送淮军驰援朝鲜。17日返回旅顺口港时,在黄海大东沟的海面上,与日本联合舰队遭遇,爆发了黄海大战。

广甲舰管带吴敬荣看见济远舰弃战逃跑,便也急忙转舵效仿,准备逃往旅顺口。不料行至大连湾与三山岛之间的海域时,触礁船漏搁浅。吴敬荣害怕被俘,便带了几个亲信，坐上小艇，弃船逃命。

黎元洪与十几名水兵也乘上小艇逃命。小艇驶出后，发现敌舰开来，黎元洪和水兵吓得不知如何是好，慌乱中跳海逃生。黎元洪本来不会游泳，多亏穿了一件救生衣，在风浪中挣扎漂泊了三个钟头，才被海浪推到了岸边。

等到大连湾的一位渔民在海边发现黎元洪时，他已经冻得不省人事。渔民立即将他救起，弄到自己家里。第二天，渔民又为他换上了衣服，并将他送到去旅顺口的路上。黎元洪身无分文，饥渴难忍，扒农田的地瓜充饥，费了两天工夫，到了旅顺口。事后得知，与他同时跳海的十多人中只有 4 人生还。

黎元洪本想回到海军，但是无人过问，他自己也没有办法，便乘船去了天津。这时清廷正在追究济远、广甲二舰临阵脱逃之事，最终将方伯谦判处死刑，在旅顺口将其斩首。吴敬荣被革职，而黎元洪也被监禁。

不久，黎元洪被释放，他来到南京，投奔两广总督张之洞。张之洞很赏识他，任他为第 21 混成协统领，训练新军。

1911 年武昌起义后，黎元洪被迫出任军政府鄂军大都督。南京临时政府成立，黎当选为副总统。袁世凯死后，他继任大总统，与国务院总理段祺瑞发生了“府院之争”。段祺瑞用张勋辫子兵将他驱走。1922 年，黎元洪得到直系军阀的支持，复任总统。1928 年底，黎元洪死于天津。

急公好义李鸿禄

李鸿禄（1853～1935），字寿堂，山东蓬莱人。从 1906 年起，李鸿禄先后在金州、旅顺、大连、普兰店、四平街（今吉林省四平市）、亮甲店等地开设多家油坊及大商行，他的资产之多、经营能力之强、获利之大，在金州商界名列第一，颇受重视。

金州公议会成立时，李鸿禄任会长，以后历次换届他都连选连任，人称“老会长”。他热心公益事业，在城内外广植树木造池栽荷，绿化环境，美化金城；他为减轻商户的负担，多次与殖民当局交涉，减少课税；他曾发放低价肥料，支援农民种田；他还担任过金州消防会会长、金州公学堂评议会评议员、辽东育英会顾问等职务，1918 年出资援建金州图书馆，集商务、公务于一身。

1894 年中日甲午战争期间，李鸿禄不顾个人安危，维护工商界的利益，救死扶伤，做了许多好事。沙俄租借时期，他不避艰险，为金州民众利益与俄方进行交涉。1904 年日俄战争期间，两军在城外对峙，他领导全城商民维护城内秩序。在此期间盖州公聚信商号的四个人从山东返盖，途经南关岭，因护身带有手枪，被日兵查获，要以土匪处死，他闻讯后亲赴日本兵营说明真相，保释回盖，商民送他“远行饱德”匾额一方。又有复州曲绍田带巨款回山东，被日军扣留，也是经过他的保释得以返鲁。日本初占时期，有人告发石河王家窝藏土匪，日警将王家 11 口人拘捕并要处死，他知道是冤情，力保未成，执刑时他以身体挡住囚车，誓死担保，最终日警释放了王氏全家。又一年夏天，大连油坊 26 名工人回复州休假，路过西海，日警把他们当成土匪逮捕并要处死，他知道后以身家性命担保，使 26 名工人得生。诸如此类义举甚多，受惠人深感其德，赠他“急公好义”、“商旅师范”、“德望兼隆”、“见义勇为”等匾额。

20 多年中，李鸿禄为金州工商业的创立和发展做出了许多贡献，为当地的公益事业做了许多好事，尤其在生命攸关的时候，他能为别人挺身而出，解除危境，因而赢得众人的敬慕。

金州名绅刘伯良

刘伯良(1854～1925)，原名心田，号秋农，大连金州人。先祖为殷实大户，素有“南山刘家”之称。他出身书香门第，自幼饱学经典，为人刚直不阿，仗义疏财，关心公益，闻名乡里，是金州一位德高望重的名绅。

1885 年夏，清铭军提督刘盛休驻防金州城南，当地农民担心清军扎营占地而失去生活来源。刘伯良知道后求见刘提督，愿以自家土地供清军使用，请求不要占用民田。刘提督非常敬佩他的大义行为，呈请上峰保举他为把总衔(正七品武官)，但他无心功名，婉言谢绝。

1898 年，俄国强租旅大、金州城为自治地，但俄国为占据这座孤城，以城内藏有清兵为由，寻衅生事，在南山架设大炮，企图轰击金州城。刘伯良闻知急赴俄营说明城中无一清兵，并甘为人质留在俄营。后经俄兵搜查果如其言，遂将其放归，金州城的生命财产和文物古迹免遭劫难。

日本占领金州后，设置民政署，刘伯良任民务长。在职期间，他想方设法保护中国人的利益。1917 年民政署长强令城内四街安装路灯，百姓叫苦不迭。他多次向署长陈诉百姓的困难，最终停装路灯，百姓负担得以解除；他还为免除百姓的各种苛捐杂税，同殖民者协商力争减消。

刘伯良很关心当地的教育事业，俄国占据金州后，他同当地名人王永江、曹正业创办了金州南金书院民立小学，积极扶持乡里教育，培养人材，为金州的教育事业作出了贡献。

刘伯良知识渊博，一生热衷于书法和绘画，尤擅长行书，笔法苍劲酣畅，所绘山水花卉，写意幽深，为辽南著名书画家。

1925 年刘伯良病逝，享年 71 岁。乡人为表彰其功德，在其绿满斋院内辟建纪念堂和纪念碑。

徐世昌请兵关东都督府

徐世昌晚年照

1908 年 9 月间，东三省总督徐世昌来大连访问日本关东都督府，大岛都督在大连公会堂（今不存）举行大会，欢迎这位来自奉天的清廷地方高官。徐世昌向大岛请求援兵，协助他剿杀顾人宜领导的辽南联庄会民众武装。

顾人宜是辽南联庄会的首脑，组织地方武装打击清军，在奉天结识了同盟会会员，接触了民主革命思想，参加了同盟会，并且领导联庄会走上了革命道路。顾人宜聪明机智，善于组织武装斗争，在村子里树起了青色金龙大旗，自制火铳和大刀，组织民军与清军展开针锋相对的斗争。徐世昌下令丈量山林荒地，征收税捐，顾人宜发动民众反对，打跑了清丈队。从此，顾人宜领导的民军声威大震。

徐世昌在风起云涌的联庄会武装力量打击下，深感力量的单薄。为了消除顾人宜的武装，特别向大岛请求出兵弹压。大岛考虑到辽南和全中国的反清形势日趋高涨，不便插足，又为了稳定日本在东北的利益不受损失，以不干预别国内政为由，婉言拒绝了徐世昌的请求。

大岛的决定是徐世昌预料到的。面对一筹莫展的局势，他心事重重，第二天便乘车返回了奉天。

梁启超作诗《望旅顺》

梁启超（1873～1929），改良主义者、保皇派学者。字卓如，号任公，又号饮冰室主人，广东新会人。举人出身，拜康有为为师，后来与康有为一起倡导变法维新，人称“康梁”，是近代改良运动的领袖。

1895 年，甲午战败，清政府割地赔款，激起爱国知识分子的愤慨，康梁发动 1300 多名举人向光绪皇帝上万言书，史称“公车上书”。1896 年梁在上海创办《时务报》，力倡维新变法，批评顽固派和洋务派。因言论过激，为湖广总督张之洞所不容,梁启超前往长沙任时务学堂总教习。1898 年北上入京参与变法活动,受到光绪帝的召见,赐六品衔,命他“办理译书局事务”,草定大学堂规则,后遭到顽固派的反对,变法失败,逃往日本。此时孙中山在日本进行革命活动,主动提出与康梁联合反清的建议,但他们以“受皇帝知遇”为辞拒绝合作。康梁组织保皇会,反对革命;创办《清议报》,鼓吹“斥后保皇”。1902 年梁启超在横滨创办《新民丛报》(半月刊),继续鼓吹改良主义,介绍外国资产阶级的思想学说,对国内青年亦有启蒙教育的作用,这是梁启超一生办报最得意之时,曾自诩“其文条理明晰,笔端常带情感”,时人誉为“新文体”,影响一代文风。1905 年,孙中山在日本创立同盟会,发刊《民报》,宣传资产阶级民主革命,批判康梁保皇派和其他立宪派。梁在《新民丛报》发表的万言论战文字,完全站在保皇派的立场上,反对孙中山的革命活动。1906 年清廷宣布“预备立宪”,梁即刻响应,将保皇会改为宪政会,紧密配合清廷的步调,成立政闻社,创办《政论》杂志,后因清廷内部矛盾,政闻社被查禁,这一打击并未改变梁启超的初衷。

1911 年,武昌起义爆发,梁启超在日本闻讯,惶惶不可终日,并预谋阻止革命军的进展。他与康有为抛出“虚君共和”的主张,企图要革命党与清廷妥协,以保住皇廷的地位。他指使党徒在南北两方面进行活动。他本人在当年 11 月 6 日由日本乘日轮天草丸启程返国,进行保清活动。11 月 9 日船抵大连,奉天盐运使熊希龄(字秉三)派专员李彬士前往大连港迎接,住在大和旅馆。当晚作《再抵大连望旅顺》诗一首:

虎牢天险今谁主,马角生时我却来。
醉扶危舷望灯火,商风狼藉暮潮哀。

第二天由李彬士陪同去旅顺参观游览。回连后当夜由李彬士陪同乘火车赴奉天,本想入京,但当时奉天革命军领袖蓝天蔚声言不欢迎梁启超来奉天,并给以限制,大有驱逐之意。由于形势所迫,无法活动,心情极为沮丧,以诗表白:

蒙蒙印沙月死,瑟瑟摇风草黄。
一夜似梦非梦,眼前千里战场。

梁启超在奉天一筹莫展,无其所奈,席不暇暖,立即返回大连,在归途中,深感前途渺茫,心迹之窘迫,作七律一首:

穷秋朔雪动征騑,知为美游为恶归。
时人颇惊辽鹤返,长路终羞宋鹢飞。
水赤磨刀判伤手,月明绕树怨无枝。
横流满地见龙穴,欲障泥丸力恐微。

在大连没有住多久,又乘船返回日本。

究其一生，梁启超主要作了三件事：保皇、改良、反对革命。他煞费苦心以改良的手段，企图保住清廷，但革命的风暴已使清室陷入摧枯拉朽之绝境，他的理想完全破灭，进退维谷，寸步难行。上面的三首诗正是这种思想的反映，其时梁启超38岁，正值壮年，如果能与时代共进，本应是另一种思想面貌，但是因为他一生保皇改良，至死不悟，所以一种灰色、惆怅的思绪，便自然地成为其诗的基调了。

梁启超后来的日子并不好过，做了袁世凯政府的司法总长、币制局总裁，段祺瑞政府的财政总长兼盐务总署督办，为时亦甚短，后辞职隐退。他在晚年更加反对革命，鼓吹尊孔读经。1929年1月病死于北平。

奉天省长王永江

王永江(1872～1927)，字岷源，又字铁龛，金州人。与弟永潮俱有才华，时称“金州二王”。

1905年王永江被推为金州公学堂南金书院监理。1907年应辽阳袁金铠之邀，出任辽阳警务学堂教习。此后主管辽阳警务工作。1912年转任辽阳、海城、牛庄税捐局长，奉天省城税捐局长兼官地清丈局长、屯垦局长。1916年任奉天督军署高级顾问、奉天省警务局长兼警察厅长。1917年任奉天省财政厅长兼东三省官银号督办。1919年代理奉天省长兼财政厅长。1923年兼任东北大学校长、东三省交通委员长。1926年卸任。1927年病逝。

王永江善于理财，精于民治，素有“干练”之美誉，与杨宇霆、郭松龄三人，被称为“东北三杰”。在任期间，他提出五大政策，即澄清吏治、发展教育、振兴实业、扩大交通、鼓励屯垦。

张作霖在财政经济好转的情况下，开始扩军备战，企图称雄全国。1922年、1924年他发动了两次直奉战争，这同王永江的“保境安民”的宗旨背道而驰。在第一次直奉战争失败后，王永江劝诫张作霖说：“我们何必去参加内战呢？如专心实修内政，把东北治理好，富强起来之时，我们不用去打，他们自然来投我们，地盘可以不扩自张，何必急在一时呢？”但张作霖主张炫耀武力，将数年积累下来的钱财，在内战中消耗殆尽，从此他们之间发生了政见分歧。郭松龄叛奉事件发生后，王永江又劝张作霖说：“我们现在需要的，不是关内的地盘，是充实内政，巩固根本，军队以能够保境安民为度，不可以派兵远去关内争夺地盘。”但是张作霖听不进他的劝告，于是王永江决心离职回乡，1926年1月他向张作霖签呈辞职。此后，张作霖为了请他再度出山辅政，曾先后委派督办吴兴权、官银号总办彭贤、名人段祺瑞、黄炎培、儿子张学良等人前来金州恳请他回奉，均被他以“政见完全不同”而拒绝。7月

18 日，张作霖亲自乘火车来金州，在车上等了两个多小时，王永江拒绝会晤。

1927 年 11 月 1 日，王永江病死于金州。张作霖追赠“勋三位”并颁发 5000 洋元治丧。

王永江的著作很多，有《易原窥余》、《阴符经注》、《痼疾蒙谈》、《医学辑要》、《方书选粹》、《铁龛诗草》等。

胡适宣讲新文化

胡适

胡适（1891 ~ 1962），原名嗣糜，学名洪骍，字适之。安徽绩溪人。

1910 年在北京考取庚子赔款官费生赴美留学，先后毕业于康乃尔大学和哥伦比亚大学，获哲学博士学位。1917 年回国，任北京大学哲学教授、英文系主任、文学院院长等职。他与陈独秀以《新青年》杂志为阵地，宣传民主与科学，倡导反封建的新文化运动和文学革命运动。他在《文学改良刍议》和《建设的文学革命论》两文中，积极倡导以白话文代替文言文，以新文学代替旧文学，这是他在新文学史上的重要贡献。

胡适著作等身，涉及哲学、史学、文学、宗教、教育、政治、翻译等诸多领域。其主要著作有《中国白话文学史（上）》、《中国哲学史大纲（上）》、《胡适文存》三集、《胡适选集》等。其文化成就赢得了中外学术界的推崇，欧美等国为他颁赠了 35 个荣誉博士学位，他是 20 世纪中国最具影响力的一代文化大师。

1924 年 7 月 25 日，胡适应大连中华青年会和满铁夏季大学的邀请，来到大连进行学术活动。当年大连《泰东日报》在《胡博士昨朝来连》的新闻中，对他作了介绍：

胡博士出身名门，长于经史，及长留学哥伦比亚大学。于 1917 年归国，即就北大教职。为新诗之创始者，将散缦渺茫之旧文学，以科学的研究整理而放异彩。生平著述尤富，于我国之新文化运动卓有功绩。大连人士于博士来连之消息传出后，无不竭诚翘企，冀一瞻风采之为快也……

7 月 28 日晚，中华青年会和满铁社会事业研究所及大连各界代表百余人，在他下榻的大和旅馆（今大连宾馆）举行盛大欢迎酒会。

7 月 30 日午后 4 时，中华青年会会长傅立鱼约请他在青年会作长篇讲演，讲题是当时最热门的话题《新文化运动》。

胡适讲了三个问题：一是“将固有的文化重新估价”。他说：“我们谈新文化，不是根本上完全推翻中国固有文化，新从外国贩来些文化，也不能凭空自天上掉下、地上长出来的文化，只是将中国固有文化重新估价，这便是新文化运动。”二是“改革”，其具体内容就是改革古文，普及白话，他认为：“凡口能言，耳能闻，目能视，白话没有不能描写的，全国没有不懂国语的，这是何等便利而普遍。为了几千万及至万万的儿童的进步起见，不能不速谋改革，必须知道文化改革，要以国语为第一伟人。”最后，他特别强调对一切问题都应提出一个“为什么”。他指出“现在凡事要问，要怀疑，要考虑，必须求一个‘为什么’来。人人如此，事事如此。”

“金州第一才子”徐遹文

徐遹文(1874～1946)，名骏声，号芷石，又号续生，金州人。

清末，徐遹文留学日本，学习警务。民国初年，出任奉天东丰女子中学校长。1923年任奉天图书馆馆长、中华民国国会议员、奉天省议会议员。他学识渊博，汉学造诣尤深，有“金州第一才子”之称。《南游诗草》是其代表作，诗中充满着爱国主义的思想感情，表现出一个赤子对国难的忧虑，对抗日英雄的赞颂。他对甲午战争拒绝为日军带路而牺牲的阎塾师深表敬仰之情，并为其写下赞美诗句：“金郡书生笔下刀，骂贼甘心拼一死。”在甲午战争中，金州曲氏一家婆媳姑嫂为保持贞节投井而死，他写《题曲氏井》诗，颂扬她们的高尚品德。

徐遹文热爱祖国，积极主张收回旅大租借地。1922年10月，他以奉天省议会金州籍议员的名义，提出“收回旅大租借地提案”。次年全国掀起收回旅大租借地运动，大连各界积极响应。

1931年“九一八”事变，日本侵占东三省，徐遹文为了表示抗议，毅然辞去奉天图书馆馆长的职务，又拒绝报社的高薪聘请，回乡隐居。他对日本人恨之入骨，经常编些顺口溜，在民间流传，如：“巡捕上街胆气豪，腰挂三尺雁翎刀。小民一时敬不到，捉入囹圄把骨敲。”

1934年甲午战争40周年，他目睹日本人扶持的伪满政权出笼，作绝句一首：

甲午迄今四十秋，渍砂碧血迹仍留。
强魂毅魄归何处，读罢《笔歌》泪欲流。

1943年，徐遹文69岁生日时，写诗表达保持晚节的信念：

茫茫大地起烟尘，患难只因有此身。
偏是傲骨留晚节，菊花香里度生辰。

1946年正月，徐遹文病逝，享年72岁。

爱国报人傅立鱼

傅立鱼（1882～1945），字新德，号西河，湖北英山人，出身贫苦。1899年于安徽大学堂毕业，官费留学日本，在明治大学攻读政法。此间结识了孙中山、汪精卫、邵力子、陈独秀等人，参加了同盟会。回国后任安徽省视学官，巡抚部参议。武昌起义后参加安徽、江苏的革命军事活动，在临时政府任外交部参事。1912年到天津创办《新春秋报》。因发表反袁言论遭通缉，1913年亡命大连，被大连《泰东日报》社长金子雪斋委任为编辑长。他利用报纸宣传新文化、新思想和马克思主义；帮助金州三十里堡农民反对日本人抢占水田的斗争。他在报上发表了《六月的列宁》、《匈国劳动政府经过实况》等文章，介绍十月革命后的苏联和东欧的政治情况。

傅立鱼于1920年7月1日创立了大连中华青年会，这是东北地区第一个群众性的爱国进步团体。该会内设学校、讲演、体育、武术、交际、出版、救济、童子八个部。中小学招收中国子弟入学，组织学生到社会进行各种宣传，又成立青年工人夜校。培养学生数千人，毕业生考入奉天、天津、上海等地高一级学校。

讲演部举办“星期讲坛”，宣传中国的前途、青年的使命、卫生知识等。五年间共办讲演201次，使听众开阔了视野，增长了知识，激发了民族精神。

1923年2月，傅立鱼又创办了《新文化》杂志，这是“五四”运动后，东北地区唯一的进步期刊，到1928年共出版67期。约请孙中山、李大钊等名人撰稿，发表歌颂十月革命、支持国共合作、实践社会改造、提倡青年修养等文章。青年会还开设图书馆、阅览室和大中印书馆，借阅、出版进步书刊，为大连青年提供难得的精神食粮。

大连中华青年会成立时，有会员500多人，后来发展到2000人。每年都组织水陆两次运动大会，和纪念双十节群众集会、游行和提灯会。这些活动对唤醒大连人的爱国精神、鼓舞反帝斗志，起了很大作用。

1924年他将中华工学会、印刷职工联合会、店员协会等团体联合起来，组成大连中华团体有志联合会，他任执行委员长。联合会的成立，标志着大连人民的新觉醒和反帝爱国的新高潮。1925年“五卅”惨案发生后，他成立了“大连沪案后援会”，被推为会长，领导大连人民反帝斗争，声援“五卅”运动，举行游行示威、开追悼会、散发传单、募集捐款的活动，有力地支持了上海人民的反帝斗争。日本殖民当局诬之为“排日巨头”、“赤化祸根”。他以其特殊的社会地位，掩护、营救过共产党员，接待路过大连到苏联的中共党员，为中共大连地方党组织的建立，创造了思想、物质的条件。

1928年7月，日本殖民当局借口他参与张学良易帜活动，将其逮捕，强行驱逐出大连。他离连时，大连有关人士到码头送行。他对记者说："承蒙如此多数的中日各位送别，虽说在大连16年有所点滴贡献，也深为感谢。"

他在大连15年，是他一生中最为辉煌的时期，他的业绩永远记载在大连人民爱国反帝斗争的史册上，他的名字永远铭刻在大连人民的心中。

傅立鱼曾任大连市役所议员、满铁嘱托、南满洲教育会编辑委员、满蒙文化协会会务委员、满洲社会事业研究会评议员、奉天教育研究会顾问。

傅立鱼离连后，1929年任天津《益世报》主编，在北京创办《新中华报》，在天津经营《大公报》。抗战爆发后隐居天津。1945年初因脑溢血逝世，享年63岁。

金州会长曹世科

曹世科

曹世科（1883～1949）字冠甲，大连金州人，出生于商贾世家。从1910年起，他相继担任金州城街长、商会副会长、金州会会长之职，做了许多公益事业，在金州人的心目中是一个颇有影响的人物。

1916年，曹世科为了普及文化，提高人民的文化素质，会同金州名流王永江、曹德麟创办了金州简易图书馆，该馆是东北县级最大的图书馆，藏书3万余册。

20年代，山东饥荒严重，大批难民流入金州。曹世科倡议商家捐资设立粥厂和避寒所，解救难民的饥寒之苦，他每天必定亲自检查施舍情况。

1924年秋，曹世科发起组织金州妇女天足宣传大会，向社会各界群众宣传缠足有害妇女身心健康、降低劳动能力，鼓励妇女放足，并从自家亲友做起，对率先放足的妇女给予奖励。经过月余的努力，终于在全社会范围内彻底铲除了缠足的恶习。

1930年，曹世科倡导编修《金州志》，费时5年编成《金州志纂修稿》。5年后他又组织"益友社"，搜集地方史料，出版《益友》五期，后因刊物内容与殖民当局相抵触，被金州警察署强令查封。

1935年，曹世科倡议重修孔庙，成立金州圣庙复兴委员会，亲临督导，策划募捐，使得金州境内的名胜古迹全部得以修复。

解放后，曹世科出任金县县长。1949 年 9 月病逝，终年 66 岁。

爱国教师赵香墀

赵香墀，广东番禺人。旅顺高等公学校中学部（原旅顺二中）汉文教师。

旅顺高等公学校中学部（简称旅顺“高公”）是“关东州”唯一的一所中国人中学。这所典型的殖民中学实施着严格的奴化教育政策。但教学上比较规范和认真，学生努力学习，成绩相当好，毕业生有半数以上升入大学，在当时是最有名气的学校。

1933 年，赵香墀从天津来到旅顺高公中学部任汉文教师，第二年改教高年级汉文。他学识渊博，教学有方，很受同学们的欢迎。当时一周五节汉文、三节《四书》、两节古文。那时古文课没有固定的课本，赵自编一套《国文》教材，都是从历代散文，特别是唐宋八大家脍炙人口的名篇中精选出来的。这些文章都含有深刻的教育意义和丰富的语言词汇，如《长恨歌》、《赤壁赋》、《醉翁亭记》、《岳阳楼记》、《出师表》等。赵分析课文深入浅出，情浓意厚，授课语言简练生动，每每紧扣学生的心弦，令其有所深悟，因此深得学生的敬服。

赵香墀讲课独具一格，他利用开课的五分钟，给同学们分析一句成语，如“鞠躬尽瘁，死而后已”、“五斗折腰，五柳扣门”、“朱门酒肉臭，路有冻死骨”、“风声鹤唳，草木皆兵”、“书山有路勤为径，学海无涯苦作舟”、“锥刺股”等等成语，讲授成语丰富了同学的国学知识，对学生立身、言谈举止、以文会友和撰写文章都打下了良好的基础。

赵香墀不仅注重教书，更重视育人。讲文天祥的文章，特别强调他狱中拒降，保持民族气节的高尚精神，这是有意鞭挞当时某些中国人投日为奸的卖国行径；讲岳飞的诗词，着重分析他的“武官不怕死，文官不爱钱”的名言，以此教育学生树立正确的人生观和为国为民的牺牲精神。

旅顺高公对体育活动是很重视的。每年春季全市中等学校联合运动会上，该校的各项比赛大多为冠军；秋季的马拉松接力赛，也是名列前茅。学校为了鼓舞士气，提高竞赛成绩。编写了运动会系列歌曲，其中《应援歌》就是赵香墀撰写的，歌词如下：

五洲万国各逞强权，势力多膨胀。
东虎西狼南豹北蟒，睡狮百兽王。
大变惊醒精神奋起，不做降王长。
只手擎天山河整顿，日月双肩上。

这些歌曲是向学生进行爱国主义教育,反对日本帝国主义的好教材,它使该校的爱国主义传统代代相传,这在殖民统治时期是极为珍贵的。1939 年,学校当局一度曾想阻止唱这些歌曲,改唱日本歌曲,但遭到学生的拒绝。到了 1943 年,日本临近战败前夕,学校明令禁唱。但在背地还是传唱不息,成为反对日本殖民统治的有力武器,这些具有民族意识的爱国歌曲,一直唱到日本投降。

1938 年,赵香墀到吉林高等师范任教,离校前,高公同学送给他一块精致怀表和一面银盾,上面刻着“善诱有方”,师范女子部送给他的银盾上刻着“教育神圣”。学生在校门口排队相送,惜别情景极为感人。

梅兰芳初访大连

梅兰芳

梅兰芳(1894 ~ 1961)京剧演员,工旦。名澜,字畹华。原籍江苏泰州,生于北京。

他出身京剧世家,祖父梅巧玲,父亲梅竹芬都是京剧演员,伯父梅雨田是琴师。

他八岁学戏,十岁登台演出。演青衣,兼演刀马旦。在国内外赢得了不朽的声誉。抗战期间留居上海,在敌伪统治下,蓄须明志,拒绝演出,表现出高尚的民族气节。

1928 年 10 月 19 日,梅兰芳赴广州,香港演出,路经大连。同行者除夫人外,还有小生姜妙香和花旦姚玉英。这是他首次来连,未做演出。

1952 年 1 月 25 日,梅兰芳率团来连,下榻在大连宾馆,在人民文化俱乐部演出《玉堂春》、《贵妃醉酒》、《霸王别姬》、《凤还巢》、《生死恨》、《浴神》、《金山寺 · 断桥》等京戏。旅大实验京剧一团、二团配合演出。大连观众首次目睹他的绝妙表演,受到热烈欢迎和好评。

梅兰芳在长年的舞台艺术实践中,对京剧旦角的唱腔、念白、舞蹈、音乐、服装、化妆各方面都有所创新发展,形成了自己的艺术风格,影响很广,世称“梅派”。他咬字清晰,音色圆润,唱腔婉转。其代表作有《宇宙锋》、《贵妃醉酒》、《霸王别姬》、《游园惊梦》、《抗金兵》等。曾先后赴日、美、苏等国进行文化交流。

1955 年,文化部为他举办了舞台生活五十年纪念活动,授予他奖状,摄制《梅兰芳的舞台艺术》戏曲影片。

历任中国京剧院院长、中国戏曲研究院院长、中国文联副主席、中国剧协副主席。1959 年加入共产党。

1961 年 8 月病逝于北京，终年 67 岁。著作有《梅兰芳文集》、《舞台生活四十年》、《梅兰芳演出剧本选集》。

海岛会首刘镜海

刘镜海，名承渚，字镜海，1852 年出生于金州厅光禄岛（今长海县广鹿岛）。家境殷实，有土地 70 余亩，帆船 2 只。清末时为金州十六岛总会首，总会相当于今天的“县政府”，会首就是“县长”。他以总会首的身份统管金州十六岛，即今天的长海县。他有超人的睿智和坚强的毅力，同腐败的清政府、沙俄和日本殖民政权周旋、抗争，为海岛人民做了许多好事，保护了他们的利益，被众人誉为海岛“神仙”。

刘镜海功绩碑

他作为海岛总会首，为岛民谋福利，办公益，都要乘船来往于各岛之间，事必躬亲，倡办始终，岛民尊他为“刘大爷”，“凡属义举，更仆难终，百废俱兴，任劳任怨”。

1897 年末，沙俄强租大连地区，长山列岛亦包括在内，属于设在大连湾的“岛屿行政区”管辖，行政区在各岛设会，刘镜海担任广鹿岛会长。当时沙俄对大连地区进行残酷的殖民统治，苛捐杂税，强征暴敛，连极贫困的海岛也不放过。1898 年，沙俄殖民者欲修大连湾至金州的铁路，要岛民捐款四万元，岛民怨声载道，无力捐钱。征捐人找到刘镜海，逼迫他交出“路捐”。他不顾威胁要挟，驱船直抵大连湾，向沙俄驻军司令部慷慨陈词：“岛上居民糊口不暇，无力缴纳路捐，我此来乃受海岛民众之托，向司令部请求抚恤周济。”沙俄官员见此情况，终于免去了“路捐”。

日本殖民统治时期，他继任会长二十余年。其间他利用会长的身份，与日本殖民当局巧妙周旋，又以自身的社会威望维护岛民的权益。1912 年，广鹿岛民众在佛爷庙竖碑纪事，由于海岛闭塞，尚不知发生辛亥革命，纪年改成民国。当时有提议用日本大正年号纪年，而刘镜海则主张佛爷庙是大清的佛寺，重修费用是岛民出资，与日本无关，理应用大清宣统年号，众人一致同意他的主张。1929 年，他终因不能与日伪权贵苟同谋奸，被殖民当局免职。1939 年，刘镜海病逝于广鹿岛，终年 87 岁。

1930 年，广鹿岛民众为表彰他心系岛民的功绩，竖立“德绩永彰”汉白玉碑，该碑立在广鹿岛盐场老爷庙院内。所幸“文化大革命”中，庙内其他碑碣均遭毁坏，只有这通“神仙碑”完好无损。

第一个党员傅景阳

傅景阳(1900 ~ 1942)原名傅成春，又名傅英子、傅金祥，辽宁复州城人。1915 年考入南满铁道沙河口工厂技工养成所学习，学习期间，经常阅读进步的书报杂志，接受了“五四”新文化运动和苏联十月革命的影响。使他逐步懂得了争取解放和拯救祖国的一些道理。

1923 年 12 月 2 日，在他的组织和倡导下，正式成立了大连中国工人第一个工会组织——沙河口工厂华人工学会，他当选为会长，并且创办了工人夜校。

1924 年初，共产党人李震瀛来大连，帮助修改工学会章程。同年 6 月，傅景阳等一批进步青年加入了社会主义青年团，并担任支部工运委员，这时中共中央候补委员、中华全国总工会筹委会主任邓中夏来大连，特别约见了他，指出工人要团结起来，自己解放自己。后来他把沙河口工厂华人工学会改名为大连中华工学会，他当选工学会委员长。

1925 年初，傅景阳加入了中国共产党，成为大连地区第一名共产党员。他代表大连中华工学会秘密前往郑州，参加中华全国铁路总工会第二次代表大会。中国劳动组合和全国铁路总工会领导人鼓励他把大连中华工学会的工作搞好，成立南满铁路工会，向日本帝国主义进行有组织的斗争。会上他被选为全国铁路总工会执行委员。同年 4 月，他又代表南满铁路工会前往广州参加全国第二次劳动大会，成立中华全国总工会。返连后他积极贯彻劳大精神，大力发展工会组织，带领工会干部到南满铁路的工厂、矿山，向工人进行宣传，并组建工会组织。

1926 年初，中共大连特别支部建立，傅景阳担任工运委员。2 月间，他代表南满铁路工会出席在天津召开的全国铁路总工会第三次代表大会，再次当选为全国铁路总工会执行委员。

1926 年 4 月 27 日，大连福纺纱厂工人举行大罢工。傅景阳根据大连地委的决定，以中华工学会委员长的身份领导了这次大罢工。罢工受挫，他被日本殖民当局逮捕，受到种种酷刑，始终没有暴露自己的身份和组织情况。

1927 年 3 月 30 日，日本殖民当局迫于舆论压力，将他释放，驱逐出大连。

1942年夏，傅景阳病故于奉天，终年42岁。

纪念鲁迅先生

早在30年代，大连爱国诗人曲传政为追求进步，学习文学，曾到上海拜访过鲁迅，就目前所知，他是大连唯一见过鲁迅的青年人，而他开设的青年书店也曾出售过鲁迅的作品，但后来，书店被日本殖民当局洗劫一空，曲传政本人也遭到逮捕。

在媒体上宣传鲁迅，大连当时做得最多的是《泰东日报》。1931年1月25日，该报发表了《关于鲁迅》的署名文章，这是大连第一篇介绍鲁迅的文字，文中概述了鲁迅的生活和他在文学上的成就。稍后，《满蒙》杂志(1931年5月)全文刊登了鲁迅的代表作《阿Q正传》。1935年3月4日，《泰东日报》连载了雪林的长篇论文《<阿Q正传>及鲁迅创作的艺术》。这篇文章全面论述了鲁迅的生活、工作和文学创作。1936年1月12日，《泰东日报》刊发了《孔乙己的幽默》，文中具体介绍了该小说的内容和孔乙己这一形象的社会意义。

1936年10月19日，鲁迅病逝了。7天后，《泰东日报》特别出版了纪念专刊，发表了该报记者采写的《悼国际文豪鲁迅》、《鲁迅先生的死》、《鲁迅夫人访问记》和作家柯灵的《文坛巨星陨落》。这些文章具体地介绍了鲁迅的生平和文学贡献以及他的人格力量，同时还刊发了三帧照片。《泰东日报》此举表现出了当时有相当一批反帝爱国的知识分子，敢于冲破殖民当局的封锁和压制的勇气，但这些肩起黑暗的闸门放进光明的勇士还是遭到了殖民当局的迫害，三位编辑横遭逮捕。

1946年10月，大连光华书店为纪念鲁迅逝世10周年，首次出版《鲁迅三十年集》，其广告称：

鲁迅先生逝世十周年了，在这伟大的纪念日，我们为了发扬“鲁迅精神”，让大家从他所遗留下来的宝贵遗产中，可以继续不断地锻炼与加强我们的思想武器和战斗精神，本店准备把《鲁迅三十年集》陆续印出来……全书共30册，这是我们了解鲁迅先生学习鲁迅先生的一部最完备的集子。首批出售

大连植物园中的鲁迅铜像

的有《花边文学》、《且介亭杂文》、《彷徨》、《朝花夕拾》和《而已集》。

当时纸张供应紧缺，采用的是粗糙的草纸，书封白纸黑字，封面装帧均为原版式样。

1948 年，大连文化界和青年团体为纪念鲁迅逝世 12 周年，捐资 40 万，树立鲁迅铜像。铜像由大连工专于锡勇教授设计，三台工厂制模。10 月 19 日，大连各界代表在鲁迅公园举行鲁迅铜像揭幕典礼。鲁迅正面头像的圆形浮雕直径 70 厘米，被镶嵌在一个正方体黑色大理石上的台基上。铜像下面的铜板铸有鲁迅诗句手迹：

横眉冷对千夫指
俯首甘为孺子牛

这是我国第一座鲁迅铜像。

1966 年，鲁迅铜像移到南山植物园内。

曹德麟与辽东育英会

曹德麟(1873～1943)，字振甫，生于金州一个书香门第之家。自幼在其父亲的教育熏陶下，聪明好学，手不释卷。成就学业后，子承父业，从事于乡里教书育人的工作。先是在金州名流刘伯良、王永江和其父亲的倡议下，兴办新学，创立金州南金书院民立小学，他受聘担任汉文教员。在教学上，他诲人不倦，竭力尽职，效力桑梓，培育人才，硕果累累，成为名扬金州城内外，深受百姓爱戴和尊崇的先生，人称“曹大先生。”

他在教学中，越来越感到贫穷学生日益增多。为了振奋民族精神，提高民族素质，造福乡梓，资助家贫无力升学的优秀学生，1912 年，他会同本乡人刘启震(刘伯良次子)发起集资创办“金州育才会”，1928 年改名为“辽东育英会”。会址设在金州图书馆内，后迁移到刘伯良纪念馆(亦称绿满斋)。这一善举在日本殖民统治下，颇受各界关注，引起社会的强烈反响。

育英会内设理事会，曹德麟为首席理事长，育英会的基金来源，创立初期由曹、刘两家主动负担捐助，后来曹德麟邀请大连各界社会名流和商贾巨富捐款资助，还要求育英会资助过的毕业生自动捐助。他又不辞辛劳，长途跋涉，北去奉天、长春、哈尔滨，南往烟台、青岛、京津等地奔走募捐，至 1930 年，奖学金达 22700 银元。

育英会的助学金在使用上规定，每年从各类学校的应届毕业考生中，将名列前茅家境贫寒无力升学的 4 名男生和 2 名女生给予助学金奖励。升入高级小学的每月得助学金 6 元；升入中学的每月得 15 元，升入大专院校的每月是 30 元。助学金分为有偿和无偿的两种，有偿是指毕业生参加工作后，按资助金额分期偿还，无偿则免于偿还。

辽东育英会在33年的时间，资助了许多进取心强、品学兼优的学生，使他们学满成材，掌握了服务社会的技能，成为社会各界出类拔萃的人物。仅金州地方贫寒子弟接受育英会奖学金而学有专长者就有100余人。据不完全统计，其中有大连地下党、关东(旅大)县委书记曲文秀，毕业于日本东北帝大地质系的地质学家马铁英，著名报人、作家赵恂九，毕业于东北大学的体育界著名运动员赵德新等。

曹德麟创办的辽东育英会一直坚持到抗战胜利，为辽东文化增添异彩，在金城乡梓文化教育建设的史册中，留下了闪光的一页。

庐隐笔下的大连

庐隐(1898~1934)，原名黄英，福建闽侯人。早年毕业于北京女子高等师范学校国文系。她是“五四”时期文坛上很有才情的女作家，有与冰心齐名之誉，是文学研究会的最早成员。从20世纪20年代开始，先后出版短篇小说集《海滨故人》、《灵海潮汐》、《曼丽》，中篇小说《归雁》、《象牙戒指》、《女人的心》等。她在作品中，艰苦地探索人生，不写母爱和自然风光，而着重描写人的感情与理智冲突下的苦闷。作品题材比较狭窄，但却真实地反映了“五四”时代青年的思想和面影。茅盾说：“庐隐的作品，仿佛又呼吸到五四时期的空气……《海滨故人》反映了当时苦闷彷徨的青年心理，在这一点上应当给予较高的评价。”很可惜，她像天空中的流星，眨眼即逝，太短暂了，36岁的美好时光便离开了人间。

1922年夏天，她在北京女子高师毕业前夕，去朝鲜、日本旅行，路经大连。尔后写了一篇著名的散文《月下的回忆》，收在她的第一本小说集《海滨故人》(1925年初版)中。在这篇散文中，她沉痛地告诉我们，日本帝国主义怎样用他们的“帝国教育”来毒害大连儿童，以及对成年人的奴役。

文中说，她来到一所中国人的小学校，“在一个广场上，有无数的儿童，拿着几个球在那里横穿竖冲的乱跑，不久铃声响了，一个一个和一群蜜蜂般地涌进学校门去了……顽皮没有礼貌的行动，憔悴带黄色的面庞，受压迫含抑闷的眼光，一色一色都从我面前过去了。”她来到教室，里面坐着五十多个学生，一个三十多岁的男教员正在讲历史，黑板上端端正正写着四个字：“支那之部”。她心里忽然一动，大连是谁的地方啊？用的可是日本的教科书，教书的又是日本教员。学生们看见她，发出窃窃私语：“这是支那北京来的，你没有看见先生在揭示板的告白吗？”她听了这口气很感奇怪，这“分明是日本人的口气，原来大连人已受了软化了吗？”

一天晚上，在她住的房子里，看见一个瘦长脸的男子，在那里指手画脚地演说："诸君！诸君！你们知道用吗啡培成的果子，给人吃了，比那百万雄兵的毒还要大吗？教育是好名词，然而这种含毒质的教育，正和吗啡果相同……你们知道吗？大连的孩子谁也不晓得有中华民国啊！他们已经中了吗啡果的毒了！中了毒无论怎样，终究是要发作的，你看西岗子一条街上，有一千余家的暗娼，是谁开的，原来是保护治安的警察老爷，和暗探老爷们沟通合办的，警察老爷和暗探老爷，都是吃了吗啡果子的大连公学校的毕业生呵！"这个男子说到这里，两个拳头不住地在桌子上乱击，口头不住地诅咒，眼泪不竭地涌出，一颗赤心几乎从嘴里跳了出来。然后他又讲起西岗子暗娼的情况，每一家的门口，都有一个鸦形鸠面的男子蹲在那里，看见有人过来，便打起呼哨，于是门都开了，妖态荡气的妇人，向外探头……

女作家看到这些充满污浊的情景，不禁从内心发出无限的慨叹："唉！这不是吗啡果的种子，开的沉沦的花吗？"她看见"远远的海水，放出寒栗的光芒来；我寄我的深愁于流水，我将我的苦闷付清光……受尽了苦痛的折磨！连累得我的灵魂受苦恼……"

以文学作品反映日本殖民统治下的大连，还不多见，谢谢女作家庐隐女士，写了这篇《月下的回忆》，给我们留下了难忘的一页。

孙科捐洋五百元

1924年10月28日上午9时，孙科（1891～1973）一行由奉天（今沈阳）乘火车抵达大连，中华青年会会长傅立鱼等人前往车站欢迎。

孙科

孙中山为了统一中国，消除军阀割据，急需建立一支强大的国民革命军。为此，他派遣其子孙科前往奉天，面见奉军首领张作霖洽谈借款事宜。张作霖当即答应援助100万元，并指派财政厅长王永江妥善处理好这件事。日后王永江派人将援款送到广州。

傅立鱼邀请孙科来到青年会作客。青年会举行盛大欢迎会，会场呈现一片热烈气氛。孙科发表即兴演说，并向青年会捐助大洋500元。

会后，傅立鱼向孙科介绍了大连的情况，孙科谈了广州的政局和孙中山筹建革命武装的问题。当夜，孙科住进了大和旅馆（今大连宾馆）。

第二天，由青年会总干事张洪五陪同，孙科访问了大连民政署长田中喜介、大连市长村井启太郎、南满洲铁道株式会社社长安广伴一郎及松冈理事、大连华商公议会会长李子明等。当天又乘车前往旅顺访问关东厅长官儿玉秀雄，参观了旅顺博物馆、日俄战品陈列所、东鸡冠山炮台要塞及市内各重要场所。

当日晚6时半回连，出席傅立鱼在泰华楼举行的欢迎宴会。

翌日上午，孙科一行游览了西公园（今劳动公园）。当晚6时，孙科一行乘日本"淡路丸"离开大连赴天津，傅立鱼等到码头送行。

康有为与响水观题诗

康有为（1858～1927），近代改良派领袖。晚年客居青岛，1925年秋在烟台与大连华商公议会会长李子明相识。李子明慕名特邀他前来大连作客。9月18日晨，康有为在三名随从人员陪同下，由山东来连。华商会的董事们到码头迎接。康有为抵连后下榻在大和旅馆（今大连宾馆）。

次日，华商会在泰华楼饭店设宴为康有为洗尘。商会全体董事及华侨多人参加作陪。席间宾主联欢，觥筹交错，气氛十分热烈。席散，全体董事与他一同合影留念。

华商会为康有为安排了专场记者招待会。大连新闻社记者问："中国军阀，割据称雄，连年混战，匪患日滋，危害地方，人民涂炭，先生乃当今中国圣人，必有长治久安之计，未悉其意如何？"

康有为回答说："中国军阀并非在作战，只是如小儿嬉戏，正在练武，但是不久练成，就将对付外国侵略者了。中国现在正如航行中流，适值狂风骇浪，不久自然平安无事，但此种风浪渐必至于海洋，外国船只当然亦将不可避免地遇到，前途安危，正未可预测。"

华商会又为康有为举办演讲会，地址在《大连每日新闻》社的大每馆（今胜利桥北），讲题是《电通》，时间在下午6时，室内挤满听众，日本人多于中国人，都想一瞻他的容颜。康有为在演讲中说："人要立志贤贞，持身忠信。凡事精诚所至，金石为开，犹如电波传达消息，不论远近全能达到，心诚则灵，随感而通……"

华商会在大每馆又为康有为举办"康有为书法展"，展出书法联幅数百件，展室琳琅满目，书法体例真、行、篆、隶兼备，博雅古朴，风格超逸，自成一家。所有印章、方形篆书阳文，书有"维新百日，出亡十四年，三周大地，游遍四洲，经三十一国，行六十万里”共27字。原拟展出一个星期,但第二天已被抢购一空。

9月20日,康有为应金州会长曹世科等邀请,来金州文庙参加祭孔活动,祭后在诸人的陪同下,专程去大黑山响水观游览。响水观西距金州城10里,位于大黑山西麓,是大黑山四大古建筑中最负盛名的。寺观建在悬崖丛林之中,瑶琴洞有水流出,淙淙作响,故名“响水观”。古树参天,风景清幽,“响泉消夏”,为金州八景之一。康有为诗兴大发,为道士作诗《乙丑八日游响水观题壁》,诗曰:

金州城外百果美,瑶琴洞内三里深。
尚记唐皇曾驻跸,犹留遗殿耐人寻。

如今,康有为的这首诗已镌刻在响水观的石壁上,为这座深山古刹增添了文化气息和历史轶闻,也为肃雅的寺观锦上添花。

两年后康有为病逝于青岛。

孙传芳困居柳町

孙传芳(1885~1935),北洋直系军阀首脑。

1921年,年仅36岁的孙传芳担任了北洋政府的长江上游警备总司令兼第二师师长。1923年任福建军务督理。1924年江浙战争爆发后,驱逐了皖系卢永祥,任江浙军务善后督理兼闽浙巡阅使。同年第二次直奉战争期间,孙传芳以突然袭击击溃了苏皖地区的奉军,驱逐了奉系的江苏督办杨宇霆,自称浙、闽、苏、皖、赣五省联军总司令,时人称之为“五省联帅”,成为直系后期最大的军阀,称雄长江流域。1926年冬,孙传芳的主力在南昌、九江被北伐军打垮。走投无路之下,极端仇视北伐革命军的他投奔了奉系军阀张作霖,张作霖非常高兴,将他的联军改编为安国军第五方面军并委任他为军团长,又与杨宇霆握手言和。1927年8月,孙传芳率部在南京龙潭渡江反扑被国民党军击败。1928年6月4日,张作霖在皇姑屯被关东军炸死,年仅28岁的少帅张学良接管了东北政权。东北军退出关内时,孙传芳也随之来到东北,张学良将他视为上宾,非常器重,为他的妻子儿女和随从安排居室,还在大帅府内为他设置了办公室。这期间,孙传芳的“外室”长期住在大连南山路(即今大连团市委办公楼)。

张学良主政东北以后,东北军退到了山海关以外,关内基本上为国民党南京政府所统治。为了对付日本,张学良决定向南京政府靠拢。而日本担心中国南北统一会损害他们在东北的利益,所以千方百计地阻挠这一合作。但张学良不畏日本人的威胁,终于在1928年12月29日毅然宣布东北“易帜”。这一举措使得日本同张学良的关系骤然紧张起来。

当时，东北军内部某些元老看不起年轻的张学良，在政治上采取不合作的态度，其中尤以杨宇霆、常荫槐二人最为跋扈。张学良为了稳定东北政局，巩固自己的地位和军权，于1929年1月10日晚将杨、常二人枪决。这一事件极大地震动了孙传芳，他成了惊弓之鸟，害怕自己将来也会遭到这个下场，于是扔掉家眷，不辞而别，于事发当夜乘火车只身来到大连。

此后，孙传芳就一直闲居在大连南山别墅，但是他军阀本性没改，不甘心闲居，仍在同各方进行联系和接触，关注国内形势的变化，窥测时机，企图东山再起。孙传芳虽然离开了张学良，但仍念念不忘，企图以自己的主张左右张学良的大政方针。他的儿子孙家震结婚时，张学良的私人医生任作楫来参加婚礼。他借机让任作楫转告张学良：东北处在日、苏两国之间，为东北之计必须采取亲日联苏的政策，稍有不慎得罪了哪一方面都不好。日本早有灭我之心，不可不及早提防，不然后患无穷。

1930年，蒋介石同阎锡山、冯玉祥在中原燃起战火。孙传芳认为自己重整旗鼓的时机已到，又想把张学良拉进战场。于是他亲赴奉天，请任作楫转告张学良，让他参加阎、冯军事集团，联合反蒋。他自己也跑到关内，参加了阎、冯集团。结果张学良没有听从他的意见，帮助蒋介石打败了阎、冯及其北平国民政府。阎、冯通电下野，孙传芳又逃回了大连。

1931年"九一八"事变后，孙传芳全家迁移到天津，任作楫来看他，他又请任作楫转告张学良：应当与日本人迅速解决争端，坐镇奉天，掌握东北军政大权，东北不致丢失。如果放弃东北，带着几十万军队寄食关内，将来必定同我一样。他甚至主张张学良充当日本的傀儡，足见其军阀本性的顽固。

1935年11月13日，孙传芳在天津居士林念经时，被为父报仇的女英雄施剑翘连击三枪身亡，时年50岁。

阎锡山匿伏黑石礁

阎锡山（1883～1960），字百川，号垄地，山西五台人。1901年入山西武备学堂。1904年赴日本陆军士官学校学习。1905年加入中国同盟会。1909年学成回国，任山西新军标统。辛亥革命后，任山西督军兼省长。1927年6月通电拥护三民主义，加入国民政府，任北方军总司令。1928年任第三集团军总司令、国民党中央政治会议太原分会主席、北平分会代理主席兼平津卫戍总司令。

1930年4月，阎锡山联合冯玉祥、汪精卫反对蒋介石，任北平国民政府主席、陆海空军总司令，集70万大军同蒋介石60万大军在中原一带厮杀7个月，阎、冯战

阎锡山

败，通电下野，晋军由张学良改编，蒋介石责令阎锡山离开山西出国。同年11月底，阎锡山到了天津。年底，在日本特务土肥原贤二的保护下来到了大连，借住在黑石礁42号张宗昌别墅（今星海二街市公安局星海湾宾馆）。

阎锡山被迫离开苦心经营二十多年的山西，亡命大连，是绝不甘心的。他想借日本人的势力重返山西。为了东山再起，他抓紧亲信杨爱源、徐永昌，控制住晋军，保留骨干，做好长期打算。日本人认为阎锡山的失败是英美势力在中国增强的标志，这对日本是个威胁。为了保持日本在中国的势力，日本把主意打在阎锡山的身上。1931年夏，关东军司令官本庄繁派赵欣伯来大连会晤阎锡山，要他出面主持东北大政，阎锡山考虑再三没有接受，只是在口头上订下了密约三条：一、阎锡山不反对关东军占领东三省；二、关东军支持阎锡山出任华北首领；三、关东军护送阎锡山返回山西。阎锡山得到日本人的谅解和支持，东山再起大有希望，心情自然十分高兴。他对僚属们说："生我养我者山西，咱们流血牺牲，从清朝手里夺得的山西政权，咱们一手创建起来的绥晋军，绝不能轻而易举地送给江浙流氓头子蒋介石！一旦我有不幸，咱们一块打出来的晋绥天下，还得依靠你们来支撑，不论蒋介石，还是张学良，绝不能让他把咱们的地盘抢去！"

1931年8月5日，在关东军的保护下，阎锡山乘坐日本军用飞机，终于回到了山西大同。骑兵司令不解地问他："蒋先生和张学良同意总司令回来吗？"阎锡山回答说："张学良自顾不暇，哪里顾得上咱们的事情，我是不怕他们的，只要把军队整顿好，有了力量就好办事！"蒋介石知道阎锡山回来后，急令张学良要他尽快离境。这时张学良同日本关东军的关系十分紧张，一时无法脱手，一个月后发生了"九一八"事变，更无心去管理山西的事情，蒋介石也只得悻然作罢了。

1960年5月23日，阎锡山在台北病死，终年77岁。

男装女谍川岛芳子

1912年2月，肃亲王善耆在日本人的帮助下，全家移居到旅顺口。他为了答谢日本浪人川岛浪速，将女儿显玗送给川岛做养女，取名川岛芳子(1906～1948)。

芳子长年在川岛家里接受军国主义教育，被养成追求满蒙独立、日中提携的理想人物。成年后，她大多接触日本政要人物，这给她日后从事间谍活动创造了条件。

1927年秋，芳子同蒙古王爷之子甘珠扎布结婚，并定居大连圣德街（今联合路）。但是她感到家庭生活很受压抑，不能实现自己的抱负，而丈夫又不能扶助自己成就大业，于是她只身出走了。

川岛芳子

芳子是个善于施展各种手段的女人，以男装女谍著称。利用各种社交机会结识政要，刺探情报。这些罪恶活动为日军侵华创造了条件。

"九一八"事变后，她投靠关东军高级参谋板垣征四郎。按照板垣的指令，潜入天津，把婉容皇后从清室驻津办事处带到旅顺，得到日本军部的赏识。

1932年初，日本关东军策划的伪满洲国即将出笼，但又怕遭到国际的反对，因此授意日本上海使馆武官田中隆吉在上海挑起事端，以吸引外国的注意力。田中便与芳子合谋策划中国人袭击日本目莲宗僧侣事件。这一事件直接导致日军侵犯上海——"一二八"事变的爆发。

1932年3月，芳子在日本华北驻屯军司令官多田骏的支持下，组成伪满安国军，自任司令，金璧辉这个名字就是这个时候开始使用的。她率军征战热河，策划内蒙独立，训练王府军队。

"七七"事变后，她同日本侵华军和特务机关相勾结，经常往返于东京、南京、新京、北平、天津，做了许多危害中国人民的事情。曾任华北人民自卫军司令官、北平满洲国同乡会会长、华北采金公司董事长、留日学生会总裁等伪职。

1948年3月，她被国民政府以汉奸叛国助敌罪于北平处决。

川岛芳子诗作《驼铃》录于下：

从那遥远的茫茫沙漠
经商队骑着骆驼
踏着积雪慢慢地走过

年轻情人哟留在故乡
临别赠我心上物
那驼铃在驼颈上作响

每当月照积雪的沙丘
想起临别的夜晚

在驼背上把胡琴拉哟

小小的驼铃已经磨亮
年轻人梦中会见
远在故乡的美丽姑娘

张宗昌在黑石礁

张宗昌(1881~1932),字效坤,山东掖县人。北洋奉系军阀,封义威上将军。

早年在陈其美部当团长。1913 年投靠直系军阀冯国璋,后又投靠奉系军阀张作霖,任吉林省防军第三旅旅长和第二军副军长。1924 年,第二次直奉战争后入据山东,任直鲁联军总司令。1928 年 9 月,其部队在河北滦东地区被北伐军消灭。张宗昌只身逃往大连,在沙河口黑石礁东村建立别墅一栋(今大连市公安局培训中心)。1929 年初,他在日本帝国主义的支持下,纠集残部在山东登陆,旋即失败,逃往日本。1930 年冬,阎锡山被蒋介石击败,曾在此处暂居,半年后飞回太原。

"九一八"事变后,张宗昌由日本返回大连,同各方面大肆活动,妄图东山再起。1932 年 9 月,被山东省政府主席韩复榘刺死于济南车站。

王实味在庄河教书

王实味(1906~1947),河南潢川人。他在家乡读完小学和中学后,1925 年考进北京大学预科。1926 年加入中国共产党。从 1927 年开始先后发表了《杨五奶奶》、《三个落伍兵》等小说及《珊拿的邪教徒》、《还乡记》等译作。

1931 年 1 月,王实味在上海《申报》上看到登有《辽宁省庄河县招聘教员待遇从优》的广告,当时他失业在家,生活拮据,为解决燃眉之急,便同妻子刘莹一起前来应聘。王实味在庄河高中教英语,刘莹在庄河女子师范教数学,半年后因为刘莹怀孕工作不便,7 月间又回到上海。

王实味在庄河教书期间,做了三件事:一是在他教的高中毕业班中有个姓刘的学生,因为家穷交不上学费,学校令他退学。学生正在为难之际,王实味前来安慰他,要他坚持学业,克服困难,把高中读完,并且告诉学校自己愿做学生的保人,后来他要回上海时,该生的学费仍未交上,校方从王实味的工资中扣除了这笔学费。学生很是过意不去,要求老师留下上海的地址,说:"我找到工作一定把钱还给老师。"王实味没有留下地址,告诉他不要考虑钱的事情,要用心读好书。二是有个学生的舅父,受当地豪绅的欺压,王实味知道后非常气愤,便主动为该生的舅父写状子打官司。三是在庄河高中成立共青团组织。

1937 年抗战爆发后,王实味去了延安,任中央研究院特别研究员。在延安整风运动中,他连续发表了《政治家、艺术家》、《野百合花》、《软骨头与硬骨头》等杂文,于是引发一场对他的批判斗争。由于康生诬陷他为托派分子,于是斗争很快升级,变为敌我矛盾,从此这位著译双丰的老党员一直被隔离审查,视同囚犯。

1947 年 3 月胡宗南进攻延安前,中央社会部将整风时期没有结案的百余人转移到晋西北兴县,王实味是其中的一员。6 月中旬,兴县遭到敌机轰炸,康生批准了晋绥公安总局处决这批没有结案人的请求。7 月 1 日,敌机再次轰炸了兴县,公安总局审讯科被炸,为了应急,看守所要立即搬移,王实味就在当晚被处决。

1988 年 12 月,公安部作出了对王实味的平反昭雪的决定,这个冤案经过 40 多年的漫长岁月,终于得到了公正的解决。

奥运中国第一人

1985 年 3 月 21 日,我国短跑名将刘长春病逝,享年 74 岁。大连理工大学为了纪念这位卓越的体育工作者,在大学主楼前东花坛中树立一尊半身铜雕像。像座上有原国家体委主任荣高棠题写的“体育先驱刘长春教授”9 个大字。碑后刻文如下:

我国现代体育先驱刘长春教授,1909 年 11 月 25 日生于大连市小平岛河口村贫苦农家,籍其天赋与勤奋,并得到张学良将军关爱栽培,成为优秀短跑国手。曾参加第九、十届远东运动会。1932 年毕业于东北大学。是年为粉碎伪满强派出席第十届奥运会阴谋发表严正声明:我是中国人,我只代表中国。遂以我国唯一运动员代表,首次敲开奥运会大门。1933 年在南京全国运动会,创 10 秒 7 的我国 100 米纪录,该纪录保持 25 年之久。解放后,刘长春教授任教大连工学院 30 余载,忠诚党的教育事业,坚持求实精神,著有《短跑运动》等论著。曾任第五届全国政协委员、中华体总常委、中国奥委会副主席、辽宁省体育运动协会副理事长、第四届辽宁省政协常委。

1985 年 3 月 21 日病逝,享年 74 岁。

大连理工大学历届运动员敬立

1989 年 3 月

1932 年,为了击败日伪阴谋,在张学良将军的资助下,刘长春作为当时中国唯一的一名运动员，首次参加了在美国洛杉矶举行的第十届奥运会。7月8日，上海黄浦江畔数千人为他送行。在授旗仪式上，他说："我此次出席世界运动会，系受全国同胞之嘱托，深知责任重大，当尽我所能，在大会中努力奋斗！"人群掌声雷鸣，三呼中华万岁。

7月29日，船抵洛杉矶港，当地华侨及美国公众拥挤在大街两旁夹道欢迎，锣鼓鞭炮汽车喇叭鸣响不断。华侨为他举行隆重的欢迎宴会，广州侨胞举行"刘、关、张"结盟会，认刘长春为"大哥"，席间侨胞还赠给他金盾大奖章1枚，以示尊崇和祝贺。

7月30日下午，第十届奥运会举行了十分隆重的开幕式。中国代表队特别引人注目，因为这是中国代表队第一次正式出现在世界运动会上，又加上美国奥委会为中国所做的特别安排。开幕式前，刘长春和宋君复等人从奥运村前往主会场时，美方竟派出警察乘摩托车随行护卫，又破例允许五辆满载华侨应援团的大轿车一同到场，为中国代表队助威。中国代表列队进入会场，刘长春执旗先导，宋君复等继后，会场上掌声不断，气氛热烈。中国队虽然人少，但毕竟以中华一国之代表到会，中华体育健儿终于立身于世界体育之林，为中国争得了荣誉。

刘长春在参加各项活动中，亲身体会到各国人民对中国之同情，他深有感触地说："为人当自立，一个人，一个国家，一个民族，如果不能自立，同情再多也只能是同情而已！"

如今，刘长春的半身铜雕像掩映在苍松翠柏之间，精神矍铄，目视前方，莫不是遥想当年洛杉矶的拼搏，还是憧憬体育界的未来……

史家兄妹横渡长江

20世纪30年代，大连史家爆出特大新闻，兄妹四人一时都成了泳坛名将。

老大史兴隆(1910～1986)毕业于沈阳冯庸大学。1927年8月，在满铁举办的游泳赛上，获400米自由泳冠军。1930年5月，在日本人举办的全满游泳锦标赛中，获400米、1500米自由泳两项冠军。老二史兴鹭(1914～1969)也在这次锦标赛中，获100米和1500米自由泳第三名。这一年史兴隆代表辽宁参加在杭州举行的第四届全国运动会，获440码和一英里自由泳冠军，并获个人总分第一名，为辽宁游泳团体总分第一名立下汗马功劳。这一年他又代表中国参加在日本东京举行的第九届远东运动会，获1500米自由泳第三名，被选为远东运动会的"水上三雄"之一，为祖国争得了荣誉。

1933年7月，史兴鹭代表辽宁参加在青岛举办的第十七届华北运动会，获高级组自由泳 50 米、100 米、400 米和 1500 米四项冠军，并获个人总分第一名。同年 10 月，史兴鹭和老三史兴陆（1916～）和小妹史瑞声（1919～）参加在南京举行的第五届全国运动会。史兴隆也从武汉赶来为弟妹作比赛前的指导。史兴鹭不负众望，获 400 米和 1500 米自由泳两项冠军，并打破全国纪录。史兴陆获 1500 米自由泳第三名，史瑞声获女子 200 米蛙泳第四名。这次比赛使史家兄妹名扬泳坛，蜚声全国。

全运会结束后，史家兄妹登报声明要横渡长江，消息传开轰动南京，并得到国民政府的支持，决定派小汽艇跟随救护。10 月 25 日 3 时 27 分横渡长江开始。当时水速为每秒 6.7 米，史兴隆对弟弟说："报也登了，政府也同意了，就是死也得过，哪怕我们剩下一个人，也一定要横渡长江天险。"3 时 49 分史家兄妹游到对岸，横渡长江成功，历时 22 分 27 秒。第二天南京各报都刊登了这个消息。史家兄妹横渡长江，在我国是创举。

史家兄妹自 1927 年至 1941 年先后获"关东州"以上游泳比赛冠军 38 个、亚军 1 个、第三名 4 个，成了游泳名将家庭，为大连人争了光，在我国体育史上留下了光辉的一页。

张惠临隐居黑石礁

张惠临（1878～1947），又名张志良，沈阳人。

民国时期，曾任东三省官银号稽查、奉天储蓄会会长、沈海铁路公司总办、东三省盐运使、奉天总商会会长、全国工商联合会会长等职。

1922 年，他为发展民族工商业，以"纯华商为限"，募集奉票 18 万元，创办奉天惠临火柴股份公司，这是沈阳较早的民族工业之一。该公司得到了张学良的支持，发展迅速，1930 年在营口建立了火柴公司分厂。惠临公司生产麒麟牌红头火柴和双鹤牌黑头安全火柴，产品质量好，售价低，受到社会各界的欢迎，生意很是兴隆，因此挤垮了霸占沈阳火柴市场的日商东亚燐寸会社和奉天燐寸会社。1925 年，他又联合东北境内的火柴华商，组织"东三省火柴同业联合会"，终于将世界火柴大王瑞典火柴公司逐出东北火柴市场。

张惠临还经营沈阳八王寺啤酒厂、酱油股份有限公司等产业，其产品闻名于省内外。

"九一八"事变后，他不愿为日本人做事，于 1932 年 1 月毅然辞职，隐居大连，在黑石礁建立张松叟花园，以养花卖花为生。1945 年日本战败投降，回沈阳养老，1947 年 3 月病故。

少帅与大连

噩耗传来，世纪老人张学良在夏威夷病逝了！

张学良是民族英雄、历史功臣！他在民族危难的紧急关头，敢于挺身而出，为促成国共合作，共同抗日做出了重大的贡献！可歌可泣！

据史料记载，张学良曾三次来过大连，这也算是他同大连的一个缘分。

第一次来大连

1922年，张作霖被推举为东三省保安总司令，为了同北京政府抗衡，他宣布东三省实行“联省自治”，与北京政府断绝一切关系。积极扩军备战，成立了陆军整理处，张学良任参谋长。为了扩大军事力量，又从国外购进大批飞机，张学良任东北航空处总办，成立航空大队。为了培养飞行员，张学良兼任航空学校校长。

日本关东军为了笼络年轻的张学良，多次邀请他来旅顺观光游览。张学良为了应付日本人之请，于1923年12月间，从沈阳来到旅顺，访问关东军司令部。日本人陪同他参观日俄战迹和遗址，并向他吹嘘日本军队的威力，张学良只是点点头应付着。

第二次来大连

1925年11月，奉军第三军团副军团长郭松龄不满张作霖穷兵黩武，暗中与冯玉祥达成消除战祸、实行民主等密约，通电与奉系决裂。郭松龄将所率部队改称东北国民军，由于冯玉祥的援助，势如破竹，很快就占领了营口，直指沈阳。张作霖遭此巨变，情势危急，慌忙向日本关东军求救。日军派飞机对郭松龄军阵地进行狂轰滥炸，并化装成奉军协同作战，袭击郭松龄军后方，郭松龄兵败被杀。

事后，张作霖为了答谢关东军，特别委派张学良前来旅顺拜访关东军。张学良与郭松龄友谊深厚，这本来不是他愿意做的，但是为了父亲的情面，不得不委屈自己第二次来到旅顺。

第三次来大连

1926年3月，奉天省长王永江为反对张作霖穷兵黩武，称霸中原而不顾人民死活，他向张作霖提出辞退本兼各职。但是张作霖执意要王永江出山助政，而王永江坚决不肯复职，经过多人劝说也不奏效。张作霖无奈委派张学良，以探病的名义，由沈阳乘火车亲来金州，面见王永江，婉言劝其出山，协助其父大业。王永江与张学良进行了长时间的谈话，大谈自己从政的目的就是为了发展东三省的经济，改善老百姓的生活，但是自己的理想却不能实现，自己的努力全都付之东流，还有什么干头，他坚决拒绝了张学良的请求。通过这次谈话，张学良对东北政局有了新的认识。

张学良将军非常重视教育事业，1927年，他把父亲留下的3000万元成立了“汉卿教育基金”，先后在辽宁全省建立了36所新民小学。仅在庄河就有3所，其中步云山乡的新民小学现在尚存，完好无损，可见当初建校时对工程质量的要求是极为严格的。其他2所由于适应教育事业的发展，已经拆除另建了。

黄炎培奇遇

1927年5月19日，黄炎培（1878～1965）以“学阀”的罪名受到南京国民党政府通缉。5月22日，黄炎培抵达大连避难，住在火车站附近的一家小旅馆。日本殖民当局随即派遣特务进行跟踪监视。黄炎培除了外出办事外，更多的时间是在满铁大连图书馆习读唐诗，还抄了一本《杜诗尤》消遣。

有一天，突然有个人来到小旅馆，痛哭流涕地跪在黄炎培的面前，向他赔罪道歉。黄炎培一时不知所措，急忙把他拉起来，要他坐下慢慢说。来者自称姓张，是个小学教员，因为生活困难，便做了日本特务，专门监视从关里来连的特殊人物，调查他们的活动，报告给日本警方。两个月来，看见黄先生整天读书写字，严肃认真，生活又是这样清苦勤俭，让他又感动又惭愧，说对不起先生，要本着中国人的良心，为先生做好警卫，切切实实来保护先生，决不让先生受到一点损失，不再为了一点钱，去出卖灵魂，去干丧尽天良的缺德事。

此后，张某果然经常来看望黄炎培。当年10月，黄炎培离开大连，前往朝鲜，张某为他买了船票，并且送他到码头，依依惜别。日后，黄炎培对别人风趣地说：“没想到，我在大连还交上了一个日本特务朋友。”

纪清漪披露《田中奏折》

1927年6月，日本田中内阁在东京召开第二次东方会议，与会的除内阁各大臣外，还有驻华公使芳泽谦吉、驻奉天总领事吉田茂、关东厅长官儿玉秀雄、关东军司令武藤信义和满铁总裁等主要官员，他们共同制定了一个对华政策纲领。会后，田中首相将这份纲领密奏给昭和裕仁天皇。奏文题目是《我帝国对满蒙积极根本政策》，我国史学界称之为《田中奏折》。《奏折》的主要内容是“惟欲征服中国，必先征服满蒙，如欲征服世界，必先征服中国。”其实质就是日本对外武装侵略的动员令。

1928年，台湾爱国人士蔡智勘在日本巧妙地抄录到日文《奏折》全文，并将它秘密转交给张学良的外交秘书主任王家祯。王家祯将它译成中文，题为《田中义一上日皇之奏章》，印制200册，分送给东北军政要员和其他人士。

其时，在北京大学读书的纪清漪（清代礼部尚书、协办大学士纪晓岚直系七世孙女）主编《新东北》半月刊，兼北平《华北日报》的副刊编辑。有一次她来报馆送稿子，发现总编安怀音正在聚精会神地看文件，情绪很是激动。他对纪清漪说："你是研究东北问题的，这个文件你应当看一看。"说着他便把文件递给了纪清漪，又说："这是内部密件，不能外传，只能在这里看。"纪清漪接过文件，一看题目是《田中义一上日皇之奏章》，粗略地翻了一下，内容十分重要。她便对总编说："时间太晚了，能不能拿回去看？"总编回答说："不能！""哎呀，还有半个钟头，学校宿舍就要关大门了，我带回去，明天早晨7时以前准时送回来。"总编踌躇片刻，无奈地说："好吧，这是密件，绝对不能给第三个人看。"

纪清漪赶回宿舍，急忙找来几位同学，连夜分头抄录。纪清漪怀着激动的心情，写了一篇简短的序言：

首先我要向借给我《田中奏折》的人表示歉意，我违背了诺言，但关系到中国存亡的大事，我只能失信于朋友，不能对不起国家。读者啊！如果你的心还在跳，如果你的血还在流，你就应该把这个小册子，一字一句地读完。你应该想一想：你作为一个中国人，你有什么责任？你应该做些什么事情？

到了天明，纪清漪把文件送回报社，接着又把抄件送到虎坊桥新华印刷厂，印了5000份。她通过同学将《奏折》寄向全国大、中、小学校、机关团体、报馆、杂志社、图书馆，甚至大商店等。

《奏折》一经披露，在国内掀起轩然大波，全世界为之哗然。日本政府矢口否认有此文件，领事馆提出抗议，并诬称这是中国的捏造，是"伪文书"，要求中国政府当局禁止刊载此文。

日本特务很快就查到纪清漪同《奏折》印发的关系，于是对她进行迫害。毕业后的纪清漪同于毅夫等东北青年，为抗日救国，在齐齐哈尔组织"新东北学会"，发动学生和民众游行示威，又委派彭震到奉天会见张学良，要求他和平易帜，纪清漪则到北平会同东北名绅田见龙面请白崇禧抗日救国。

纪清漪返回齐齐哈尔时，为避开日本特务的注意，没有乘坐火车，而是乘船来到大连，再乘火车去奉天，会同彭震一起回齐齐哈尔。

纪清漪来到大连，住进一家小旅店。她在旅店登记簿上，刚刚写下"纪清漪"三个字，站在旁边的茶房马上伸手把那张登记纸撕了下来，把"纪清漪"三个字抠下来填进嘴里。茶房贴近她的耳边悄声说："全大连市的旅店都接到了日本宪兵队的通知，一旦发现了你，要马上报告。"接着他又说："现在去奉天的火车还有几分钟就开了，我马上送你去，这里不能停留，太危险！要买二等车票，我身上有钱。”说着，急忙把她的行李扔到人力车上，又把她推上人力车，而他则跟在车后跑。

茶房拉着纪清漪进了火车站，买好了票。这时火车已经慢慢启动了。他对乘警说了一句什么，就急忙把纪清漪搀上火车。

火车加速了，满脸是汗的老茶房气喘吁吁地站在月台上，向纪清漪微笑，同时不停地招手，心满意足地看着列车逐渐远去……

纪清漪是位倔强的青年，平时从不落泪。这时看到素不相识、满头白发的老人为了她的安全，不顾惜自己，一种难以抑制的感激之情油然而生，两行热泪不自主地夺眶而出，终于哭出声来。乘务员走过来对她说：“你父亲送你到奉天上学吧？别哭了，老头子不容易啊，为了你，买了二等车票。”纪清漪点点头，随着他进入了二等车厢。

时间过去了60余年，纪清漪在一篇回忆文章的最后写道：

我不知道他姓甚名谁、哪里人氏。从他那一条条自额头流到面颊上的汗水中，仿佛看到了他那颗爱国的、火热的红心在跳动。这一印象似刀刻般至今仍清楚地留在我的脑海。每一回忆，我便情不自禁，眼睛也模糊起来，这是英雄的中华儿女，这是民族之魂，这是中华民族不可侮的表征。

关向应为党为国忠心耿耿

关向应生于1902年9月10日，金州区向应乡大关屯人。满族，姓瓜尔佳氏。乳名喜麟子，学名关治祥，字和亭。

他10岁即读私塾、蒙学堂(初小)，在普兰店公学堂读高小，品学兼优。1920年3月考入大连伏见台公学堂附设商业科学习。在校期间参加反对日本教师打骂中国学生的罢课斗争和双十节“废除二十一条，归还旅大”的提灯游行活动。毕业后在大连《泰东日报》做收发与杂役工作。这期间他接触进步编辑、记者，阅读革命书刊，开始接受新文化和新思想。在大连中华三一学校工人夜校担任教员，向工人进行爱国主义的思想教育。

1924年初，李震瀛受党中央委派来大连开展工作，他向关向应宣传马克思主义真理，使他初步懂得了要救中国，就必须起来革命，要革命就必须有共产党的领导和马克思主义的指导。他又介绍关向应加入中国社会主义青年团，成为大连地区第一批青年团员，当选为大连第一个团小组组长。5月间随李震瀛去上海，进上海大学学习，改名关向应。当时他写信给叔父述说自己的远大抱负：愿终身奔波，竭能力于万一，救人民于涂炭，牺牲家庭，拼死力与国际帝国主义者相反抗。年底

金州向应故居关向应纪念馆

去莫斯科，进东方共产主义大学中国班学习。1925 年 1 月经李乔年介绍加入中国共产党。1927 年先后任中共河南省委和团中央委员。

1928 年出席在莫斯科召开的党的六大，代表团中央作关于青年工作的报告。会上被选为中央委员、中央政治局候补委员。同时出席团的五大，当选为团中央书记。回国后主持团中央工作。1930 年参加中国工农红军军事委员会及中共中央长江局工作。9 月出席六届三中全会，被选为中央政治局委员。1931 年 4 月，由于叛徒的出卖被捕，在狱中忍受折磨，坚贞不屈，表现了坚强的无产阶级革命家的高风亮节，半年后经党组织营救出狱。

出狱后出席在瑞金召开的第一次中华苏维埃共和国工农兵代表大会，被选为中央临时政府执委。1932 年初，受党中央派遣赴湘鄂西革命根据地任湘鄂西军委主席和红三军政委，与贺龙一起指挥红三军作战，由于夏曦的错误路线，红三军惨遭失败。关向应、贺龙同夏曦的错误路线进行不调和的斗争，保住了红三军这支革命队伍，建立黔东根据地。1934 年 10 月在贵州与红六军团会师，经中央军委批准红三军恢复红二军团的番号，关向应任红军第二军团政委。

1935 年年底，红二、六军团开始长征，第二年 7 月到达甘孜，与红军四方面军会师，奉命红二、六军团改称为中国工农红军第二方面军，贺龙任总指挥，任弼时任政委，关向应任副政委，对张国焘另立中央，分裂红军的错误路线，作过坚决的斗争。10 月末到达甘肃会宁，同红一方面军胜利会师，会师后，出任红二方面军总政委。

1937年抗战爆发，红二方面军改编为八路军120师，贺龙任师长，关向应任政委。9月与贺龙东渡黄河，开赴晋西北抗日前线，开辟晋绥根据地，挺进雁北，指挥雁门关伏击战，炸毁日本军车100余辆，切断敌人运输线。第二年春收复被日军占领的晋西北宁武等7座县城。同年10月出席党的六届六中全会，在会上作《关于晋西北工作报告》。年底同贺龙率120师主力挺进冀中，执行“巩固冀中，帮助三纵队和扩大自己”的三项任务。1939年初率部到达河北河间县，同冀中党政领导机关会师，第十八集团军冀中区总指挥部成立，任政委。这一年与贺龙指挥了齐会、陈庄、黄土岭等大小战役100余次，歼敌4900余人。发表《论坚持冀中平原游击战争》一文，论述游击战争的重要意义。12月阎锡山发动“晋西事变”，关向应奉命与贺龙率部由冀中返回晋西北，粉碎了阎锡山的叛变。1940年与贺龙指挥120师参加百团大战。10月在晋西北第一届行政会议上做工作报告，指出在经济上要着重解决人民的衣食问题，在政治上执行抗日统一战线。11月晋西北军区成立，任政委。同月在晋西北高级干部会议上，作《关于建设晋西北问题》的报告，决定把发展生产、加强经济建设作为根据地建设的中心任务之一。1941年3月，在晋绥行署财经会议上，关向应要求各级领导，要深入实际，依靠群众，自力更生，发展生产。他特别指出要积极响应党中央、毛主席“发展生产，自力更生”的号召，开展大生产运动，以农业生产为主，搞经济建设要大胆发挥技术人员和知识分子的作用。10月间，肺病突发，被迫去延安住院治疗。

1945年党的七大在延安召开，继续当选中央委员。大会期间，因病没有出席，写信给代表大会和全党同志，希望“全党同志无论在任何艰难条件下，都在毛泽东同志领导下奋斗前进，全党全民应该像一个人一样，紧密地团结在毛泽东同志所领导的中央周围。相信我们的党和中国革命一定要取得最后胜利的。”

1946年7月21日，关向应同志病逝于延安，享年44岁。中共中央向全党、全军、全体人民发出讣告，称关向应是“中国共产党最好的领导者。”毛泽东主席亲题挽词：忠心耿耿，为党为国，向应同志不死。

猛将万毅

万毅原名万允和，1907年生于金州四十里堡的农家。14岁开始外出谋生，在大连日本人钱庄和奉天财政厅当过小雇员。1925年4月，考入东北陆军军士教导队第四期，毕业后任司令部副官处上士。两年后又考进东北陆军讲武堂第九期学习，他学习刻苦，成绩优异，毕业典礼上，张学良亲自奖给他一块银表和一把指挥刀。1930年7月，万毅被调到东北军第二十旅二十团任少校团副。

“九一八”事变后，万毅随军撤退到关内。1935 年 8 月，他被调到张学良总部。在这里，他结识了中共地下党员刘澜波，经过几次接触，刘澜波的学识和对时局的深刻见解，令他十分钦佩，并使他在政治上发生了转变。

1936 年 1 月，万毅被委任为 109 师 627 团的中校团长，成为东北军中最年轻的团长。张学良要求他在四个月内将新团组建好，于是他来到山东、河北一带招收新兵，恰好遇见刘澜波来西安办事，万毅便将招兵的事告诉他，要他帮助招些学生来，以提高部队的文化素养。刘澜波答应了他的要求，一个月后，刘澜波从北平天津带来了 130 多名青年学生。这些人大多是共产党员，他们在团内成立了秘密党小组，直接受东北军内中共地下党工作委员会书记刘澜波的领导。这年 9 月底，军士训练结束时，万毅写下了团歌，团内组成歌咏队，到各连教唱团歌和抗日救亡歌曲，写标语，出墙报，把抗日活动搞得轰轰烈烈，引起国民党政训员的不满。此事经西北“剿总”政训处长上报给了蒋介石，蒋介石对张学良说：“你那个团长万毅十分反动，你要注意！”

西安事变爆发，根据张学良的命令，东北军 57 军开赴渭南前线，阻击从潼关向西安进攻的国民党军队。万毅率领团队路过西安时，张学良对万毅说：“咱们这次举事，完全是为了抗日，不是为了抢地盘，争权力，把这个道理向下面讲清楚，同时要把渭南的事情做好。”万毅接受了命令把队伍开到渭南前线。他在渭南积极备战，修筑工事，不仅向自己的部下，还向阵地对面的国民党军队宣传张、杨将军发动西安事变是为了抗日救亡的道理。万毅和团内地下党员在火线上高唱抗日救亡歌曲，振奋军心，并派出宣传员带上蔬菜、豆腐等食品去慰问对面的国民党军队，又把抗日救国的报纸和宣传品送给他们看。经过不断的接触，双方言和，互送食物，甚至在火线上搞起了联欢。

西安事变后，张学良被扣留，东北军群龙无首，内部少壮派和高级将领之间的矛盾加剧。1937 年初，万毅被扣押，军法会举行两次审讯，均无法定罪，最终不了了之。3 月，东北军东调豫皖苏，万毅被带到河南商水县。10 月，万毅被释放，任命为 112 师 336 旅 672 团上校团长。接着万毅奉命随师参加江阴、镇江、南京、芜湖战役。

1938 年 1 月，万毅任 112 师 334 旅 667 团团长，驻军连云港，防御日军从海上入侵。这年 3 月，经张文海和谷牧介绍，万毅成了中共特别党员。万毅入党后，更加积极地投身于抗日战争，率团打了几个漂亮仗，袭击日照、圣宫山、洋河等地的日军。由于他作战勇敢，指挥有方，令敌人闻名胆寒，时有“不怕一万，就怕万毅”之誉。

1939 年冬，万毅代理 333 旅旅长。皖南事变发生，111 师内部发生动乱，万毅被扣押,蒋介石电令鲁苏战区总司令于学忠处决万毅。万毅伺机越狱,带领2000战士投奔了共产党。中共山东分局将该师改编为八路军山东军区滨海支队,万毅任滨海军区副司令兼滨海支队队长。

1945年8月,日本战败投降,万毅奉命组建东北挺进纵队来东北,纵队改称为东北民主联军第七纵队。万毅率领纵队四次参加四平战役、辽西战役、丰台战役、渡江战役。他带领的纵队改称为第四野战军第四十二军。

建国后,万毅任中央军委炮兵第一副司令员、二机部副部长、解放军总参谋部装备计划部部长。1955年被授予中将军衔、一级独立勋章和一级解放勋章。1956年当选为中共中央候补委员。1958年任国防部第五部部长。1959年任国防科委副主任兼装备计划部部长。因庐山会议受株连被撤职。1977年10月,任解放军总后勤部顾问。1982年当选为中央顾问委员会委员。1987年荣获一级红旗勋章。

1997年10月31日,万毅病逝于北京,享年90岁。

抗日英烈鞠兴任

鞠兴任,1906年出生在甘井子区营城子镇西小磨子村一个普通农家,其父鞠建升是位老实厚道的庄稼人。鞠兴任从小就聪明好学,受国画家叔父鞠建烈的影响,画画写字都很地道,每逢过年邻居都来求他写春联。他的短跑也很好,因为学校离家远,他每天都跑步上学锻炼。他为人正派和气,乡邻都很喜欢他。

他的学业成绩优异,在班里名列前茅。1925年他从水师营公学堂毕业考上了旅顺师范学堂。这一年上海发生了五卅惨案,大连地下党组织旅顺工科大学中国学生、旅顺师范和旅顺二中的学生集会声援、游行示威,抗议日本帝国主义杀害中国工人的暴行。鞠兴任对于日本殖民当局对大连人的奴役和压迫,以及大连人所遭受的种种苦难深有体会,他的内心充满着强烈的爱国思想和民族复仇的心理。因此他自始至终都积极地参加了这次抗日活动,经受住了考验。1926年6月,旅顺师范学生地下党员苍永新(现名庄元)发展他为党员。

鞠兴任入党后,工作更加努力,密切联系同学,进行反日活动。当年冬季,他在旅顺师范地下党的领导下,积极投身于学校的反日罢课活动。名义上是反对日本教师青木久歧视中国学生,实际上借此反对日本殖民当局的奴化教育。罢课持续了一个月,最终学校答应了同学们提出的要求:罢免青木久,调离学校;增设英语和数理化各科的授课时间;增添图书馆的中文图书杂志。这次罢课取得了胜利。这件事引起了殖民当局的警觉,免去了校长,开除了四名同学,其中有两名是中共党员,并且加强了对学校的控制。

1927年和1928年,大连地下党连遭两次破坏,旅顺师范党支部失掉了与上级党组织的联系,从此便停止了活动。

1929年,鞠兴任毕业后在金龙寺沟普通学堂和旅顺公学堂任教。在教学中,他经常以历史故事向学生进行潜移默化的爱国思想教育,他的美术课,画的花鸟草木十分逼真,引起同学的极大兴趣,学生及其家长十分欢迎和爱戴他。

1935年教学期满,他离开大连,北上齐齐哈尔铁路局任翻译。在那里他与黑龙江地下党接上了关系,继续进行抗日活动。1936年地下党组织被破坏,鞠兴任被捕,遭到酷刑拷打,但他始终坚贞不屈,大义凛然,在审讯中壮烈牺牲,时年仅31岁。

鞠兴任牺牲的噩耗传到故里,同乡人和从前受业的学生们,无不痛心疾首,义愤填膺,捶胸顿足,扼腕悲叹。

敌工部长董秋农

董秋农(1910~1940),原名董万丰,大连市金州人。八路军冀鲁军区敌工部部长。

1926年,他在旅顺二中读书时,因反对日本校方歧视中国学生,领导学生罢课,拒不返校复课,被开除学籍。后到北平宏达中学读书,毕业后怀着经济救国的理想,东渡日本,在神户商业大学学习经济。

1937年1月毕业回国,中华民族面临生死存亡的时刻,他为了爱国救民,毅然背井离乡,前往山西太原,寻找共产党和八路军。

第一次,他听八路军负责人彭雪枫的讲演,要求参加八路军,彭雪枫要他向八路军驻太原办事处提出申请,没有批准;第二次,八路军办事处南汉宸要他参加太原东北救亡总会,被拒绝;第三次,他脱掉西服革履,换上普通军装,剃去分头,一身朴素打扮,再向南汉宸慷慨陈词诉说自己追求真理的艰难历程,和为民族解放事业献身的决心。正在太原工作的周恩来接受了要求。他来到五台县八路军总部当上了一名八路军战士。

组织上根据他的学业专长,分配他在八路军敌工部工作,专门搜集、整理、翻译日文资料,提供给上级作为研究、分析敌情和部署作战的依据。为了瓦解日军,他编写了大量针对日军的宣传品,刻印、散发、张贴传单,在行军路上涂写标语,深入群众,大搞宣传鼓动。他对工作认真负责,一丝不苟,埋头苦干,在部队中传为佳话,得到朱德总司令的赞扬。

1938年,他调到冀鲁军区担任敌工部部长。1940年1月,在围歼山东恩县日军的战斗中，不幸中弹牺牲，时年 30 岁。

董秋农为了民族的解放事业，打击日本侵略者，流尽了最后一滴血，他是中国人民的好儿子，他是光荣的共产党员。

二萧路经大连

这里的二萧是指现代著名作家萧红和萧军。

萧红（1911～1942）原名张乃莹，笔名悄吟、田娣，黑龙江呼兰人。中学时代便喜欢绘画和文学。萧军（1907～1988）原名刘鸿霖，笔名三郎、田军，辽宁义县人。早年在吉林当兵，后进东北讲武堂学习军事。1932 年在哈尔滨同萧红相识，并结为夫妇。二人开始文学创作，并共同出版散文小说集《跋涉》。1934 年 6 月 12 日，他们悄然离开日本统治下的哈尔滨来到大连，在友人王福临家略作休息，然后乘日本轮船“大连丸”去青岛。王福临把他们送上船就离开了。二萧正在整理行李，突然围上来 5 个人，他们是日本大连水上警察署的，有的穿警服，有的穿便装，腰上挂着手枪。一个胖子大约是个小头目，首先发问：“你们到哪里去？”

“到青岛去。”萧军故作镇静地回答，心里咚咚地跳着。萧红脸色苍白，眼睛里充满着不安。“你们从什么地方来的？”胖子继续问道。

“从×××”。萧军强忍着怒火，随口答道。

“你们是干什么职业的？”

“××部里当办事员。”“××部的司令姓什么？名字叫什么？号叫什么？多大年纪？”“他姓×，名字叫×××，号叫××，今年大概 50 吧。”

“怎么是大概呢？”

萧红的眼睛睁得更大了，充满了惊恐，身子不由自主地朝着萧军挪了挪。萧军握紧了拳头，但当他碰到了萧红的目光时又把

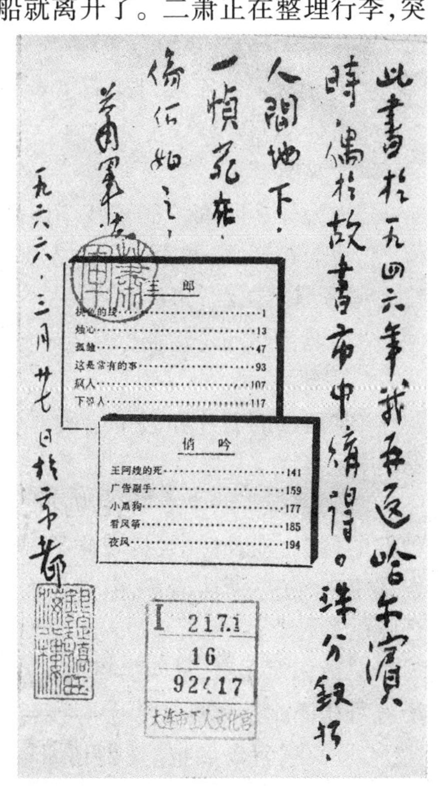

萧军手迹

拳头松开了。为了她，他还得耐心地同他们周旋。

“噢，他去年是50岁，今年就是51岁。中国人的年龄有虚岁有实岁之分，所以我说大概是50岁，没有错。”

“你为什么要到青岛去？那女人是你什么人？”胖子转换话题。

“女人是我的妻子，到青岛是回家。”

“怎么？你是山东人吗？你的口音……”

“不，我是满洲人。”

“你，你为什么要回山东？”

“我的父亲在那里。”

“你父亲在那里做什么？”

“做买卖。”

“什么买卖？”

“钱庄。”

“什么字号？”

“×××。”萧军顺口胡诌了一个字号。

“在什么路？”

“××路。”

“你为什么回家？”胖子找不出破绽，又回到原来的问题上纠缠。

“我们是新婚，回家去看老人。”

萧军看着萧红，萧红点点头。

“你请长假还是短假？”

“长假。”

“拿出你的名片和假单给我看看。”胖子把手伸过来。“没有。”萧军干脆地回答。

盘问进行了一个小时，没有问出什么名堂来，那胖子还是不死心，走过来翻检他们的行李，扯着衬衫，抖着袜子，甚至把信纸对着阳光照了又照，想从这里发现一点秘密来，好去领功请赏，但是什么也没有，胖子只好带着这帮人悻悻地走了，嘴里还嘀咕着什么。

二萧相对无言，从对方的眼睛里得到了慰藉，危险终于过去。6月15日，即旧历五月初四到达青岛。

萧军在《青岛晨报》任副刊编辑，同时创作长篇小说《八月的乡村》，萧红创作《生死场》。后来他们转赴上海，在鲁迅的帮助下，小说得以出版，引起读者强烈的反响，成为他们的代表作。抗战期间他们二人随西北战地服务团辗转各地，在山西临汾民族革命大学任教。1938 年春，他们在临汾分手。萧红与端木蕻良去香港，在贫病中创作长篇小说《呼兰河传》。这是一部童年故乡史，感情真挚热烈，文笔清新秀美。1942 年 1 月，萧红与世长辞，时年 32 岁。死前写有：“我将与蓝天碧水永处，留得那半部‘红楼’给别人写了。半生尽遭白眼、冷遇……身先死，不甘，不甘。”

萧军 1940 年去延安，任鲁迅研究会主任干事，鲁艺教员，参加过文艺座谈会。抗战胜利后回哈尔滨，创办鲁迅文化出版社，出版《文化报》。1948 年冬《文化报》遭到错误批判。后在北京从事文物和戏曲研究工作。1978 年平反，重登文坛。1988 年病逝。锦州建有作家萧军纪念馆。

“王天穆事件”

王天穆（1918～1944），原名王恒仁，旅顺水师营人。出生于知识分子之家，从幼年起便受到任小学校长的父亲的爱国思想熏陶，抱定救国的远大理想。他为人忠厚、正直，性格内向、刚强。1936 年考进大连商业学堂，在校品学兼优，喜欢政治理论和文学创作，经常为大连《泰东日报》写文章，评论时事，抒发胸怀。又与同学组织文化社，集资出版刊物。当时他同西岗子一家书铺有联系，从那里偷偷买来《三民主义》、《胡适文存》和鲁迅、巴金等作家的进步书籍，在同学中间传阅，培养了同学们的进步思想，立志要做一个爱国者、堂堂正正的中国人，坚决不当日伪的汉奸走狗。

1939 年王天穆毕业后，进入伪满协和会中央本部文化部，担任《协和青年》的编辑。该杂志主编姜兴（姜学潜）非常赏识他的为人和写作才能，又加上是同乡人，二人便成了莫逆之交。姜兴毕业于日本广岛文理科大学，是日本著名经济学家河上肇的得意门生，姜兴本人就是一位思想进步的学者和作家，他的妻子又是日本将军的女儿，所以日本人都很信任他。《协和青年》杂志是日伪宣传“王道乐土”和“五族协和”的御用工具。王天穆利用合法的杂志和姜兴的庇护关系，表面上大谈“王道”、“协和”，而暗地却宣传反满抗日的思想。如当时提出“五族（汉、满、蒙、鲜、日）协和必须认识民族的历史”的问题，王天穆便提出“我们民族的根是中国，必须认识中国历史！”由此他著文介绍苏武牧羊、岳飞抗金、辛亥革命、五四运动、北伐战争等重要历史事件，宣传孙中山的革命业绩和三民主义学说，及鲁迅敢于抗争的精神等等。他还撰文指斥日伪当局的文化专制政策和推行奴化教育。

王天穆以杂志为文化阵地，联系一批进步作家，发表了大量进步作品，进行反满抗日的宣传活动。如石军的《混血儿》、爵青的《每日评论》杂文、吴瑛的《鸣》、但娣的《戒》、山丁的长诗《拓荒者》等,这些文艺作品都是在他的杂志上发表的,通过文艺作品,鼓励东北青年反满抗日的思想情绪,深得东北青年的欢迎。

1943 年 11 月,王天穆的挚友、"东北小鲁迅"——左翼作家李季风,由于进行地下抗日活动,第二次从监狱逃出。王天穆机智勇敢地把他隐藏在协和会中央本部的厕所里,然后把厕所门钉上,贴上"厕所坏了禁止使用"的封条,6 天后王天穆将他化装成商人,混过检查逃出长春。王天穆冒死掩护的爱国青年作家,虽然没有死在日本的屠刀下,后来却倒在国民党特务的枪口下,时年 28 岁。

王天穆以《协和青年》杂志为中心,团结了一批爱国知识青年,组成"青年抗日同盟",后来这个组织被伪满首都警察厅破获,1944 年 5 月王天穆及其成员被捕。姜兴闻讯后竭力奔走呼救,通过各种渠道将王天穆释放出来。但是过后不久,他又失踪,姜兴也被拘禁,王天穆在中央保安局收容所里受尽严刑拷打、摧残折磨,但是他宁死不屈,坚持斗争,直到年底被日本殖民当局害死在监狱里,年仅 26 岁。这便是伪满末期轰动一时的"王天穆事件"。

王大化开辟革命文艺活动

抗战胜利后,1946 年 3 月 13 日,著名艺术家王大化随东北文工团来大连开辟革命文艺宣传活动。市委指示文工团要以革命文艺为武器,广泛进行文艺启蒙教育,宣传党的方针政策,澄清青年学生中的模糊认识。

4 天后,东北文工团进行第一次公演。上友好电影院(今艺术剧场)门庭若市,人流如潮。首场音乐会是《黄河大合唱》,王大化在《黄水谣》中担任男中音独唱,他以高亢、洪亮的歌声,把听众带进了抗战的岁月。这是大连人 40 多年来第一次听到祖国的歌声,倍感亲切,热血沸腾,台上演员激情高昂,台下听众掌声雷鸣。

文工团决定演出秧歌剧《血泪仇》,但是手头没有剧本。王大化凭着记忆,连夜赶写剧本,又配上乐曲,边写边排,仅用了一周时间,大型秧歌剧《血泪仇》同大连观众见面了。王大化还参加了话剧《日出》的演出,他扮演胡四,演得生动逼真,惟妙惟肖,赢得了观众的好评。这些演出使大连人耳目一新,大开眼界 深深打动了大连青年的心,从心里佩服共产党和八路军,有力地驳斥了社会上的谰言,从而转变了对共产党的错误看法。

在五个月的演出活动中,王大化参与演出《黄河大合唱》31 场、话剧《日出》10 场、《血泪仇》25 场、抗战独幕剧 15 场和《兄妹开荒》两场。新秧歌剧《兄妹开荒》是王大化一部划时代的艺术创作,被誉为"第一个新秧歌剧",是文艺为工农兵服务的新收获。1944 年曾荣获陕甘宁边区政府文艺特别奖,被选为边区的文教英雄。

王大化与大连中苏友协合办为期一个月的“戏剧讲座”，讲授8门课程，有学员70余人。这些人后来都成了大连群众文艺活动的骨干分子。他还编辑出版了一批戏剧、音乐、美术的著作。还在《大连日报》上开辟《戏剧周刊》专栏13期，向读者介绍戏剧知识。由于他的突出贡献，被选为大连中苏友协委员。

8月24日，东北文工团奉命前往东北进行革命文艺宣传活动。年底，王大化为了推动东北大秧歌运动，下乡体验生活，搜集材料，他带领一个小组前去齐齐哈尔纳河地区，不幸坠车身亡，年仅27岁。

1947年1月7日，《大连日报》首先报道了这个不幸的消息。大连市教育局和大连文工团联合举行了追悼会，举办了创作展览会，出版了《王大化纪念文集》，演出了《兄妹开荒》。《大连日报》、《新生日报》分别刊出了《纪念王大化专刊》，全文刊登了他的遗作《戏剧艺术观》。

关露当编辑

关露（1907～1982），现代女作家。原名胡寿楣，又名胡楣，祖籍河北宣化，出生于山西太原，幼年丧父，以母亲教书为生，母丧后随姨母迁居南京。1928年她考入南京中央大学文学系。“九一八”事变后，她参加上海民众抗日反帝大同盟活动，被推为上海妇女抗日反帝大同盟宣传部副部长，1932年加入共产党和左联，发表许多诗歌，结集为《太平洋上的歌声》。1939年经廖承志等人的安排，潜入汪伪特工总部负责人李士群76号内部，做地下工作。

1945年日本投降，为了关露的安全，夏衍受命将她护送到苏北新四军根据地。不久对她进行隔离审查，因刺激过重，突患精神分裂症。华中局组织部长曾山，将她接到淮安军分区卫生部治疗。1946年关露病愈以后，曾山安排她到苏北华中建设大学文学系工作。不久国民党军队进攻苏北，关露来大连任《关东日报》文艺副刊编辑，翌年任旅大地委编译室主任。在大连工作期间，她去劝业工厂流浪儿童学校体验生活，用一年时间写了一部长篇小说《苹果园》。关露是解放初期外地来大连的文化名人之一。他们对组织、指导大连的文艺工作，培养文化工作干部，开创与推进大连的革命文化，起了重要作用。

1949年3月，关露调到北平。廖承志在征求她的意见后，将她调到华北大学三部任文学创作组组长，加入中国作家协会。1949年7月，全国第一届文代会，周扬把她介绍给周恩来，周恩来握住她的手说：“关露，我晓得。你工作得不错嘛，不简单噢。现在你还在李克农那里？”她热泪盈眶轻声回答：“周副主席，我已经不在李克农那儿工作了，我在华大三部……”

1951年,《苹果园》由工人出版社出版,当时负责电影工作的陈波儿,读了这部小说颇受感动,将她调到电影局剧本创作组,改编《苹果园》,但始终没有搬上银幕。

1956年6月,关露突然被押进秦城监狱,9个月后又被释放了。不久她还不满50岁,电影局领导要她提前退休。1979年关露得了脑血栓,卧床不起。1982年3月,中央组织部、文化部对她宣读了中共中央组织部的决定:"关露同志历史已经查清,不存在汉奸问题,应予彻底平反,恢复名誉。"

同年年底,关露服药自杀,终年75岁。她的作品有诗集《太平洋上的歌声》,自传体小说《新旧时代》,长篇小说《苹果园》、《黎明》,译作《邓肯在苏联》等。

柳青编《毛泽东选集》

柳青(1916~1978),原名刘蕴华,陕西吴堡人。现代著名小说家。1936年加入中国共产党。1938年到延安,在陕甘宁边区文化协会工作并开始小说创作,同时深入陕北米脂县农村。

抗战胜利后,1946年2月,柳青从延安来到大连,任大众书店(今新华书店)编辑部长和党支部书记。当时书店从解放区来的干部手中收集到一些毛著单行本,这些书由于纸张质量差,印刷粗糙,不便学习和保存。于是柳青想以书店的有利条件重印毛著,他把这个设想向上级作了汇报。柳青在取得宣传部的支持后,将收集到的毛著单行本和1944年5月晋察冀日报社出版的《毛泽东选集》五卷本作为蓝本,重新校订,于1946年4月出版了五卷本《毛泽东选集》。《选集》主要收集了毛泽东从抗战以来的著作、演讲,还将抗战前的《湖南农民运动考察报告》和《中国共产党红军第四军第九次代表大会决议案》作为附录收入书后。在第一卷增加了《论联合政府》,在第二卷增加了《答路透社记者十二项问题》,在第五卷增加了《<共产党人>发刊词》,全书收文章31篇,近50万字,900

柳青

余页，小 32 开本。6 月再版一次。8 月，为了满足干部和青年的学习要求，改成合订精装本出版。初版 2200 册，1947 年 2 月再版 3000 册，11 月三版 5000 册，共印 10200 册。

这部《毛泽东选集》装帧为红布皮，封面印有烫金的“毛泽东选集”5 个字，下端印有“大连大众书店印行”的字样。首页印有毛泽东正面像，书前有“编者的话”，书后附有“勘误表”。这是大连和东北地区最早出版的《毛泽东选集》。如今时过半个世纪，这部书已经很难见到。

《毛泽东选集》出版以后，书店很想送给毛泽东，于是便托一位来连办事的人员，给毛泽东送去《毛泽东选集》和新出版的分省地图、钢笔、怀表。1947 年 11 月，毛泽东托人给书店捎来了回信，信中说：

大连大众书店、大众书店同人自治会、大众印刷厂全体职工同志们：

你们送来的书及钢笔、表均收到，谢谢你们的好意，并致同志的敬礼！

毛泽东

十一月二十三日

阿英组织工人文化活动

阿英（1900～1977）是现代文学理论评论家、文学史家、作家。原名钱德富，又名钱德赋、钱杏邨，安徽芜湖人。

1926 年春，阿英加入中国共产党，在上海从事革命文艺活动，与蒋光慈、孟超等人组织太阳社，倡导无产阶级革命文学，并从事文学评论、小说创作。

1947 年秋，阿英同舞蹈家吴晓邦、戏剧家沙惟、美术家刘汝礼等十余人来到大连。阿英同他们在建新工业公司内成立一个文艺研究小组，该小组下设戏剧、音乐、美术、文艺等门类，在公司宣传科的领导下进行工作。这个文艺小组深入公司各个工厂、车间，开展并辅导工人歌咏、戏剧、美术等文娱活动，同时还创办了《建新报》，为建新公司有效地组织和开展了宣传工作，丰富了职工文化生活。阿英和小组成员通过工会，逐步把爱好文艺的工人们组织起来，教他们演戏、唱歌、画画、写文章。几个月后，便打开了局面，在各个分厂普遍开展起业余文娱活动。经过半年的努力，1948 年五一节，文艺小组在中苏友好俱乐部举办了“建新工业公司工友绘画展览会”，展出 80 名工人的 147 幅作品和 11 期大画报。工人能画画、办画展，这是大连工人的首创，这个展览会引起社会各界人士的关注。

1948 年 6 月，阿英同东北鲁艺文工团第四团，举办了两期戏剧学习班，为职工总会和一些厂矿培训了 300 多文艺工作人员。该学习班由阿英、张庚、张望、田风等给学员们讲授戏剧、音乐、美术、秧歌等理论知识和训练实践课。

同年8月，在关东公署和职工总会的领导下，由阿英、罗烽、白朗等人发起组织以职工艺术活动为中心的关东艺术活动周。阿英指导的建新公司演出的四个剧目均获奖，其中话剧《特等模范吕昌发》获一等奖。同时建新公司还举办了绘画展览，展出90名工人的绘画作品，其中有长篇连环画《关东人民翻身史》，阿英高兴地称赞这是“中国工人美术运动开始了第一页”。1949年7月，全国首届美展会上，大连建新公司工人的美术作品被选入工农兵作品陈列馆。1950年3月，在钱小惠主编的《工人创作画》中，选进了大连建新公司工人创作的18幅画和4套连环画。

1948年11月，大连新声剧团在实验剧场演出了阿英为该剧团编写的反映太平天国的历史京剧《洪宣娇》。

1949年初，阿英奉调北京。他在大连一年多的时间里，为大连的群众文化艺术活动，做出了许多开拓性的工作，为清除日本法西斯的奴化思想作出了积极的贡献。

共和国成立后，阿英主要担任文化部门的领导工作，同时孜孜不倦地整理、研究近百年的文化史料，著有《中国年画发展史略》、《中国连环画史话》、《晚清戏曲小说目》、《晚清文艺报刊述略》、《晚清文学丛钞》、《小说二谈》、《小说三谈》、《红楼梦戏曲集》等。阿英一生对中国近现代文化史料的搜集、整理、研究和出版，做出了极大的贡献，成绩卓著，遗有《阿英文集》。

马克思主义哲学家韩树英

韩树英生于1922年10月15日，大连市前牧城驿人。

韩树英

七岁随父迁居大连，在大连中华青年会小学部和西岗子公学堂读完小学，成绩优异考入日本人的大连中学校。1942年4月留学日本，就读于东京第一高等学校，这所“秀才”学校是东京帝国大学的预科。

在一高，他参加中共地下外围组织秘密读书会，阅读了大量的马克思主义哲学和政治经济学，以及有关中国革命的书籍，于是他的世界观发生了根本的转变，走上了革命的道路。1943 年末，他和校友离开东京回国，准备到延安参加革命工作。1944 年 3 月，他辞别了家乡，化装进关，几经风险，到达了晋冀鲁豫边区太岳区抗日根据地四专署，参与筹建培养干部的晋豫中学工作，担任教员、班主任，直到抗战胜利。

1945 年 10 月，中共中央东北局分派他回大连工作，历任大连高中校长、市教育局副局长、市政府党组成员、市文教局长，在大连工作了五年。

1950 年 7 月，他被选派到北京中央马列学院学习四年，毕业于哲学专业，留校任教。该校后来改称中央党校，任哲学教研室副主任。在“文革”中，身处逆境达 12 年之久。恢复工作后，先后任校哲学教研室主任、副教育长、副校长，现任教授、博士生导师、校学术委员。

在社会工作方面，是七届、八届全国政协委员和七届政协学委会副主任，曾任中央干部教育领导小组成员，“七五”全国哲学社会科学规划小组成员和“七五”、“八五”社会科学基金资助项目哲学评议组成员，第二届全国学位委员会哲学学科评议组成员，曾连任中国辩证唯物主义学会执行会长，现为该学会名誉会长。对外关系方面，曾任中国中日关系史学会副会长，现为该会以及中华日本学会顾问，创办大连市中日友好学友会，并连任名誉会长。

韩树英的著作主要有：《辩证唯物主义与历史唯物主义》、《通俗哲学》、《马克思主义哲学纲要》、《学习毛泽东哲学思想》、《毛泽东哲学思想》、《哲学与社会主义》等。

吴运铎与《把一切献给党》

吴运铎

1947 年春，吴运铎来大连治病，这时大连正在筹建兵工生产基地，吴运铎主动向上级领导提出留在大连从事兵工生产。上级领导批准了他的请求，让他担任总厂工程部副部长兼宏昌铁工厂（引信厂）厂长，协助裕华铁工厂（炮弹厂）厂长吴屏周搞好炮弹厂的建设。

1947 年 9 月 23 日，是吴运铎一生中最难忘的日子。这一天他和炮弹厂厂长吴屏周一起进行炮弹爆破和杀伤力实地试验。他们在试验场地挖了 7 个土坑，然后把 7 颗炮弹埋进去，外面露出炮弹的信管，在信管上又系上一根绳子作拉索。6 颗炮弹依次成功地爆炸了，达到预期的效果。可是在扯动最后一颗炮弹拉索时,炮弹没有爆炸,几次拉索都没有响。一袋烟抽完了,炮弹还没有响。吴屏周是急性子人,首先向埋炮弹的地方冲了过去,吴运铎也急忙追上去,正当他们蹲下准备检查时,炮弹突然爆炸了。吴屏周当场牺牲,吴运铎左手腕骨被炸断,右腿下半截全炸烂了,脚趾也被炸去了一半。

经过9个昼夜的抢救,吴运铎终于清醒过来了。这时他才知道,他的怀表壳挡住了一块弹片,保住了他的性命。他在病床上,左手和右腿被夹板牢牢地固定着,头部、腹部一直到脚尖都缠着纱布,一点也不能动弹。

吴运铎躺在病床上,为了不虚度光阴,请来日本人教他学日语。四个月过去,他凭着词典能查阅日文资料,看懂日文书籍,这为他日后阅读日文打下了基础。1948年秋,他病体刚好,就撑着双拐请求出院。回到工厂,他担任实验室主任,研究炸药,经过多次实验失败,两个月后,一种高级炸药黑索金研制成功。接着他又开始研究信管零件构造,有一次拆开雷管装置时,雷管突然爆炸,破片把天花板打了一个洞,横飞的碎片被老虎钳子挡住,幸好他没有受伤,最终他还是把信管的图样全部设计出来了。

吴运铎在抗日战争和解放战争中,同他的战友为前线修复了多少枪支,制造了多少发子弹和炮弹是无法统计的。仅在淮海战役中,他们就为前线制造了20余万发炮弹。粟裕将军满怀激情地说:“淮海战役的胜利,离不开山东的小推车和大连的大炮弹。”

1953年7月,吴运铎以自身的经历为内容,出版了自传体小说《把一切献给党》。这本书在社会上引起了强烈的反响,传遍了神州大地,受到了社会广泛的欢迎,成为青年人树立革命人生观的必读教科书,累计出版了数百万册,被译成多种外国文字。

1991年5月2日,吴运铎病逝于北京,享年74岁。

郭沫若避风石城岛

1948年6月,党中央为了将一些滞留在香港的民主人士分批安全送往解放区,参加新政协,决定利用大连至香港这条海上航线,完成这项非常重要而又机密的工作。当时以华润公司海上贸易的名义,将民主人士分四批护送到解放区。

10月中旬有关方面在大连租用苏联货轮到达香港,但这艘船因发生碰撞而搁浅,需要就地检修,一时不能使用。可是北上的日期已经定好,不能更改,于是只好另租挂挪威国旗的华中轮。这是第二批,其中有郭沫若、马叙伦、陈其尤、沙千里、宦乡、翦伯赞、连贯、胡绳、许广平母子等30人。

郭沫若这次北上与妻子暂别，临行前作五言古诗《赴解放区留别立群》，其中有云：

地北与天南，相隔纵远遥，
献身为三反，此心只一条。
中华全解放，无用待一年，
毛公已宣告，瞬息即团圆。

1948年11月23日夜，第二批民主人士由香港启程赴东北。25日郭沫若在船上作《再行阻风》三首，最后一首是：

轮头北过长江口，顿见风平浪亦平。
谅是海洋同解放，鱼龙安稳颂光明。

郭沫若在船上饮酒赋诗，并与同行者组织《波浪壁报》，以俾传阅。作五言古诗《金环吟》，当时由香港乘船时，同行者每人发一金戒指，以备万一之用。最后的诗句：

凤飞岐山岭，衔环献毛公。
取之自人民，请为人民用。

12月1日，船行黄海北部，遇大风不能续航，只得抛锚于石城岛（石城岛今属庄河市，位于长海县东北部，接近庄河市）海湾避风。郭沫若当时作七绝《船泊石城岛畔杂成》四首，抒发其来到东北解放区的喜悦心情。

一

天马行空良可拟，踏破惊涛万里程。
自庆新生弥十日，北来真个见光明。

二

貔子窝前舟暂停，阳光璀璨海波平。
汪洋万顷青于靛，小屿珊瑚列画屏。

三

葡人大副传佳话，曾作逋逃到此间。
往日喧宾今伏钺，春光前到岸头山。

四

彩陶此地传曾出，傲杀东瀛考古家。
今日我来欣作主，咖啡饮罢再添茶。

华中轮以“天马”为标识，“踏破惊涛万里”来到解放区，诗人“自庆新生”“见光明”。石城岛海域美丽壮观，“阳光璀璨”，“汪洋万顷”，小岛如“画屏”。该船大副是葡萄牙人，他说在战时曾被日本人俘虏，在军舰上服役，被美舰所逐，曾逃到此暂避。日本考古学家曾在貔子窝发掘古墓，有彩色陶器出土。今天诗人来到解放区，做了国家主人，欣喜若狂，所以喝完咖啡还要喝茶。这最末的诗句是全诗的“眼”，表现出诗人脱离羁绊，幸获解放，当家做主的兴高采烈之情。

12月4日，郭沫若离开石城岛，东北局派人来迎接，改乘小船登岸，转赴沈阳。

胡风奔向解放区

1949年，全国解放前夕，胡风（1902～1985）响应中国共产党的号召，从香港起身奔向解放区。1月6日，胡风一行9人，分别来到一家海边小旅馆，由杜萱带领登上一艘开往东北的挪威货轮大利华号。潘汉年和周而复特别来到船上为他们送行，并带来一些面包和水果，供路上食用。这时，胡风的心情是愉快的，轻松的，兴奋的，这是他向往多年的理想，今天终于实现了，到解放区去。

12日早晨，轮船来到庄河大王家岛附近。县公安局长刘锋登船来迎接他们，然后坐上小木船来到岛上。这时外面刮着寒风，飘着雪花，但是胡风不觉得冷，他感到自己好像从严冬走进了和煦的春天，解放区就是他渴望的春天！岛上战士和群众的热情欢迎，使他更加感到温暖。他们坐在热炕上，听着刘局长滔滔不绝地向他们介绍海岛的情况和渔民的生活。胡风更是高兴，讲起了香港的事情，这对海岛的人们来说是十分新鲜的。

胡风一行住进了庄河县政府招待所，庄河是个不大的县城，刚解放不久，到处还是战争的创伤。他们在街上转了一圈，看着这个百废待兴的小城无限感慨。胡风若有所思地对大家说："这里就是甲午黄海大战的地方。"

第二天，胡风一行乘坐县政府的大卡车去普兰店，这时气温在零下10多度，加上又是无篷车，很是寒冷。幸好胡风穿了件呢子大衣，还算过得去。到了普兰店，换上了有篷大卡车，将他们送到瓦房店。

瓦房店是辽东省政府所在地。副省长亲自来欢迎他们，并且带来了棉大衣、棉军帽和毛皮鞋。招待所的张主任带领他们参观了辽南有名的两大工厂——纺织厂和轴承厂。他们又来到解放军军官团，观看他们的军事表演。这给胡风的印象极深，一切都是那样新鲜！晚上，省政府为他们举行了欢迎宴会，胡风发表了热情洋溢的即兴讲话。会后，省长将他们介绍给在这里开会的县长和市长。胡风高兴地谈到来解放区的新鲜感受，他的幽默和风趣的讲话，时时被掌声打断。

在会上，胡风忽然发现了李雷，在抗战时期，他向胡风主编的《七月》杂志寄过长诗《荒凉的山谷》。由于长诗的情节非常特殊，记忆犹新，后来托黎烈文在福建改造社出版了。现在，李雷是辽阳市长，胡风握着他的手说："后生可畏啊！"

第二天，胡风一行乘火车前往哈尔滨。

文化春秋

“辽东三贤”过沓渚

东汉末年，地方军阀割据战乱，襄平（今辽阳）人公孙度以辽东偏隅的有利条件，建立地方政权，长达五十年之久。

公孙度采取安抚政策，发展地方经济，生活安定。一时中原地区许多人士为逃避战乱，纷纷迁来辽东。

当时北海朱虚（今山东临朐）的邴原和他的同乡、才高博学的刘政以及清高不仕的管宁，并称为“辽东三贤”，他们都是经过沓渚（今旅顺）海口来到辽东的。

管宁（158～241），字幼安，是有名的学者，齐相管仲的九世孙。16岁丧父，家贫，乡邻多来救济，均被谢绝。他与平原华歆、同乡人邴原都是好友，同去辽东避乱。前来就学者络绎不绝，他给弟子讲授儒家学说三十余年。邴原为人耿直，常论公孙度的政策，引起公孙度的不快。他劝邴原说：“不合时宜的话容易招来祸患。”要他尽快离开这里。管宁关心群众生活，为村民买来汲水用具，解决饮水困难。邻居的牛吃了他的禾苗，他把牛送还邻居，牛主深感惭愧。

黄初四年（223），魏文帝曹丕任他为太中大夫，明帝曹叡任他为光禄勋，均坚辞不受，他愿做一个隐居山林、清高恬淡的人，终年84岁。“割席绝交”的典故就是讲他与华歆的故事。

邴原字根矩，11岁丧父，家贫，东汉末年，与同乡人刘政避乱于辽东。公孙度要除掉刘政及其家眷，刘政藏身于邴原家中，后逃回故里。邴原说服公孙度，释放了刘政的家眷，并资助她们回家。邴原在辽东颇负名声，有弟子数百人。

曹操很器重邴原，任他为司空掾。邴原小女早亡，曹操爱子亦亡，欲求合葬。邴原说：“合葬，非礼也。我所以投靠你，是你能遵守祖法而不易。如果我同意你的合葬要求，那是凡庸的行为，你认为如何？”曹操同意，又晋升他为丞相征事。

“辽东才子”舒穆禄·多隆阿

多隆阿（1794～1853），姓舒穆禄氏，字文希，号雯溪。满族正黄旗，庄河小孤山镇人。

先祖杨吉利因有战功，死后被追封为武勋王，世袭一等公。1812年，多隆阿19岁时补为博士弟子员，1825年32岁举拔贡。他一意潜心读书，无意于仕途，曾在南京金山书院讲学，又在奉天盛京书院做过山长。时与许文远、李克昌并称“辽东三才子”。后应友人山西平阳太守任维墀的聘请，出任平阳书院山长。在任职期间，尽心教学，方法得当，培养出许多人才，有20名学子经院试录取，于是扬名远近，为当地人所尊崇，1853年9月12日死于太平军进攻平阳时。

多隆阿平生好学，诗作甚丰，兼善经学考据，主要著作有《慧珠阁诗钞》十卷，诗品高雅，诗风淳朴，流露出诗人耿直的为人和鲜明的爱憎，《易原》十六卷，这是一部学习《易经》的心得和考据论证，推究易理之原，曾五易其稿，是先生的重要之作。另外还有《毛诗多识》十二卷、《阳宅拾遗》四卷、附《地理一隅》一卷、《易蠡》十五卷、《易图说》一卷、《文钞》四卷、《诗话》四卷。先生治学严谨、一丝不苟，广收各家学派之长，去己之短；涉猎学术领域之广、学识之丰，在同代的学人中是少见的。他对于百家之言，小心求证，大胆考据，可取者吸收，不足者补充，谬误者勘正。

录《复州》一首：

缕缕炊烟起陌头，随风缥缈上城楼。
飞鸿渡岭云低就，触浪淘沙水急流。
日映荒台千壑冷，霜摧古木万峰秋。
前生欠得长途债，又自驱车下复州。

陈铨诗赞复州城

陈铨是清代北京人。

复州城始建于辽代，时为土城。明代初年，改建为砖石城。自清乾隆四十三年(1778)开始重修该城，费时二年，大功告成。时任复州知州的陈铨写律诗四首《复州城工告成》，记述此举的盛况。诗曰：

万年天子万年城，龙虎风云不日成。
五十四层砖似铁，百千万块石为楹。
逶迤远水围东郭，缥缈崇山拱北平。
自是圣朝垂巩固，微臣何幸亦留名。

东南民物似云屯，保障新成控海门。
万堞风烟迎晓日，百年父老荷殊恩。
经营乍听欢声遍，镐洛争传旧事存。

安堵不烦勤夜柝，一番缔造孰堪伦。

简命双旌下九重，指挥到处属司空。
不嫌昔日规模旧，只觉今朝气象雄。
古塔晴开云五色，高楼烟锁树千丛。
从兹谱入横山志，辽海茫茫几处同。

功成应许召天和，瑞霭朝浮海不波。
史笔淋漓书大有，文星璀璨兆巍科。
官如传舍终将去，字入悬碑讵可磨？
寄语后来贤刺史，绸缪未雨赖君多。

“辽东名儒”乔德秀

乔德秀，字芝三，号希真子。道光二十九年（1849 年）出生于大连营城子西小磨子村。光绪年间贡生，候补直隶州训导。

幼年丧父的乔德秀，在私塾馆受到塾师段叶唐（字盛桐）先生无微不至的关怀。先生见他勤奋好学，家业清贫，便免收了他的学费，让他安心读书。段先生是他的同乡，光绪年间的贡生。他喜欢孩童，热心教育，凡是贫家子弟前来读书，都免减学费，让他们不至于失学。段先生为乡里培养了一批有出息的好后生。

后来，乔德秀为了奉养老母，还是辍学务农在家。族叔乔维璠为此惋惜地说：“此有用才，埋没良可惜！”于是他便资助乔德秀完成了学业。学成后，乔德秀在自家设馆授业，光绪十二年（1886 年）童试，他教的学生名列榜首。

光绪十八年（1892 年）乔德秀在省城奉天（今沈阳）三大著名书院之一萃升书院讲学。他为人谦逊，治学严谨，通晓经史，能诗文，与辽东名士多有往来。乔德秀也被公认为“辽东名儒”。他曾说：“学问者，不得良师不能识途径；不获益友亦无以资切磋也，吾受益于师友多矣！”

日俄战后，乔德秀担心中国文化将遭泯灭之灾，于宣统二年（1910 年）春，创办了“金州私立西小磨子公育两等小学校”，自任校长并授课。奉天省行政公署为其备案，并特为之颁发印章，“深嘉其以一华人能于租界内为提倡创立学校之嚆矢”，以示对其办学的奖励和支持。

为了坚持民族传统和小学特色，乔德秀特意在校名之前冠以“金州”二字，而校名采用国内惯用的“公育两等小学校”，以区别于殖民当局的“关东都督府”、“关东州”、“公学堂”、“普通学堂”的名称。这一举措表示该校的主权是中国的，是为中国学生服务的，不为奴化教育所驱迫。

在治校方面，乔德秀采用东西方最新的办学章程，管理得当，教学得法，受到社会各界的赞许，人称“三先生”。他办学不到一年，从四乡前来就读的学生就有百余人。在日本殖民统治下，敢于冲破重重阻力，创办一所中国人自己的学校，传授中国文化，这是十分难能可贵的。

为了教育学生爱乡爱国，灌输中国文化，不使地方文献湮没，乔德秀专意撰修乡土教材，“搜罗古今书史，调查远迩之见闻，征其实，举其要”，拾遗补缺，据实考证，几经寒暑，数易其稿，终成《南金乡土志》。他在该书序言中写道：“中华立国以来，除残虐时代而外，吾先民未有不爱其国者。惟立爱自亲始，爱家必先爱身，爱国必先爱乡。眷怀桑梓，万众一心，大同之景象，迄今犹可想见。”他痛惜世风变迁，痛斥那些对爱乡、爱国传统“习焉而不见，懵然而不知”的骄奢子弟，昏愚子孙，是浪掷祖业的败家子，并指出：“不知爱家，何由爱乡？不知爱乡，何由爱国？是皆失于教育之故也。”他认为本志书“用以补吾乡五千年之缺点，即以浚本校两等生之灵明，庶几知爱乡即知爱国乎”。他将爱乡与爱国统一起来，寓于教育之中，表现了他执著编撰志书在于“启迪本校儿童”和世人爱乡爱国的初衷。

民国二年（1913 年）12 月 21 日，奉天省行政公署教育司认为该志书“条理精密，搜讨亦极宏富，堪为小学校乡土史地等科之参考书”，并令其自行付印。该志书记载了金州、大连、旅顺等地的政治、历史、文学、人物、山河等项，其中租借政治一项最详细。书中写道：“租借者两国交涉之新名词也，往古无之，然曰租借，则在我犹有主持之权，在人自有归还之义，今志其政治，俾资考镜。”表现了作者对俄、日侵略者的愤慨与收复领土主权的信心。1931 年，该书在大连新亚印务公司石印出版，广为散发。该志书填补了大连地区从无志书的空白。

民国二年（1913 年），因办校宗旨和教学内容违犯了日本殖民当局的“教育法规”，学校被迫停办解散。直到晚年，他每忆此事，仍念念不忘，痛心疾首不已，引为终身憾事。

晚年的乔德秀在家仍埋头著述，有《东北要塞鉴古录》、《营城子会土地沿革概略》、《书忍堂治家规则》、《鸿指三生录》、《女箴》、《三艺启蒙》及诗文若干卷。

乔德秀不仅在教育上不畏强暴，而且在实际生活中也勇于为民请命。传说在日俄战争期间，俄国兵不顾中国农民死活，欲割青苗喂马。他得知后，挺身而出，与俄兵据理力争，终使他们改用青草喂马；日本官署强行从中国民田取土修河坝，他不顾个人安危，只身闯入日本衙署陈情评理，迫使日本人收回成命，因此他在村民中享有崇高的威望。

1916 年 9 月 12 日，乔德秀不为殖民者所容，在悲愤中离开人世，终年 67 岁。

金州南金书院

金州南金书院是1773年(清乾隆三十八年)由知县雅尔善创立的。它是一所由地方官绅捐资、地方学官经理、培养科举人才的县级书院。该院初建时,拨学田1000亩,征银70两,在县学宫内成立。进士丁曰功监修书院,筹办学田。1815年一度改称明伦堂。1867年金州厅海防同知谈广庆联合地方文武官员范文波(训导)、王尚之(少尉)、安棣棠(副都统)等人发起募捐重建南金书院。

书院的课业分为两类:一类是"童生常课",即未达到秀才的文童来书院攻读四书五经和八股文,以老师授课为主;另一类是"文生月课",由书院向考取生员的秀才们定期讲课,并批改他们的文章和诗词,以准备三年一度的乡试。

书院的考试,定为每月初二和十六两天举行。初二的考试称为"官课",由学官(金州厅海防同知)出题;十六日考试称为"斋课",由书院的教师出题。考试成绩按生员、文童各定三等,生员分超等、特等、一等三级,超等、特等各一名,一等若干名;文童分上取、中取、次取三级,上取5名,中取5~10名,次取若干名。生员特等和文童中取以上,书院发给"膏火费"(即奖学金)。膏火费由书院的学田收入支付,官课成绩优异者,除学院发给膏火费外,官府还再给同等数额的奖金,以示对优秀者奖励。

金州南金书院旧址

1894 年中日甲午战争爆发，书院停课。1900 年俄国占领金州，另建俄清学校。1904 年，金州名绅刘心田等人，出于对书院 130 年来对普及金州文化教育和培养人才的深厚感情，组成南金书院校友会，向各界募捐，在俄清学校的校址上创办私立南金书院民立小学堂，以延续中华民族文化的传统。1906 年，日本殖民当局为了控制这所学校，先后改名为“关东州公学堂南金书院”、“金州公学堂南金书院”。

清代自 1734 年金州设立宁海县学开始，至 1894 年中日甲午战争停学为止，在 160 年间，先后培养了进士 10 人、文武举人 44 人、各类贡生 220 人。总之，南金书院为继承和传播中华民族文化作出了极大的贡献。

金州名绅曹正业为奖掖读书、敦促成才，自投巨资，设立“曹氏教育基金会”。此后又有曹德麟设立“辽东育英会”，每年对品学兼优的学生，都要给以奖励，鼓励他们继续努力进取。而今院林葱郁，仍不失往日学府的丰采。它是金州俄式的百年建筑，是一个有纪念意义的景点。

复州横山书院

横山书院位于瓦房店市复州镇西街路北。横山（又称塔山）海拔 328 米，是复州境内最高峰，取为校名以象征是复州的最高学府。

横山书院院址原是道光年间复州守尉顾尔马浑将军的府邸。正厅 5 间，东西厢房各 7 间，门房 3 间。1844 年（道光二十四年）复州知州张朝勃倡议，地方士绅胡治庭、刘祖尧等资助募捐，在将军的原府上创建横山书院。

咸丰年间，复州知州王廷祯主持重修横山书院，增建后厅 11 间，后院东西厢房各 6 间，书院由州府学正（相当于教育局长）或吏目（相当于副县长）主持，并兼任书院山长（亦称院长），聘请各地知名文人任教。书院创办以来，人才辈出，从 1844 年到 1905 年的 60 年间，登科人数近 300 名，其中翰林 1 名、进士 2 名、举人 10 名、贡生 58 名、庠生 200 名。

横山书院旧址

1906 年教育效法西欧，复州州官曹祖培改横山书院为横山学堂。1913 年废州立县，学堂易名为复县中师学校，即中学和师范合校，课程是新式的国文、英文、史地、数理化等。伪满时改名为国民优级学校，国民党时改为复县士达中学。

解放后，在横山书院创立复县第二中学。书院原貌保存完整，1985 年列为省级文物保护单位。

清末的大连军事学堂

光绪九年（1883 年）清政府在旅顺口先后设立了鱼雷驾驶学堂、水雷营学堂和管轮学堂。这是大连地区最早的三所军事学堂，都是清政府正式编制的军事学校。

鱼雷驾驶学堂又称北洋旅顺口鱼雷学堂，堂址在旅顺军港东港内，由道员刘芳圃管理。教练官是德国人。学员主要学习驾驶鱼雷的各种技艺。该学堂共培养了 23 名毕业生，都分配到北洋舰队服役。在中日海战中他们发挥了重要作用。旅顺口失守后，鱼雷驾驶学堂停办。

旅顺水雷营学堂又称旅顺水雷炮兵学堂，成立于 1885 年，堂址在老虎尾。聘请美国人满宣士为教习。学员 10 人，先学习水雷技术，再派到舰上实习。课堂理论学习与舰上实习全合格者，派往北洋舰队服役。光绪二十三年（1897），沙俄强租旅顺口。翌年 3 月 27 日，清政府要求沙俄允许旅顺水雷学堂续办。1900 年八国联军入侵北京，沙俄借口该学堂存有武器弹药，于同年 6 月 5 日将学堂师生和职工全部押送到海参崴，学堂被查封另作他用。

旅顺管轮学堂，校址在旅顺军港东港内。学校开设几何、代数、重力学、物理、汽理、行船、天文、海图、机器实艺、鱼雷修理等课程。学员课堂学业结业后，再登舰实习船艺。中日甲午战争后，学堂停办。

宋老帅的“一笔虎”

宋老帅本名宋庆（1820 ~ 1902），字祝三，山东蓬莱人。宋老帅这一称谓是旅顺人对他的尊称。

1880 年，清廷开始建造旅顺港坞和炮台。两年后，宋庆调防来到旅顺口，他在旅顺口 12 年中，督军修建陆防案子山、椅子山、二龙山、鸡冠山、松树山等 9 座炮台。又率军挖掘河道，修筑港坞，对旅顺军防作出了很大的贡献。

1886 年 4 月，溥仪的祖父醇亲王奕譞，在检阅旅顺陆防诸营时，称赞宋庆的毅军训练有素，为诸军之冠，脱下金钮锦袍奖给他，又奏请光绪皇帝加封他太子少保、尚书衔。

1894 年,中日甲午战争爆发,9 月 21 日,清廷任命宋庆帮办北洋军务,节制铭军、盛军、奉军等四万余人,防守鸭绿江,阻击日军的进攻。

宋老帅是位儒将,酷爱书法艺术,尤其擅长“一笔虎”,颇有名气。据说他的“一笔虎”是在酒酣之后,乘酒兴一挥而就的。这个大草虎,挂在墙上很有虎威,虎虎有生气。宋老帅为人憨厚,有求必应,只要有好酒,都能如愿以偿,得到墨宝。当时旅顺驻军首脑们的家里,都挂着一幅硕大的虎字。转眼间百年过去了,这只大虎现在已经很难见到了。还好,在老帅的家乡山东蓬莱阁天后宫的前院有一块虎字石碑,还能见到当年老帅虎字的虎威。此碑是宋老帅在 1898 年 10 月书写于旅顺口,笔力遒劲,字形端庄,虎视眈眈,虎势彪彪。这一年正是甲午战后,老帅回防旅顺口,重整军务之时。不久因沙俄强租旅大,他便率军离开旅顺口,从此再也没有回来过。

1902 年,宋老帅病死在北京,终年 82 岁。清廷以尚书衔赐恤,封三等男爵,入贤良祠,谥忠勤。

东清轮船会社

在大连中山区胜利街 35 号(胜利桥北头),有一座别致的欧式老建筑,由于年久失修,岌岌可危。为了保存这所具有艺术特色的建筑,1996 年按原型重建,这在大连建筑史上是首次。

该建筑是 1902 年由德国人设计,俄国人出资兴建的,是一幢地上三层、地下一

东清轮船会社旧址

层砖混结构的建筑。建筑面积1160平方米。建筑风格为自由式,采用不对称的设计手法,构成风格别致的建筑外形。外形华丽、古雅,融汇了各派建筑风格,体现了设计者的大胆和创新思想。它本身就是一件精美的艺术品,具有很高的审美价值,是一件难得的欧式建筑精品,这在大连是少有的。该馆被列为市级文物保护单位,定为省级优秀近代建筑。

该建筑最初为日本东清轮船会社办公楼,后改为满铁大连俱乐部、工业博物馆、图书馆。1945年解放后改为民居。

1991年10月,日本北九州市组成考察团,对该建筑进行实地测量,他们要在北九州按原型重建,作为国际友好图书馆。

为保护优秀历史建筑,大连市政府决定拨出专款,按原型重建,辟为大连东方历史艺术博物馆。为了确保建设工程顺利进行,有关方面成立了领导小组,进行规划设计。工程技术人员为获得第一手资料,一丝不苟,精益求精,对该建筑一砖一石、一墙一屋都作了详细记录、绘图、录像,以保证建成后与原建筑相同,并且制成了1:10的比例模型,以便于施工参考。

东方历史艺术博物馆建成后,市长为该馆撰写了碑文,以志纪念:

此风格别致的欧式建筑,建于1902年。历经数十年沧桑变换,危危欲倾,已难以修复。

为保护优秀历史建筑,大连市人民政府特拨专款,按原型重建。于1996年竣工。特立此碑,以励弘扬建筑文化。

大连市人民政府

1996年10月18日

旅顺博物馆

旅顺博物馆主楼建于1917年,是一座罗马风格与和式风格相结合的建筑。主体两层,局部三层,地下一层。造型庄重典雅,气势恢宏,是大连近代著名的建筑物之一。

该馆始于日本关东都督府物产馆,占地面积2.5万平方米,建筑面积5863平方米。馆内藏品20类、3万多件,文字资料2万件。

馆内文物陈列分为两大类:一类是历史文物专题陈列,陈列品有青铜工艺、雕刻、漆器、景泰蓝、陶瓷、书法绘画、中外货币、佛教艺术等。在青铜工艺展品中,有青铜礼乐、祭祀和生活、生产用器,如商代的玉戈,西周的小臣宅簋、过伯簋、吕鼎,战国时期的大梁鼎,秦代的权、量、诏版,西汉的杜陵扁壶、南陵钟鼓和宋代的双龙

旅顺博物馆

洗，在雕刻工艺展品中，有商代玉龙，汉代玉璧，明清玉雕、木雕和竹根雕、微雕；在漆器和景泰蓝展品中，有明代剔红漆圆盒、剔红案几；在陶瓷展品中，有汉代的釉陶、唐三彩以及五大名窑的精品和甘肃彩陶；在古代书画艺术展品中，有苏轼的《阳羡贴》、元代刘秉谦的《竹石图》、明代文徵明的《老子像》、沈周的《青园图》，此外还有明代唐寅、宋旭、蓝瑛，清代龚贤、王翚、黄慎、华喦等名家作品；在中外货币展品中，有商代铜、铅、陶、玉、蚌、贴金贝和汉代的马蹄金，还有日本、朝鲜、英、美、法、德、意、苏俄等国的银币、铜币、钢币 300 多种；在佛教艺术展品中，有各种大小的神仙像、四大金刚、汉白玉罗汉、木菩萨等。

2001 年 4 月，旅顺博物馆新馆建成。上下两层，建筑面积 4900 平方米，陈列面积 2800 平方米。一楼举办“大连古代文明”展，以出土文物和采用现代科技手段再现了 6000 年前大连古代人们活动场景，给人以真实生动的感受；二楼为馆藏精品与临时展，这里有古代印度犍陀罗艺术雕刻和日本书画展，以及其他艺术专题展。

旅顺博物馆是我国建馆最早、规模较大、藏品丰富的历史艺术性博物馆。

满洲资源馆

大连自然博物馆的前身是大连满洲资源馆，位于中山区胜利桥北烟台街 3 号。该馆主楼是沙俄于 1899 年 7 月建筑的大连市政厅。

日本满铁为掠夺东北地区的地矿资源，于 1907 年 4 月在这里创建了“地质调查所”，此后相继更名为“满蒙物资参考馆”、“满蒙资源馆”、“满洲资源馆”。

该馆建筑面积 5000 平方米，展出面积 2500 平方米。该馆人员通过各种手段，从世界各地搜罗到地质矿物、农林业、畜牧业、水产业、动物、植物等各种实物、标本、模型 4000 余种，图表、文献资料万余件，以及自然科学研究机构的试验品和参考品，并以图解形式标明由资源到产品的转化过程及其应用价值。这些陈列展出，为选择开发、利用提供了详实的依据。该馆自成立以来，为日本帝国主义的经济侵略服务，提供经济情报并创造条件，来满足其扩大侵略战争的物质需要。

解放后，该馆更名为大连自然博物馆，是我国四大著名自然博物馆之一，是联合国教科文组织注册的一所综合性的自然科学博物馆。展品分类有海洋生物、地质矿产、生命的起源与人类的出现、动物、植物五个部分。

在海洋生物展厅中,鲸类标本最惹人注意。这里有国内最大的黑露脊鲸和长须鲸,性情凶猛的抹香鲸和虎鲸,还有珍贵的白鳍豚、有美人鱼之称的儒艮、龟类中最大的棱皮龟、鳍高如帆的旗鱼、上颌似剑的箭鱼、国家一级保护动物中华鲟、温文尔雅的姥鲨、性情残暴的噬人鲨、横行海底的三疣棱子蟹等。

庞大的恐龙使人感到极大的兴趣。这里有亚洲最大的恐龙——合川马门溪龙化石标本,它是四足行走的蜥脚类恐龙,全身长 22 米,颈部长 11 米,还有棘鼻青岛龙化石标本,它是大型双足行走的鸭嘴龙类恐龙,全身长 6.6 米,高 4 米。

动物标本藏品丰富,憨态可掬的大熊猫、顽皮可爱的金丝猴、兽中之王东北虎、珍稀动物扬子鳄、来自澳洲的鸭嘴兽、跳跃能手袋鼠、长跑冠军鸵鸟、非洲凶猛的白犀牛、世界最小的鸟——蜂鸟……

植物标本分别展出珍稀濒危植物品种和 8 种国家一级植物,195 种二级植物,222 种三级植物等。

1998 年,大连自然博物馆新馆在黑石礁海滨建成,蓝顶白墙的欧式建筑甚是美观、古雅,建筑面积 1.5 万平方米,地下一层,地上三层,楼内设施全部现代化、自动化,收藏标本 10 万余件,丰富的展品使其成为向人们进行自然科学知识教育的重要场所。

满铁大连图书馆

1907 年,为了搜集情报和文献资料,以配合形势、为侵略战争服务,满铁调查部成立了图书室,并用 17 年的时间,建起一座占地面积 5872 平方米、建筑面积 700 平方米的东北最大的图书馆。

该馆派出专人利用各种手段和渠道,到各地搜罗古今中外各种图书资料。1922 年,该馆接收了哈尔滨苏联图书馆所藏有关东北、蒙古、西伯利亚地方的俄文图书资料 3 万册;1923 年,又在东北各地收购一批有关东北、蒙古、远东地区的文献资料,尤其重视东北地区的地方志、地图、文稿、地质、风土人情和政治经济的书籍,特别是不公开发行的政府文告、奏稿、档案和学会业务调查报告资料,这一次搜集到的地方志就达 1300 余部;1925 年又收购苏联驻长春领事馆的有关中国边疆问题的西方图书 500 册;在北京收购到意大利公使馆藏的中国地图 600 余幅。这些地图都是稀世珍宝,大多为明清时期印制的图册。日本人大谷光瑞还将自己收藏的 5000 册中国古籍、300 册西文图书移交给该馆。1927 年,该馆又在京津一带收购到中国古籍4000多册，其中有宋元明清版本的珍贵图书。

“九一八”事变后，日本军国主义分子德永重康组织“满蒙学术调查团”到辽西一带大肆掠夺各种文献资料。他们还对东北各地图书馆收藏的历史文献和乡土材料进行公开的掠夺，并通过满铁各地事务所骗夺到大量的历史典籍文献、考古资料和地方志。

该馆为配合日本掠夺东北境内的物资而提供有价值的文献资料，编辑了七卷本的《满蒙百科全书》、两卷本的《满洲关系汉书目录》及《满蒙文献研究》、《了解满洲的必读物》等。1940年，为配合日军南侵，编辑了《佛领印度支那文献目录》、《特殊文献目录》，收录中外资料922种。

满铁大连图书馆从1907年开创到1945年日本投降，搜罗到的图书达40万册，中文古籍线装书18万册，西文书3万册，中外文杂志652种，报纸57种，为东北地区藏书最多的图书馆。

解放后，该馆更名为大连图书馆，是市综合性公共图书馆。1990年于长白街新建馆舍，馆舍总面积3万平方米。馆内藏书210万册，其中古籍55万余册，所藏明清小说、地方志、满铁文献和满蒙资料为国内外学者所关注，清初所绘制的舆图5053幅，清代内务府档案2051件，是研究清代政治、经济、文化的珍贵史料。为了满足读者阅览方式多样化、现代化、舒适化的需要，与现代化国际城市相适应，从1999年起该馆进行了改扩建工程，以期为读者提供全方位、多功能、一体化的借阅、咨询、研讨、展览、培训、休闲服务。

满铁中央试验所

满铁中央试验所又称满洲中央试验所（即今大连化学物理研究所前身），1907年10月，根据“满铁”总裁后藤新平的提议，由关东都督府成立的。1910年5月移交给满铁经营管理，更名为“满铁中央试验所”。

该所设有分析化学、应用化学、制丝、染织、窑业、酿造、卫生、电气化学、庶务八个部门，主要是对大连、东北和内蒙地区的资源进行调查和试验工作，为满铁的扩张和经济掠夺提供技术依据。1927年调整机构，改设农业化学、畜产化学、矿业化学、油脂化学、煤焦化学；1931年将满铁物理研究所并入该所，改设无机化学、有机化学、农业化学、机械电气、土木等科；1935年增设车辆研究科，第二年又将机械、电气、土木、车辆划出，另立“铁道技术研究所”，试验所成了纯粹化学研究所；1939年又增设冶金科和特别物理研究室，该所成了化学物理研究所；1941年太平洋战争爆发后，该所面向战争，承担军需工业的研究，制造轻金属和液体燃料的研究，直接为侵略战争服务。

试验所经过38年的发展,规模不断扩大,至1945年日本战败时,全所人员752人,其中研究员22人,副研究员40人。每年研究费用超过千万日元。研究机构设有无机化学科,下设电气化学、窑业、一般无机研究室和无机分析室;有机化学科,下设油脂、大豆、纤维研究室和一般有机试验室;燃料化学科,下设煤炭、矿油、合成燃料和瓦斯研究室;农业化学科,下设食品发酵、一般农产品和皮革研究室;冶金科,下设冶金、选矿研究室;还有物理研究室、开放研究室。共有7个科,114个试验室,10余处试验工厂,藏有各国化学书籍万余册,化学杂志800余套,9000余册。该所对抚顺煤矿、油母页岩、页岩油、煤液化、大豆油脂的提炼、大连和东北地下水资源、高粱酒发酵、耐火砖、陶瓷器、金属铝、特种钢、中药成分等方面的研究,都有一定的成果。

解放后,该所更名为中国科学院大连化学物理研究所,是国家重要的科学研究机构,具有雄厚的科研能力。在催化技术及催化基础、工程化学及生化工程、色谱与现代分析化学、激光化学及微观反应力学等方面的研究都有突出的成绩。

大连《泰东日报》

1908年11月,大连公议会(中国人商会)总理刘肇亿和协理郭学纯为了传播信息,丰富市民的文化生活,由公议会出资创办了大连地区第一份中文报纸《泰东日报》。为了工作方便,特聘请日本汉学家金子雪斋担任社长兼主编,社址在飞弹町67番地(今民生街62号,胜利桥东侧)。

1913年8月,爱国知识分子、老同盟会员傅立鱼任该报编辑长,他以报纸为阵地,做了许多有益于大连中国人的事情,如在报上揭露日本殖民当局大肆贩卖鸦片,毒害中国人的罪行;发表文章披露日人强占中国农民水田的事实;"五卅"惨案时,发表社论,揭露事实真相,把矛头指向帝国主义。于是惹怒了日本殖民当局,他们以"排日巨头"、"赤化祸根"和拥护张学良"东北易帜"的罪名,于1928年7月将傅立鱼逮捕,强行驱逐出大连。

1931年,日本帝国主义侵占东三省,建立伪满洲国以后,进一步加强了对新闻舆论的监督控制,《泰东日报》便成为宣传日本军国主义"王道乐土"、"中日亲善"的工具。1941年太平洋战争爆发,日本殖民当局利用该报大肆宣扬"大东亚共荣圈"、"大东亚圣战必胜"、"英美必败"等反动论调,完全成了日本军国主义的喉舌,为其侵略战争政策服务,是一张彻头彻尾宣传法西斯主义的报纸。

自金子雪斋死后进入30年代,《泰东日报》便被日本军部所控制,报社在社长的支配下，设编辑局和营业局。编辑局下设整理部、取材部、文化部、翻译部、校对部；营业局下设广告部、贩卖部、总务部、事业部、工务部。主要部门的负责人全是日本人。

《泰东日报》创刊时每天出版对开两版，1938 年增至 10 个版，发行量达 12 万份。到了后期，由于战时纸张紧缺，减至四个版，2 万余份。1945 年 10 月上旬，被苏军司令部勒令停刊，长达 37 年的《泰东日报》便结束了。

俄罗斯大戏院

俄罗斯大戏院坐落在大连市西岗区中山路 145 号，它是大连第一家大戏院，1902 年，由纪风台独资营建，所以当时人们又称之为“纪凤台大戏院”。

纪凤台，山东黄县人，加入俄国籍，早年在海参崴经商，同俄国官方多有往来。沙俄强租旅大后，他任俄军翻译官，在俄军的庇护下，在大连和旅顺经营和德号商店、瑞祥木工厂，承包旅顺新市街和大连港城的建设，为当时最大的承包商，也是大连的开发者之一。

俄罗斯大戏院占地面积 3900 平方米，三层楼房，钢筋混凝土和木质混合结构。戏院整体造型为中西合璧式，屋顶由几个起脊屋面相连接，雕饰的门窗和廊柱均为欧式，剧场正面的建筑极为美观和谐，工艺精湛，十分讲究，是当时独具一格的上乘建筑。戏院舞台为镜框式，不同于我国茶园三面敞开的旧式舞台。

俄罗斯大戏院是专供沙俄文武官员和上层人士寻欢作乐的场所，经常演出大型音乐会、歌舞会和杂技节目，有时也聘请名伶演出京剧、评剧。二楼设有酒吧、妓寮、赌局和烟馆。日俄战争后，日本殖民当局接管了该戏院，更名为大连公会堂，作为集会议事的场所。1908 年 8 月，东三省总督徐世昌来大连，向关东都督府大岛义昌请求出兵镇压辽南革命军，殖民当局就是在这里举行了盛大的欢迎会。1909 年 10 月，日本朝鲜统监伊藤博文去哈尔滨同沙俄财政大臣共商瓜分东北的权益，路经大连时，殖民当局也在这里举行盛大的欢迎仪式。不久，这个帝国主义分子在哈尔滨车站被朝鲜义士安重根击毙。

解放后，俄罗斯大戏院更名为群众剧场。1949 年 4 月 1 日，中共旅大区党委在这里隆重举行大会，向全市人民公开了中国共产党的组织。此后这里成了重要的演出场所。

俄罗斯大戏院与大连开港建市同龄，历经一个世纪的沧桑变化，已经陈旧破损、不堪使用，1997 年被拆除。

宏济大舞台

宏济大舞台位于大连中山区民生街59号，原名天福茶园建于1908年。三层楼式建筑，钢筋水泥结构。前楼有一个圆型顶盖，具有欧洲中世纪的建筑风格。舞台为三面敞开式，观众厅设有木制桌凳，是典型的茶园格局。这里是演出戏曲剧目的重要场所。

1911年8月大舞台易名为宝善茶园，不久又易名为永善茶园。1925年2月，欧阳予倩在此演出《人面桃花》等剧目，博得观众的好评，给大连的戏迷留下了深刻的印象，当时的《泰东日报》和《满蒙》杂志都刊发专文作评介。

1931年，宏济善堂的安德民、李瑞亭采用三叶洋行工程师王永生的建筑图纸，对茶园进行改建。改建后的面积为4789平方米，舞台台口高10米，宽15米，深12米，舞台空间高15米，上、下场门副台面积均为20平方米，乐池20平方米，观众休息室480平方米，化妆室3间，观众坐席1350个。1934年1月开业，正式命名为宏济大舞台。楼上设花楼、花厢、包厢、散座，楼下设花厅、官厅、正厅和散座，是大连最好的戏院之一。开业之日有汪之元、赵如泉等人演出《浔阳江》、《赵公案》。此后，盖叫天、金少山、周信芳、蓉丽娟等名伶都曾先后在此演出。

解放后，宏济大舞台几易其名，最后定名为人民剧场，是大连重要的演出场所之一。

刘艺舟组织励群社

刘艺舟（1875～1936）留学日本回国后，1910～1911年曾在大连从事戏剧活动，组织励群社，自拟启事，张贴街头，其内容如下：

艺舟浪迹江湖，年将不惑，蹉跎岁月，逐目皆非。大地风云，日与砂石同飞走，而日茫茫，岁不我与，亦不愿郁郁与草木同休也！回首神州，医疗束手，进则豺狼当道，举步维艰；退则洪水横流，立锥无地，伤心惨目，又非艺舟一身焉！艺舟自视菲材，秉性孤僻，既不欲涂脂抹粉，献媚于市人，亦不欲婢膝奴颜，夸荣于乱世。丈夫争功，不在刹那，而目光所注，当在千百年之间，此艺舟以铁板铜琶谋生活，有心人当毋作优孟观乎！是故重整旌旗，跳我傀儡，虽不敢云云梦之竹、咸池之钟，可以警世；而渔阳鼓、吴市箫、伯牙琴、桓伊笛，亦助以励群也。吾心之向，提倡人权，吾志所趋，铲除国贼，人溅之以铁血，吾溅之以心血，同利于国、利于身，吾志未酬，吾心不死！吾国一日不强，吾舌一日不弊，有生之日，即吾奔走鼓吹之年，碎骨粉身，亦吾之所不计。豪者自豪，伟人自伟，吾行吾素而已！知吾者，当在讴歌俚曲之间而觅爱国励群之道、则吾道不孤矣。

刘艺舟在大连演戏，武昌起义消息传来。他大喊："黄龙饮马，拔剑斩蛟，正此时矣！"于是率领全社艺友20余人乘日轮南下。行至山东海面，强迫轮船驶向登州。刘艺舟登陆后，高举义旗，占领了登州和黄县，并就任山东军政府都督，通电孙中山。这便是刘都督唱戏取登州的佳话。

袁世凯上台后，刘艺舟受到迫害，去上海投身新舞台。因反对袁世凯签订二十一条被捕。出狱后自编自演新京剧《皇帝梦》，讽刺袁世凯洪宪复辟；又编演《石达开》，影射革命党人内部争权夺利；又编演《黄龙血》，讴歌明将黄龙殉国于旅顺口。

刘艺舟才博艺高，一生编著剧本数十卷，为一代杰出的戏剧家。

汪笑侬悲唱亡国恨

汪笑侬是著名京剧作家、演员。本名德克金，字润田，号仰天。满族人。1858年生于北京。1879年（光绪五年）中举，捐任河南太康知县，后因触怒豪绅被除职。不久改名汪笑侬，进入翠凤庵票房学演京戏，得到孙菊仙的指点，进步很快，入上海丹桂茶园成为职业京剧演员。他在维新改良主义思想的影响下，决心以戏曲开展通俗教育，进行京剧整理，受到社会的关注。

汪笑侬曾出版过《二十世纪大舞台》杂志，鼓吹戏曲改良，他在该刊自题肖像云："手挽颓风大改良，靡音曼调变洋洋。化身千万倪如愿，一处歌台一老汪。"辛亥革命后，任天津正乐育化会副会长及戏剧改良社社长。

汪笑侬一生坎坷，目睹清朝丧权辱国与袁世凯的黑暗统治，将满腔激愤寄发于舞台。他创作、改编的戏曲剧本大多取材于历史故事，借古喻今，隐刺时政。他的名作《哭祖庙》、《骂王朗》以斥骂奸谗、抨击清末的腐败政治，指斥天地可欺、善恶无报，表现出难以抑制的愤世嫉俗之情，体现出他对国事日非、众生不醒的感慨。

1917年，汪笑侬首次来大连永善茶园（今人民剧场）演出自己于1908年根据《三国演义》改编的《哭祖庙》。其剧情是三国末年，魏将邓艾伐蜀，攻下绵竹。蜀后主刘禅惊惧，众官献计投降。刘禅之子北地王刘谌痛斥众官，又泣血谏阻。刘禅不听，决意降魏。刘谌怒而回宫，其妻崔氏触柱而死。刘谌杀三子，割首提至祖庙，哭祭昭烈帝刘备创业之艰难及亡国之恨，自刎殉国。汪笑侬扮演北地王刘谌，唱做俱佳，引起轰动。当演到刘谌痛感蜀国将亡，回天无力，决心殉国，手刃妻儿时，他以极度沉郁悲壮的语调，一字一泪地念出了"国破家亡，死了干净"这两句惊心动魄的台词，使得全场观众哑口无语，无不怆然泪下，引起极大震动。"国破家亡，死了干净”这话在当年日本殖民统治下自然具有影射意义，在大连人的心中产生了共鸣，一时成为口头禅。

汪笑侬的表演、做功细致、逼真，兼唱功戏和做功戏。他的学识渊博，擅长诗词，对戏曲剧本的文学性十分重视，要求情节发展合理，情文并茂，而又流畅上口，易于演出。他创作、改编、整理的京剧剧本有《党人碑》、《马前泼水》、《桃花扇》、《马嵬驿》、《煤山恨》、《哭祖庙》、《骂王朗》、《排王赞》、《刀劈三关》、《受禅台》、《胡迪骂阎》等。这些剧作大多取材于历史故事，借古事讽喻当今，以期唤起观众对国事的关注。

1918 年，汪笑侬病逝于上海。

中国人的中等学校

在日本殖民统治时期，大连有四所名校，即旅顺师范学堂、旅顺高公中学部、大连商业学堂和金州女子高等公学校。

旅顺师范学堂始创于 1908 年旅顺公学堂师范科，1918 年正式建校，这是大连近代师范教育的开端。每年招收一个班，学制四年，从 1920 年开始每年增招一个女生班，另外招收一个半年制的速成班，后来改招两个男生班。课程有修身、日语、汉文、地理、历史、算术、理科、物理、化学、教育、美术、唱歌、习字、体育、教学法、管理法等。学生住校，穿学生制服，毕业后分配在大连地区小学任教。工资以毕业考试成绩为准，月薪一等 37 日元、二等 33 日元，速成班 25 日元。该校到 1945 年解体，毕业生约有 2500 人，他们是大连地区 20 世纪上半叶的初等教育工作者，为普及广大城乡基础教育，开发少年儿童的智力作出了重要贡献。

旅顺高公中学部始于 1921 年旅顺中学中国人班，三年后独立建校为旅顺第二中学，1932 年与旅顺师范合并，改为中学部，是大连地区惟一的中国男子中学。从 1934 年起每年招收两个班，后增至三个班，直到 1945 年该校解体，共 25 届 42 个毕业班，约计学生 1700 人。

大连商业学堂始于 1918 年伏见台公学堂商业科，1923 年正式建校，是一座三年制的中等商业学校，后改为四年制。该校从 1934 年起每年增招两个班，至 1945 年学校解体共举办 25 届，入校学生 1800 余人。课程设置偏重于商业法规、货币换算、银行簿记、商业贸易、应用会计等。毕业生很受社会欢迎。

金州女子高等公学校是大连中国人惟一的女子中学，成立于 1939 年 4 月，招收公学堂高等科毕业的女生。至 1945 年 8 月该校解体时，共招收 7 届学生，已经毕业 3 届，近 300 人，在校生近 400 人，教职员工 32 人，除“满语”教员 4 人外，其余

旅顺师范学堂旧址

金州女子高等公学校旧址

都是日本人。

这四所学校所以是名校，有三个原因：学校和学生质量高、有爱国思想和民族意识、体育成绩好。当时大连地区公学堂毕业的报考生多而招生极少，势必形成激烈的竞争，于是四校集中了一批天资聪颖、品学兼优的学生，是大连知识青年中的佼佼者，关向应就是商业科的毕业生。他们都具有强烈的爱国思想和民族意识，参加过各种爱国反日活动，旅顺师范就有地下党支部；四校的体育活动都很有名，尤其旅顺高公中学部名列前茅，短跑名将刘长春就是该校的毕业生。

与此同时，日本有男子中学 5 所，女子中学 7 所，另有许多青年补习学校，而中国居民人数远远超过日本人，由此可见日本殖民当局根本不重视中国人的教育。

此外，中国人的中等职业学校还有成立于 1923 年 3 月的金州农业学堂，学制三年；成立于 1925 年 6 月的大连大同文化女学校，私立，学制四年；成立于 1933 年 4 月的大连南满商业讲习所，私立，学制三年；大连市立协和实业学校，1935 年 4 月成立，学制四年；旅顺康德女学校，1935 年 5 月由肃亲王善耆之女创立，学制三年；金州商业学校，1939 年 4 月由金州绅商毕国树、邵尚俭创办，学制四年。

旅顺工科大学

1905 年，关东都督府都督大岛义昌在《关于旅顺工科学堂的建议书》中写道：

“向来满蒙之地，人文蒙昧，百工未举，而土地广阔，人口日增，一旦文明就绪，各般工业必纷纷兴起，工艺技术人才将大批需要，旅顺今日正为蓄材以备时。以文备配武备，借以大力开展旅顺面貌，定将奠定百年基业。在旅顺开办学校，实为对满政策上至关重要之一着，且须急办之事。工科学堂是本府最高的专门教育机构，它担负着开发满洲资源的重任。”

旅顺工科大学旧址

同年5月在旅顺市札幌町（今海军406医院）筹建旅顺工科学堂，先由关东都督府民政长官白仁武兼任校长，1917年由教授富田忠诠接任。该校设电气、土木、机械、采矿、冶金等学科，学制四年，其毕业生认定与日本国内高等学校、大学预科毕业生具有同等学历。1910年5月开学，至1922年4月，共毕业九届学生577人。同年升格为旅顺工科大学。

旅顺工科大学设大学学部、大学预科和附属工学专门部，同时撤销旅顺工科学堂，1926年2月撤销附属工学专门部，改设大学学部（本科），修业三年；研究部，修业三至五年；预科，修业二年；预备科修业一年，这是专为中国学生学习日语设立的。大学设土木建筑、航空、造船、化工等学科。1928～1943年，共有16届914名大学学部毕业生。1944年1月，该校大学部、预科、预备科共有在校生705人，其中中国学生有63人。

该校中国学生是爱国的，1925年上海发生“五卅”惨案，6月16日旅顺工科大学64名中国学生和旅顺二中90名学生举行游行示威活动。1930年双十节，旅顺工大学生乔传珏、张有萱联合旅顺二中和旅顺师范学生举行庆祝大会，会后演出《越王勾践》。

此外，还有南满洲工业专门学校、大连经济专门学校、旅顺医学专门学校和旅顺高等学校。这五所学校是大连的高等学府，其中旅顺高等学校是一所专门为日本中学毕业生升入大学而设立的预备学校。1943年毕业生315人，有314人升入大学，其中286人升入日本6所帝国大学。

《新文化》

1923年2月8日，《新文化》月刊在大连创办，发起人是大连中华青年会会长傅立鱼先生。《新文化》创刊后，远在广州的孙中山先生亲自写来贺信，并为该刊挥笔写下了“宣传文化”四个大字的题词。他祝贺在日本殖民统治下的大连人民，敢于进行思想文化斗争的伟大创举。这是中山先生给大连写的惟一题词。1924年4月，《新文化》改名为《青年翼》，成为大连中华青年会的会刊，先后出版了7卷67册。

傅立鱼(1882～1945)是湖北英山人。早年留学日本便结识了孙中山先生，并参加了同盟会进行革命活动。在《新文化》发刊词中申明：“发挥中国固有文化之精神，吸收西洋文化之精髓”。他明确地提出反对日本帝国主义的文化侵略，他写道：“东三省之人民，乃中华民国之人民也；东三省之土地，乃中华民国之领地也。其性质与地位，皆有独立特异之点，决非凭借他国之文化而能达到至养之域者。”“文化能以发展，斯不至归于劣败；文化能以独立，斯不至为外来文化所风靡。吾辈责任，胥在此乎。”这便是他创刊《新文化》和宣传新文化的目的。

《新文化》内容丰富，辟有《时事评论》、《哲学》、《经济学》、《史学》、《文学》、《青年修养》等栏目。其撰稿人为各派名流，如孙中山、李大钊、恽代英、梁启超、胡适、马寅初等。

《新文化》实行“兼收并蓄”的编辑方针，也经常刊登一些马列主义的文章。如李大钊的《史学与哲学》、《史学概论》、恽代英的《民治教育为现代必要之问题》。列宁逝世后，傅立鱼撰写《列宁氏之逝世》一文，他认为“夫岂仅俄罗斯人之损失，谓为全世界人类之损失，亦未过也。”1925年1月《青年翼》第四卷第一号刊登过孙中山《大亚洲主义》一文。这些文章使读者耳目一新，在大连起到了宣传新文化的作用，打破了日本殖民当局对大连人民思想文化的封锁。

《新文化》是“五四”运动之后，在大连地区传播民主革命新文化惟一的进步刊物，在全国也颇有影响。由于傅立鱼的爱国反日活动，为日本殖民当局所忌恨，将其逮捕、驱逐出大连，与此同时，其刊物也被迫停刊。

书法家刘兴家

刘兴家(1896～1939)，字炎生，旅顺口三涧堡人。自幼读私塾，酷爱书法和诗词。读书时利用午休时间，苦练书法，久而成习，进步很快，受到塾师的赏识。十二岁那一年，三涧堡庙会唱大戏，戏台子要贴对联，有人介绍他担当此任，但有人怀疑一个十二岁的孩子难能胜任。介绍人执意以试笔决定取舍。他不失众望，手执墨笔，一气呵成，字迹圆润熟练，众人一致点首称赞，口夸神童，此事成了当地的美谈。不论严冬酷暑，他每天苦练书法，初学欧柳，后学翁同龢。十年如一日，苦学不辍，笔法渐臻纯熟，苍劲流畅，意动神随，柔中透刚，以行草见长，手腕运转自如，行笔如飞，字字加速，气象万千，远近闻名，人称"辽东才子"。有一次在水师营友人家做客，朋友们要他写字，直到深夜，铺子里的宣纸全买光，方才罢笔。他常说：写字贵在坚持，每天动笔，不得间断，间断则退。当年大连的书法爱好者，都喜欢他的字，索求墨宝，有人请写碑文，商家请写牌匾。在他的教育下，长子刘潮铮书法也很好，擅长粉画和雕塑，为当代著名画家。

刘兴家喜欢古诗，曾辑录一部《绮窗集锦》，供平时欣赏揣摩。有时也伏案写诗，排遣苦涩的时光，消解心中的块垒。如：

夜游星个浦

乘兴划兰棹，飘然星浦东。
浪翻秋月白，日映晚霞红。
点点平沙雁，泱泱大海风。
金樽摇碧落，浩气凌长空。

除夕即席邓梦仙见赠原韵

客里惊闻爆竹声，梅花数点送春来。
共君今夜不须睡，促膝谈心酒满杯。

从诗中不难看出，一个知识分子身处逆境的忧愤沉寂，失落孤傲的惆怅心绪，但又不失其洁身自好、正直不阿的品质。

在日本殖民统治时期，有人劝他学习日语，他愤慨地说："祖国山河破，朝霞日成灰，我岂能学敌人的语言！"1935年，友人来信要他去长春任职，去了之后，方知要他供职伪满警务，他声言："绝对不做卖国的勾当。"愤然拒而回乡。

刘兴家18岁私塾满业，在于家沟小学校任教，此后在大连亚东银号任经理，《泰东日报》当编辑。1939年，突发脑溢血逝世，终年44岁。

地质专家丁文涛

丁文涛又名丁涛，字松山。1901年出生于大连甘井子区营城子村一个清贫的儒生家庭。丁家在清初由山东移民到金州务农。丁文涛的祖父丁华南为人聪明、机智、能干，后入伍，不久便晋升为清军金州统领。退职后，金州副都统衙门在营城子赏封他若干土地和山林。后来，他便携家落户在营城子村。丁文涛的父亲丁国庆是旅顺师范学堂的首届毕业生，一生从事教育工作。他主张教育救国，鼓励家长多多培养子女求学读书成才，贡献社会。他的六个子女都受到了高等教育。丁国庆深受学生的欢迎，村民都很尊敬他。他还首创“四不”家训：不吸烟、不饮酒、不赌博、不迷信，提倡多植树、少垦荒。以身作则，教育子女和学生，并向社会广泛宣传，扩大影响。

丁文涛在家男孩中排行老大，幼年丧母，跟随父亲习读。他自小才智过人，聪明好学。18 岁时，在大连爱国工业家周文贵的资助下，读完了当时的一流中学奉天南满中学堂。1923 年，他又以优异的成绩毕业于旅顺工科大学矿业系。在校期间，他为维护中国学生的权益，多次同日本学生据理抗争，博得中国学生的敬重。大学毕业后，日本人看好丁文涛的才学，要高价买断他为他们所用，被丁文涛断然拒绝。据他的后人刘丹 20 世纪 80 年代初从丁文涛姐姐那里了解到的情况：丁文涛在拒绝日本人后对父母说了这么一句话——中华民族要有自己的专家。后来，他毅然决然地离开了家，考入张学良创办的东北大学学习。

丁文涛天资聪慧、才华横溢、年轻有为、精明干练，通晓英、俄、日三种语言，素有“关东三才子”之誉。他在东北大学时曾被日本人抓去当兵，张学良获知后立即解救，任命他为东北大学教授兼私人秘书、奉天省长公署技正、西安煤矿（今吉林辽源煤矿）监视，并把他视为股肱，成为莫逆之交。丁文涛还曾上书张作霖，对东北三省的地矿做过初步的勘查和研究，并提出可行性的规划报告。张作霖阅后，十分赞赏，给他题写了“少年英俊前程无量”八个字作为鼓励。

1927 年秋，由张学良主婚，其三妹宴卿与丁文涛结为伉俪。据丁文涛后人刘丹讲，当时丁文涛的表弟在沈阳丁公馆，亲睹了丁文涛的婚礼，气派得很，光大帅府送的彩礼就由 480 个护家兵四人一组抬了 120 抬。看起来当时的丁文涛是很富有的，其实后来他的家底并不厚实。因为丁文涛家里长期摆着大席，一天来吃饭的人最少也有三四十人。据说后来还有人猜测丁文涛把好多家用资助了当时的地下党。为了证实这一点，他的后人也正在努力查证，但因文字资料与老人越来越少，这项努力很是艰难。

1929 年冬，由于中东铁路的路权归属问题，中苏之间爆发了中东铁路事件。扎赉诺尔（今内蒙古满洲里东边）煤矿机器厂房设备和煤洞等遭到严重破坏，生产停顿。翌年春，张学良为恢复该矿生产，任命丁文涛为副矿长（矿长是苏联人捷久凯维奇），主持重建开工事宜。他接任后，为了全身心投入复建煤矿生产的工作，将其家眷迁至矿区。经过半年的努力，煤矿恢复了生产，解决了失业工人的生活问题，深得工人的好评。当时报纸曾载文说：“自丁矿长来到煤矿将及一年，对于矿务可谓竭尽心力，上为国家挽回权利，下为困苦的工人维持生计，雨露之恩遍及全市，工商各界莫不爱戴……”而且，他经勘测还作出该矿可开采120年的结论，如今该矿仍在正常运营。

煤矿恢复生产之后，苏方代表又以资金短缺为由，提出煤矿限量生产，一年只生产铁路用煤的一半，其余由苏方供应。丁文涛考虑到工人的生活问题，多次与苏方进行交涉谈判，一再主张进行全年生产，供应铁路全年用煤，同时向社会销售，满足社会之需，经过协商苏方终于答应了他的要求，并签订了合同。

1931年7月27日下午6时许，丁文涛乘船渡达兰鄂罗木河，到南岸查看矿井，溺水身亡，时年31岁。当年大连《泰东日报》、奉天《盛京时报》虽都作了报道，但死因并不确定，直到现在还是个谜。因为据丁文涛家人讲，他在旅顺念书时，放假经常游泳回家，不走旱路，水性甚好，意外失足落水，溺水而死的可能性很小，家人推测可能死于“九一八”前夕日本人的阴谋。他的死因也成了后人要查证的一个疑点，但因查证困难至今未果。张学良闻讯，悲痛不已，因为正处于“九一八”前夕，时局紧张，工作繁忙，一时不能脱身，不能前去吊唁，便立刻遣人送去抚慰金大洋两万元，对丧事作了妥善处理。

据丁文涛的四弟丁文深讲：1936年，丁文涛之妻张宴卿曾因躲避日本人到大连营城子婆婆家暂居两个多月。1937年，张宴卿病殁于家乡黑山县。身后遗有一女丁明兰，为小学教师，现年78岁，现居于营城子镇双台沟村。丁明兰生有四男一女，一女为刘丹。

丁文涛身后无子，将四弟丁文深的长子丁明孝过继为嗣子。2000年8月，为父亲丁文涛勒碑纪事。丁明孝当时为北京大学生命科学院副院长、博士生导师、教授。

丁文涛虽然英年早逝，但其传奇的一生应该为大连人所记忆。

爱国文人王天阶

王天阶（1853～1937）字仲生，号南溪，祖籍山东蓬莱，金州杏树屯人。诗人、书法家、教育家。

自幼聪明好学，涉猎诸子百家，名闻乡里。光绪十四年（1888）考入北京国子监读书，为光绪年间贡生。回乡后设馆授学，淡泊名利，轻财重义，有高士之风，以爱国思想教育后生，深受乡民好评，桃李满天下。

他精于书法，赴京科考时，有“字压三省”之誉。留世书作多为行、楷，约数十幅，用笔多中锋，字迹工整端正，其书法与其子王良骅并称“金州二王”。他的诗词

亦为时人推重,有未刊诗集十余卷,今已散失。日俄战争期间,作诗《九日登金州城楼》:

荆棘丛生雉堞荒,登临满目感沧桑。
人烟萧索经兵燹,衙署倾颓作市场。
几树寒鸦秋色老,一声孤雁客心伤。
苍凉晚景凭谁赏,枫叶飞红菊绽黄。

沙俄占领大连期间,横征暴敛,民不聊生。光绪二十四年(1898)腊月,他积极参加马成魁领导的刘家店农民抗捐斗争,不顾生死,挺身而出,据理同俄人交涉时被扣压,在狱中不屈不挠,后经清廷出面干预,才得以释放,在金州史上留下了光荣的一页。

国画家鞠建烈

鞠建烈(1881~1956),字绍先,号盘山道人,大连市营城子镇西小磨子人。

日俄战争时,他避难山东,开始学习国画。擅长山水、花卉、鸟兽,尤精泼墨作鸡,《富贵吉祥图》所绘鸡雏活灵活现,极为可人。其名画《猫窥蝴蝶》、《渔翁垂钓》,浓淡分明,线条清晰。其山水条幅,水墨勾染,极具意韵,题宋人诗:"山外青山楼外楼,西湖歌舞几时休?暖风熏得游人醉,直把杭州作汴州。"1949年,曾与入室弟子李心洞合绘作画,参加1951年旅大市第一届美术展览会。他是大连地区著名国画家之一,国画界对其作品评价颇高。

鞠先生长年从事小学教育工作,曾在牧城驿、营城子,金龙寺沟、水师营、龙王塘、山头村普通学堂任教、任堂长。解放后,一度在双台沟家里开设私学馆,教授学生中国传统文化知识和绘画。1947年,私学馆并入双台沟小学,他继任小学教师,后退休。

1956年,鞠先生病逝,终年74岁。

旅顺的炮台

旅顺在近代曾发生过两次战争,即1894年的中日甲午战争和1904年的日俄战争。炮台是战争的重要工具,于是在这个面积仅有31.5平方公里的小城里,修筑了一大批堡垒和炮台。现在,炮台遗址尚存,向人们展示着两个帝国主义国家为争夺中国土地而进行的厮杀和罪恶。

旅顺炮台始建于19世纪80年代。1880年至1885年,清廷在旅顺口岸修筑了

10 座炮台，港口西岸有 6 座：城山头、馒头山、威远、团山、田家屯、老虎尾；港口东岸有 4 座：崂律嘴、摸猪礁、田鸡、黄金山。甲午战争爆发后，又增设了 3 座，共计 13 座海岸炮台，配备 240 毫米以下的海岸炮 72 门。其中黄金山炮台是最大的海岸炮台，用时两年半，用银 18.6 万两。配置 240 毫米炮 2 门，120 毫米炮 5 门和 8 门 12 磅护墙炮。

清廷注意到旅顺后路的防范，于是从 1888 年开始，陆续修建了陆路炮台。东炮台群有松树山、二龙山、鸡冠山、大小坡山炮台；西炮台群有蟠桃山、椅子山、大小案子山、望台炮台。上述炮台群共配备 200 毫米以下口径火炮 78 门。

这些炮台都是德国炮兵少校汉纳根设计督造的，配备的火炮都是由德国克虏伯军工厂制造的。

1898 年，俄国强租旅大，对旅顺原有的炮台进行了拆除和重建。

黄金山炮台是旅顺要塞最大的一座海岸炮台，以混凝土构筑而成。配备 280 毫米重炮 6 门，57 毫米机关炮 2 门。在旁边的电岩炮台上，安装探照灯，夜里监视海面，照在岩石上，闪闪发光，故名电岩炮台。这里配备 254 毫米海岸炮 5 门，57 毫米机关炮 2 门。

俄国又在旅顺后路修建了东鸡冠山炮台、东鸡冠山北堡垒、东鸡冠山南堡垒、白银山炮台、一户堡垒、松树山堡垒、二龙山堡垒、望台炮台、水师营南堡垒、大小案子山堡垒、椅子山堡垒等，共计 53 座堡垒和炮台。

东鸡冠山北堡垒是俄军的重要堡垒。面积 10000 平方米，堡垒呈五边形，半地穴式，周长 496 米。整个堡垒用鹅卵石和水泥灌注而成。堡垒配备 87 毫米野战炮 6 门、克虏伯式 75 毫米野战炮 2 门、中国式 75 毫米野战炮 1 门、90 毫米臼炮 1 门、57 毫米穹窖炮 2 门、25 毫米密霰炮 4 门、37 毫米速射加农炮 2 门、马克辛式机枪 2 挺，总计各种火炮 20 多门。俄军陆防司令康特拉琴柯少将被炸死在这里。

松树山堡垒位于水师营火车站附近，它也是五边形，堡垒结构复杂，与椅子山炮台对峙，扼守北方要道。炮台配备 150 毫米加农炮 4 门，其他火炮 20 多门，机枪 3 挺。在其西南方又建一个松树山补备炮台，配备各种火炮 22 门。

二龙山堡垒也是五边形，全部用水泥、石块灌注而成。总面积 30000 平方米，周长 630 米。配备 150 毫米加农炮 5 门，其他火炮 47 门。

望台炮台在东鸡冠山北堡垒西边，俄国人叫它大鹰巢山。这里现存的两杆炮是从舰船上搬来的舰炮。这个炮台是俄日两军最后厮杀的战场。

“儒林之泰斗”刘滋桂

刘滋桂(1853～1934),字馨山,庄河人。出生于儒学世家。

年少时,勤奋苦读经、史、诗、文,学识广博。1894 年考中优贡生,两年后出任梨树书院山长。时值戊戌变法,响应维新,锐意兴学。翌年,创办庄河第一所新式两等小学堂,附设传习、宣讲、阅报诸所,实施新教育,力求进取,广育人材。1909 年,筹组简易师范科。同年辞去劝学所总董职务,投身于教学生涯。

民国建立后,相继在庄河师范(1912 年)、岫岩师范、(1915 年)、大孤山崇正女中(1919 年)、哈尔滨女中(1922 年)、庄河国师(1926 年)等学校主讲国文课。虽桑榆之年,仍以传授知识为乐事。

他为人正直,好善厌恶。1922 年春,直鲁难民过庄河境,日有数百人,他呼吁各界办粥厂救济,并将自己教学半年所得的薪金周济难民。他以诗文表彰济难的清官,同时抨击一些不顾难民把持官府的污吏。

刘滋桂一生以教学为终身事业,循循善诱,诲人不倦,一时名士多出其门下,对庄河教育颇有建树,人称“儒林之泰斗”。

他的诗文很好,现录《木耳山八景》二首如下:

龙凤阁

凤巢龙窟远尘嚣,以阁名祠海屿超。
渺渺四围皆是水,巍巍孤岫直凌霄。
蜃楼隐现笼朝雾,贝阙苍茫逐晚潮。
如此神山终古峙,遗踪寻访话僧寮。

墩台山

烽火连营画角催,山椒屹立有高台。
黄沙已没尸千家,白草空余土一堆。
片石支床棋局对,重阳扫榻酒樽开。
中原岁久销狼燧,故垒秋风锁绿苔。

1934 年病逝,终年 81 岁。著有《 <聊斋志异> 选编评注》、《恢默书屋诗钞》、《刊行易经汇解》、《古文辞赋》等。

画家徐铁琴

徐铁琴(1872～1943),名石臣,字铁琴,号默庵、松友。大连普兰店沙河东崖太平庄人。

他出生于书香世家，翰林徐赓臣是其堂兄。三代宗亲中，有诗人6位，贡生、进士3人，为复州名门大族。他自幼便受到家学的熏陶，能背诵唐诗宋词。受业于晚清著名画家徐联璋先生的门下，遵奉“画不临古，如夜行无烛，便无入路”的师训。他每天临摹古迹真本，博采众家之长，勤学苦练，功底日增坚实，自成一家，被称为关东画派。

徐铁琴的《鹰松图》

铁琴绘画擅长花鸟竹木，每画必题诗抒意。其画题来自生活实践中，有浓郁的乡土气息。如他的《松鹰图》在巨石旁的古松上，栖着一只苍鹰，画家着意在鹰眼和鹰翅两处，鹰眼炯视前方，欲振翅高飞，大有一飞冲天之势。正如画家的题诗：“郁郁苍松百尺高，霜天鹰隼下秋皋，云霄万里终须到，凛凛雄风争自豪。”

画家为激发创作灵感和获取画题，长年钟情于名山秀水之间，饱览奇峰异水、松涛云海，开阔视野，陶冶性情。

他与大画家齐白石有过交往，白石来大连，曾邀请去复州一览山水，因故没有成行。在大连他们一起切磋技艺，交流经验，互赠作品。

铁琴有傲骨，不媚官，不羡富，对于平民百姓情同手足，每有求画，必定相赠。县城某大药房经理为人不义，多次求画被拒，又托人骗画，他知道后，奉还酬金，当面撕画而去。其父月溪老人徐树年因出版《柯园诗抄》被捕，押在县衙，他赴县署据理抗争，县长和警察署长当面赔礼，设宴致歉，他拂袖而去，以示愤激。

他早年的书画作品均毁于一次兵祸中，沙俄侵占大连期间，其士兵在他的家乡抢夺财物，与村民发生冲突，俄兵两死一伤。为了报复，焚烧民宅，徐家损失惨重，多年收藏的书画、诗稿、古籍、文物均化为灰烬。其后期的书画作品，均毁于“文化大革命”中。

1943年秋，铁琴外出为友人作画，归途中，马受惊狂奔，车翻致伤，不久离世，终年71岁。

其父徐树年(1847～1916)，字立叔，号月溪老人，瘦柏堂堂主。将老屋辟园名为“柯园”。擅长书法和诗作，人称“诗魔”，1937 年出版诗集《柯园诗抄》。

刘含芳协办旅顺港务工程局

刘含芳（1840 – 1897），字芗林。安徽贵池人。清末山东登莱青道员。

刘含芳早年为曾国藩幕僚。1862 年随李鸿章东征苏、浙，镇压太平军，因功升任知府。又在镇压捻军的战斗中有功，升任道员。1870 年，奉李鸿章的指令，在北洋研究新式武器的制造技术，建议创立北洋军械局，在大沽口设立电气、水雷学堂，创立水雷营，协助筹办北洋海军。

1882 年，刘含芳奉命参与协助袁保龄旅顺海防和港坞建设，任北洋前敌营务处兼旅顺船务局总办。到任后积极配合袁的工作，亲赴各地勘查测量，制定港口规划和施工方案。对驻防军队、修建炮台、设立机器制造厂、弹药库、开办医院、学堂等都作了具体规划，并拟定了详细的规章制度。长期深入施工场地，考察工程进展情况，发现问题总是及时提出解决办法。刘善于调解同各驻军之间的关系，军政一致，友好合作，毅军曾帮助疏通龙河，挖掘河道，在军港建设中各尽其力。11 年间，刘含芳同袁保龄先后完成了引河、海口挖潜、拦海大坝、码头、船坞、机器制造厂、各种库房军火库、电报局、水雷鱼雷营、水陆军医院和海陆防炮台等多项建设工程，使荒僻的小渔村变成北洋重镇、东方名港。

刘含芳在旅顺任职期间，重视文物古迹的保护，曾主持过旅顺天后宫、旅顺黄龙墓和显忠祠的重修工程，并立纪念碑，为唐代鸿胪井修筑石亭加以保护。

1891 年，刘含芳调任甘肃安肃道。1893 年任山东登莱青兵备道。中日甲午战争后，驻烟台率领军民积极布防，严阵迎敌。1895 年 2 月 17 日，威海失守后，日军向烟台逼近，山东巡抚李秉衡劝其退往莱州，驻烟台的外国领事馆也请其避难，他郑重宣布：“巡抚大臣也，可去，某守土吏，去何之？今死此矣！”将毒药置于案上，与其妻冠服以待，准备危急时刻自杀殉国。1895 年 12 月随宋庆重返旅顺，收复失地，见到自己多年修建的北洋旅顺军港被日军破坏成一片废墟，凄恻难忍，失声痛哭，悲愤成疾。不久患目疾，辞官回乡，病逝于安徽青阳。

迟子祥与徐宪斋

迟子祥（1884 – 1951），原名振麟。山东蓬莱人。1903 年来大连创立益泰祥杂货店，后扩大成杂货代理店。1910 年被选为大连杂货同业公会会长。20 年代末当选为山东同乡会会长。1945 年 8 月大连解放，被苏军司令部推举为大连市长。

1947 年 4 月关东公署成立任主席。1949 年 4 月辞职。1951 年 6 月在镇反运动中被处决。

徐宪斋(1886－1972),山东蓬莱人。1905 年在营口开设东华泰杂货店。后在沈阳专门推销英商亚细亚煤油,生意兴隆,获利丰厚。1912 年来大连,开办徐利兴杂货代理店。同年成立国民党大连市党部为委员。30 年代被选为大连西岗商会副会长。他是一位儒商,又是一位兰花国画家。1945 年 8 月大连解放,他出任大连市总商会会长。1947 年 4 月大连市行政进行调整,迟子祥出任关东公署主席,徐宪斋接任大连市第二任市长。1949 年 4 月辞职。1951 年 6 月在镇反运动中被捕入狱,1964 年保外就医,1972 年病逝。

书画家张文海

张文海(1887～1938),字伯川、墨农,号静远、金民、四毋居士、南苏外史、寅湖、东海厘隐,其斋曰静远草堂。世居金州西门外,后随父经商移居大连福德街。

文海早年就读于奉天(今沈阳)法政学堂、师范学堂,毕业后教授小学。一度当过报纸编辑。后任大连商会主任庶务,被推为经理。宏济善堂多积弊,文海立志改革,遭到忌者的中伤,遂辞职回家,以书画篆刻自娱。他从本乡刘心田学山水,李东园习篆隶。工书善画,兼精篆刻,山水尤其精妙。笔墨淋淳,饶有佳致,生动活泼,风韵清秀。其篆刻的碑版,今尚存于金州响水寺后院。他经常与当代画家相互切磋,名闻于京津沪三地,为时人所推崇。

文海为人温柔典雅,沉静寡默,终日不发一语。品格方正,天然超脱,孤芳自赏,不为世俗所囿。

1938 年 6 月 12 日病逝,终年 51 岁。出版有《张伯川书画》等。

书画家谢廷麒

谢廷麒,字泗泉,号觉非龛主,清泉山人。陕西宁羌人。清光绪元年(1875)生于福建闽南。

他聪慧有隽才,九岁就能写诗,名闻于世,有“人龙”之美誉。后师从举人李雁洲,学习书画诗词和医学。以武功官至汀邵总镇,授建威将军。历任四川大竹县、万县、间州、顺庆府知府。民国初年任川北盐运副使、四川盐运使。1921 年秋,他辞官赴上海,以书画为生。当时记载有“乞医乞画者,踵相接,门若市,书贾以之印行,风传海内外。”

1924年,他来到大连,居于市内南山附近。创办寿民药房,悬壶行医,“京沪求医者,尚不惮跋涉以来”。同时他与隐居于大连的名人以及地方名士多有往来,如成多禄、徐宗浩、丁燮生、黄越川、孙宝田、刘占鳌等人。他能书善画,又善于写诗,《中国美术家名人辞典》称他“工画山水,淡远绝欲,意在笔墨之外”。1925年5月发行的《有美堂金石书画家润例》中有《觉非龛主书画例》。

他以书画闻名于世,最擅长山水和魏碑小楷,为当时大连书画界最高水平。旅顺博物馆藏有他写的《曲氏井题咏》。

他有四子,长子祖绂,约翰商学士,曾任国立陆军大学教官,麦加利银行华人副总理;次子祖胤,以笔名小谢,在报刊上发表小说著作,有文名;三子祖绶、四子祖闿,在商业专校学习,学业优秀。

印学专家罗福颐

罗福颐(1905-1982),字子期,别号梓溪、紫溪,自号偻翁。为罗振玉第五子。祖籍浙江上虞,生于上海。幼年随父侨居日本京都,五年后回国居天津。

他没有接受过正规的学校教育,没有任何学历。自幼在父兄的指导下,学习中国传统文化,研究古器物学、古文字学,成绩颇丰。

1929年移家旅顺,帮助父亲撰述《贞松堂集古遗文》。自纂《古玺文字徵》、《汉印文字徵》各十四卷,附录一卷。编成《三代秦汉金文著录表》、《三代吉金文存》、《清大库史料目录》、《辽文续拾》、《西夏文存》、《传世古尺图录》、《满洲金石志》等书。

1939年,他在奉天(今沈阳)国立中史博物馆任职(今沈阳博物馆)。抗战胜利后迁居北京,任职于北京大学文科研究所。建国后调任文物局,后任故宫博物院研究员,直至病逝。他曾任国家文物局咨议委员会委员,中国科学院考古学会、中国古文字学会、西泠印社等学术团体理事。

他对印学颇有研究,其主要著作有《汉印文字徵》、《古玺文编》、《印章概述》、《古玺印概念》、《故宫博物院存古玺印选》、《战国汉魏玉印集》、《印史新证举例》、《隋唐宋官印集》、《印谱考》、《刻印私议》等书。他对于篆刻艺术颇有研究,以古玺和汉印为主,所刻之印浑厚端庄、雅秀自然。1979年文物出版社为纪念他对印学的贡献,出版了《罗福颐印选》一书。

刘鸿龄书写“万忠墓”

1948 年 12 月,旅顺万忠墓树立的那块墓碑,正面镌刻的“万忠墓”三个大字,就是由大连甘井子区营城子村刘鸿龄先生书写的,当时年高 80 岁。

刘鸿龄(1868 ~ 1958),字梦九、鸣九。出身于书香门第福善堂。自幼从父学习四书五经,注重书法训练,每天必写两个小时,从春到冬,无一间断,于是练就了他一手好书法,柔婉、苍劲的书法风格。1906 年,他曾为旅顺新落成的天后宫书写碑文《创修天后宫序》,此后又为营城子永兴寺大庙和乡里百姓写过一些碑文。他担任过营城子小学首任校长 10 余年,离职后在自家开馆教授私塾,每年招收学子 30 余人。教书育人,备受尊敬,人称“大先生”。他在培育子女方面,尤有独到方法。其长子刘伯刚留学日本京都帝大经济部,1927 年加入中国共产党,是营城子地区最早的党员。

刘鸿龄四弟刘鸿慈也是一位教师,做过小学校长,颇有声望,人称“四先生”,他的书法也很有名气。

丁文江编著《徐霞客年谱》

1927 年初,丁文江(1887 ~ 1936)辞去淞沪商埠督办公署总办,来到大连,住进大和旅馆(今大连宾馆),作短期休养。

有一天,他忽然接到杨金寄来的 5000 元。原来杨金自小父母双亡,曾讨过饭,幸由美国教士收养,带到美国,学会矿业钻探技术。回国后一时生活无着,来到北京地质调查所向丁文江求助,丁文江把他介绍到矿山工作。几年后,他发了财,来到北京,送给丁文江 2000 元,丁文江不收,而他坚决要给,丁文江只好收下一半,作为地质调查所修建图书馆的捐款。后来,杨金转业在徐州开办面粉厂,赚了一些钱。他知道丁文江在大连遇到困难,便寄来汇票和信。信上说:“公于我,不啻生死人而肉白骨。今我已富,闻公弃官后多债。我不报公,无以为人。公若见却,是以我为不义矣。”他看完信,为杨金的真诚所感动。

丁文江在大连期间,对他最珍爱的《徐霞客游记》,结合过去实地考察的记录,进行精心的研究和整理。这部书,他在云贵、四川考察期间,作为重要参考,一直带在身边。必要时还要展开查对原文,并作记录或更正文字。他对徐霞客,这位明末的著名地理学家更是推崇备至。在材料极端缺乏的情况下,编写了长达 5 万字的《徐霞客年谱》和绘制了《徐霞客游记地图》,这是他的研究新成果,对学术界必定是一个贡献。经过他修订的《徐霞客游记》和附在书后的《年谱》、《地图》，作为“国学基本丛书”之一，1928 年由上海商务印书馆出版。

丁文江是我国地质学的创始人，成立北京大学地质门研究班，培养我国第一批近代地质人才；创建中国地质调查所，指导我国地质学的研究和发展，是中国地质学整体认识的第一人。

黎锦晖演出儿童歌舞剧

1927 年 9 月，黎锦晖（1891 ~ 1967）率上海黎花少女歌舞团（明月歌舞团前身）首次来连演出儿童歌舞剧《月明之夜》、《蟠桃大会》。参加演出的有黎明晖、王人艺、王人美、黎莉莉、徐来、蒋玲仙、黎锦光等。大连出版的《满蒙》杂志全文发表了黎锦晖创作的《月明之夜》。该剧是我国首部儿童歌舞剧，叙述快乐之神向梦中的人们播撒快乐，其实只有人间才有快乐，连月宫里的嫦娥也不甘寂寞，来到人间和孩子们共享快乐。《蟠桃大会》是个神话故事，表现众仙在蟠桃大会上为王母娘娘祝寿的欢乐景象。

1930 年 9 月，大连《满洲报》社邀请黎锦晖再次来连演出他创作的儿童歌舞剧《葡萄仙子》、《麻雀与小孩》、《小小画家》、《可怜的秋香》。参加演出的有聂耳、白虹、周璇、杨枝露、黎明健、于立群、严折西、黎锦光、谭光友、赵晓镜等 37 人。演出地址在大连基督教青年会馆（今不存）。《满蒙》杂志全文刊发了《葡萄仙子》。该剧通过葡萄仙子、喜鹊、甲虫、山羊、兔子及雪花、雨点、太阳、春风、露珠的相互关系，告诉人们应爱护劳动果实，让果实为人服务。《麻雀与小孩》是教育孩子们做一个善良、诚实的好孩子。《小小画家》是嘲讽封建教育的腐朽，宣传个性解放。《可怜的秋香》是描写一个孤女的悲惨生活。

黎锦晖儿童歌舞团两次来连演出，给大连带来了生机勃勃的气息，新鲜活泼的儿童歌舞剧令大连人耳目一新，受到市民的欢迎，尤其是少年学生特别喜欢。

黎锦晖善于根据儿童心理和情趣来选择题材，构思情节。他一生创作了 12 部儿童歌舞剧和 24 首儿童歌舞表演曲，还写了 60 多首歌曲和舞曲、话剧插曲和民间器乐曲。他的作品反映了“五四”新文化运动的精神，有广泛的时代性和进步性，推动 了社会和学校歌舞艺术的发展，为我国儿童歌舞奠定了基础。

大连满蒙文化协会

1920 年 7 月，满蒙文化协会在大连成立。它的使命是“代关东厅和满铁会社宣传、开发满蒙文化”，活动范围是整个东北亚地区，举办各种社会活动，大肆宣扬殖民文化和奴化政策，是日本帝国主义统治大连和侵略东北的重要文化组织机构。

该协会1926年更名为中日文化协会，1932年又改称为满洲文化协会，在东北和日本设有分部。协会的总裁不是满铁总裁就是伪满的首脑。协会的主要任务是调查研究，介绍宣传满日亲善，编辑出版发行等工作。为了完成上述各项任务，协会成立了调查部、编辑部、介绍部、计理部、庶务部五个执行业务部门。每个部都有具体的分工，如调查部的工作规定，对满蒙和苏联东部的一般事业、企业和生产情况进行调查，搜集出版该地区的有关书籍和资料；由此可见该协会与日本推行的侵略扩张政策是密切相连的。

该协会还举办各种文化活动，如满洲事情研究会、中国戏曲研究会、中国社会现象研究会、中国风俗研究会、满蒙实况摄影、满蒙文化资料展览会、中国妇女文化展览会、中国烹调讲习会、书画展览会、玩具展览会、关东州史谈会、西岗子社会现象研究会、大博览会、暑期大学等，它所涉及的领域十分广泛，上自国家政治，下至社会风情，通过研究、宣传做到全面了解情况，为制定殖民政策提供依据，并从中进行“日满亲善”、“共存共荣”的奴化政策宣传，以达到泯灭中国人的民族意识和反日精神的目的。

在25年间，共出版发行了10种定期刊物，编辑出版图书近万种，对满蒙地区的政治、经济、社会、历史、文化、地理、人物、风俗等各方面都进行过全方位的调查研究，并形成文字材料，为其侵略战争和政策服务，所以说满蒙文化协会不是一般的文化团体，它是具有特定作用的官办宣传机构。该协会随着日本战败而解体。

大连中央放送局

1925年7月，大连中央放送局成立，是东北地区最早的广播电台。日本关东递信局在大连西郊无线电信局沙河口受信所设立发射装置，在中央电话局内设立广播室开始试播。呼号为“JQAK”，呼出名称为“大连中央放送局”。输出功率为1000瓦特，周率为6454千周。“第一放送”听众对象是日本人，“第二放送”听众对象是中国人，“短波海外放送”是对欧美听众的。用日语、华语、英语、俄语、朝鲜语、蒙语等多种语种广播。内容有新闻、讲演、音乐、气象、行情和中国京戏与音乐。在新闻报道中，大肆鼓吹“王道乐土”、“五族协和”、“日满一德一心”、“大东亚圣战”等法西斯军国主义思想。太平洋战争爆发后，加大了侵略战争的宣传，新闻节目由原来的7次增加到10次。当时中国人由于经济原因，收听广播的极少，收听工具是简陋的交流式普及型及标准型收音机，中国人叫它“拉交”。

大连中央放送局完全是一个进行殖民国策宣传和侵略战争宣传的舆论工具。1945 年 8 月 15 日日本投降后停播。同年 12 月 19 日中日双方正式交接,广播电台回到中国人民手中。

罗振玉与大云书库

罗振玉(1866~1940),字叔言,号雪堂、贞松老人。祖籍浙江上虞。幼时聪明好学,4 岁开始学字,5 岁入塾读书,15 岁读完经书,16 岁考中秀才。他倾心于经史考据之学和金石文字,20 岁写成《读碑小笺》,为其著书立说之始。

1890 年,罗振玉立馆教书,继之办报馆,创立东文学社。1900 年秋应湖广总督张之洞之请,到武昌主持农务局,历任湖北农务学堂、江苏师范学堂农科学校监督,曾两次赴日考察教育。1906 年奉调进京入学部任二等咨议官。1909 年补参事官,官居五品。

辛亥革命后,罗振玉自命忠君不贰,洁身引退,携家赴日,定居京都,念念不忘清室之恩。此间他同宗社党骨干清廷陕甘总督升允相识,发誓要复辟大清帝国。

1919 年,罗振玉回国,居天津。北京大学校长蔡元培聘他为考古学教授,他以义不屈新朝,坚辞不就。成立东方学会,纠集封建遗老,等待复辟时机。后经升允、陈宝琛的推举,受到溥仪的召见,任南书房行走(皇帝内侍)。罗振玉自入宫后,深得宠信,他把复辟的希望完全寄托在溥仪身上。1924 年 11 月,冯玉祥逼宫,他出面同日本使馆联系,将溥仪护送到天津日租界。

1931 年"九一八"事变后,罗振玉积极参与建立伪满洲国的阴谋活动。日本关东军高级参谋板垣征四郎,电召他到奉天商讨对伪满新政的意见。他说:"欲谋东亚之和平,非中日协力从东三省下手不可;欲维持东三省之局势,非请大清宣统皇帝临御不能洽民望。"主奴心意不谋而合,于是罗振玉奉命赶赴天津,同郑孝胥将溥仪移来旅顺。由于罗振玉坚决主张恢复大清帝国的体制而被日本人所摈弃,总理的位子被郑孝胥所夺,他只得到个伪参议府参议和伪监察院院长。

1928 年秋,罗振玉携家定居于旅顺太阳沟扶桑町(今洞庭街)。建筑新宅和大云书库(因藏有北朝人写本《大云无想经》最为珍贵,故名),将天津的藏书全部移来旅顺,共 30 余万册,号称东北地区最大的藏书楼。他作为一代学者,在搜集、整理甲骨文、青铜器铭文、汉简、唐经以及清宫内阁大库所藏的历史档案等方面作出了贡献。他在旅顺期间,以大部分时间从事考据编著,先后编撰的著述有《流沙坠简》三册(1934 年)、《三代吉金文存》二十卷(1937 年)、《汉石经残字集录》一卷、《辽居杂著》、《丁戎稿》一卷、《辽居稿》一卷、《辽居乙稿》一卷、《集蓼编》、《贞松望集右遗文补遗》三卷、《古器物识小录》一卷、《辽海吟》一卷、《辽居杂著乙编》、《殷墟书契续编》六卷、《辽居杂著丙编》、《贞松望吉金图》三卷、《清太祖实录稿》、《皇清奏议六十八卷》、《皇清奏议续编》四卷、《辽海续吟》、《贞松望西陲秘籍丛残》三卷等，这些编著对研究考古学、金石学、文字学等都有重要的参考作用。在30年代，罗振玉同他的儿子罗福颐、罗福成集中整理旅顺库籍整理处收藏的清廷内阁大库档案，这是日本人松崎从北京劫来的。这批档案是皇帝诏书、百官奏章、殿试卷子、外国表章等史料。他们父子经过3年的辛苦耙梳、审阅，最后编印成21巨册，计有《大库史料目录》14卷6册、《史料丛编》6卷6册、《史料丛编二集》6卷6册、《国朝史料零拾》2卷2册、《明季史料零拾》1册，这些史料对研究明清历史，尤其对清代宫廷史是很有价值的。

1937年5月，罗振玉辞职回旅顺，主持墨缘堂。1940年6月病殁，终年74岁。赠谥"恭敏"。

解放后，罗振玉居宅一度为苏军所用，大云书库的藏书遭劫，损失惨重。建国初，罗振玉之孙罗继祖将藏书全部捐献给国家，分藏于辽宁省图书馆和大连市图书馆。

王季烈与昆曲

1927年，王季烈（1873～1952）由北京移居大连，筑别墅于白云街9号。1931年底，末代皇帝溥仪的皇后婉容来大连，曾在此暂居过。

王季烈在大连居住了10年，一心从事昆曲理论的研究，著辑有《螾庐曲谈》、《集成曲谱》、《与众曲谱》、《读曲要旨》，还据脉望馆藏本校订了孤本《元明杂剧》。晚年曾为《龙舟会》、《桃花扇》等传奇订谱，辑为《正俗曲谱》。此外，尚有《人兽鉴》等传奇5种。昆曲界对他的理论著述倍加推崇。

《螾庐曲谈》是讨论曲律的理论著作，1922年出版。该书分4卷：《论度曲》、《论作曲》、《论曲谱》、《余论》。作者探索曲律而不拘于前人的论点，颇多创见。如在音韵方面，他指出闭口音就是在韵母后收M音。这一古音，尚存于福建、广东等地的方言中。《曲谈》首次提出了"主腔"概念，使曲谱和联套过去认为是高深莫测的技巧，现在有了准绳。因此昆曲家认为《论曲谱》一卷，有开启昆曲声律奥秘的功效，将昆曲理论研究向前推进了一步，

王季烈对昆曲研究，另一个重要贡献是编辑《集成曲谱》和《与众曲谱》。《集成曲谱》在谨守曲律的原则下，适当地融和了流行唱腔和口法，是通行的演唱曲谱之一。

《正俗曲谱》是王季烈进行昆曲改革的一种尝试。传统昆曲剧目为四五十出，篇目较长，不适合舞台演出。他对此加以缩编、订谱，辑成这部书。原计划按地支编号，分出12册，后来只印行了子集《龙舟会》和丑集《桃花扇》，各选九折，寅集至亥集订谱仅完成初稿，没有出版。

欧阳予倩唱大戏

欧阳予倩(1889—1962)，现代剧作家、中国戏剧表演艺术家、戏剧教育家、中国话剧运动创始人之一。艺名莲笙、兰客，笔名春柳、桃花不疑庵主。原名欧阳立袁，号南杰。湖南浏阳人。

1904年，欧阳予倩东渡日本，先后在明治大学和早稻田大学学习。留学期间，他加入新剧团体春柳社，参加反对种族歧视的《黑奴吁天录》和宣传革命思想的《热血》等剧的演出。1910年回国后，在上海参加新剧同志会、文社、春柳剧场、民鸣社等新剧团体，编演了一批新剧，鼓吹革命思想，反对封建专制，为中国早期话剧的兴起作出了重要贡献。

欧阳予倩从1916年开始，致力于京剧改革和创作，参加京剧演出达15年之久，他先后编演了《黛玉葬花》、《晴雯补裘》、《卧薪尝胆》、《人面桃花》、《杨贵妃》等京剧。1919年，他创办南通伶工学社，自任社长用新方法培养戏曲人材。1922年，他参加戏剧社后，创作独幕话剧《泼妇》、《回家之后》。随后加入南国社，从事电影工作，写过一些电影剧本，如《玉洁冰清》、《三年以后》、《天涯歌女》、《新桃花扇》、《清明时节》、《海棠红》等。1929年，他创办广东戏剧研究所，创作《屏风后》、《车夫之家》、《小英姑娘》、《买卖》等剧本。“九一八”事变后，加入中国左翼戏剧家联盟，参加反蒋抗日政治活动，创作话剧《李团长之死》、《同住三家人》、《不要忘了》及京剧《渔夫恨》等。

抗战期间，欧阳予倩任广西艺术馆馆长兼桂林剧团团长，积极投身于抗日救亡运动，创作歌颂爱国英雄、痛斥汉奸卖国贼的桂剧《木兰从军》、《忠王李秀成》，举办西南第一届戏剧展览会。1946年创作京剧《孔雀东南飞》。1955年加入共产党。1959年创作《黑奴恨》，这是他晚年的主要作品。

欧阳予倩是位卓越的表演艺术家，他在话剧、戏曲、电影、舞蹈、音乐、美术诸方面，都有很深的造诣。他一生创作话剧21部，戏曲5部、电影10余部。他的作品真实地反映了现实生活，并同现实斗争紧密结合，具有很强的时代感和战斗性。因为他既熟悉现代话剧艺术，又深知传统戏曲艺术，又有舞台演出的经验，所以他创作的作品具有故事性强、语言讲究节奏、民族特色鲜明和适于舞台演出的特点。

欧阳予倩的著作有《欧阳予倩选集》、回忆录《自我演戏以来》、评论集《话剧、新歌剧与中国戏剧艺术传统》、《谈文明戏》、《唐代舞蹈》等。

欧阳予倩曾任中央戏剧学院院长、中国戏剧家协会副主席、中国文联副主席、中国舞蹈家协会主席、政协全国委员、全国人大代表。

1925 年 1 月下旬，欧阳予倩从上海来大连于永善茶园（今人民剧场）先后演出了《人面桃花》、《徽钦二帝》、《济公活佛》、《卧薪尝胆》、《宝蟾送酒》、《黛玉葬花》、《长生殿》、《打渔杀家》等京戏，大受观众欢迎，场场爆满，座无空席。2 月 1 日，大连中华青年会会长傅立鱼，邀请欧阳予倩作讲演，讲题《中国戏剧改革之途径》，该讲话刊登在《青年翼》杂志上。2 月 21 日，大连满蒙文化协会举办欧阳予倩观剧会，他在歌舞伎座（今不存）演出《打渔杀家》、《金刀阵》和《人面桃花》。2 月 24 日，大连《泰东日报》发表梨花馆主的文章《欧阳予倩之〈人面桃花〉》，向读者介绍该剧的内容和历史意义。在演出期间，大连票友王牧牛在《泰东日报》发表《欧阳予倩评》一文，指出："像欧阳予倩这样优秀学子，兼伶界杰才所演的一些戏，词句应力求浅近，通俗易懂，使多数看客观之受益，不应只满足少数戏迷口味。陈词腐调的折头戏，过渡本戏，宜取消为佳。"欧阳予倩看了之后，很是高兴，会同友人一起到王牧牛家登门拜谢，随即在泰华楼宴请王牧牛，以答谢他的进言。

欧阳予倩在上演的第 19 天，上座正盛时，突然向前台主席提出他的好友冯子和代他演出 3 天。原来冯子和在营口演出，卖座不佳，便来到大连投奔欧阳予倩。欧阳予倩得知他在营口欠了一些债，吃宿都成问题，便把演出的好机会让给他，3 天演完之后，又要冯子和续演数天。

3 月 4 日，欧阳予倩离开大连乘火车前往奉天，为张作霖五十大寿演出。

关于欧阳予倩的文章，当时大连的报刊曾经刊载过。1925 年 12 月，欧阳予倩的《关于京剧二黄》一文，刊登在大连《满蒙》杂志第 68、70 期上。1929 年 8 月，欧阳予倩的《中国音乐与日本音乐的关系》一文，刊登在《满蒙》杂志第 112 期上。1931 年 12 月 15 日，大连《泰东日报》发表《欧阳予倩翻旧剧成案》一文，专门介绍欧阳予倩关于京剧改革方面的一些情况。

皮影

皮影又称"驴皮影"、"灯影戏"。它是演员以驴皮刻制的人、禽、兽等形象，用灯光投影在纱幕上，并伴以唱腔和音乐，来表现人物和故事的一种艺术形式。

皮影戏是一个古老的民间戏曲剧种，大约起源于汉代，唐宋年间流行于全国。由于流传地区民俗方言和表现形式的差异，形成四大流派：河北的乐亭皮影、陕西的碗碗腔、福建的龙溪皮影、广东的潮州皮影。

辽南地区的皮影戏大约有300年的历史，按方言和民俗的不同，可分为南北两派，北派是指瓦房店、复州、大石桥、海城一带；南派是指复州以南的普兰店、金州一带。

大连的皮影戏是清代嘉庆年间，从河北滦州传进来的，距今已有200多年，有浓郁的地方特色，深受农民群众的欢迎。1934年出版的《庄河县志》称："影戏，有所谓驴皮影者，即影戏也。农民凡有吉庆、酬神等事，多聚资演唱。"

早期皮影班演出时都是"流口影"，即没有剧本（影卷），唱词全是师傅口传下来的，因此在演唱上难免随意。后来有了"影卷"，皮影戏便逐步有了新的发展和提高。"影卷"都是用毛笔书写的，字迹工整，字体较大，便于在灯下辨认。影词都有故事性，雅俗共赏，老少皆宜。"影卷"长短不一，长的20多本，能唱个把月。影戏班子有六七人，每个人至少要掌握一种乐器，边拉边唱，加上提影人的操作，全班人忙碌不暇。在长年的艺术实践中，大连地区形成自己的皮影剧目：《五峰山》、《镇阳关》、《宝龙山》、《血水河》、《梅花亭》、《万花楼》、《刘秀走国》、《大破天门阵》、《香锦帕》、《秦英征西》、《反西凉》、《瓦岗寨》、《薛刚反唐》、《罗通扫北》等百余部。

皮影戏的演出十分灵活，影布高1米，宽2米，演出时用木框固定好。影人有30厘米上下，脸谱全是侧面的，双手可以前后摆动，影身也可以前后走动，另外还有辅助的桌椅、楼台、战马、兵器等。影身是固定的，影头可以更换。过去用煤油灯吊在影窗里面照影，现今用电灯照明，影窗也大型化了。

大连地区的皮影艺人大多出自复州城和金州一带。

白玉霜唱红大连

1920年，评剧演员白玉霜（1907～1942）跟随班主孙凤鸣来到大连。孙班主在西岗露天市场修建岐山小舞台，作为演出的场地。这时白玉霜、筱桂花、筱菊花、筱翠舫等艺人是岐山戏社的顶台柱。她们每天中午、晚上各演一场，上午专门学戏练功。岐山戏社是当时大连很有名气的评剧戏班。孙班主很器重白玉霜，把她看成是岐山戏社的大明星。

1924年，白玉霜父亲病故，又为了家计，她离开了岐山戏社，回到了天津。

1933年7月24日，大连举办"满洲博览会"，白玉霜应邀再次来连，她与筱桂花、筱麻红、王金香、花莲舫、芙蓉花、喜彩春、刘翠霞、刘艳霞等著名评剧演员同台演出，是轰动大连评剧界的一件盛事，一时传为佳话。

1935年7月，白玉霜应邀赴上海演出，途经大连，在明星戏院（位于不老街，今大连第七塑料厂旧址)演出《天河配》等评剧,这是她最后一次来连演出。

白玉霜的表演细腻真切,尤其精于唱功,艺术上勇于革新,是评剧“白派”艺术的创始人。她根据自己嗓音的条件,创造了一种低迴、婉转的独特唱法,加强了评剧唱腔的抒情性。她在伴奏、化装、表演技艺上,有许多创新,对评剧艺术的发展颇有建树,是“白派”评剧艺术贡献最大的演员。她同喜彩莲、刘翠霞、爱莲君4人,被称为评剧“四大名旦”

家训

20世纪20年代,大连曾出现过三家“家训”,这在殖民地是一件奇事,是同奴化教育相抗衡的表现。

《万福堂家规》。作者万福堂主人孙源江,字岷峰,金州人。曾担任过安奉铁路警察局局长。

《万福堂家规》很有特点,共分10章75条,条款系统详备,易于子弟遵守。10章分别为总纲、组织、职员、会议、经费、计算、公益、戒规、赏罚、细则。这是我国现代一部很有系统的家法户规。堂主说:“尝思国有国宪而国以治,家有家规而家以齐,20世纪以来,全球各国皆知立有国宪矣,而家规之发明尚未大白于天下。”于是,他与家族中老年人一起编成这部家规。家规中明显地反映了20世纪初城市生活的特点。文中规定:凡家族中的子孙年过20岁,都是万福堂的议员,都有讨论家政的权利。除堂长由家中年龄最长者担任外,设总理事1名,分部主任10名,负责家族内外各种事务,职责明确,便于执行。凡遇到重大事情,要经过全体议员开会表决。文中还规定了对家庭成员功过的奖惩办法以及婚丧嫁娶等诸多条例。

《万福堂家规》是现代社会中一部系统的家庭内部生活的立法文件,是旧中国大家庭的产物,具有典型的意义,是大连现代家庭道德文化的突出代表,是在家法制度的基础上,形成的以法制和民主治家的家规,对于研究封建末期趋于民主的家庭具有参考价值。

《启后留言》。作者邹岐山,祖籍重庆,世代务农,民国初年迁居大连。12岁入私塾,学习4年,后立店经商,谨慎勤俭,艰苦创业,产业逐渐扩大,成为大连德兴大药房的主人。《启后留言》是他写的治家“家训”。

《启后留言》可读性很强,洋洋数万言,近百则,每则200多字,均有小标题,主题明显,语言质朴,含意深远。该家训内容广泛,除为人处世、治家孝悌外,比一般家训多了一个内容,即从商经验和从商道德。这自然会得到经商者的喜欢。邹岐山很重视商人的应变才能,但更注重商人的德性与信用。他认为一个人能力的重要标志是“能不能发奋自主,能不能白手起家”。至于合伙经营,聘人任事,道德要看其人的品德和性情如何。作者对经商的艰难有颇深的体会,他认为经商最难的是“与素不相识的人初次打交道,难以分辨对方的用心是否叵测,或把你诱引到赌场,神出鬼没难逃别人诈骗的阴谋;或被诱引到妓院里,让你花天酒地地坠入昏迷之乡。只要一时把握不住自己,就会酿成终身的懊悔”。所以作者主张如果遇到类似诱惑,必须“早拿主意,坚定意志,才能免入歧途”。邹岐山的这些体会是真切的,给人的启示也是珍贵的。家训中的一些标题是格言式的语言,具有实际的指导意义,摘录如下:

教子原为治家之理 读书即是谋业之基
依赖成性必无长进 游荡自甘实速消亡
少壮努力大有可为 老大伤悲后悔何补
克勤克俭不论多少 一技一艺足保衣食
欲成事业先坚常性 欲积资财先戒奢费
居家严守正规 度日预筹常费
地方义举量力助捐 邻里有事争先莫后
邪神妖道徒乱心意 评命相士无益身家

《家训》。作者李万亨,字次元。甘井子区营城子镇双台沟村人。曾任金州正白旗汉军佐领(正四品),学识造诣深厚,颇有儒将之风度。奉天将军来旅顺视察水师时,极力赞扬其《家训》之作。后将其《家训》勒石于神道碑上,因神道碑已被破坏,故其具体内容今不得而知。

地方志

大连地方志最早出版的是乔德秀于1931年问世的《南金乡土志》,全书5.8万余字,20个专题:形胜、历史、政治、风俗、文学、武事、孝义、节烈、耆旧、名宦、城池、职官、祠祀、户口、田赋、山河海岛、古迹、物产,祥异、乡土租借政治志。该书有袁金铠、潘复的序,孙毓棻写的作者小传,作者自序和乔传恕的跋。乔德秀(1849~1916),字芝三,号希真子。大连营城子镇西小磨子人。1910年在家乡创办了“金州私立小磨子公育两等小学校”。为向学生进行爱家爱国的教育,他与人合作,编写乡土教材,“搜罗古今之书史,调查远迩之见闻,征其实,举其要”,几经寒暑,数易其稿,著成《南金乡土志》。序中说:“用以补吾乡五千年之缺点,即以浚本校两等生之灵明,庶几知爱乡即知爱国。”该志书得到奉天省行政公署的核准。乔德秀主要著述有《东北要塞鉴古录》、《南金乡土志》、《营城子会土地沿革概略》、《书忍堂治家规则》、《鸿指三生录》、《女箴》、《芝三启蒙》及诗文等。

《金州志纂修稿》,手稿本,定稿时间大约在1935年。今藏于吉林省图书馆和旅顺博物馆两稿,约7万字,两稿均为残本,无序、跋。其目录如下:兵事、兵食、选举、职官、仕宦、名宦、乡宦、人物耆旧、孝友、义侠、善举、节烈、艺术、道释、流寓、坛庙、祀典、古迹、名胜、祥异、艺文。参与编写的作者有曹世科(主持人)、阎宝琛、江鼐先、郑友仁、李义田、曲作寅、李维新、孙福基、毕序昭、刘心田。

《金州志略》,金纯泰编著,手稿本,定稿于20世纪50年代初。抄本藏于旅顺博物馆。全志约2万字,分上下两卷,无序跋。目录包括沿革、山川、城、关、驿、堡、庙宇、古墓、古迹、金州卫校、人物传略。金纯泰(1894~1972),大连旅顺人,史学家,早年从事教育工作。解放后参与创办旅顺中学,出任教导主任、校长。1947年任旅顺市教育局长。倡议重修万忠墓并撰写碑文。1949年在旅大图书馆工作,整理旅大地方史料。著有《旅顺古迹志》、《清朝统治旅大时期》、《日俄战争纪要》、《日寇统治旅大时期》等稿。

《旅大文献征存》,孙宝田编著。全志9卷,18万字。有孙似楼序和跋、作者自序、凡例。另附沿海地图、古迹拓片一册。全志目录有金州沿革、古迹名胜、战争、外事、条约、奏议、墓表、庙祀、碑记、祠记、艺文、杂记、职官、考古、人物等。孙宝田(1903~1991),字玉良,大连金州人。三、四十年代供职于金州私塾、金州女子高等公学校。解放后从事地方史研究和著述。孙宝田酷爱书法,出版过《燕京纪行》。著有《古刻经眼录》、《两间草堂笔记》、《旅大地方轶事》、《雪鸿诗集》等稿10余种。生前系中国老年书画研究会会员、大连钱币学会顾问等。中国艺术研究院授予他“中国当代艺术家名人”荣誉称号。

《辽海志略》,手稿本,隋汝龄著。该志书共160卷,24个门类,内容包括天文、地理、城池、关隘、宫殿、庙宇、山川、古迹、风俗、人物、考据、杂记、艺文、建筑、编年纪事等,是辽宁地区一部重要方志。有传抄本流传于世,现吉林社会科学院藏有金毓绂抄本64册,与原稿少4册。另辽宁图书馆藏4册,南开大学图书馆藏5册。作者为大连金州区石河镇隋家沟人。清道光五年(1825)拔贡。历任江苏祝其(今丹阳)、赣榆知县、江宁府(今南京)督粮同知等职。该志书完成于咸丰二年(1852)。

此外,殖民统治时期,日本人也写了一些大连地方志书。

文化人孙宝田

孙宝田(1903~1991),字玉良,晚年号辽海赘翁。祖籍山东牟平,后移居金州。早年就读金州私塾,结业后在大连福顺义商店任文牍。从1923年起,师从考

孙宝田

古学家罗振玉专攻金石考古学和古字画鉴定。1923年任金州私塾汉文、书法塾师。30年代编辑《金州志纂修稿》。又同金州会长曹世科等七人结成益友社,以文史资料为内容出版《益友》月刊,后被日本殖民当局强制解散。此间曾随郑有仁赴旅顺探访甲午年抬尸者鲍绍武老人,掌握日本屠杀旅顺百姓18300余人的第一手材料,更正了万忠墓"10800余口"之误。

1942~1945年,孙宝田兼任关东州中学历史教科书编辑。日本人要把中国的东三省历史说成是日、满、蒙、朝共荣的历史,企图篡改中国历史,受到孙宝田和金纯泰的坚决抵制,终使日本人的企图没有得逞。日本人为长期占领金州,消灭民族意识,要中国人改成日本姓,金州会长曹世科召集各界代表商讨此事,孙宝田不怕日本人的报复,带头签名反对,日本人的企图终于落空。

孙宝田珍爱收藏,从1935年开始,收藏了大量的文房四宝、古字画、碑拓、铜器、钱币等,解放时又从日本人手中收购一些文物,其中不乏国家级文物。1959年,他将400多件文物捐献给旅顺博物馆。

孙宝田潜心著述大连地方志五十年,完成《旅大文献征存》八卷,后又增加续编、补遗各一卷,又编撰《旅大地方轶事》、《徐邦道总兵轶事》一卷,另著有《两间草堂笔记》、《山窗杂录》、《守拙园存》、《辽海赘翁回忆录》、《雪鸿诗集》等。此间又为大连文物店在庄河鉴定收购苏东坡的《阳羡帖》。

孙宝田酷爱书法,书道老成,字迹清秀端正,雄浑有力。早年连续三年被评为东三省书法展优秀作品,并获银牌奖。1931年陕西省遭灾,金州会募捐赈灾,他在南金书院礼堂举行书画展义卖。解放后,他数十次参加全国、省、市级书展,多次获奖。他曾担任中国老年书画研究会会员、大连市钱币学会顾问、大连市老年书画研究会顾问。

1991年2月病逝,享年89岁。

陈德麟与大连话剧

1916年,陈德麟组织成立文明新剧社,开始了大连话剧活动。

陈德麟,字非我,浙江慈溪人。青年时期在南洋群岛经营航务。清末宣统年间,他由上海来大连,任大连太古洋行经理,后兼任大连中国妇孺救济会会长。

1920年,他与傅立鱼、杨风岐等人成立大连中华青年会,任董事兼武术部部长。中华青年会是日本殖民地统治时期的爱国进步团体和社会教育组织。该会的成立及其活动,对于传播新文化、新思想,启发大连人的爱国觉悟,增强民族意识,起到了巨大的作用。

陈德麟热心于公益事业,致力于青年会的各项工作,尤其对新剧造诣颇深。文明新剧社的成员大多是各界的文化人,剧社刚成立,他便从上海请来一批新剧活动家,一起排演新剧,曾为天津水灾募款赈灾。新剧就是后来的话剧。

1918年10月19日至21日,文明新剧社应永善茶园(今人民剧场)之邀公演义务戏三天。这是"大连从来未有破天荒之新剧",一时间剧院门口车水马龙,人群涌动。当年《泰东日报》说:"当晚演的开幕剧是《醉鬼捉奸》,观众为之捧腹。台上卧室等一切布景,视之与真家毫无差异。正剧为《青楼侠妓》,共10余幕,布景新鲜别致为本埠人所未见,剧中情节离奇,悲欢离合,有卖艺者表演飞叉,周身旋舞,座客莫不惊奇道绝……"剧情贴近现实生活,通俗易懂,舞台上又有生活中的各种景物,这种演出形式,对于一向观赏传统戏曲的大连观众来说,自然是别开生面,耳目一新。

1919年12月18日至21日,大连中国慈善救济会,邀请文明新剧社在永善茶园演出义务戏。陈德麟排戏《湘江泪》、《猛回头》、《大闹宁国府》和《异母兄弟》等。《猛回头》和《异母兄弟》是编剧人陆竞若根据日人剧本编译的。《大闹宁国府》是欧阳予倩编写的"红楼戏"。文明新剧社这次演出比上一次大有进步。

1922年8月16日,大连《关东报》对文明新剧社几年来的演出活动作出这样的评论:"大连文明新剧社自开办以来,研精覃思,七载于滋,多次演出义务戏,颇蒙各界赞许。所排家庭社会时事新剧,举凡人间忠奸侠烈、礼义廉耻、喜怒哀乐、悲欢离合、绘景传情,无不毕肖。且特置五彩新色油画,舞台布景呈现出楼台旷野、林壑亭阁、花园马路、洋房、山海水景、火车、轮船、厅堂内室、琴棋书画以及各色电灯,五光十色,异样新奇,亦可谓别开生面……"

1921年4月24日,大连中华青年会所属救济部,在永善茶园为直鲁豫灾民募捐义演,由陈德麟排演欧阳予倩编写的《哀鸿泪》,该剧描写军阀混战灾民痛苦生活的情景。参加演出的有文明新剧社的演员和文化艺术界的同人。关于该剧的演出,《泰东日报》做过这样的报道:"《哀》剧系演灾民惨状,易子而食,折骸为薪,令人不忍心目睹,座客有为之下泪者,有为之泣不可抑者,足见戏剧感化人也深矣!是时座客倾囊相助者指不胜数。"由此可见新剧在群众中所产生的教化作用。

在文明新剧社的推动和影响下,1923年新剧热心人贺乐天、石单主等人组织新剧研究社,提出挽正风俗、提倡公德、开通民智、普及教育四项任务。1925年新剧在学生中间也开展起来，沙河口公学堂学生演出《乐天足》，对提倡天足，废除缠足的旧习陋俗颇有影响。

30年代，陈德麟离开大连，前往上海。

谢世煌与大连影片发行业

谢世煌，浙江宁波人。生于1900年。

其父谢枕山，早年留学美国沙士明光科大学，专攻光学。回国后出任上海精华公司营业部兼光学部主任。1920年，在大连创立老精华眼镜公司，又在奉天、长春等地创立分店，对东北地区眼镜业的创立和发展，起到了很大的促进作用。

谢世煌从幼年起，受其父亲的影响，刻苦学习，孜孜不倦。1921年，毕业于圣芳泽学校，任南昌青年会干事。1923年，被聘为营口华北眼镜公司经理。1925年，来大连接任老精华眼镜店本店经理。由于他通晓日语和英语，又懂得光学理论知识，1926年被上海美国光学会聘为高级译员。他天资聪颖，思想敏锐，擅长光学，出类拔萃，在社会上有一定的声望。

其时，中国电影业刚刚起步，他对此尤有兴趣和热心，决心以提倡国产电影，来抗衡进口影片，并以此辅助社会教育为己任，积极筹划和组织资金，同上海影片公司联系发行业务。1927年4月，他在大连西岗露天市场创立上海大戏院，从事电影放映工作。由于电影是新兴艺术门类，又加他经营有方，很受市民欢迎，尤其在青年学生中影响更大。1928年，他为了进一步发展影片放映业务，亲赴日本考察电影摄制工作和影片发行情况。回国后，在大连、奉天（今沈阳）创立新生活影片公司，代理上海影片公司的出租和推销业务，兼售电影放映机零件和上海电影《银幕》报。他直接经营的影院有大连和长春的上海大戏院，奉天和哈尔滨的东北大戏院等7家大戏院。

谢世煌正值年轻体壮，思想开拓，对工作不辞辛苦，兢兢业业，在创建和发展东北地区影片发行事业中，做出了许多开拓性的有益工作。

足球运动史话

1964年，国家体委首次确定大连为全国发展足球运动的10个重点地区之一；1979年，国家体委再次确定大连为全国16个足球重点地区之一；1992年，大连又被确定为全国的足球特区。大连获得“足球城”的殊荣是有其历史根源的。

早在20世纪初，由于港口开放，西方商船来连日趋增多，船员为了消除海上生活的单调，经常进行一些足球比赛。在他们的影响下，大连青年逐渐对足球运动产生了兴趣。至1920年踢足球的人们常在敷岛广场（今民主广场）西南处“小树林球场”进行比赛，有时外国船员也来参加，当时大连许多空地都成了足球场，如老虎花园（今劳动公园）、市二中门前广场（今人民广场）、露天市场南面场地（今市法院）等。

1921年3月10日，大连中华青年足球队（简称中青队）成立，这是我市第一个有组织的正规足球队。球队由37人组成，其中约有半数队员是公学堂的学生。1923年12月4日“全满足球大比赛”在大连举行，这是大连历史上最早的一次足球赛。中青队是中国人参赛的唯一球队，结果踢输了，于是激发了中国人在日后比赛中奋力拼搏的精神。该队认真总结经验，加强训练。1925年5月23日，中青队与旅顺工大队比赛，仅输一球。后来中青队曾连续战胜英国太古轮船公司队、日本基督教青年会足球队、大连一中日本学生队，因此球员精神振奋，信心倍增。

1925年隆华足球队成立，该队以正隆银行职员为主，队名有兴隆中华之意。该队经常与中青队比赛，1926年在大连中华运动会上，隆华队竟以2:0战胜中青队，获得“冯庸怀”，名震大连。

1927年日本国家代表队（早稻田大学队）来大连比赛。中青队和隆华队联队应战，这是大连足球队同外国足球队最早的一场比赛，结果以0:6和0:4连败两场，其教训是职员临时拼凑效果不佳。1929年日本足球冠军拓殖大学队来连比赛，以6:0胜大连工华队，以4:0胜中青队，隆华队努力拼搏竟以7:0大胜，极大地鼓舞了中国人的志气。

1932年日本殖民当局为统管中国足球队，成立了大连市足球联盟。大连足球运动进入了有组织的阶段。

1936年~1937年，隆华队连续两年获满铁总裁怀，此前曾多次获得大连市足球联盟举办的联赛冠军，成为大连最强的队。1938年该队抽出主力队员9人加入伪满国家队，从此不振。

1938年以工人为主的工华队崛起，该队成立于20年代末，经过刻苦训练，在1938~1942年参加联赛荣获五次冠军，进入大连四强。

在学生足球队中，旅顺高公队最强，20年代每年一度的中学生足球联赛的冠军非他莫属。在全满中学生足球联赛中，高公队曾连夺五次冠军。30年代后期，大连商业学堂足球队崛起，1938年战胜高公队，至此结束了高公队的霸主地位。1941年后起之秀大连协实队，在中学联赛中以2:0战胜四连冠的商业学堂队，又以1:0战胜日本人的大连商校队，荣获市中学足球冠军。

1943年以后，由于日本侵略战争的加剧，经济衰退，人民生活困难，三四十个足球队先后解散。

解放后,我市足球运动获得飞速发展,处在全国足球运动的领先地位,有球队2000余个,为全国输送了1500余名球员,历届国家队和其他足球队都有大连籍的球员;1985年大连足球队进入全国甲级队行列。大连女足也闻名全国。

话说碑碣

大连地区有7000年的历史,留存至今的碑碣大多是明清时代和近代的遗物。碑碣记载了当时的历史情态和社会风貌,是今人了解历史的最好凭证。碑碣按其内容可分为功德碑、记事碑、庙宇碑、墓碑、贞节碑、战绩碑等。

功德碑记载着碑主生前为民造福的功绩,大多为民众自发树立的,如牧城驿韩道观先生的功德碑、金州刘心田先生的功德碑、郭精义纪念碑、庞睦堂纪念碑、徐香辅纪念碑等都属此类。

大连地区最早的记事碑当推旅顺鸿胪井刻石。刻文称:"敕持节宣劳靺鞨使鸿胪卿崔忻井两口永为记验开元二年五月十八日。"公元713年,唐王朝鸿胪卿崔忻奉旨出使渤海国,册封靺鞨首领大祚荣,途径都里镇(今旅顺口)。在黄金山下凿井两口,作为纪念。日俄战争后,该刻石被日本司令长官劫往日本。金州挂符桥碑,立于清乾隆三十一年(1766),记述该桥的初建时间和重修经过。旅顺龙引泉碑,立于清光绪十四年(1888),记述旅顺港坞引水及自来水修建之事。

大连凡是有大庙的地方,都立有庙宇碑,以阐明建庙的情由。如金州得胜庙碑、金州的响水观、观音阁、朝阳寺、唐王殿和金州、大连、旅顺的天后宫、柳树屯的关帝庙、营城子永兴寺、普兰店清泉寺、牧城驿老爷庙等处的庙宇碑。

大连地区的墓碑甚多,其数量无法统计。其中最具历史价值的应推旅顺万忠墓的"光绪碑"。另有金州元管军上百户张成墓表、大连湾炮台千总王荣青墓碑、金州王公墓志铭(即王永江墓碑)等,都是很重要的墓碑。

在大连的许多乡镇,都有贞节碑立于道旁。其中最有名的是瓦房店许屯镇的刘绾之妻张氏节孝牌坊。该牌坊建于清道光二十一年(1841),为四柱三栋式,由青石凿成。营城子镇前牧城驿村东山的碑楼,有贞节碑50余通,立碑的年份大多是从清朝中期到民国初年,是大连最大的贞节碑集中地。在"文革"中全部被毁。

日俄战争后,日本殖民当局为鼓吹日军的"战绩",修建了一些战迹碑,其中旅顺口最多,有20余座。如表忠塔(今白玉山塔,塔记铭文铸于塔顶的铜匾上)、尔灵山(今后石山)子弹形塔、东鸡冠山北堡垒碑、俄军城防司令康特拉琴柯战死碑、望台炮台碑、水师营会见所碑,以及为甲午战争中的日本间谍"三崎"所立的金州殉节

“三烈士碑”等等。

大连首批赴日本留学生

1905年,日本接替了沙俄在大连的租借权,变大连为日本殖民地。日本殖民当局为培养其御用工具,将学业优异和经济条件优越的青年学生,经过选拔考试,合格者送往日本深造。大连首批赴日留学的时间是在20世纪初年,其人员大致如下:

大连最早的赴日留学生是普兰店人**刘雨田**(1870~1951)。他在甲午战争中为日军效力,受到日军司令官大山岩元帅的赏识。战后他把刘雨田带到了日本,在东京善邻书院学习日语和俄语,毕业后任该校的汉文讲师。在日俄战争时,刘雨田做了日军情报员,战后天皇赐给他六等功勋章。此后他为大连殖民当局出谋划策,殖民当局晋赐他五等功勋章。

金州人**卢元善**(1888~1959),1912年毕业于日本仙台宫城农业学校,历任伪满军政部高级秘书、三江省(今佳木斯市)省长、国务院总务厅次长、文教部大臣等。

复州人**丁鉴修**(1886~1942),1912年留学日本早稻田大学政经科,历任伪满交通部总长、实业部大臣等。

普兰店人**谷次亨**(1898~1977),1912年赴日本留学,1923年毕业于东京高等师范学校,历任伪满国务院总务厅次长、民生部大臣、交通部大臣等。其弟**谷松年**在日本山口高等商业学校毕业,历任新义州领事、苏联赤塔领事、张家口蒙疆商务代表等。

金州人**韩云阶**(1894~1982),1913年赴日本留学,1916年毕业于东京名古屋高等商业学校,历任伪满黑龙江省省长、新京特别市市长、经济部大臣等。

金州人**阎传绂**(1895~1962),1913年赴日留学,1923年毕业于东京帝国大学经济科。历任伪满滨江省省长(今哈尔滨市)、吉林省省长、司法部大臣等。

金州人**刘德权**(1889~?),毕业于日本士官学校,任伪满总理秘书。

金州人**董舒敏**(1895~?),毕业于日本明治大学政法科,任伪满新京特别市邮政局长。

从上述这些大连地区首批赴日的留学生可以看出,日本殖民当局选派留学生的目的,就是为了培养效忠殖民统治者的帮凶和爪牙。这里附带说一下,当年旅顺师范学校的毕业生,在完成三年教学任务后,绝大多数到伪满的政权里任职。由此说明,日本的留学生教育和殖民地奴化教育,都是为巩固其殖民统治服务的。

在日本殖民统治下,大连的中学或中等职业学校的毕业生,如果要想留学深造，只能报考日本的高校，不准报考其他国家。在日本统治大连的40年间（1905～1945），大约有男女青年学生200人赴日留学。

赵恂九的小说创作

30年代，在日本殖民统治时期，大连有一位著名的小说家赵恂九（1905～1968），他是金州三十里堡人，出生于普通农家。1929年毕业于旅顺第二中学，后进入大连《泰东日报》当编辑，一直任职到1945年大连解放。此间他除了做采访编务工作外，先后在该报的文艺副刊上发表了23部中、长篇小说，如《荒郊泪》、《声声慢》、《故乡之春》、《海滨》、《芳亭》、《如此年华》、《梦逝》、《情系云山》、《雨过天晴》等，还写过专门探讨小说创作的理论专著《小说作法研究》。在当时，赵恂九是一位闻名遐迩的小说家，他的作品在青年学生中间影响很大，颇受欢迎，也可以说那个时期的大连青年学生没有不读他的小说。他的小说主要是描写男女青年的爱情故事，大多以哀怨凄凉的悲剧为结局。

发表于30年代末的长篇小说《荒郊泪》是他的代表作，故事梗概是这样的：某城镇的富商儿子江文风在日本留学，幼时父母亲为他订了婚事，是门当户对的丁家小姐。江文风在暑假去姑妈家探亲时，与小学教师何丽娟邂逅，二人一见钟情，倾心爱慕，并约定同心共守的心仪。后来丁家提出结婚的要求，江文风无奈，只得把真情向父母说明，费了一番周折，同丁家解除了婚约。江文风的父亲又同意何丽娟去日本学习，此后江、何二人同在日本留学，过着愉快的海外学子的生活。

岂料，江文风母亲突然病故，父亲续弦裘氏，她为人不善，经常唆使其丈夫不让何丽娟在日本学习。江父经不起她的纠缠，最后何丽娟离开江文风来到江家。裘氏又设法陆续缩减江文风的学费，以致江无法再继续求学，回国在某地做记者。

而何丽娟在江家备受继母的虐待，裘氏又在丈夫面前诬蔑何丽娟不守妇道。时间长了，江父信以为真，也开始对她不满。

江文风在一次采访中，被日军击伤腿脚，由于当时处于战争环境，通信隔绝，何丽娟长时间没有接到丈夫的音信，有人说江文风已死在他乡。而何丽娟此时得了肺病，病情日趋恶化，继母又不主张治疗。何丽娟在清明节那天，拖着病体来到丈夫的墓前跪拜，这时从远处走来一位面目憔悴、拄着拐杖的人，他就是何丽娟日夜思念的江文风，夫妻二人抱头痛哭，而何丽娟竟然倒下，溘然死去……

作者的文笔生动，语言流畅，故事委曲婉转，情节跌宕起伏，风格哀婉酸苦，悲惨凄恻，正是具有这样的特点，所以这部小说博得青年读者的青睐。不难看出，作者企图通过这个故事，暴露封建家庭的专制和封建伦理道德对青年的摧残。它反映出30年代,处于新旧交替之际,旧思想对青年追求自由的束缚,以致造成悲惨的结局。不可否认这个故事还存在一些人为的痕迹,这是因为作者没有深入生活,没有接受革命思想的必然结果,这是时代所限。尽管如此,在当时日本帝国主义统治下的大连,能有这样的小说,还是寥若晨星,难能可贵的。

赵恂九写的小说,就其产量来说,在大连是最多的,没有任何人能够超过他。他对大连的现代文学事业是有贡献的,起了奠基的作用,他是大连土生土长的小说家。

小说家石军

石军(1912~1950)原名王世俊,又名王文泉。大连普兰店人,是三、四十年代东北的著名作家。

石军在旅顺师范学堂读书时,接受了"五四"新文化的影响,开始写作诗歌、小说、随笔,发表在《泰东日报》上。1932年春从师范学堂毕业后,回到家乡小学任教。1935年,他同大连的青年作家也丽、田兵、岛魂、夷夫、渡沙等组织"响涛社",借《泰东日报》的《文艺》副刊发表作品。这时期他发表小说40余篇,50万字,如《赌徒》、《深秋的夜》、《倦旅》等。由于他过于迷醉叶灵凤、穆时英的爱情小说,又模仿他们的技巧,再加上作者社会阅历所限,他的小说内容大多是编造的男女爱情故事,虽然才华初露,但尚未引起社会的重视。

1937年,石军离开了学校,前往黑龙江,由于环境和职业的变换,他开始体验过去未曾经历过的社会生活,这是同教书生活完全不同的两个世界。东北黑色的沃土培育他成长。他遵奉巴金的话:"忠实的生活,正直的奋斗,爱那需要爱的,恨那摧残爱的,为了人类,我预备贡献出我的一切。"他在《我与小说》一文中写道:"今后我要忠实于人生,热情于人生,当把我的血与肉,我的灵魂,无惜悔的灌输进去我的作品里,我不再只是'写与作'的闲弄笔墨的心境,我该真挚诚实的写作下去和真挚的生活下去。"这时,他把视线转向了农村,以农村生活为背景,提示破产的农村社会现实,尤其注意对劳动者人性的刻画和分析。这个阶段他写了上百篇小说,如《无住地带》、《非超人》、《混血儿》和长篇小说《沃土》等。这些作品同前期相比有了明显的变化,思想观念有了飞跃性的突破,艺术手法和语言运用也日臻成熟,形成了他细腻、酣畅、深沉的风格。《无住地带》是其短篇的代表作。

石军是文学创作的多面手,他的创作范围涉及诗歌、散文、小说、戏剧、文学评论等各个领域,有独幕剧《理发店中》、《生命线上》等四部和文学理论著作《关于文坛建设》等。他的诗作很有个性,爱憎分明,锋芒毕露,仿佛是宣言书。1935年,他曾自印过诗集《夏夜的琴声》。石军作为三、四十年代东北著名的作家,他个人的成就也是东北文学在日本殖民统治时期难能可贵的收获。

象征派诗人也丽

也丽(1904 ~1985),原名刘云清,笔名镜海、炼丹、野藜,生于金州杏树屯一个普通农家。是东北20世纪30年代知名的诗人、小说家、散文家和教育工作者。

1930年开始,诗人以镜海为笔名,在大连《泰东日报》上发表新诗。处女诗《自己的歌》开始了他的创作生活。短诗叙述了年轻人的奋斗历程和对未来的追求,诗风清新、活泼,充溢着青年人的激情和畅想。后来他的诗歌具有象征派思想倾向,语言比较晦涩、费解。他是大连象征派的著名诗人,发表诗作近百首,对大连乃至东北的诗坛影响极大。现抄录《旅途上拾得的三部曲》。

一

封建的尾巴
拖长了古代的故事
一排锯锯齿齿的城壁
映出当年不清楚的脸谱

酱紫色的酸腥余剩
流在泥黄的壕沟里
缓缓地
像抒情的诗人
踱着迟慢的步子

梦见了什么不曾?
那魁星楼下睡觉的人
你那疲乏的肢体
也是苍老的烙印吗?

繁华
正象征着香胰泡
跟美丽日光亲吻的时候
不是那样怪风骚的吗?

今日哟
青苔蔓延了圣庙
征夫的旧痕呢？
磷火闪烁在无星的夜里

二

少女的唇上
是勇者的一滴血
那波纹起伏的长发
不是中世纪骑士那朵黑缨吗？

美的曲线
是谁的妙画呢？
撕破了贫汉的嗓子
在生产图案上
按了无量数的消耗的印

一片片迷惑的心窍
酿出了多味的臭瓦斯
燃烧着
梦里的金色的市邑
谁在唱着凯旋之歌呢？

前人的奇迹
会编成这个黄昏的乐典吗？
婆娑的阴影又在舞蹈了
交织着半开化的花圈
制就了轻飘幻灭的春衣了

流转眸子的牵引
能否复活公墓里的冤鬼？
富于多感艺匠的腿
该是白骨的雕刻吧！

你的脚印呵
正浮出张张惨笑的嘴脸
幽灵怅望着在
沧桑又几度交替了呢？

三

C 城埋在灰烟里
建筑物是患着软骨病的老妇人
永恒地
皱着忧郁的纹条

怪样的科学机体
骄傲的吼着

他从 1934 年，以野藜为笔名开始创作小说。创作短篇小说 40 篇，其中名篇有《花塚》、《三人》、《一个闷葫芦》、《母爱》等。《花塚》描写一个爱情的悲剧故事。一对男女青年冲破家庭束缚，违背父母意愿，自由恋爱成婚，婚后婆母百般刁难，儿媳不堪忍受服毒自尽。丈夫在妻子的坟头摆满鲜花，失声痛哭，一个追求自由的生灵被扼杀。《一个闷葫芦》是写日本警察署糟害中国人的故事。春节期间，一户中国人家吃了大米饭，被刑事抓到警察署问罪，法律规定不准中国人吃大米，吃了大米就是犯罪。春节早已过去，但是抓去的人还没有放出来，怎么办呢？全家人都陷入闷葫芦里。这是一篇暴露日本殖民统治罪恶的小说，发表后颇有一定的影响。作者选取 14 篇结集出版，书名为《花塚》。另有 4 万字的中篇小说《草莽》和 10 万字的长篇小说《绿洲》。

1936 年，他开始专攻散文创作，先后发表 50 余篇，是 30 年代东北散文创作名家，后结集《黄花集》出版。该书一出版就遭到殖民当局的查封。当时东北散文专集仅此一本。由此可见他在散文创作上的地位。也丽十分崇敬鲁迅先生的《野草》，受其影响极深，多以含蓄的笔法揭露现实，干预生活，其内容大多是暴露殖民统治下的农村封建陋习和农民生活的贫困与愚昧。

临近解放前夕，日本殖民统治者对文化界准备进行大清洗，他的笔名“野藜”受到注意，殖民当局认为蒺藜是有尖刺的，这尖刺是反满抗日的思想象征，于是把他作为清洗对象加以审查。后来他获悉这个内情，便把“野藜”改为谐音的“也丽”，意思是这样也是美丽的，以示对日本殖民当局进行含蓄的抗议和不调和的斗争，因而避免了一场厄运的到来。

作家田兵

老作家田兵

田兵，原名金纯斌，现名金汤。1912 年生于旅顺，1932 年毕业于旅顺师范学堂。

田兵从小就喜欢文学，在校读书期间，受到"五四"新文学的影响，饱览了中外文学。他发誓"每天读二百页以上的书籍"来充实自己。他的勤学苦读，为后来从事文学创作打下了坚实的基础。

1934 年 1 月，田兵与文友成立了"响涛社"，在大连《泰东日报》创办"响涛"文艺周刊，发表同仁作品。田兵的文学创作就是从这个时候开始的，他受到生活环境的影响和外界的激励，写起诗来。他在《我与小说》中写道："学校是在大连的郊外渔村小平岛，那里有充我眼的海的颜色，充我耳的海的声音，更有海藻的呼吸和鱼的哨叫，这些促使我写了许多小诗。"田兵是从诗歌创作走上了文坛，以吠影、蔚然、金闪为笔名发表百首诗歌，1934 年是他诗歌创作的丰收年。以诗歌宣泄他的愤懑，抒发他的情爱，畅想他的未来，诗风炽热、活跃，但又不失平实和朴素，语言通俗，朗朗上口。以《偶歌》为例；

我愿在酒后里说话，因为那时我能忘掉了四周的恐怖。

我愿在海岸上歌唱，因为海能给我以和声的伴奏。

酒和海是我的生之灵魂，但它俩偏偏要离开我。

我愿酒在海里，我又愿海在酒里！

后来，田兵将诗作结成集子，题名《沙滩潮痕》，交大连青年书店出版，诗集封面都设计好了，只待开机印刷，但书店经理曲传政因参加反日爱国活动被捕，书店被抄，诗稿《沙滩潮痕》也遭了厄运。

1936 年，田兵突然要写小说了，为什么呢？他在《我与小说》中回答了这个问题。他在《抚顺民报》的"文艺周刊"上，登载了他翻译的朝鲜作家李北鸣小说《荒芜的部落》，就是这篇小说引起了他写小说的兴趣。他写道："就是这篇小说给我写的勇气，写的冲动，知道了写小说原来就是这码事呀。以后便扔开了哼哼呀呀的诗，走上了写小说的路。"开始了小说的创作：《丁村的年暮》、《老师的威风》、《火油机》、《阿了式》。后来他发觉自己的小说内容枯燥，缺乏素材，很难写出有血有肉的小说来。他看到文友石军到了黑龙江以后,写出的小说题材新颖,内容生动,于是他去了黑龙江。那里是另一个天地,白雪皑皑,林木茂密,粗犷的农民毫无顾忌地说粗话,大口喝酒,大步走路。这些新生活和新人物都写进了小说:《赵甲长》、《沙金夫》、《麦春》、《柳河一带》、《同车者》、《荒》、《江上之秋》、《鹁的故事》、《英原风雨》等。

田兵小说创作是农村生活的反映,着力刻画殖民统治下东北农民的艰辛生活,充分暴露出日本殖民者给东北人民带来的灾难。

随着太平洋战争的爆发,日本殖民统治的加剧,田兵不愿做殖民者的御用工具而停笔了。

田兵的文学创作时间大约有 10 年左右,活跃于 30 年代。他的新诗不论在数量上,还是在质量上,当推首位,是大连新文学著名诗人。他的小说也是上乘的。

大连现代文学发轫于 20 世纪 20 年代,壮大于 30 年代。田兵是大连新文学奠基人和创建者之一。他以文学为武器向殖民统治者、封建势力进行不调和的斗争,为大连殖民时期的新文学发展做出了宝贵的贡献。

文化人曲传政

20 世纪 30 年代,大连出现了一位进步文化青年曲传政。他志愿献身进步的文化事业,在监部通(今中山区长江路)开设一家青年书店。店里专门出售进步书刊,其中文学书籍较多,如鲁迅、胡适、郭沫若、茅盾、叶圣陶、老舍、巴金、郁达夫、蒋光慈、张天翼等人的文学作品;还有田汉、曹禺的剧作;也有外国人的,如俄国的果戈理、屠格涅夫、托尔斯泰、契诃夫、高尔基的散文、小说;以及《堂·吉诃德》、《易卜生戏剧集》等。书店除了文学作品外,还有政治、经济、文化等书籍和当时上海出版的文学期刊,另外还有一些宣传革命的“禁书”,当然这些书是不能摆在明面的。

青年书店的主人,不是为了牟利开办书店,而是为了传播新思想新文化,于是他对一些家贫的读书人给予特别照顾,没有钱买书,可以赊书、借书、换书,还给读者代购书刊,总之他是想尽一切办法为读书人做一些好事。所以这家书店在当时很受青年的欢迎,对青年的影响也很大。

青年书店的主人曲传政为了追求进步,学习文学,曾经到上海拜访过鲁迅先生,他是大连惟一的一位见过鲁迅先生的青年人。他还访问过上海内山书店,学习开办书店的经验。

曲传政本人就是一位诗人,他以书店为中心,周围聚集了一批文学青年,如当时颇有名气的石军、田兵、夷夫、野藜、渡沙、岛魂、木风、白盐、野月、渔郎、黄渤、应选等。这些人经常在书店讨论文学理论和创作问题，于是书店便成了他们自由集会的场所。有时书店还为他们出版作品。

曲传政本人的创作，现在能够看到的，是发表在1933年6月28日的大连《泰东日报》文艺副刊《群星》上的短诗《伤兵》，诗人的思想信念通过对伤兵的感受表达得淋漓尽致。

在北平街头遇见一群灰色的伤兵
我恨他们的愚钝也怜悯他们的心情
弟兄！你们为谁舍失可爱的身家生命
国家权力属谁？
请你们好好地认清
废枪武装了你枯瘦的肩膀
英雄似的参加凄凉的远征
弟兄！深创的呻吟是否为国增了光
杀敌？谁是谁非请你们好好认清
平津的大地渗透了义士的鲜血
金陵的楼阁里只充满着将领们饮浆的淫声
弟兄！丧身旷野有谁是你们真正的救星
英雄？一场幻梦请你们好好认清

一九三三·五·二〇于北平

这是一篇反对打内战的檄文，诗人以满腔的义愤，有力地抨击了蒋介石的反革命军事围剿。他的这首《伤兵》是对蒋介石反动政治的声讨，是对国民党内战相残的控诉，是对愚氓伤兵的同情，由此可见，诗人的思想是进步的，立场是坚定的，旗帜是鲜明的。他开设书店，宣传新文化新思想，对青年做一些有益的事情，这绝不是偶然的。在日本殖民当局刺刀统治下的大连，这难能可贵的义举是需要胆量和牺牲的，这一切值得后人永远怀念！

十分不幸，曲传政的进步活动，早被日本殖民当局所察觉，终于在1935年对他下了毒手，出动警宪将书店洗劫一空，店主人也遭逮捕，以后便下落不明。这是日本帝国主义对进步文化事业的扼杀，对进步文化青年的残酷迫害，是大连日本殖民当局血腥统治的又一罪恶！

庄河诗魂李满红

1942年6月12日，在去陕西汉中路上的一座小村子里，一位年仅25岁的不屈生命被疟疾吞噬。他就是东北作家群中最年轻的一位——庄河人李满红。他还没有走完自己的路,唱完自己的歌,就在热盼故乡光复的渴望中离开了人世。

李满红,原名陈庆福,又名墨痕。1917 年,生于庄河东部大洋河畔的一个农家。“九一八”事变后,他参加了抗日斗争,由于敌人的残酷迫害,他流亡到关内,在北平中山中学读书时参加了“一二·九”运动。“七七”抗战爆发后,随校南迁到湖南湖乡。1939 年春,他来到战时文化人汇集的重庆,结识了靳以、萧红、端木蕻良和一些年轻诗友,这对他后来成为诗人起了重要作用。这一年的冬天,他考进了西北联合大学外文系俄文组。大西北苍茫的自然风光,广袤的原野,空旷的蓝天,粗犷憨厚的农民和战时生活,激发了他的创作热情,这一切都是他诗歌创作的源泉。这个时期,他一边学习,一边争分夺秒,夜以继日地全心创作,在别人都休息的时候,只有他一个人在油灯下写诗不止。他决心要以诗歌打击日本强盗。他为了更好地掌握诗歌创作的规律和方法,潜心学习俄国诗人的作品和中国古典诗词。他对抗战诗人艾青更是推崇备至,诗人的名篇《北方》、《向太阳》、《大堰河》都能背诵如流。在他生前的最后三年,是他创作的高潮。他的诗作大多发表在大后方的报刊上,为进步文艺界所瞩目,并且形成了一定的影响。

恶劣的环境,生活的磨难,使李满红不幸英年早逝。当时关于他的死讯是这样报道的:

李满红于六月十二日夜一时,病死在西北高原一个荒凉的小村庄陌生的人家里,临死时,他没有见到一个亲人!死后眼睛还 大睁着……

大后方的友人为悼念这位早逝的诗人,举行追悼会,出版悼念专刊,靳以发表了《忆萧红与满红》来纪念“二红”,姚奔为他出版了诗集《红灯》,在烽火连天的抗战年代里,为诗人留下了一点人生痕迹,不致风流云散,湮没无闻。同学们把他安葬在校园里,在他的墓前立有一块青石碑,上书“陈君墨痕之墓,君生前擅诗艺,笔名李满红。”

年轻的诗人重感情,为人诚恳、坦率、豪放,却又固执、鲁莽,对于诗歌有着执著的爱,他把诗歌看成是自己的生命,诗是美丽的花朵,又是战斗的武器。诗人的诗带有哲理的内涵,普遍的思想意义,充满对光明的信念和对理想的追求。如小诗《信念》:

没有一个少女那么愚傻,把蒙着灰尘的镜子摔碎了的。光明的本质仍然存在,太阳也有被云雾遮蔽的时候。

诗人经历了“九一八”东北沦亡的烽烟,亲临“一二·九”运动救国反帝的洪流,目睹了长沙大火,遭受了重庆的大轰炸,饱尝了流亡生涯的苦难,这一切都是他创作的基点。诗人在大西北的三年,是他创作的重要时期,也是最成功的时期。大西北扩大了他的视野，给了他诗歌的灵感，又磨炼了诗人的坚强性格，使他的诗作走向成熟。诗人的语言纯朴流畅、热情奔放，更富于鼓动力和号召力，给人以鼓舞和力量。他的代表作千行长诗《向敬爱的祖国》，表达了诗人爱其所爱，恨其所恨。他的诗不拘形式，流利顺口，特别易于口语朗诵。

……
但在那九月的黑夜，
敬爱的祖国就蒙受了耻辱！
而我这大地和海的娇生惯养的孩子，
也从祖国的怀抱里跌落了。
于是我结识了那些好汉，
那些瞪着充血的眼睛，
喜欢用鬼子的心肝下酒的好汉，
一个月夜我跑到我家的祖坟地，
掘出自己的枪，
……
在一个没有星光的黑夜，
我却怀着悲哀的心情，
悄然走进海边的家，
灯光下告别了病着的妈妈。
而在夜半的海上，
洗净了身上的火药味和两年的血腥气。
我改装化相，
凭着运气溜进了那座生死交界的山海关。
乘着黎明的火车，
扑向祖国！

农业进步社与《农业进步》杂志

1933 年 4 月，金州农业学堂毕业生耿立德、郑绍武与熊岳农校毕业的苍德玉，在旅顺创办了一个杂志社，取名为农业进步社。因创办人都是基督教徒，于是他们便动员旅顺部分基督教徒以股份形式投资这家杂志社，该社每月出版的《农业进步》月刊发行量高达 4 万册，畅销于东北各地，并在大连、沈阳、长春、哈尔滨、齐齐哈尔设立分社，负责当地的业务联系。

《农业进步》月刊由苍德玉任主编，耿立德任发行人，在旅顺自家印刷厂印刷。该刊专门刊登农业基础理论和农业生产经验，以及农业、蔬菜、水果、花卉、林木、渔业、水产、家畜、家禽等方面的管理经验的文章，并翻译、介绍日本或其他国家的农牧业技术资料，同时还出版日本人编写的农业方面的书籍，很受欢迎。农业进步社发展到后期还生产各种农药及猪瘟散、鸡瘟散等药品，经销果苗、树苗、菜种、粮种、菌种、蜜蜂和农业书籍等。

《农业进步》是大连地区唯一的中文农业杂志，封面绘一荷锄农民手举书本作科学种田的号召，如同宣传画。该杂志出版长达12个年头，是当时中文杂志发行时间最长者。后来由于日本发动了侵略战争，经济萧条，该刊无法维持正常的营业，于1945年6月停刊。

在日本殖民统治时期，《农业进步》杂志向国人介绍、传播先进的农业生产技术和经营管理方法是十分可贵的，甚至到解放后，在一个较长的时间里，该刊还一直受到农业技术单位和人员的重视，可见其影响之深远。

货币杂说

清初，大连地区以现银为主币，铜钱（俗称大眼钱）为辅币。大额交易用银两，小额交易用铜钱。光绪中期改铸银元，辅以铜币。清末，东三省官银号等发行纸币代替银元，铸造铜钱以找零尾。

沙俄租借时期，大连通用货币有：吉林省铸造的壹圆银币“光绪元宝”；华俄道胜银行、帝俄国家银行和中东铁道局发行的金、银卢布和纸币（俗称“羌帖”，系俄语音译）。

日本侵占初期，大连流通货币有：1905～1914年广东省铸造的壹角、贰角银辅币；1912年中华民国铸造的孙中山半身侧面像开国纪念币（俗称“孙小头”）；1914年铸造的袁世凯头像壹圆币（俗称“袁大头”），另有伍角、贰角、壹角、半角等辅币银元。

日本占据大连后，相继建立了横滨正金银行、朝鲜银行大连分支机构和东洋拓殖公司三大金融机构，控制了大连地区的经济金融市场。

1904年8月，日俄战争伊始，横滨正金银行随日军进入大连，发行1.9亿圆“军用手票”（即“军用券”），面额为壹圆、伍角、贰角等。1906年12月，该银行发行银圆券（纸币），俗称钞票，流通于大连和东三省，并用它代替了“军用手票”（即“军用券”），面额为壹圆、伍角、贰角等。1918年1月，该行货币发行权移交给朝鲜银行。

朝鲜银行大连分行设立于1913年6月，地址在今中山广场中国工商银行大连分行。该行于1917年11月发行金券（俗称"老头票"，票面是朝鲜李王的图像），流通于大连和东三省。其面值有伍拾钱（即伍角）、壹圆、伍圆、拾圆和壹佰圆。

1932年6月，在新京（今长春）成立的伪满洲中央银行发行的伪满"国币"，流通于东北及大连地区。有钱币伍角、壹圆、伍圆、拾圆、壹佰圆（俗称"大绵羊"），另有伍厘、壹分两种青铜币和伍分、壹角两种金钢币。

1934年，日本殖民当局为加紧搜罗中国的银元与控制金融市场，下令用朝鲜银行券收兑大连市面流通的中国银元（俗称"小洋钱"），小洋钱壹元兑换朝鲜银行券七角八分，从此中国的银铜币在市面上消失。

1945年8月，日本战败投降，苏联红军进驻大连以后，苏军指挥部发行"苏军币"。伪满币、朝鲜银行券等旧币流通不久即禁用。

1947年5月，关东公署为稳定金融市场，防止国民党进行经济破坏，实行苏军币百元、拾元券面加贴印记（俗称"贴帖"），壹元和伍元照常流通。规定成人每人准贴3000元，儿童每人准贴1000元。超过部分按10:1兑换，过期未加贴作废，由此苏军币缩减近1/3。

1948年11月，关东银行收回苏军币，统一使用关东币。工、农、干部5000元以内的，按1:1兑换，超过部分按10:1兑换；国营集体企业、机关在银行的存款按1:1兑换；私营企业按10:1兑换。这次币制改革消灭了大连的地主和资本家。

1950年6月，实行东北币兑换关东币，兑换比率为270:1。

这便是大连地区300年来货币流通变化的大致情况。

《渔光曲》与大连的渊源

安娥（1905～1976），原名张式媛，河北获鹿人。现代女作家。1926年，大连福纺纱厂爆发了"四·二七"大罢工，日本殖民当局采取了高压政策，逮捕了罢工领导人和工人。中共北方区委为了加强对罢工斗争的领导，派遣邓鹤皋、张式媛前来大连。他们二人由当时的大连共青团书记尹才一从北京接来，住在黑石礁附近一家姓王的渔民家里。

安娥在大连地委的领导下，始终同参加罢工斗争的工人在一起，她专门从事革命宣传及女工组织工作，教女工们识字，教唱《工人团结歌》。为适合工人演唱，她把歌词作了修改：

我们工人创造人类食住衣，
不做工的资产阶级反把我们欺，

起来起来齐心协力巩固我团体，

努力奋斗最后胜利定是我们的。

《工人团结歌》在群众中广泛流传，鼓舞了罢工工人的斗志，而这场著名的百日大罢工也取得了全面的胜利。

安娥住在渔民家里，经常往来于海边，目睹了渔民捕鱼的场景，同时也更加了解了他们穷苦的生活和艰苦的劳作，从而对渔民产生了深切的同情。这段不平凡的经历，深深地印刻在她的脑海里，为日后创作《渔光曲》奠定了基础。

1934 年，蔡楚生在上海联华影业公司编导故事片《渔光曲》，该片描写了一个渔民家庭的辛酸故事。1935 年 2 月，《渔光曲》获得莫斯科国际电影展荣誉奖，成为我国第一部获国际奖项的影片。影片主题歌《渔光曲》，由作曲家任光作曲，女作家安娥作词，王人美演唱。

这首与影片同名的主题歌贯穿了全片，渔家孪生姐弟的弟弟徐小猴因劳动受伤，在生命垂危之际，要求姐姐小猫给他唱《渔光曲》，姐姐于是伤感地唱起：

云儿飘在海空，
鱼儿藏在水中，
早晨太阳里晒渔网，
迎面吹过来大海风。
潮水升，浪花涌，
渔船儿飘飘各东西，
轻撒网，紧拉绳，
烟雾里辛苦等鱼踪。
鱼儿难捕船租重，
捕鱼人儿世世穷，
爷爷留下的破渔网，
小心再靠它过一冬。

旋律动人、歌词凄婉的《渔光曲》，从此成了 30 年代家喻户晓、传唱久远的流行歌曲。

1934 年 6 月 24 日，大连的中国电影院开始上演电影《渔光曲》，该片博得了观众的欢迎和好评。《泰东日报》发表评论，题为：《一阕〈渔光曲〉唱出了一幅流离惨变的生活》。

“评剧大王”筱麻红

20 世纪 30 年代，大连评剧界有一位著名演员——筱麻红。她的本名叫张佩云，是个苦命的孩子，10 岁时被养父抵债给岐山戏社班主孙凤鸣。因为她长相丑陋，满脸麻子，不被重视，只能扮个“三花脸”什么的。但是她有一颗奋进向上的决心，要争取登台唱主角。在进班学艺的七年中，她以顽强的意志和毅力，坚持勤学苦练，用心看戏学艺，对每出戏都能全部掌握，甚至连拉弦、打鼓全在行。

1927 年正月，孙班主为了扭转经济收入，决定用自己的演员为主角，用谁呢？张佩云？她嗓音好，教过戏，作功好，但是扮相太丑，担心观众不接受，思来想去，最后还是决定让她试演《花为媒》。一阵锣鼓过后，筱麻红登场了，观众发现台上的张五可是个麻脸、高腮、小眼的丑姑娘。顿时台下七言八语，品头论足，吵嚷起来了。孙班主急得满头是汗，生怕观众退票，砸了饭碗。但是筱麻红在台上沉着冷静，一丝不苟地演下去，因为她有麻子，在唱词中，把原来的“雪白的小脸蛋儿耳如元宝”，临时改唱“雪白的脸蛋浅白麻子”。台下立刻平静下来，观众目瞪口张，全被震住了，都被她那声情并茂的演唱所倾倒，被她娇姿百态的身段所吸引。待到演出结束，观众的喝彩声、鼓掌声接连不断，整个岐山小板楼里沸腾起来了。她的首演一炮打响，完全成功，她激动得眼含热泪，在观众的欢呼声中，一次又一次地谢幕。孙班主高兴极了，对她说：“中！你在大连算是红得山崩地裂哩！咱麻红不鸣则已，一鸣就惊人！”第二天，孙班主就给她起个艺名——筱麻红，而她的大名张佩云往往不被人知。

从此，筱麻红成了岐山戏社的“大梁”、孙班主的摇钱树。她像一只金凤凰，飞翔在评剧的舞台上，唱红了东北三省和华北大地，还被誉为“评戏大王”。她在不断的演出实践中，结合自己的条件，又兼收各家所长，形成了自己的演唱风格，她有 20 多个自己的代表剧目，如《移花接木》、《珍珠衫》、《黄氏游阴》等。这期间是岐山戏社最火红的时期，也是筱麻红最辉煌的阶段。

孙班主素来对徒弟管教严苛，尤其对筱麻红不给半点自由。这时她与同班的青年演员张奎生情投意合，互相爱慕。在青岛演出时，为寻求自由，筱麻红竟然私逃“济良所”。被带回后受到严加看管，孙班主又把张奎生赶走，一对情侣被拆散，她更加嫉恨孙班主。在一次欢迎演出的宴会上，筱麻红厌恶孙班主对她的恭维，发生争执，她一怒之下，推翻了三张酒桌。后来，她脱身岐山戏社。这是 1934 年春的事情。

婚后的筱麻红领着一班人，在东北各地演出，她的品德如同她的艺技一样，到处受人称赞，传为美谈。她为人善良，谦逊谨慎，培养青年演员，大家都夸奖她是“丑的容貌，美的心灵”。她的丈夫张某终日吃喝玩乐，任意挥霍，喜新厌旧，骗走了大量财物，筱麻红身心受到严重摧残。

由于长年的劳累和心神遭受的挫折，她疾病日益加重，经常大口吐血，但仍然坚持演戏，甚至以吸鸦片来支撑病体把戏演完。她自知来日不长，在新民县一个小镇里，连演20场自己的拿手好戏，当她的代表剧目《黄氏女游阴》落下帷幕时，她倒在舞台上，再也没有起来。1943年5月，年仅33岁，一代评戏名伶筱麻红，在贫病交加的绝境中匆匆走完了一生。

大连运动场话旧

体育场原称大连运动场，地处西岗区五四路，原址叫谭家屯。占地面积9.2万平方米，由内场、外场组成，是一个大型综合性体育场。1923年由日本满铁株式会社投资32万日元兴建的。雇佣华工200人，费时2年，于1925年竣工，为当时东北最大的体育场。

场内北看台是用钢筋水泥浇注而成的，风雨大棚的钢铁柱架的连接处是用铆钉铆的。看台面积为3317平方米，有座位1万多个。看台的中央设有主席台、观礼台和乐队席位。在看台下的空间，有室内田径跑道、体操房、更衣室、淋浴室和办公室等。场内东、西、南三面的观众看台是水泥预制件，沿坡铺成梯式座位，总计16层，面积为4567平方米，有座位1.5万多个。另外 在南看台外面，还修建了一个田赛场，有跳高、标枪、撑竿跳高、跳远、三级跳远和铅球场地。

在内场院中间铺设一个102米×65米的足球场，其周围设置10条田径跑道，其中400米跑道8条。内场还建有跳高、标枪、铅球、铁饼、跳远、撑竿跳高的场地。为了确保比赛和训练不受雨水的干扰，场地下面建有三层渗水地层结构，最底层是乱插石块，中间是木炭，地面铺压三合土。

在运动场西侧建有一个面积25米×10米的露天游泳池，拥有3000多个座位。游泳池设有10米、5米高的跳台和3米、1米高的跳板设施。

解放以后，由市教育局接管，更名为大连市人民体育场。1953年改属市体育运动委员会。建国以来，体育场的设施经过多次维修，1976年建起一座容纳7000人的灯光球场。1979年铺设足球场草坪，增建南看台，可容纳观众3000多人，新建4座照明灯塔。1985年建成8000平方米田径塑胶跑道，增设电子记分屏幕、田径终点录像。体育场辖有各种业余体育队、教练员、招待所、俱乐部等。多年来，在这里培养出许多体育明星。

漫话人物铜像

大连地区铜雕人像的出现,始于20世纪,这时大连已是日本殖民地,因此铜像的竖立同殖民统治是分不开的。

在大连的一些主要景点里,日本殖民当局为表彰掠夺殖民地的“功臣”,颂扬他们的“伟业”,先后树立了三座大型人物铜像。最早的一座建在1914年7月,位于大广场(今中山广场)南侧、大和旅馆(今大连宾馆)的对面,像主是日本陆军大将大岛义昌(1850—1926)。身披大氅的全身铜像面北而立,像座由花岗岩筑成,像高30尺(日本尺)。大岛在甲午战争和日俄战争时曾两次入侵大连。战后出任关东总督府总督和关东都督府都督,在任七年,是大连殖民地的“太上皇”。他为了把大连建成侵略东北的军事基地,组建了关东宪兵队、步兵联队、满铁守备队、重炮大队和旅顺要塞司令部。他为日本在大连和东北地区的经济掠夺提供了政治保障。

第二座立身铜像是满铁首任总裁后藤新平(1857—1929),建于1930年10月,在星个浦(今星海公园)东侧的最高地。铜像为身穿短外套,面向大海,像高16尺,座高24尺(均为日本尺),由日本东京美术学校的教授朝仓文夫雕制。后藤新平总揽了日本在东北地区的殖民大权,为了战胜俄国,他提出经营铁路、开发矿业、发展畜牧业、向东北移民的四项主张。为征服殖民地,他提出“旅顺解放论”,主张“举王道之旗,行霸道之术”。他又提出“大连中心主义”,以满铁为轴心,全面开发,将大连建成殖民者的乐园。

第三座铜像是小村寿太郎(1855—1911)的坐像,1940年10月建于大连电气游园(今裕景商城)的最高处。身着西装,坐西面东,背后是花岗岩石屏。1884年,小村出任外交大臣,积极推行侵略中国的政策。日俄战争结束后,他代表日本政府与俄国签订了《朴次茅斯和约》,将大连租借权和南满铁路划归日本所有,从此大连便成了日本的殖民地。小村一再向日本政府陈述南满铁路对日本扩张国力的重要性,终于改变了日本政府出卖南满铁路的初衷。

20年代,大连商工会议所会长、日本大资本家相生由太郎为他的恩师、满铁理事犬冢信太郎,在星个浦立了一座半身铜像。

日本当局为鼓励小学生勤奋苦学的精神,统一铸制了日本小学生的楷模二宫金次郎(二宫尊德)背草读书的铜像,立在大连地区所有的日本国民小学校的校园里。像高1.5米,雕工精致,情态逼真。

中国人的铜像有两座,一座是1931年为肃亲王善耆树立的半身铜像,像座是灰色花岗岩,全高2米,立在旅顺土府院内东侧,西侧立亲王生平记事碑。

金州人张本发常为病人针灸,不取报酬,病人为答谢他的治病之恩,共同出资为他铸立了一座半身铜像,立在张家的门前。

解放后,这些铜像相继被推倒。

周作人观看木乃伊

1942年,伪满政权成立10周年,头号大汉奸汪精卫前来伪满"庆祝",5月4日,他率团由南京飞抵大连。而当上了"教育督办"的周作人前一天已从北平来到大连。他们都下榻在满铁野浦会馆。

第二天,汪精卫的代表团由肃亲王善耆的三格格金显珊陪同,登上了白玉山上的表忠塔(今白玉山塔),参拜了纳骨祠(今不存),其后又拜谒了关东神宫(今不存),参观了旅顺博物馆。周作人对该馆展品木乃伊的印象极为深刻,在21年后的1963年,他在给大连青年曹长来的信中还提到过这件事,信中说:我到旅大还是在伪满时代,并到过旅顺一看博物馆,只记得有那个新疆出土的木那伊(注:今作木乃伊),别的却什么也不记得了。

上世纪初,日本人大谷光瑞"探险队"三赴新疆,在那里掠得包括木乃伊在内的7000多件珍贵的历史文物,他将这批文物运来旅顺,寄存在关东都督府满蒙物产馆。1929年,他索价37161日元,将文物卖给了关东厅博物馆(今旅顺博物馆)。因此,周作人才能看到这具木乃伊。

中国人的小学教育

1905年,日本侵占大连之后,对中国人实施归附其统治的殖民地奴化教育。关东都督府都督大岛义昌指令:"公学堂的教育除遵从法令所示授以普通知识外,特别注重日本语的教授,以开导一般土人(指中国人),使之浴被我国德泽,依赖我国施政。"

当时,中国人的小学教育形式是公学堂和普通学堂。公学堂设在城镇,学制六年(包括初小四年和高小二年);普通学堂设在农村,学制为初小四年。普通学堂毕业后可以考入公学堂继续学习,以完成高小阶段的学业。

大连地区普通学堂最早成立于1910年,至1945年全区共有126所,其分布在旅顺27所、大连7所、金州28所、普兰店38所、貔子窝26所,在校学生总数5万余人,老师千余人。

普通学堂课程内容是修身、满洲语(汉语)、日本语、算术、唱歌、图画、体操。每周授课27节。

普通学堂的堂长和老师都是中国人,他们大都是旅顺师范学堂的毕业生。

大连地区公学堂成立最早的是1904年12月金州公学堂南金书院,此后陆续成立的有大连公学堂(1905年)、旅顺公学堂(1905年)、貔子窝公学堂(1907年)、普兰店公学堂(1909年)。至1945年大连地区公学堂共计21所,分布在旅顺5所、大连10所、金州2所、普兰店3所、貔子窝1所。在校学生2.6万人。

公学堂的课程有修身、满洲语(汉语)、日本语、算术、历史、地理、自然常识、图画、唱歌、体操、实业。每周授课32节。

公学堂的堂长和老师是日本人,只有少数教汉语的是中国教师。

另外各地还有私塾馆,至1945年,大连地区有私塾馆202所,学生万余人,塾师200余人。他们讲授中国传统文化,如《三字经》、《百家姓》、《千字文》、《四书》、《五经》等,学习年限不定。

据1936年统计,大连中国学龄儿童就学率只有51.31%,而同期大连日本学龄儿童就学率高达99.88%,由此可见日本殖民当局根本就无视中国儿童接受教育的权利。

东北文工团在大连

以延安鲁迅艺术学院师生为主体的东北文工团,于1946年3月13日来到大连,进行演出活动和指导宣传工作。文工团团长沙蒙、支部书记韩地(于蓝)、秘书长张平,成员有王大化、何文今、李牧、颜一烟、刘炽、欧阳儒秋、杜粹远、李百励、林农(苏文)、黄准、张守维等。市委书记韩光指示他们说:“以文艺为武器,广泛进行启蒙教育,宣传党的方针政策,着重解决一部分知识青年学生的思想问题,澄清他们的模糊认识。”并提出把曹禺的《日出》和冼星海的《黄河大合唱》搬上舞台,要做到先争取群众,再进行宣传。

3月17日至24日,在上友好电影院(今艺术剧场),东北文工团首次公演了冼星海作曲、光未然作词的《黄河大合唱》及其他歌曲。大连青年是第一次欣赏这样的音乐,新鲜的大合唱、二重唱,把青年人震住了,群情激动,掌声不断,改变了认为文工团是从山沟里出来的土包子,不会演出什么好玩意的错误想法。大连人民40年来第一次听到革命歌曲,雄壮激昂,精神振奋,于是引发起学唱革命歌曲的高潮。为了满足群众需要,大连市教育局和文协,请东北文工团刘炽在师范学校讲习班开办200多人的歌咏速成班,在广播电台教唱26首革命歌曲。同时又辅导5个音乐团队、23个剧团,培养了150余名的戏剧音乐干部。

4月14日至20日，东北文工团公演了话剧《日出》，当初有些人不相信能演好这部名剧，甚至少数别有用心的人，还要趁机闹乱子。可是一声锣响，大幕徐徐拉开，舞台上的星月和华丽的布景，又把青年人震住了。于蓝扮演陈白露，王大化扮演胡四，颜一烟扮演顾八奶奶，精彩的表演使青年人耳目一新，大开眼界，真实感人的演技打动了青年人的心。

5月8日至14日，东北文工团为纪念“五一”国际劳动节和“五四”青年节，演出了歌咏节目和话剧。歌咏节目是《五四纪念歌》、《胜利向前进》、《永远跟着共产党走》、《你是灯塔》、《解放区的天是明朗的天》、《东方红》等一系列革命歌曲，还有刘炽新编的《东北青年进行曲》。又上演了《我们的乡村》、《祖国的土地》、《把眼光放远一点》三部反映抗战的话剧。

6月2日，东北文工团与大连广播电台为培养歌咏干部，与中苏友好协会举办了短期的音乐讲座，由刘炽授课。在一个月中讲了34次，内容有音乐概论、指挥、唱歌、视唱练耳等课程，学员200多人。

6月9日，东北文工团与中苏友协举办为期4周的戏剧讲座，由沙蒙、王大化、张平、林农、颜一烟、刘炽为主讲。

7月15日，东北文工团为纪念“七七”抗战九周年，揭露国民党反动派的真面目，上演了大型歌剧《血泪仇》。这部剧通过农民王仁厚一家老少六口人的悲欢离合，反映了国统区人民的悲惨遭遇和解放区的幸福生活。

东北文工团在大连期间，除了演出和讲座以外，还编写出版了许多有关书籍，在大连《新生时报》、《人民呼声》报上，创办《戏剧周刊》13期、《海燕》文艺副刊4期，以及发表文章30万字。

东北文工团在大连只待了5个月零8天，演出10场《黄河大合唱》（观众18000人次）、10场《日出》（观众37000人次）、15场抗战独幕剧（观众36000人次）、25场《血泪仇》（观众49830人次）、2场《兄弟开荒》。8月24日，结束了在大连的演出活动，在当天的《大连日报》上发表了《向大连市各界朋友告别》的专文，离开了大连。

罗丹创刊《人民呼声》报

罗丹（1911～1995），原名罗士桓，又名王清平、罗思真。广东兴宁人。中共党员。1936年秋，参加“世界语学会”、“新文学会”和“文艺谈论会”等党领导的进步组织，并编辑革命刊物《海岸线》、《新世界》等。抗战后，任汕头青年教育同志会理事、潮汕战时文化协会理事长，出版《战时文化》。1938年去延安，在文艺界抗敌协会工作，从事文学创作。

抗战胜利后，1945 年 11 月 20 日来到大连，在市委领导下，创刊《人民呼声》报，任社长兼总编辑。在《艰苦创业》一文中，他叙述了当年艰苦创业的情景：

……

初创时间只有十几个人，直至搬到世纪街改为大报之初，编辑加记者加两个校对，也只有二十人左右。报纸按时出版了。当时大连很困难。报社无食堂，只发津贴，没有工资，大家囊空如洗，吃窝窝头、高粱米饭，尤其是记者外出采访，饥一顿饱一顿。但大家从不计较报酬，从不叫苦，不求闻达，无名利之心。大家日日夜夜，一天工作十来个小时，全心全意为革命的新闻事业艰苦奋斗。兼之当时党不公开，大连复杂混乱，国民党活动猖狂，闹事，敌特出没，皆知《人民呼声》报是共产党办的，同志们上了黑名单。我还收到过对报社的恐吓信。然而，敢在《人民呼声》报工作的人，是有勇气，有理想，有信仰的青年。他们埋头苦干，无所畏惧，无视个人安危，朝气勃勃，泰然自若。总之，他们之忠诚奋发，堪为青年之楷模，难能可贵……

1946 年 6 月，罗丹离开大连，后任沈阳作协专业作家，著作颇丰，有短篇小说集《小号手》、《薛秀明》、《战斗风云录》、《飞狐口》等，长篇小说《风雨的黎明》、《严峻的岁月》为姊妹篇，及三部曲《钢铁的河流》，剧本《秘密的斗争》等。他遵循现实主义的创作原则，深刻反映了革命斗争和建设的生活。他的小说《风雨的黎明》，茅盾赞扬为“真实感人，气宇轩昂”，这部小说是以 1946 年至 1952 年鞍钢从破坏到恢复生产为背景的工业题材小说，描写了鞍钢工人在党的领导下敢于同敌人斗争，勇于参加建设的英雄业绩。该书多次印行，在社会上产生了广泛的影响。

舍身求法的吕荧教授

吕荧(1915～1969)，原名何佶，1915 年出生于安徽天长县。1935 年考入北京大学，参加“一二·九”学生运动，加入中共外围组织“民族解放先锋队”，创办《浪花》文艺副刊。“七七”抗战后，在武汉参加中华全国文艺抗敌协会。1939 年去昆明西南联大复学，专攻文学、历史、哲学、外文。毕业后任中学教员，并同胡风、冯雪峰等进步文化人往来，探讨文艺创作诸问题。1947 年去台湾师范学院任教。

1949 年，吕荧经香港回国，在北京出席全国第一届文代会。当年 10 月应大连文协主席罗烽的邀请来大连工作。他热情辅导工人文艺活动，阅读他们的作品，提出具体修改意见，他认为这是“人民革命的一个伟大胜利”。他的《关于工人文艺》一书就是这个时期的文艺评论。在大连期间，他应各报刊和文化团体之约写文章作报告，介绍苏俄文学，他还担任旅大文协主办的《人民文艺》旬刊主编。此间他发表了大量的评论文章,为大连新文艺的创建作出了贡献。

1950 年 9 月,吕荧离开了大连,前往青岛任山东大学中文系教授、系主任。1952 年冬他去北京人民文学出版社任特约翻译,又担任《人民日报》文艺部顾问。

1955 年 5 月 25 日,中国文联和中国作家协会召开联席会议,声讨“胡风反革命集团”。当时胡风夫妇已被逮捕,胡风的友人也失去了人身自由。在大会上,吕荧竟然为胡风辩护,说他不是反革命,不是政治问题,只是文艺思想问题。当时在全国上下,批斗“胡风反革命集团”的大潮中,他是惟一公开站起来,声言胡风不是反革命的人。吕荧是这样一位为民请命、舍身求法、敢于为正义承担苦难的伟丈夫。于是他被扣上“胡风分子”的帽子,1957 年被甄别,可是在“文化大革命”中遭受迫害。1969 年 3 月 5 日,含冤病逝于清河劳改农场,终年 55 岁。

吕荧一生著作甚丰,有诗集《火的云霞》、评论集《人的花朵》、《关于工人文艺》、《文学的倾向》、《艺术的理解》、《美学抒怀》;翻译作品有《论西欧文学》(普列哈诺夫著)、《普式庚论》(卢那卡尔斯基著)、《叶甫盖尼·奥涅金》(普希金著)、《普式庚传》(吉尔波丁著)、《叙述与描写》(卢卡契著)、《列宁论作家》、《列宁与文学问题》(列宁著)、《仲夏夜之梦》(莎士比亚著)等。1984 年出版《吕荧文艺与美学集》。

丁玲过大连

丁玲(1904～1986),著名女作家。原名蒋伟,字冰之。湖南临沣人。

1927 年开始文学创作,《梦珂》、《莎菲女士的日记》是她早期的代表作。1930 年发表长篇小说《韦护》、中篇小说《水》、《一九三〇年春上海》等。1932 年 3 月加入中国共产党和左联。1933 年 5 月被捕。1936 年 11 月获释去延安。主持陕甘宁边区的文艺活动。此间发表小说有《一颗未出膛的枪弹》、《我在霞村的时候》、杂文《三八节有感》等。1948 年 9 月发表长篇小说《太阳照在桑干河上》、获斯大林文学奖金二等奖。

1955 年丁玲被错划成反党集团成员、右派。1978 年丁玲的冤案得到平反,恢复党籍,增补为政协第五届全国委员、全国文联委员、中国作协副主席。

1948 年 6 月,丁玲作为解放区妇女代表团的成员,前往匈牙利出席国际民主妇女第二次代表大会。她从河北西柏坡出发,经过山东青州,渡海北上。在穿越国民党海上封锁线时,突然遇上国民党的巡逻艇,探照灯在海面上来回搜索。华东局派来的护送人员说:“请大家保持镇静,不要惊慌,要把不符合保密和容易暴露身份的东西扔掉。”经过与敌人巧妙周旋,终于化险为夷,于次日早晨到达大连。她在大连稍作休息后，又继续北上，在哈尔滨与蔡畅会合后出国。

建国后，她多次来过大连。1984 年夏，她应市文联之请来连，在“文学讲座”作《文学创作及其他》的报告，人民文化俱乐部座无虚席，受到与会者的热烈欢迎。

30 年代，大连《泰东日报》曾先后发表过评介她的文章，如《丁玲被捕后的一点感想》、《中国复活了一位女作家丁玲》、《中国女作家丁玲近况》等。

丁玲是位勤奋的作家，一生创作了 300 万字的作品，编有《丁玲文集》。她在现代文学史上是位颇有成就和影响的女作家。

特殊解放区时期的报刊

从 1945 年 8 月 22 日大连解放至 1949 年 10 月中华人民共和国成立前，大连地区属于在苏军军事管制下，中国共产党领导的特殊解放区时期。此间先后出版各种报刊 10 余种，主要的有以下几种：

《人民呼声》报是中共大连市委的机关报，创刊于 1945 年 11 月 1 日，初为 3 日刊，为便于工作，大连职工总会为发行人。1946 年元旦改出周六刊，最高发行数达 10000 份，社长为作家罗丹。同年 6 月 1 日，《人民呼声》改名为《大连日报》。1949 年 4 月 1 日，与《关东日报》合并，改名为《旅大人民日报》。1956 年元旦，改名为《旅大日报》。1981 年 3 月 1 日改名为《大连日报》。《大连日报》自创刊以来，始终在党的领导下，坚持报纸是党和人民的喉舌，坚持为社会主义和为人民服务的方向，坚持解放思想、实事求是的思想路线，坚持正面宣传为主的方针，坚持群众路线。

《新生时报》于 1945 年 10 月 30 日创刊，为大连市政府的机关报，1947 年 5 月 16 日终刊。创刊时为四开二版。社长由教育局长张致远兼任。该报主要刊登市政府和苏军司令部的命令、决定。报道工农业生产和文化艺术活动。每期发行 50000 份。1947 年 5 月，《新生时报》与旅顺《民众报》合并，改出关东公署的机关报《关东日报》。

《关东日报》是关东公署的机关报，创刊于 1947 年 5 月 20 日。该报的任务是宣传政府的政策法令，反映政治经济建设情况。关东公署教育厅副厅长江清风兼任社长。该报初期为对开四版日刊，发行最高数为 25000 份。1949 年 3 月 31 日停刊。

《实话报》是 1946 年 8 月 14 日，由苏军驻旅大地区指挥部创办的中文报纸。历时 5 年，于 1951 年 8 月底终刊。该报宗旨是介绍苏联情况和中苏友谊。该报二版，周六刊，最高发行数达 20000 份以上。《实话报》两任社长谢德明中校、格鲁宁中校，都会中国话，工作人员是现役苏军军人。

《大连青年》杂志创刊于 1946 年 11 月，1947 年 5 月改名为《民主青年》，1954

年10月改名为《旅大青年》,1955年年底停刊。该杂志先后作为大连民主青年联合会、关东民主青年联合会、青年团旅大区委员会的机关刊物。其间多次改为月刊、半月刊、旬刊,开本改为16、32、25开本。发行量最高达到了2000册,共出版262期,总发行量为266852册。杂志主编先后是于明、钱醉竹、隋阜等,其中隋阜年仅20岁,由于忘我工作,积劳成疾,死于任上。杂志初创时期,是以知识青年和学生为对象,向他们进行启蒙的爱国主义教育、阶级教育。共和国成立后,杂志偏重宣传如何发挥青年在工农业生产建设中的作用,努力学习技术和科学文化知识。

《友谊》半月刊是大连中苏友好协会的机关刊物,创刊于1947年7月。16开本,每期约10万字,共出刊84期,发行量最高时达12000册,1950年末终刊。杂志主编先后有陈陇、于明等,另外还出版一套《友谊》丛书和画报。

《学习生活》月刊是1947年由大连光华书店李庚编辑出版的文化学术性16开本杂志,一年后停刊。

另外,旅顺有**《民众报》**,金州有**《农民报》**。

大连的宗教

日占时期,大连中国人宗教信仰组织有佛教、基督教、天主教、回教。

佛教 大连佛教寺院最早可追溯到唐太宗贞观十年(636)成立的松山寺。到了近代,由于开发城市,从山东、河北移来许多民工,商贸频繁,其中就有一些佛教徒,而后越来越多。他们都是在家里供奉佛祖和观音菩萨,早晚焚香叩拜,但是没有佛教组织。西岗志远大药房经理王志远是位虔诚的佛教徒,佛学造诣颇深,在药商界很有声望。他通过日本佛教徒久谷长恩的帮助,从日本当局领到许可,1936年获准成立大连佛学研究会,这是大连佛教界正式的组织。久谷为名誉会长,王志远为会长。佛学会曾聘请过全国闻名的太虚法师、哈尔滨极乐寺的了因法师、乐景法师、修远法师以及营口的如光法师等来连讲经传道。王志远经常向教徒讲经,有时还到外地传经。松山寺是佛院,天后宫是佛道合院。每到庙会和盂兰盆会、佛诞节、观音大士节,佛教徒都要到寺庙焚香诵经。

基督教 1896年10月,丹麦传教士麦德劳在旅顺口创立大连地区第一个基督教会——旅顺基督教会,开始正式传教。他在周水子阎世谭家传教,阎氏全家受洗入教,并将地产献出一半资助教会活动。1910年,他在大连西岗租房做教堂,正式成立基督教信义会及圣经学习班,培训学员阎兴纲、阎兴纪、侯执盛等人。1913年阎兴纪和侯执盛被封为中国牧师,阎兴纲为传道人,他们是中国人在东北信义会首批教牧者。阎兴纪是大连基督教信义会第一位中国人牧师,后升任东北基督教信义会中会会正,历任大连教会牧师20多年,著作很多,1936年病逝,终年70岁。1914年,麦德劳在西岗(今北京街)建成礼拜堂,信义会迁入该堂。同时他又在旅顺购买楼房,改建为礼拜堂。由于他的努力,1920年有教徒300余人。1923年,他离连去安东(今丹东)任神道学院院长,大连教会工作由丹麦人颜深义牧师接手。1932年,大连教会分裂出灵恩会,麦德劳来连谋求教会合一,未成。1936年,他退休返国。从1936年至1942年丹麦人魏乐服任大连教会牧师。大连基督教会有信义会、浸信会、灵恩会、安息会、聚会处、神召会、耶稣会、蒙恩会、满洲基督教会等教派。

玉光街教堂

天主教 1922年,大连天主教只有三户日本教友和三户中国教友。他们在奉天(今沈阳)请法国神父来大连送弥撒,在日本教友佐藤家举行,这是大连天主教举行的首次弥撒,也是首次的宗教活动。1926年,天主教会在大黑町(今西安街)建立教堂,中日教友合用,由于教友逐渐增多,教堂容纳不下,1930年中国教友分出,在王阳街(今联合路)建立临时教堂,后来移至三春街(今东北路)。教会本堂白云中、副堂孟硕儒(美籍)主持教务。1941年12月太平洋战争爆发,美籍神父被遣返。1943年皮漱石由奉天(今沈阳)调来大连任代理本堂。教会曾开办海星英语学校、幼儿园等。

大连基督教堂

回教 回教是全民教,自幼信奉,没有清真寺回民无以为生,因为饮食起居,婚丧嫁娶,均要清真寺阿訇(教长)来主持。20世纪初年,由回民乡老马兴隆、王起发、金相臣等集资在大龙街成立小教堂,由王景全阿訇主教。王景全去世后,由穆成林继任,与乡老马凤元、刘文魁等筹资在平顺街购房,建成临时清真小寺。穆成林精通经典,虔心奉教,连任阿訇20余年,以修建清真寺为己任。教徒古尔邦阿里是“满铁”嘱托,通过他的努力,“满铁”批给建寺用地,并资助7000日元。1922年在西岗(今北京街)建成清真寺,占地960平方米,大教堂可容纳200人礼拜,耗资一万日元。1936年教会曾接待过也门国大臣侯赛尼来访。第三任阿訇王连仲是一位杰出的年轻阿訇,他认为古尔邦阿里对建寺贡献最大,倡立“古尔邦大教长功德碑”,立于大殿北侧,此碑光复后被毁,他本人亦被苏军逮捕。

太平鼓

过去,大连农村流行着“烧香”活动,烧香本来是满族的祭神习俗,后来逐渐被汉族所接受。烧香班子的人员叫作“耍单鼓的”,他们全是农民扮演的,大多是世代家传,这些人的身上都有些武艺功夫和文艺说唱才能。每到农闲的冬季,烧香班子便要走村串乡,给香主烧香。一个冬天下来,能耍七八十场或上百场,一场可得银洋10元,赏钱另外。一个班子有五六人。

烧香的目的是为了答谢上天和祖先的保佑,使得全家人畜兴旺,五谷丰登,买卖兴隆,为此烧个“太平香”;或者病人痊愈,烧个“还愿香”,以报神恩。

烧香主要道具是“单鼓”,又叫“太平鼓”,因烧太平香而得名。单鼓是用铁条摵成圆圈,类似蒲扇。鼓面上蒙上单面山羊皮,所以叫“单鼓”。单鼓下面有一个铁把手,把手下端摵成3个花瓣形的圆圈,圆圈里套上铜钱和铁环,摇动起来,互相撞击,发出哗哗的响声。单鼓分为大、小两种,大鼓鼓面直径为一尺半,音响低沉,小鼓鼓面为七、八寸,音响高亢。藤条做的鼓槌长一尺,槌头套上茧壳,槌尾系上红绒穗,像凤凰尾巴,摇动起来很好看。另外的道具还有“花棍儿”、“两节棍”、“大刀”等。

大连耍单鼓的穿戴不像辽东的那么讲究、复杂,头戴礼帽,身穿长袍、长裤,扎腿带,青布鞋。有时为了表演方便,要脱掉长袍。

大连人烧香比起辽东来要简单得多,时间短,内容少。表演从上午九时到次日凌晨,表演内容为十二板,其顺序和名称是接神、拦门、大请、上案、安座、开口、分香、四铺神、打五路、开猪头、倒宝瓶、送神。

“送神”是烧香最后一板,这时时过半夜,是烧香的最高潮。艺人们纷纷拿出自己的“绝活”,一一地表演出来,什么“滚地雷”、“打铡刀”、“金钩倒挂”、“抽筋”、“抽肠子”、“打蓝鬼”等这些惊险的动作时时博得观众的叫好和鼓掌,这也是艺人获得赏钱的最佳时刻。

由于艺人文化水平和演艺技能不同,单鼓的唱词和舞蹈也不一样。唱词内容大多是一些历史故事,如《唐王征东》、《张郎休妻》、《孟姜女哭长城》等。演唱方式有个人独唱、二人对唱、众人合唱等。单鼓的舞姿粗犷、豪放、火爆、泼辣,舞步扎实，节奏明鲜，动作分明，有独舞、双人舞、群舞，都是民间舞蹈的风格，舞步有“走圆场”、“穿十步”、“龙摆尾”等。艺人腰系串铃，手持单鼓，边唱，边舞，边敲单鼓，单鼓对艺人来说非常重要，没有单鼓就不能演出。所以说：“单鼓，单鼓，唱离不开鼓，舞离不开鼓。”说的就是这个道理。

烧香完全是旧社会宣传封建迷信的落后活动。但是作为太平鼓这种打击乐器和太平鼓舞的特殊艺术表现形式是应该继承和发展的。太平鼓舞是一种民间歌舞，在农村有着广泛的群众基础，深受群众的欢迎。在三百多年的历史发展过程中，出现了许多有名的太平鼓手。当前太平鼓舞由于有关方面的重视，得到了长足的发展，金州的太平鼓工作者经常获奖，收到广泛的社会效益。

大连的日文报纸

1905 年，日本占据大连之后，为积极推行侵华政策，灌输殖民文化思想，强化“日本精神”，创办了一批宣传机构，先后发行了 200 余种报刊，其中最主要的日文报纸有：

《辽东新报》，创刊于 1905 年 10 月 25 日，该报是日本殖民当局在大连发行的第一份日文报纸。开始为 4 版二日刊。第二年 4 月改出日文 4 版，中文 2 版的日报。1908 年 10 月开始改出日文 6 版。1911 年改出 8 版。1920 年 4 月增刊晚报。至 1926 年 6 月仍保持日报 8 版、晚报 4 版。发行量 45108 份。1927 年 11 月和“满铁”的《满洲日日新闻》合并为《满洲日报》。《辽东新报》是日本大连关东都督府的机关报，刊登都督府的各种公报，宣扬日本军国主义政策，被评为“为拥护南北满洲的各种权利，对遂行国策的满铁事业，对策应帝国的对华政策，做出了不少贡献”。

《满洲日日新闻》，创刊于 1907 年 11 月 3 日，它是“满铁”的机关报。1920 年开始发行日报 10 版、晚报 4 版，又增刊《小学生新闻》2 版，还附印《关东局报》、《大连市公报》等。该报发行量为 41812 份。1927 年 11 月。合并了《辽东新报》，改称《满洲日报》。1935 年 9 月，又合并了《大连新闻》，报名又恢复《满洲日日新闻》的旧称。1941 年改称为《大连日日新闻》。1945 年 8 月日本战败投降，该报自行停刊。

《大连新闻》，1920 年 5 月 5 日创刊。一年后出版日报、晚报各 4 版。1925 年发行量为 15190 份。1935 年 9 月，该报与《满洲日报》合并，改称《满洲日日新闻》。《大连新闻》是一份以大连市政为中心服务于日本市民的报纸。

在日本统治的 40 年间，“满铁”先后吞并了《辽东新报》和《大连新闻》两大报，而以《满洲日日新闻》独揽了大连的新闻舆论，可见其权势之大了。

名胜古迹

金石滩龟裂奇石

金石滩龟裂奇石

金石滩位于大连东北部沿海，背依青山，面临黄海。海水清澈，海风轻柔，沙滩松软，幽静怡人，交通便利，是一处旅游胜地。

金石滩蜿蜒13华里，礁石林立，物象众多，宛如凝固了的动物世界。金石滩有80余处景观，毫无人工雕凿的痕迹，全是风雨、雷电、海浪的杰作，雄伟粗犷，玲珑剔透，是大自然鬼斧神工的化身。十里海滨，十里怪礁，诉说着不尽的神话故事。“三辆车岛”是龙王三太子卸下的财宝，“恐龙壁”是天子的化身，“大鹏展翅”是神鸟下凡，“相亲石”是一段爱情故事……地质学家认为此地形成于6亿年前的震旦纪，震旦纪是孕育生命的开始，金石滩的崖石上，清晰地保存着当年的色彩和痕迹。它是浓缩了史前9至3亿年的地质演化和地球进化史，是地学和美学的完美结合。

金石滩上有一块绯红色的龟裂石，龟裂石系6亿年前海退时期，(粉)砂泥质沉积物因气候酷热，受到烘烤和烈日曝晒，形成不同方向的楔形裂纹，后又被泥砂质积淀物填充，再经过成岩作用而形成的。该石斜卧在金石滩国家旅游度假区东海岸，属晚元古界震旦系“金县群”大林子组。体积约10立方米，表面呈金黄色，沟纹呈蛋青色，似玳瑁背甲，故又称龟背石。美国地学部主席柯劳德教授见到它时，惊奇地慨叹道：“这是世界上最大最美的一块龟裂石！”从此“天下第一奇石”便在地学界传扬开了。它具有极其重要的地质研究价值，它仅是该地泥裂层的一小部分，如沿悬崖泥裂层面揭露，必然会有更加恢宏、壮观的奇特景象出现。

金州小石棚

小关屯小石棚全貌

小石棚位于金州区亮甲店小关家屯,横1.85米,纵2.8米,高1.45米。它建立在一块10平方米的土台上,长方形,东西向。四块大石板顶着一块大石盖,石盖长出四面石板,底下铺了一块同样巨大的石板。全部共用六块石板筑成。它是新石器时代人们所留下的巨石遗迹,叫巨石文化。距今约有七八千年的历史。

新石器时代的人们过着氏族生活,宗教迷信在生活中占据着重要地位,不管是出猎、作战或是遇到重大事件都要祭神。他们在氏族长的领导下,集合在一个特定的地方,举行祭神的仪式。石棚就是举行祭神的地方。石棚又是氏族活动的场所,氏族的会议也在这里举行。氏族长死了以后,也把他葬在石棚里,祈求他的灵魂继续关照氏族,所以石棚又成了祭祀祖先的地方。

石棚遗迹不仅见于辽东半岛,在山东半岛和朝鲜半岛均有发现。这说明在新石器时代,大连地区就与山东和朝鲜两大半岛有着密切的联系。但金州小石棚与山东和朝鲜的石棚又有所不同。它们一般由3块石板加石盖,共4块石板构成。而金州小石棚则多两块石板。四面石应用,较三面石既对称又美观,而底部铺一石板,更增加了石棚的稳定性。这说明大连地区的原始文化,在时间上可能比前两者稍晚,但有其独创性和进步性。

距小石棚以南一里多,原有一个大石棚,50年代被苏军炸毁。另外在庄河白店子、大荒地和普兰店石棚沟、瓦房店台子屯,也都有石棚。

小珠山遗址

小珠山地处大连市长海县广鹿岛,海拔20多米,俗称"土珠子",1978年开始发掘。小珠山遗址分为下、中、上三层,分别代表了早、中、晚三个不同的历史阶段。早期约为公元前7000~6000年,中期约为公元前6000~5000年,晚期的年代为公元前5000年~4000年左右。

小珠山的原始居民过着半穴式的定居生活,住在土木结构的圆形或方形的土屋里。土屋是用木杆搭起的房架,墙壁用草拌泥涂抹而成,有出入的门口。根据遗

广鹿岛小珠山遗址

址证实他们这个时期进行着原始农业、畜牧业、渔业和手工业的各种生产活动。

在农业方面，已有了多种生产工具，他们制作石斧用来砍伐，石铲用来翻土地，石刀、石镰用来收割，石磨盘、磨棒用来加工谷物，还发现炭化的粟子。他们就是用这些工具来完成粮食作物从种到收的全过程的。

在遗址中还发现大量的狗骨和猪骨，这便是以家畜饲养为主的畜牧业，它标志当时已经驯养了部分野生动物。还有许多以石或陶制成的网坠，这是系在渔网上的捕鱼工具，这说明当时的捕鱼生产已有相当规模。在数米厚的贝丘遗址中，有许多牡蛎、文蛤、螺等，可见在当时捕捞海洋贝类占有重要的地位。

还发现狩猎活动的工具，如矛、镞、石球等。矛是刺杀武器，镞是箭头，是用弓箭来射杀动物的。出土了许多鹿、獐、野猪、狍等兽骨，而其中以鹿骨最多，可见当时广鹿岛的野鹿是相当多的，是主要的猎取动物，也是该岛名称的由来。

陶器制作也初具规模，陶器的造型和黑红纹饰图案，已表现出他们启蒙的艺术水平。他们已经发展到制造各种石器、骨器，器面制作精细、光滑、平整，刃口锋利。

小珠山文化吸收了山东文化，而又相互影响，他们创制的"筒型罐"，保持了小珠山文化的地方特色，也反映出他们的艺术追求和水平。

小珠山人开辟了大连地区新石器时代，在3000年的生活实践中，创造了小珠山文化，这标志距今6000年前，我们的先人就在一片海洋中的海岛上栖息繁衍，发展生产，创造文化。

双坨子遗址

双坨子古文化遗址位于大连市甘井子区营城子镇后牧城驿村北海边双坨子山的阳坡上。双坨子山大、小相连，大坨子在西，小坨子在东，三面环海，只有南面通向陆地。大坨子南坡有较多的黑皮陶片、夹砂褐陶片，东坡有烧土层和灰层等；小坨子有少量黑皮陶片。

远观双砣子遗址

1964年秋，在大坨子南坡和东坡断崖面，发现了三迭压文化层，就其内涵分为上、中、下三层文化，属于青铜器时代。

下层（一期）文化大约距今4000年左右。

房址为双室，门南向，为一面坡平房。地面是红烧土，梁上涂抹草拌泥。室内用陶壶口埋入地下做灶圈，屋内四周和中间立有木柱。石器有石斧、石锛、石刀、石镞、石矛、石网坠、石纺轮等；骨器有骨针、骨锥等；陶器有壶、罐、碗、盘等，大多为平底器，陶器以夹砂黑褐陶为主，胎壁厚，陶面有弦纹、乳点、划纹、镂空等，也有用红、白、黄色绘成几何画案。

中层（二期）文化距今大约在3500年左右。

石器有石斧、石锛、石刀、石镞等；陶器以轮制的泥质磨光黑陶和黑灰陶为主。器形有陶壶、豆罐、盂、碗、三足器等，饰以纹和凸棱纹。

上层（三期）文化大约在3100年左右。

房址是圆角方形半地穴式，穴内四壁砌石墙，用木檩和椽搭成屋顶，四壁用草拌泥涂抹。门道有台阶。

石器有石斧、石锛、石刀、石镞、石网坠、石纺轮等；骨器有锥、针等；陶器以夹砂褐陶为主，手工制；器形有壶、罐、碗、杯、盂、豆等。纹饰有刻点线纹、凸棱纹和镂空等。

从双坨子文化遗物来看，早在4000年前，这里便有人群居住，而且文化较高，后来外迁，现在只存一片废墟。它对研究大连地区居民变化和文化发展历史提供了可信的依据。1963年被定为市级文物保护单位。

岗上墓地

岗上青铜短剑墓地，位于大连市甘井子区营城子镇后牧城驿村东北方300米的土岗上。土岗呈椭圆形，东西长100米，高8米，墓建其上，因而称岗上墓地。墓地于1964年被发现。

墓地结构是用黑土夹杂砾石封筑的，东西长28米，南北宽20米，高1.5米，分成大小不一的3个区域。东边墓区较大，中间用石墙围成一个直径8米的圆圈，圈中有3座大石板底墓，以其为中心，有8条放射状石墙一直延伸到墓区边缘，共有

牧城驿岗上墓地

16 座小型墓。中间和两边两个墓区有 7 座墓。墓均为长方形，南北向，墓的砾石和石板被烧过。

墓葬种类有石板底墓、石棺墓、烧土块墓、砾石墓、土坑墓。

在葬法上 23 座墓大部分人骨被火烧过，而且人骨是叠压在一起的，一颠一倒火葬，大人和小孩合葬。火葬由上而下，每座墓人骨数目不等，多者 144 人，少者仅 2 人。

随葬品有青铜器短剑、矛、铃、镞等；陶器有罐、壶、豆、碗等；装饰品有青铜钏、簪环、玛瑙，还有骨器、铸铜斧、滑石范等。由出土文物可见，此时期的冶铸工艺技术已有一定水平。

从岗上墓地出土的宽叶曲刃青铜短剑来看，属于春秋时期的墓地，它对于研究青铜短剑时期的历史文化具有珍贵价值。墓地下面是双坨子上层文化类型的遗址，距今约有 3000 年。

1979 年被定为市级文物保护单位。

牧羊城

牧羊城又称木羊城，位于旅顺口区铁山镇刁家村西南临海的丘陵地带，距渤海约 500 米，现在保留着部分城墙残迹，是辽南地区著名的汉代古城遗址。

该城址呈长方形，南北长 133 米，东西宽 82 米，面积 10906 平方米。墙基石筑,墙体用土筑。今存城墙高约2~5米,宽约3米。北墙中间有一个宽12米的缺口,估计是城门。

牧羊城自1928年考古发掘以来,陆续出土了大批文物。有石斧、石刀、石锛、石纺轮等石器;骨镞、骨针等骨器;建筑用的各种花纹砖、板瓦等;战国至汉代的货币有明刀钱、“半两”、“五铢”和新莽时期的“大泉五十”等;还有陶器和瓦当以及铁制工具、铜镞、铜镦、铜带钩等。特别是发现了“河阳令印”、“武库中丞”封泥,这是牧羊城和中原书信往来的实物见证。此外在城址附近及其周围地区还发现了大量的汉代遗址和不同形制的墓葬,如石墓、土坑墓、瓮棺墓、贝墓和砖石墓。

据考证,牧羊城是建立在新石器的遗址上,从出土文物分析,这座古城开始经营是在战国时期,两汉时期是一个人口稠密、经济繁荣、文化发达的时期,是辽东半岛上一个重要的海防城堡,在沟通辽南与中原地区的政治、经济、文化等方面,起着桥梁和纽带的作用。后来由于东汉王朝的没落,辽东战乱频繁,牧羊城便逐渐废弃了。有人认为这里就是汉时辽东郡沓氏县城,作为县城来看未免太小了。总之,该遗址对研究大连地区的历史,以及同中原的关系是有着重要意义的。

营城子汉代壁画墓

在大连市甘井子区营城子镇前牧城驿村西1000米处、旅顺公路北侧有一座汉墓,名为营城子汉代壁画墓。

这座汉墓的外形侧看像“山”字,中间的主室、套室较高,前室、东侧室和后室较低。墓室南北全长17.5米,东西宽7.18米,砖筑,方形穹隆顶,由主室、前室、后室和东侧室组成。

主室居中,券顶内高3.15米,底边长2.87米,宽2.88米。外套室高5.7米,底边长4.68米,宽4.66米。套室与主室之间有一道回廊,间距0.5~0.93米。主室南是前室,北接后室。前室南面有墓道。主室内有砖铺尸床,东侧室有砖筑冥器台。各室四壁均

营城子壁画汉墓

汉墓中的壁画

用灰色环状、羽状、菱形等花纹砖砌成,室内地面皆用砖铺成。

这座汉墓出土陶器较多,有灯、屋、猪、灶、俑、盆、杯、勺等冥器。更为重要的是在主室内东、南、北三壁和东、南两券门外的白灰墙面上画有壁画。壁画以主室北壁上的"升天图"为主,画面正中有一男性墓主人,着长衣,佩长剑,头戴三山冠,脚下有云气,面向左。其前面有一戴方巾、持羽状扇的"方士",迎接墓主人,是引导死者升天的中介人。对面空中有一羽人,手持三株"赤草",乘云气,迎向墓主人,引导墓主人升天为仙。墓主人身后立一侍儿,手捧一物。在左上方有一展翅飞翔的长胫朱雀。在右上方有一昂首腾跃的卷龙,这些祥瑞之物,表示墓主人已经脱俗入仙。壁画的下端,画三个人祭拜墓主人的情景,一人在前俯拜叩头,中为拱手跪拜,后为立拜,表示祭拜者的辈分关系及对墓主人的尊敬和祝愿。在他们的前方,置有长方案,案上放祭器;在他们的后方,置有层叠的食器。下方祭祀图与上方升天图相互对应,构成了活者对死者的祝福和祈望。

南壁内门楣上画有一个巨头、圆眼、大嘴、长臂的怪物,门两边各立一门卒。左侧门卒发长执剑,面相张扬;右侧门卒长须戴冠,面相温和。南壁外门楣上方,画有一头戴三剑冠的怪人,左手握蛇,右手持幡,张口怒目,右边有一虎张牙舞爪。东壁内门楣上方画有云、朱雀。

这座汉墓说明了1900年前东汉末期大连地区经济文化比较繁荣和发达的历史状况。壁画反映了当时的统治者死后要升天成仙的愿望。壁画线条奔放,是研究汉代墓葬习俗、绘画艺术和建筑工艺的宝贵资料,是大连地区重要的历史文物之一。

这座汉墓是1931年修建旅顺北路时发现的,日本殖民者将出土文物劫往日本,并在汉墓上方加盖铁皮套房。解放后套房被人盗走,该墓一度遭到破坏。1954年文物部门为其修了石头套房和排水沟,墓室外用白灰加固。1963年列为辽宁省重点文物保护单位,1980年设专人监护,90年代又做了进一步的维修。

清泉寺

清泉寺位于普兰店市星台乡葡萄沟村的吴姑城山（又名巍霸山）上。吴姑城墙环绕巍霸山一周，全长12华里。城墙依山起伏，分外壮观，此城建于东汉，是守卫北国边疆的驻军之地。

清泉寺

清泉寺坐落在城内东南的山腰上，面向山城东门，是一座集佛、道、儒三教为一体的寺庙。庙殿三排6座，东西长66米，南北宽25米，占地面积1700平方米。

寺前有一座雪映石屏，刻有66首赞美诗词。石屏后面就是清泉寺的山门，门顶刻有“一洞天”3个大字。门扇的刻联是“明齐日月”、“量合乾坤”。围寺的裙墙都是方块花岗石和青砖砌成。庙院中央立有一个双耳钢皮铁铸香炉，炉面饰有烘云托月、蟠龙戏珠的图案，精巧美观、古色古香。香炉左边是钟楼，右边是鼓楼。殿内的神像，神采奕奕，金碧辉煌，全用玻璃罩装。

前排中间是大雄宝殿，供奉释迦牟尼，阿难、迦叶守在左右，韦驮、天王立在两侧。北面正尊是观音菩萨，红孩、龙女守在两旁，两侧是十八罗汉。南面正尊是地藏菩萨，道明、闵公在左右。两个配殿北面是伽南殿，供奉关圣帝君，伽南菩萨在右，孚佑帝君在左，两侧是马天君、周仓、柳天君、关平。南面是药王殿，供奉龙王和药王，两侧是八大名医。

中间两殿，北为玉皇殿，供奉玉皇大帝，左文昌，右真武，两侧是青龙和白虎。南为老君殿，供奉老君，左周公，右孔子，两侧是杨戬、哪吒。

后殿是娘娘殿，供奉王母娘娘、王仙姬、董仙姬、眼光、耳光、子孙、疹痘、王灵姬、赵公明、提婆诸神。

前殿和后殿是硬山式建筑，中殿是一对双檐歇山式，塑有鸥吻屋脊的楼阁。从前殿到后殿要穿过3道石梯，首尾接应，曲径回廊，盘桓交错。

清泉寺东南角有点将台，西南面有梳妆台和紫禁城遗址。西门外的饮马湾常年流水不断。相传唐太宗驻军于此，泉水供军马饮用，命名为清泉寺。又有唐王建刹，吴姑重修的记载，距今已1300多年。它是大连唯一保存下来的古庙，属市级重点文物保护单位。

清泉寺为什么能保存下来呢？据说20年代重修该庙时，中共地下党员参与其中，在大殿后边雕塑了一个红五角星，作为联络标志，于是它成了“革命文物”，所以它平安地度过了每次运动，没有人敢动它一砖一瓦。

旅顺鸿胪井

唐中宗嗣圣十五年(698年)，东北靺鞨(即渤海)首领大祚荣统一了周边各部，自号震国王。唐玄宗开元元年(713年)，唐朝派遣鸿胪卿崔忻去渤海册封大祚荣为左骁卫大将军、渤海郡王，加授忽汗州都督。从此靺鞨专称渤海。第二年夏，崔忻在返回长安途经都里镇(今旅顺口)时，在黄金山麓凿井两口：一井在黄金山北麓，并刻石留念，其井已掩埋；另一井在黄金山南麓，因沙俄修筑军事工程被填平。

崔忻官名鸿胪卿，从三品，管理民族事务，所以他凿的井被后人称为“鸿胪井”，乡民叫它“金井”，民间还有“金井锁蛟”的传说。

现在见到的鸿胪井刻石(拓片)高1.6尺、宽1.2尺，是考古学家罗振玉托人于1919年在日本原刻石上拓成的，现存于旅顺博物馆。刻石3行，计29个字：

敇持節宣勞靺羯使

鴻臚卿崔忻井兩口永爲

記驗開元二年五月十八日

鸿胪井在黄金山麓经历了一千多年，此间有据可查的有明代查应兆、清代额洛图、耆英将军等人都在这块“大如驼”的石上刻字留念。1895年冬，清代山东登莱青兵备道、安徽贵池人刘含芳极为重视鸿胪井和刻石，修石亭将刻石覆盖作为保护，又在刻石文字的左侧，添刻5行68个小字：

此石在金州旅顺海口黄金山阴，其大如驼，开元二年至今一千一百八十二年，其井已湮，其石尚存，光绪乙

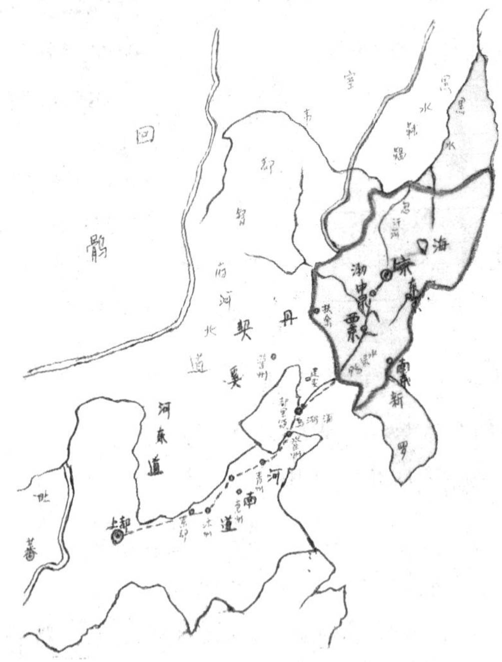

崔忻慰劳靺鞨路线图

未冬，前任山东登莱青兵备道贵池刘含芳作石亭覆之，并记。

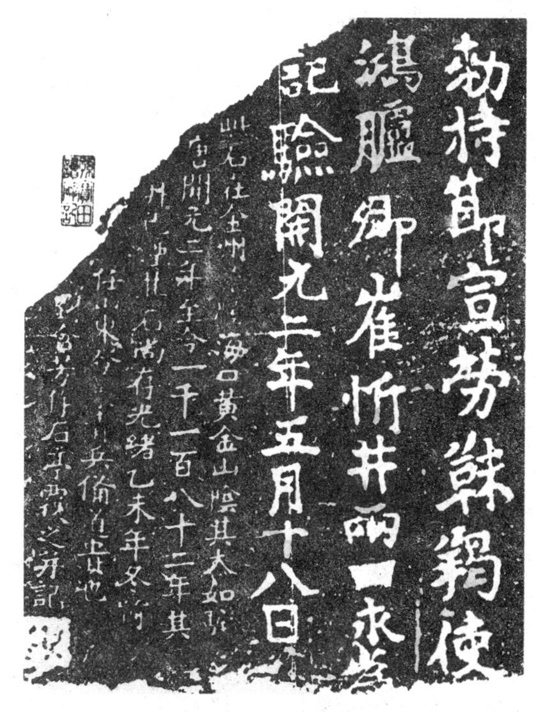

鸿胪井刻石

日俄战争后，日本占领旅顺口。1908年，日本海军旅顺镇守府司令长官中将富冈定恭下令将刻石和石亭一并劫走，藏于日本皇宫内。1911年在原位上建了一座高两米的大石碑，正面刻有“鸿胪井之遗迹”6个字，碑阴为6行102字：

唐开元二年，鸿胪卿崔忻奉朝命使北靺鞨，过途旅顺，凿井两口以为记验。唐开元二年距今实一千三百有余年（实为1197年），余莅任于此地，亲考查崔公事迹，恐湮灭其遗迹，树石刻字以传后世尔云。明治四十四年十二月。海军中将从二位勋一等功四级男爵富冈定恭[印] [印]

鸿胪井刻石具有重要的历史价值，是中央政府与东北地方政府之间从属关系的印证，是唐王朝与渤海郡（即震国）亲密关系的见证，是中原汉族与东北靺鞨族友好往来的信物，是研究唐史、东北地方史、渤海国史、靺鞨族史和大连地方史的珍贵文物资料，它证明旅顺口在唐朝就是中原与东北的海上交通要道。

旅顺鸿胪井刻石与碑亭

1979年6月，鸿胪井遗址被列为大连市重点文物保护单位。

1996年《大连春秋》第二期王仁富《刻文“武断”误在“崔䜣”》一文中说：“忻”不是使臣的名字，应下断为“忻井两口”，是动词当“开凿”讲，与下文“永为记验”相对。另使臣的名字应为“崔忻”。录于此以供读者参考。

永兴寺

在大连市甘井子区营城子村的中央有一座大庙名叫永兴寺。据《东三省古迹遗闻》记载,该寺建于唐朝初年,后经多次重修,是金州以南地区占地最广、规模最大、佛像最多、塑工最精的佛寺,闻名遐迩。

营城子永兴寺

永兴寺有3座大殿,三大殿建筑在一个中轴线上,一色青砖青瓦,白灰勾缝,悬山大厦,檐下有立柱,天井有走台。

前殿叫山门殿,殿内左右两旁供奉着穿甲戴胄的四大天王塑像。他们分别是东方持国天王,能守护国土,全身白色,手持琵琶;南方增长天王,能令他人增长善根,全身青色,手持宝剑;西方广目天王,全身红色,手中绕缠一龙;北方多闻天王,既是北方的守护神,又是财富神,全身金色,穿七宝金刚庄严甲胄,戴金翅鸟宝冠,手持雨伞。他们手中的法器,分别表示风调雨顺的职能。

永兴寺白果树

山门殿之后便是天王殿,殿中央供奉弥勒佛,袒胸凸肚,光头大耳,笑容可掬,两边写有对联:“大肚能容容天下难容之事;慈颜常笑笑世间可笑之人。”右边是十八罗汉,各拿一件兵器。左边是观世音菩萨,手持杨枝、净瓶。弥勒佛的背后,面北供奉的是守护寺院的佛教天神韦驮,身穿将军服,手持金刚杵。

后殿便是大雄宝殿,又称大殿,它是寺院的正殿。大殿中央是释迦牟尼坐在莲花上的佛像,它的两侧是文殊菩萨和普贤菩萨。大殿左边是东方净琉璃世界的药师佛,两侧是日晃菩萨和月光菩萨;右边是西方极乐世界的阿弥陀佛,两侧是观音菩萨和大势菩萨。释迦牟尼背后，面北供奉着姜太公。大殿的楹联是：暮鼓晨钟警醒寰宇名利客；经声佛号唤回苦海梦中人。匾额是：普度众生。

永兴寺有个东院，那里是僧侣的生活场所，外人是不便进去的。

在大雄宝殿的后边，有一棵雄性大白果树，学名银杏。树高约30米，树干直径1.7米，周长5.3米，苍翠挺拔。据说该树至今已有1300多岁了，是大连地区最大最高的白果树，它像万树之王高高地耸立着，为永兴寺的象征，也是营城子的标志。当年日本的小学课本中就有一篇名为《白果树》的课文，并附有一张图片。

永兴寺庙会的日子是阴历四月十五，届时一定要唱五天大戏。南来北往的商客和善男信女们必然进庙拜佛，还要在白果树上挂红，以示吉祥。唱戏的费用来自于全会的农民，按田亩数量缴纳捐款。庙会期间营城子一带的男女老少都来看戏，就是大连、旅顺、金州的商贩也都赶来做买卖。庙会的日子锣鼓喧天、人声鼎沸、商摊如林、人流似海，一个热闹非凡的景象充塞着庙前广场。

营城子村的人喜欢看大戏，1926年在庙前修建了一个固定的戏台。戏台坐南朝北，面对永兴寺，台上有棚盖，右边门楣上写着“出将”，左边门楣上写着“入相”。台面好大，艺人演武要棒绰绰有余。戏台的对联是：台上笑台下笑台上台下笑引笑；看今人看古人看今看古人看人。

这个戏台连同神佛塑像，在40年代末被拆除，现在剩下的两个大殿已经改成了工厂。

1994年该庙重修扩建，同时增建大连营城子历史博物馆、民俗博物馆。

松山寺

松山寺位于大连市西岗区松山街。该寺建于唐太宗十年(636)，以后历代不断补修。据说当初是千山和尚来到青泥洼西南侧白云山下，认定此处为一风水宝地，便在山上遍植松树，将白云山改称松山，并建了松山寺。

松山寺院内有石碑四通，东、西各两通，记载着寺庙修建的始末经过。碑高2.5米，碑头雕凿双龙。佛殿7间，正殿3间，供奉佛祖释迦牟尼，两旁是阿难和加丹。东侧是观音菩萨、龙女和红孩，西侧是地藏王菩萨和敏公。门东侧是维托菩萨，门西侧是托塔李天王。东边一间供奉铁匠的祖师爷老君爷，两边是神童。西边3间是天后圣母殿，东侧是眼目娘娘，西侧是耳目娘娘，另有送子疹痘爷爷和送子疹痘娘娘以及十不全等。这些神佛塑像全是泥彩，雕工精细，栩栩如生，巧夺天工，惟妙惟肖。院内有僧舍9间和民居15间。整个寺院面积约有210平方米。

松山寺旧属金州广宁寺与金州天后宫、大齐庙都有佛事联系。每年农历四月初八和十八是香会的日子，届时四方香客云集，前来进香拜佛，祈求平安发财，甚是热闹。

1952年，松山寺有法师乃焦和尼姑戒禅、戒魁。1995年法师病故，只剩下两位尼姑，所以大家又叫它姑子庙。

80年代，宗教政策得到落实，被占用的松山寺归还佛教协会。现在佛殿重修，金碧辉煌，受到佛界的欢迎。它是大连市最古的庙宇，被列为市级文物保护单位。

安山寺

在安山寺的入口处，矗立着一座重檐式宫殿建筑的大山门，山门上镌刻着“富民城”3个行草大字，红墙黄瓦，流光溢彩，女儿墙向两边延伸，远远望去甚是雄奇、壮观，给这个绿色的山野增添了祥和的韵味和幸福的感受。

安山寺大殿

安山寺坐落在鞍子山南北两峰之间的山坳处，南峰海拔370米，是甘井子区的最高峰。安山寺被茂密的树丛包围着、覆盖着、封闭着。林木青翠，参差披拂，峰高入云，重岩叠嶂，北眺渤海，水天相连，山下果树片片，农舍点点，令人心旷神怡。

安山寺

踏着白色的花岗岩，拾阶而上，桥下流水潺潺，山门的横匾上，“安山寺”3个大字笔力遒劲，不知出自哪位名家高手，给安山寺增加了一些文化氛围。跨进山门便是寺院，方砖铺地，平阔豁亮，三楹佛殿坐北面南，一色青砖青瓦，古色古香，更增添了禅林的神秘色彩。这里供奉着地藏菩萨和四大天王。

从“安山寺碑记”中得知，该寺始建于隋末唐初。相传1300年前，有一公子春日骑马郊游于此，因为喜爱山光花色，释马徜徉，流连忘返，归时暮色苍茫，只见拴马处的大马莲连根拔起，里面有一口大缸，装满白银。公子回禀其父，父亲便在这里修建庙宇，即今之安山寺。马莲至今尚在，它下面还有白银吗？

说起安山寺，还有一段真实的往事，解放后，1946 年正是人慌马乱之际，有一个土匪同庙中的包和尚纠集一群匪徒，在这里打家劫舍，骚扰百姓，以破坏人民政府的威望，没待多久便被公安战士一网打尽，消除了祸患。

每年农历七月初七是安山寺庙会的日子，届时附近的农民都要来这里进香献佛，保佑平安，自然也少不了远路的香客和商贾小贩在此叫卖，这一年一度的热闹景象是令人怀念的。但是这里从未唱过大戏，因为场地过于狭小，农民无不可惜地说："安山寺，地方小，干打锣，不唱戏。"

千手佛

大黑石辟建了一个旅游度假村，坐落在甘井子区营城子镇西面海边，占地 8 平方公里。

大黑石的大佛山上竖立一尊 19 米高的双面双身千手千眼观世音菩萨青铜雕像，这是我国北方最高的雕像。她高高地矗立在大佛山之巅、渤海之滨。凡是来到这里的游客，都要爬到大佛山上一览千手佛的尊容。千手佛慈眉善目，谦恭和顺，吸引着许多游客。

大黑石千手佛

据佛典记载，千手千眼观世音菩萨又称千眼千臂观世音菩萨，简称千手观音菩萨，俗称千手佛。菩萨是梵语，意思是自觉本性，普度众生。千手表示护持一切众生，千眼表示观照一切众生，有大慈大悲、法力无边之意。相传菩萨在听讲《大悲咒》后，顿悟要保护众生，于是身上长出千手千眼。千手观音除本具双手双眼外，左右各有 20 只手，每只手上各有一只眼，两边共有 40 只手，40 只眼，以此乘上 25，即成为千手千眼。佛界基层是罗汉，如十八罗汉，再进一层是菩萨。释迦牟尼未成佛之前亦称菩萨,后来用作对神像的泛称。最高层便是佛。释迦牟尼为佛祖,是佛界的至尊,所以他的殿称为“大雄宝殿”,即智慧的化身。

站在高山之巅,仰望这尊造型奇特、充满神话色彩的青铜巨雕,悠悠的钟声回荡在山海之间,满眼是青翠的山,碧蓝的海,大自然将人陶醉了。

在大佛山下有一个五百罗汉群雕园,石像神态各异,栩栩如生。罗汉们在这里经风冒雨也实在是辛苦了,他们要向游人说什么呢？这里是大佛山的一个补充。

古城史话

在历史上,大连地区曾有过几座著名的古城,它们是金州古城、复州古城和牧城驿古城等,下面分别做以介绍。

金州古城

金州是辽东半岛南部的雄关重镇,从辽代到清代,一直是府、卫、县、厅的治所。大黑山、北屏山像天然屏障横亘在城北,城南地窄处不足5公里,为进出金州的咽喉重地,历来为兵家必争之地,闻名遐迩的哈斯罕关就建在那里。

金州古城有700多年的历史。西汉王朝在此设辽东郡,金州称沓氏县;隋唐军曾在此两次攻克卑沙城,打败高句丽;辽代金州称苏州,并开始建土城,面积约0.4平方公里。金朝降苏州为化成县,贞祐四年(1216),金朝为抵御蒙古铁蹄南下,将化成县升为金州,这是金州命名之始。元朝重修土城,明代以后,金州成了辽东半岛的军政中心。洪武八年(1375),建立金州卫,为了加强防务,将金州土城变为砖城,城池呈“亚”字形,城周6里,高3.5丈,护城河深1.7丈,宽6.5丈。城的东西南北各有1门。

清康熙五十四年(1715)重修金州城,改“亚”字形砖城为长方形砖城,城区面积近1平方公里,在四门外设有外廊,城四角筑有角楼,城上设置防御炮和射箭垛口,城外有护城河和吊桥。

乾隆四十五年(1780)再次修葺金州城。城周8里,高6米,城上东南隅有一座魁星阁,建筑典雅古朴,为游人必到之处。城门外均筑有瓮城,以保护城门的建筑和安全。护城河上筑有石桥,供人车通行。

1894年,中日甲午战争时,金州古城遭日军重炮轰击,破坏严重。1898年,护理副都统阎福升募集资金对金州城进行了历史上最后一次修建。

解放后,从1948年开始,金州城被陆续拆除。

复州古城

复州古城位于瓦房店市西45公里的复州镇。始建于辽代,金代称永康县城,明洪武十五年(1382)重修,均为土城,永乐元年(1403)改建为石头城,四年建成。传说石料都是来自复州西部的骆驼山,由于山高路远,运输困难,百姓叫苦不迭,有民谣流传:“城起保永乐,百姓都挨饿,脸上皱纹多,腰骨累断折。”城呈长方形,东西长,南北短,设三门。明嘉靖年间,巡抚王之浩在城东北设观望台两座,城西设观望台 1 座;各城门外设护门台各 1 座,以增强防卫能力。

复州城门

清乾隆四十三年(1778)拆石城修砖城,历时 3 年竣工。城呈梯形,周长 2950 米,高 10 米。嘉庆六年(1801)在城垣东南修建了一座魁星楼,内塑魁星像 1 尊。乾隆年间城上设置的九尊护城炮,(后被日本人掠走),砖城竣工后,知州陈铨在城内东南角刻石立碑记述此事。

复州砖城历时 700 年,1976 年拆除,目前仅有东门门洞和北边的百米短墙。1979 年 11 月,被列为市级文物保护单位。

牧城驿古城

牧城驿古城坐落在大连市甘井子区营城子镇前牧城驿村。

相传唐初,盖苏文占领辽东半岛,筑城据险,牧城驿古城就是那时兴建的,当时叫木厂堡。居民稀少,树茂草盛,为禽兽出没之地。明时,明将毛文龙为防御后金兵入侵,派兵驻守此地,其时叫木场驿,并大肆修筑城垣,后来的古城就是明朝修建的。

古城形状长曲如船,所以又叫船城。城周长 1495 米,墙高 5 米,有南北两个城门。城内有一条纵贯南北的大街,在街心小广场有东西并排两座古庙——关帝庙和娘娘庙,均建于明代中期。

古城的东、西、南三面是山丘,北面是开阔的平地。东、西山各有两座瞭望台,传说是拴船的船桩,其实它就是护城的哨站。登上瞭望台,极目远眺,古城在地理位置上的重要性便一目了然了。这里是连接大连、旅顺、金州、小平岛、黄泥川的交通要冲,难怪历代在此建城设防。

古城今已不在,只有南城门尚剩下半个门,门上镶有一块明城标志牌,看到它,不禁使人联想到古城往昔的丰采。

黄贵城

黄贵城地处庄河黑岛镇黄贵村,又作皇古城。相传为明朝嘉靖年间镇守使黄贵为防御倭寇所建,故称黄贵城。该城占地面积2.4万平方米,砖石城墙,现已残破。

清时在城东建有古善寺。1926年改为学校发现一块石碑,记述黄贵的功绩,清嘉庆年间所立。

清道光年间,当地学者多隆阿(1794－1853)曾到此游览,作诗《古城》:

古迹凭谁问?残碑仅记年。荒城今若此,古堞久颓然。戟拾砂中铁,人耕郭外田。倦依危石坐,老树郁春烟。

哈斯罕关

宋淳化二年(991),辽圣宗耶律隆绪为了防御宋军入侵和防止辽人越海通宋,便在辽东半岛南端渤海与黄海之间的地峡带——金州南土城子一带筑城设关布防,关名称哈斯罕,即契丹语木栅栏之意。此关隘在辽代亦称苏州关(当时金州称苏州),金代改称化成关(当时金州称化成县),元明以后称哈斯罕关。

该关北起渤海金州湾土城子,经大岗子地、打粮地,越二道岭高地、后关村、前关村,止于前盐村黄海大连湾。全长4公里,距离金州城西南大约7公里。

哈斯罕关原设3座关门,在渤海之滨的城头和黄海之滨的城尾,均立有关门,这南、北关门今已无存,只有在二道岭高峰的中关门尚存遗址。城关内筑有墩台、边台和垛口。此关城海拔62.6米,扼守中关,可遥控南北二关和渤海、黄海,控制古驿道。现已在这里树立"哈斯罕关址"石碑,列为市级文物保护单位。

哈斯罕土城墙依山就势掘土而筑。城堡和城墙都是土木建筑结构。土城墙围着松树杆子,俗称沙木干子。现今仍能见到城墙沙木干子的遗迹。在城头土城子一带,尚存有0.5公里长、3米~5米宽、3米高的城墙遗址。南段在前关村附近尚保留一段长约0.5公里、宽2米、高2米的残墙遗物。

如今1000年过去了,古城墙早被风雨剥蚀殆尽,变成良田,人们只能从眼前的废墟联想到昔日的雄关了。

金代摩崖石刻造像

摩崖石刻位于普兰店市双塔镇马屯西北和尚帽山南坡,为金世宗大定三年(1163)建造,是大连地区最早的摩崖石刻造像。

山崖为一簇形状奇特的花岗岩石崖,长7.3米,高5米,自然一体,堪称一绝。原有18龛,18尊佛像,现存17尊浮雕佛像。造像大部分为圆龛,形态各异,风格迥然，最高的为96厘米，最小的为18厘米，栩栩如生，情趣盎然。在石崖造像上部，刻有“大定三年七月造六尊，僧义选，匠人李记”的铭文，距今已有800多年的历史。

这组金代摩崖造像的发现，填补了大连地区摩崖史的空白，在东北地区也是少见的。它对研究金代宗教信仰和造像艺术都有重要的价值，被列为省级文物保护单位。

挂符桥

在金州区三十里堡南台山脚下公路西侧，有一座明代建筑的石拱桥——挂符桥。它与山上的烽火台交相辉映，成为金州地区的名胜之一。

据文献记载，挂符桥建于明代万历年间（1573～1619），是大连地区最早的石桥，在辽南享有盛名。挂符桥为一孔石拱桥，用白灰浆砌筑，具有明代建筑风格。桥身长5.7米，宽5.5米，高7.1米，净跨2米，桥拱为半圆。桥面用石条铺装，石条之间用腰铁牢固连接，叫做子母对齿砌法。工艺精湛，坚固美观，至今仍载人行车。

清乾隆三十一年（1766）该桥重修，桥旁立有重修记事碑。该桥经历400多年的风雨洗礼，现今完好无损，被列为市级文物保护单位。

关于挂符桥名称的由来有两种说法：一说是此地为辽阳至旅顺险隘之一，建桥竣工时，皇帝为此桥挂符，故名挂符桥；另一说相传有一对新婚夫妻回娘家，路遇暴雨，新娘骑着毛驴被围在洪水中，新郎为救出妻子被洪水卷走。新娘守节不嫁，立志修桥。她白天砍柴采药，夜晚纺线织布，攒钱修桥。两次建成的桥都被洪水冲塌，她遍访民间巧匠，最后采取了母子对齿工艺法，大获成功。后来当地人为纪念这位可敬的寡妇，称此桥为寡妇桥，一直流传至今。

永安台

永安台地处普兰店赞子河乡新台村的西北山上。

永安台又称烽火台，远远望去高大坚实，巍然屹立。该台建于明代，高10米，台顶直径8米，台底直径近10米，底周长30米。台顶设有8个垛口，每个垛口宽0.4米，高0.7米。北侧有一个方门，门宽0.8米，高1.6米。该台里外共砌两层砖，每块砖长0.4米，厚0.1米，宽0.2米，重15千克，全用白灰抹缝。砖的质量较好，抗压强度较高，可见500年前的烧砖技术还是很可观的。

当时辽南经常遭受外族势力的侵扰，人们实行联防，每隔50里便修一座烽火台以备战时之用，倘若一方受到外来袭击，就在台上点起烟火，以浓烟当作信号，另一方看到信号，便派兵前去救援。

现在，永安台已被列入市级重点文物保护单位。

话说天后宫

旅顺、金州、大连各有一处天后宫，供奉妈祖。天后宫的出现同渔业和航运业的发展是分不开的。

相传妈祖姓林名默，是宋闽都巡检林愿的第六女，生于宋太祖建隆元年(960)农历三月二十三，宋太宗雍熙四年(987)农历九月初九，在福建湄洲岛上羽化升天。林默归天后，经常在海上抢险救难，镇海护航，不断显圣保佑渔民和航海的人。于是渔民和航海人视林默为航海保护神，尊称她为娘妈、妈祖、夫人、天妃、天后、天后圣母。所以在航海业和渔业发达的旅顺、金州、大连都有天后宫。老百姓都叫它海神娘娘庙。

旅顺天后宫 建祠最早，大约在明代以前，原址在黄金山北侧。永乐三年(1405)保定侯孟善巡视旅顺口时，发现天后宫久已失修，于是出资重建。沙俄强租旅顺口，要在天后宫一带修建海军俱乐部，威逼住持和尚心一禅师拆庙迁走。心一禅师坚决抗议俄军的暴行，将柴草置于庙中，倘若俄军强行毁庙，他将点燃柴草，与天后宫同归于尽。俄军害怕引起众怒，便拿出两万卢布作为补偿，让心一禅师择地另建天后宫。两年后，天后宫建成在教场沟西山，有天后殿、如来殿、钟鼓楼、戏楼、僧室、客舍、看台等，其规模远远胜过先前的天后宫。心一禅师撰文《修天后宫序》并勒石记之。解放后天后宫改作学校和民居，但心一禅师的爱国故事仍流传民间。

金州天后宫 又称山东会馆，位于城里中学院内，由山东船商集资兴建于乾隆五年(1740)。这是我国北方沿海最大的海神庙宇古建筑群，占地6200平方米，由3个部分组成。前部为山门和前戏楼，戏楼是歇山式飞檐建筑，装饰鸟兽浮雕，檐下华板绘着戏文彩画。戏台横匾是“省观世迹”，楹联是“优孟衣冠假啼笑中真面目，騷人游戏小风流处大文章”。中部为前大殿和东西配殿，大殿为九楹二十柱，硬山式建筑，双层挑檐。殿中供奉着海神天后圣母、天仙圣母、子孙奶奶、地藏、观音大士。后部由戏台、包厢、万寿宫和东西禅房组成。戏台高悬“河清海晏”的匾额，万寿宫高大宽阔，它同两厢的回廊组成一个玲珑古雅的院庭。今天天后宫的前大殿尚存，为市级文物保护单位。

大连天后宫 是由大连商会于1908年筹资兴建的，耗银5.6万元，地处西岗庆立街，占地9000平方米，老百姓都叫它西岗大庙。整个建筑由前院、后院和东院

3 部分组成。庙院正中是天后圣母殿,供奉着海神娘娘马祖,金面红袍,慈眉善目;大殿左右是火神、财神、雷公、风婆的神像。圣母殿后面是关帝殿,在关公的两侧是关平、周仓、张飞、赵云的塑像。东院是观音大殿。天后宫有房舍 85 间,塑像逼真,壁画精细,雕梁画栋,古朴浑厚。这是一座道观,容纳佛、儒各家诸神。

农历三月二十三是天后宫庙会的日子,这一天天后宫都要举行盛大的庙会,唱京戏 3 天,酬谢海神娘娘,来自四面八方的香客游人如云似海,络绎不绝,甚是热闹。

金州副都统衙门

道光二十三年(1843)清廷鉴于第一次鸦片战争以后,帝国主义侵华的严重局势,为增强大连的海防力量,特将熊岳副都统衙门迁移到金州城内东街,称金州副都统衙门,俗称“东衙门”、“旗衙门”,隶属盛京将军。

副都统衙门置副都统一人(正二品),设印务处,分左、右二司,各司配备司达、班达、书记官员,处理辖区的军事、政治、旗人事务和捕捉罪犯等。副都统管辖金州协领、旅顺水师营协领、盖平城守尉、熊岳城守尉、复州城守尉。

副都统衙门厅舍修建于明代洪武八年(1375),占地面积 2600 平方米,四进院落,左右对称,院内厅舍 13 栋 66 间,砖木结构,青砖小瓦。整个建筑处于中轴线对称排列。衙门内设副都统公馆、箭亭、印务处、搢办房、大堂、左右司、档房、值班房、果什房、街道厅等。

1894 年 11 月,金州城沦陷,副都统衙门一度作为日军总指挥部。1898 年 3 月,沙俄强租旅大后,金州为自治地,副都统衙门辖区只限于金州城内。1900 年 7 月,俄军强占金州,并将代理副都统阎福升、海防同知马宗武等 67 名官员流放到库页岛服劳役。1904 年日本占据金州后,成为金州警察署,解放后为金县公安分局,现在按原样重建,辟作金州副都统衙门博物馆。

金州副都统衙门是大连地区惟一保留下来的完整的明清官衙建筑,十分难得。1984 年 7 月列为市级文物保护单位。

张氏节孝牌坊

张氏节孝牌坊位于瓦房店市许屯镇老爷庙村。该牌坊是刘琯之妻张氏节孝牌坊,修建于道光二十一年(1841)十月,是刘琯之子刘振星为纪念母亲守节尽孝而建的,距今已有 150 多年的历史。

据传180年前,农民刘瑄在劳动中被车压死,年仅24岁。其妻张氏当时生子不满百日,为了支撑整个家庭,张氏强忍悲痛,守节尽孝,恪尽妇道。她上奉公婆,下抚幼子,节衣缩食,备尝艰辛。儿子刘振星成人后,不负母望,科举成名。为报答慈母养育之恩和节孝行为,他特呈报礼部并奏请皇帝准核,建造牌坊以表风范。

这座牌坊是由青石雕凿而成的,四柱三栋式。中高5米,宽2.8米,上面刻有"圣旨"二字,最上端的中间有一"寿"字铁叉。左、右高3.35米,宽1.7米。牌坊上面四角有4个望天狗和铁马。横额和四柱上均有阴刻文字。中间二柱上刻有对联:老母落萱堂妇职还兼子职;遗孤勤获笔慈亲即是严亲。背面刻有碑文,赞扬张氏丧夫后,立志守节,心坚如松柏,志洁似冰霜,奉养公婆,抚育幼儿的高尚品德和奏请建坊的经过。此文由壬辰(1832)举人、复州学正薛安仁撰写,复州廪膳生孙巨川书写,刻立于道光二十一年十月。全文如下:

节妇张氏刘公讳瑄妻也,年二十于归,阅三年而孀,遗孤仅百日,家虽窘幸翁姑尚健,不数年翁殁姑又中疯疾,而节妇矢志靡他,几竭力以资奉养者,始终如一日,迄今姑年近九旬,子亦成志,某年月邑为之汇奏请旌,其子振星奉赐金建坊,请记于余,余以为是闾里之光,实彝伦之表也,故乐述之用志相云。

这座牌坊旨在宣扬封建伦理道德,歌颂妇女的贞节孝道,但是张氏的行为反映出中国妇女的勤劳朴实,尊老爱幼的美德,这正是优良传统之所在。牌坊结构端庄大方,雕工精细美观,具有很高的艺术价值,是大连地区惟一保存完整的清代石刻建筑。1985年被列为市级文物保护单位。

龙引泉

水师营龙引泉

龙引泉又称龙眼泉、龙饮泉,均是泉水旺盛、喷流不息的意思。

该泉位于旅顺水师营镇的小南村,四周围以石墙,院内林木繁茂,林荫深处花卉丛丛,占地14万平方米。

1881年,清政府经营北洋水师旅顺根据地,为解决船坞和陆军用水,打了许多井,不是水咸不能食用,就是水流不旺,不敷使用。后来经过勘察得知此处泉水最旺,于是就把这个自然水源建成水源地,铺设铁铸管道6180米,砌筑隧道778米,凿井18眼,安装了18台水泵,将水送到旅顺大坞,并修筑储水池,铺设水管

13335米，把水送到码头、工厂和营区，共投资3万两白银，建成了我国最早的自来水工厂，每天送水量150吨，可供两万人使用。旅顺成为我国第一个饮用自来水的城市。1888年在水源地立了石碑，刻有“龙引泉”3字，并有碑文，记载军民用水之事。

日占后对水源地进行了扩建，栽植树木30万棵，后来在旅顺寺儿沟、大孤山、孙家沟、松树等地建成了水源地、水源井、净水池，使龙引泉自来水设施更加完备。

到了1979年，水师营蔬菜生产扩大，龙引泉附近水井增多，造成深井截流，泉水干涸，使这座有名的我国自来水之祖变成了废物。现在旅顺用水来自碧流河水库。

金州曲氏井

1894年中日甲午战争爆发，10月日本第二军从庄河花园口登陆，11月6日晨，日军兵临金州城下。金州军民在副都统连顺、总兵徐邦道的指挥下奋勇抗敌，但清兵寡不敌众，金州城破已是必然。位于城西南处有一曲姓人家，老少三代7位女眷，为不遭日军凌辱，怀抱3个幼儿，毅然投井自尽。

曲氏井

甲午战争后，曲氏妇女以身赴死不受屈辱的义举，在群众中广为传诵，她们大义凛然、视死如归的精神，为人们所敬仰。1896年辽东收复，金州厅海防同知王志修到任后，从民间访知曲氏井一事，深为她们惊天地、泣鬼神的不屈气节所感动，欣然写下了感人肺腑的《曲氏井题咏并序》。序曰：

光绪丙申人日，授印金州。又明日，周视城垣，询及倭人入城有无死节事。佥指曲氏井而言曰：“是曲氏一门死节处也！”求其详不得，乃谕其家人报闻。知曲氏为金州冷族，世安耕凿。城陷之日，其家妇女恐被辱，相继赴井死，井为之塞。有救而苏者无几。其死者，若曲王氏、曲迟氏、皆中寿妇；其及笄未聘女三，嫁而生子女二，并幼甥三，携抱以殉之。妇女者，非能读烈女之传、女史之箴也。而能见危授命，洁水完贞，可不谓难乎！今距其死节之期，岁星一转。即金州城退复，亦将两月。贞魂之不扬，守土者之咎也！既已上请奏旌于朝，复作此诗乞和于世。遮几风里旃檀，藉吹嘘而更远，匣中宝镜经磨砺而愈光矣！

其诗曰：

曲氏井，清且深，波光湛湛寒潭心。
一家十人死一井，千秋身殒名不沉。
金州曲氏世耕读，家世雍雍规范肃。
堂上曾无姑恶声，入门娣姒皆贤淑。
家园有井供饪烹，日日提汲泉源清。
有时人影照井底，皎然古镜涵虚明。
金城十月倭奴来，炮声历历鸣晴雷；
守者登埤力督战，援兵不至城垣摧。
非我族类心必异，入人闺闼无趋避。
多少朱门易服逃，谁知仓猝遵名义。
曲氏门内皆伯姬，守身赴井自如饴。
节妇殉名女殉母，伤心各抱怀中儿。
我来金州理案牍，夜夜夜深闻鬼哭。
晓起登城询土人，共指井边曲氏屋。
抔土已葬荒井存，门闾未表哀贞魂。
一时死义已足尊，争如节烈成一门。
吁嗟乎！
巾帼大义愧官府，欲荐黄泉应不吐。
城南崔井唐题名，合于此井共千古！

王志修在诗中，对死者表达了无限的敬仰之情，赞扬她们不甘受辱毅然决然以身殉死，反对日本侵略斗争的伟大精神；他把曲氏井和旅顺口唐代鸿胪井相提并论。曲氏井将流传千古，它永远铭记着中国妇女舍生取义的崇高民族气节，同时也深刻控诉了日本帝国主义武装侵华的滔天罪恶。

旅顺火车站

旅顺火车站位于白玉山西麓，龙河入海口处，是沈大铁路南端的二等终点站。有客运房屋面积 450 平方米，旅客站台 2480 平方米。货运装卸线 898 米，货运站台 2396 平方米，仓库 861 平方米，堆场 7800 平方米。

俄国强租旅大以后，为了加强旅顺口的防御能力和掠夺中国物资的需要，修建了中东铁路。旅顺火车站是中东铁路南满支线的终点站。该车站始建于 1900 年 10 月，1903 年 7 月 14 日正式运营。

日俄战争爆发后，铁路运输中断，1905 年 9 月恢复通车。1906 年日本成立南满洲铁道株式会社。1907 年由窄轨铁道改为宽轨，同时将旅顺线与长大线的接轨处，由南关岭改在周水子。当时旅顺线列车（至大连）仅有 3 节，运行时间由最初的 3 小时 15 分缩短到 2 小时。1945 年 8 月由苏军接管，1952 年 12 月正式交与我国政府。

旅顺火车站

旅顺火车站是近代著名建筑之一，日俄战争时被毁，1905 年以后重建，被列为市级文物保护单位。火车站整体造型别致，小巧玲珑，美观秀气。这座俄式木制建筑，在客房屋顶建有一个方形阁楼，端庄雅致，白墙半圆绿盖，色彩鲜艳明丽，上方的四方尖塔给整个建筑增添了美感，使这个濒海车站充满着浓郁的欧风格调，同太阳沟的欧式建筑，和谐一致，洋溢着异国风情。它是东北铁路沿线车站保存最完整的俄式建筑之一，有重要的建筑参考价值。

旅顺万忠墓

1894 年 8 月爆发了中日甲午战争，11 月 21 日，日军攻陷了旅顺，兽性大发，进行了震惊世界的四天大屠杀，近两万人遇难。当年目睹这一惨状的英国船员艾伦在他写的《在龙旗下——甲午战争亲历记》一书中，详细地记录了日本侵略军的暴行：

路过的地方，几乎所有街上都堆积的层层尸体，不同年龄、性别和身份的中国人，都被成批地杀害了。在一处钱庄，地上都是混杂在一起男人、妇女和孩子的尸体，他们都是难民，被残酷地杀害了。尸体的头部被割掉了，血淋淋的头颅挂在柜台上的锋利的铁杆上。地上凝固的人血和五脏六腑足有三英寸厚。一些死者的手臂、大腿和头颅被砍掉了，扔得到处都是……

1895 年 2 月，日军抓来中国人组成抬尸队，将尸体集中焚烧，骨灰埋在白玉山东麓，插上书有“清国阵亡将士之墓”的木牌，欺骗世人。

甲午战争后，清政府用 3000 万两白银赎回了辽东半岛，清军进驻旅顺。1896 年 11 月，候补直隶知州顾元勋主持修建万忠墓，亲书“万忠墓”3 个字刻于碑上。碑文是：“光绪甲午十月，日本败盟，旅顺不守，官兵商民男妇被难者计一万八百余名口，忠骸火化，骨灰丛葬于此。”1905 年日本再次侵占旅顺，慑于中国人的民族仇

旅顺万忠墓纪念碑

旅顺万忠墓纪念馆

恨,将万忠墓石碑盗走。

1922年,旅顺华商公议会会长陶旭亭发起重修万忠墓,再立“万忠墓”碑。碑文是该会文书金纯良所书。

1948年12月,旅顺各界人民重修万忠墓,新立石碑上的“万忠墓”3个字是刘鸿龄所书,碑文由金纯泰撰文并书,享殿横匾“永矢不忘”4个字是大连高等法院院长周旭东所写。

1994年,中共旅顺口区委和区政府为祭奠百年前死难同胞决定重修万忠墓。清明节在万忠墓陵园内举行殉难同胞遗骨重新安葬仪式。新建陵园面积9200平方米,包括祭祀广场和纪念馆,圆形墓冢和纪念碑,碑文由旅顺博物馆副馆长韩行方撰写,碑文如下:

公元一八九四年,岁次甲午,日本挑起战端,十一月二十一日侵入旅顺口,随即开始持续四天之血腥大屠杀,我无辜同胞罹难者约两万人,老病妇孺亦未能免。翌年春,日军为掩人耳目,将死难者尸体集中火化,丛葬于白玉山东麓。越明年,清官员顾元勋修筑享殿,题石立碑,始称万忠墓。日本殖民统治旅大四十年间,万忠墓碑石被盗掘藏匿,墓园荒芜,祭扫活动屡遭禁制。直至一九四六年秋,解除桎梏之旅顺人民方得以首次公祭先烈。一九四八年,旅顺民主政府主持重修万忠墓。一九九四年,为纪念甲午战争一百周年,弘扬爱国主义精神,旅顺人民政府再次重修万忠墓。全区二十一万民众竞相捐资,海内外各界热心助援。是年清明节,清理死难同胞遗骨遗物,隆重入殓移葬;继而修墓建馆,拓展陵园,遂使当年屠城铁证昭然天下`,先烈忠魂安息九泉。值兹百年大祭,刊石记之,以告慰英灵,并警示后人:居安思危,勿忘国耻,强国富民,振兴中华。

万忠墓铭刻着中华民族的屈辱,记载着日本帝国主义的血腥罪行,它将激励着后人不忘国耻,奋发图强。

1963 年 9 月万忠墓被列为省级文物保护单位。

万忠墓享殿

日俄战争的焦点尔灵山

在旅顺太阳沟西北 3 公里处有个后石山，它是旅顺八景之一的“灵峰朝雪”所在。1904 年日俄战争时，在那里发生过浴血激战。

俄军在战斗打响后才着手修筑工事，由于时间紧迫，在高地下边挖了两条散兵壕。

在这里俄军仅有 3 个步兵连和 1 个水兵连，机枪 4 挺，火炮 7 门。日军攻山后，俄军增加两门舰炮，增兵达 80 个连，近万人。

日军于 9 月 19 日 13 时开始，以百门火炮向高地轰击。18 时日军以两个兵团向高地发起进攻。在 10 余次的猛攻中遭到俄军的顽强阻击，直到 22 时，日军 22 个连的兵力只剩下两个连。20 日和 21 日，日军又多次发动进攻，均失败。

11 月 27 日，日军发动第二次大规模进攻，先是炮击，然后发起地面进攻，俄军进行了反击，日军失败。28 日至 30 日，日军向高地轮番进行进攻和炮击，仅 280 毫米的炮弹就倾泻了 1000 余发（约 217 吨）。俄军地壕全部被毁，只能靠手榴弹、白刃格斗，伤亡惨重。

12 月 5 日，日军对高地进行孤注一掷的攻击。6 时向高地倾泻 280 毫米的穿甲弹和爆破弹，8 时开始地面进攻，最大的障碍是俄军架设的铁丝网；10 时，日军经过几次冲击，占领西南山头阵地；13 时，西北方向的日军同俄军短兵相接，展开了激烈的白刃格斗。经过日军的猛烈炮击和频繁的地面

记录着日、俄两国侵略罪行的二〇三高地上的纪念塔

进攻,俄军守卫部队精疲力竭,再也无力继续抵抗,于17时30分撤出阵地,日军终于占领了二〇三高地。

在这次战斗中,日军伤亡1.7万余人,俄军伤亡5000余人。乃木希典大将的次子乃木保典少尉也被打死,他的长子乃木盛典战死在金州南山,战后在他们战死的地方分别立了纪念碑。

二〇三高地是个长250米、宽30米、高203米(故名二〇三高地)的小山,但是在世界战争史上颇有名气,因为攻占该高地是这次战争获胜的关键。由于占领了高地,给日军进攻旅顺打开了一个缺口,为最后夺取旅顺口创造了条件。日军凭借高地炮击港内俄舰,仅用4天工夫全部击沉了俄国太平洋第一分舰队55艘舰船,为最后消灭太平洋第二分舰队打下了基础。

1913年8月,日本人在高地修建一座纪念碑,碑座用石头砌筑,碑身是一个大型的子弹头。这个子弹头是用从高地上拾取的炮弹皮和子弹壳铸造成的。碑高10.3米,子弹头上铸有乃木大将以203的谐音题写的“尔灵山”3个字。

旅顺表忠塔

凡是到过旅顺的人,都会看见在白玉山巅有一座白塔,它是日本侵华的罪证。日俄战争结束后,日本军部根据联合舰队司令海军东乡大将和陆军乃木大将的提议,“为慰战死者英灵,千秋传载其烈迹”,美化侵略战争,鼓吹向外扩张,愚弄日本国民,修建了这座“表忠塔”。

该塔动工于1908年5月,竣工于1909年11月12日,历时一年六个月,共耗资捐款23万日元;驱使中国两万劳工日夜赶修,其中有30余人为其丧命。该塔由工学博士石墨五十二、渡边让二人设计。初名为旅顺忠魂碑,后改称表忠塔。整座塔的结构由底座、基柱、塔身、塔尖四个部分组成,全塔形似点燃的蜡烛,总高为66.8米。圆形底座高4.5米,直径34.8米。底座台阶的石料是从日俄战争时期日本海军堵塞旅顺港口的17条沉船上打捞出来的。基柱、塔身、塔尖是由钢筋混凝土灌注而成,塔身外部的石料是从乃木的家乡山口县德山采运来的。塔身高47.7米,内径4.2米,塔身外径底部11.4米,外经顶部7.8米。塔内有273个铁制螺旋形台阶直通塔顶。为了塔内通光,塔身设有21个窗口。塔顶基座高3.6米,外径12米,炮弹高8.7米,炮弹直径3.45米,远观似蜡烛的火苗,近看像榴弹炮的弹头。登上环绕塔顶的瞭望台可环视旅顺全景。塔顶北面出入口镶有一块铜匾,高1.2米,宽2.2米,上面镌刻着由乃木编撰、盐谷时敏教授题写的塔文。这是一篇难得的日本侵华自白书,可惜文字已经模糊不清,无从辨认。

该塔竣工后的11月28日，日本人举行了盛大落成典礼，参加人有伏见宫贞爱亲王、北白川辉亲王、东乡、乃木等1300余人，庆典活动连续28天。此后每年春秋都要举行招魂祭奠活动。

1945年8月，日本战败投降，该塔改名为白玉塔，1985年定为大连市级文物保护单位，并改称为白玉山塔。

现在有人主张把它推倒，以泄冤仇，这种心情是可以理解的，尤其对身受日本残酷统治的大连人来说，但是这样做未必是上策。把这个罪恶之塔留存下来，至少有这样的作用：它是日本侵略大连的罪证，它永远告诫国人，莫忘国耻！

俄将康特拉琴柯的丧生地

东鸡冠山北堡垒位于旅顺东北3公里处，是当年日俄鏖战厮杀的重地。

东鸡冠山北堡垒是俄军东线的主堡，1900年11月开建，到日俄战争爆发尚未完工。堡垒呈正五边形，半地穴式，周长496米，占地面积9900平方米，有宽10米、深6米的护垒壕，南面为指挥部，西南部是半地穴式两层楼的兵舍和仓库，东北部设有百米长的暗堡。堡垒混凝土护壁厚1米，上面覆盖2米厚的沙土，这些水泥来自彼得堡，内设暗堡、暗道、坑道、伙房、水井、军官室、弹药库、电话室、散兵壕等。当年堡垒上配备火炮和机枪30多门、驻守俄军300多人，指挥官都是中尉以上。

白碑是俄将康特拉琴柯丧生地

1904年8月9日，日军对旅顺俄军发起总攻，北堡垒受到破坏。8月21日，日军偷袭，刚靠近山坡就被俄军击退。正面冲锋受挫，日军改用挖地道、向堡垒内部逼进的战术，俄军采用反地道战，将日军炸死。日军从10月末到11月末，对暗堡东南角进行4次大爆破，收效不大。11月14日，俄军进行一次反爆破，破坏了日军挖到堡垒前沿的坑道，但是暴露了坑道

俄将康特拉琴柯官邸旧址

和堡垒入口,日军进入坑道继续挖掘。

12月15日,日军在坑道内燃烧油毡,产生窒息性毒气,迫使俄军后退,日军乘机占领了坑道。这天旅顺要塞俄军陆防司令兼东西伯利亚第七师师长康特拉琴柯少将得到日军放毒气的报告到这里,研究对付毒气的办法,同时向有功人员颁发乔治十字勋章。这时日军炮击该堡垒,康特拉琴柯同他的助手9人被炸死。

12月18日,日军在坑道内使用多达2.3吨的炸药大爆破,将暗堡胸墙炸开两个大洞,日军趁势冲入,占据了部分堡垒,俄军撤退。日军在119天的攻击中,死伤900人,俄军伤亡300人。

战后,这里成了日本炫耀武功的地方,树立了一座3米高的石碑,又在康特拉琴柯战死处树立一块小石碑。

水师营会见所

1905年1月1日午后3时,俄军陆防炮台最后一个制高点——望台炮台被日军占领。5时,俄军使者马尔琴克准尉将俄军守将给乃木希典的书信交给前沿阵地的日军。9时,日本第三军司令部的乃木希典接到了这封信。信中说:

阁下:在考察交战地域全面形势后,我们决定此后不再抵抗。为不徒损伤人命起见,诚望共议开城事宜。若阁下同意,请指派委员,详议开城条件,并请选定我委员与该委员会合之地。

乃木希典选定水师营中国居民李其兰家为双方会谈之地。该住宅为5间石砌草房,东厢房3间,战时为日军卫生所。

1月2日晨,斯特塞尔收到乃木希典同意就旅顺投降举行谈判的答复。12时30分,俄方淡判代表骑马来到会见地,日俄双方开始谈判。俄方全权谈判代表是防区司令部参谋长雷斯上校,成员有要塞司令部参谋长赫沃斯托夫中校、海军全权代表辛斯诺维奇上校等。日方全权谈判代表是第三军参谋长伊地知幸介少将,成员有联合舰队第一舰队参谋岩村田次郎中佐等。伊地知将日方指定的受降条件交给雷斯,俄方代表提出允许俄卫戍部队携带武器离开要塞,但被拒绝。最后雷斯接受了日方条件,10时双方签署了《旅顺开城规约》十一款。主要内容是

旅顺水师营会见所旧址

在旅顺要塞的俄军统为俘虏，旅顺口全部的军械武器及其设施全部交付日军等。

1月5日，乃木希典大将与俄国关东防区司令斯特塞尔中将在水师营会见。上午10时45分，斯特塞尔一行到达，会见原定11时进行，乃木以胜利者自居，迟至11时30分才到。

1905年1月5日，俄军旅顺要塞司令斯特塞尔率部前往水师营与日本第三军司令乃木希典谈判

乃木说："我们为了各自国家的利益互相对峙，如今停战，有机会在此相见，我感到无上光荣。"

斯特塞尔说："我也有同感。"然后说："我有一匹阿拉伯马，愿送给你作纪念。"

乃木说："感谢，但在此场合我不能接受。请以战利品交给我方，接受部会再转交给我，我会精心喂养。"

寒暄后，双方共进午餐并合影留念。会见历时1小时50分，于13时20分结束。

斯特塞尔送给乃木的战马，成为日军引以为荣的重要战利品，乃木回国后，乘此马接受天皇检阅。

此后，日方把李其兰的住房移至日本，1916年日本人在原址重建李其兰的住房，命名为"水师营会见所"。并在院内立了一块石碑，碑文曰：

明治三十八年一月二日，日俄两军之委员在此民居议定关于旅顺口开城规约，至五日，我攻围军司令官乃木大将与俄国关东军司令官斯特塞尔中将在此会见。

日本殖民当局借此大肆宣扬日军的"赫赫战功"，成为日本军国主义者教育其臣民的重要工具。

旅顺中苏友谊塔

中苏友谊塔位于旅顺博物馆对面的广场上。这是为纪念《中苏友好互助同盟条约》签订5周年，由国务院决定兴建的。1955年2月23日彭德怀执锹奠基，1957年2月14日落成。

该塔为圆柱形，由二层塔基、塔座、塔身构成，高22.2米。塔基四面皆有阶梯，并有栏杆围绕。塔基和塔座由花岗石砌筑，呈正方形，底边各长22米，为双座月台式塔基，上层小于底层。塔身和栏杆的白雪花石产于山东掖县。第一层塔基栏杆的柱头上，雕刻着盛开的牡丹，第二层塔基栏杆的柱头上，雕刻着飞翔的和平鸽和

旅顺中苏友谊塔

朵朵白云。塔座四面有巨大的浮雕:正面的浮雕是花朵簇拥着的天安门和克里姆林宫,左边的是中苏友谊农场,右边的是鞍钢高炉,背面的是旅顺解放桥和胜利纪念塔。塔座的上面是洁白的12角形塔身,雕刻着20个神态各异的中苏人物群像。塔的尖顶用雪花石雕着盛开的莲花,托着中苏友谊徽和一只展翅欲飞的和平鸽。

该塔由老工程师林钧朴设计,艺术工艺由东北美专师生承担。整塔设计新颖,造型典雅,雕刻精细,具有传统的中国民族特色。塔的四周有78棵四季常青的龙柏松,与白塔相互辉映,显得格外壮观秀丽,是旅顺一处著名的景点。该塔已被列为国家级文物保护单位。

旅顺苏军烈士陵园

旅顺苏军烈士陵园是我国最大的外籍陵园,位于旅顺水师营南三里桥,是一座典雅的欧洲风格陵园。园门造型简洁典雅庄重,像一座纪念碑。

旅顺苏军烈士陵园纪念塔

陵园占地4.8万平方米,西部是俄国公墓,东部是俄军公墓。陵园的墓碑和雕塑全为俄罗斯的艺术风格。墓碑有塔形、柱形,镶嵌着飞机、铁锚、坦克、枪炮等。

苏军烈士纪念塔是陵园的重要建筑。纪念塔由塔基、塔身、塔顶3部分组成,全高15米。塔基分3层,第一层是由长方形的花岗岩砌成,正面镶着一个巨大的铜铸花环,后面是两个巨大的铜铸花圈。塔基的两端,各铸一尊苏军铜像和青铜火炬;第二层在黑色花岗岩上镶着军旗、五星和武器的铜雕;第三层塔基是用铜板包镶的,用中俄文铸着:"为中苏两国人民的自由和幸福光荣牺牲的烈士们永垂不朽!”塔身为12角形,用雪花石砌成。塔顶是橄榄枝环绕着的五角星。

1999年夏,大连人民广场的苏军烈士纪念塔被移至陵园的正门前广场。纪念塔由花岗岩砌筑,塔高30.8米,塔基长53米,宽17米。塔身是六角形,高立于塔基之上,正面树立一尊5米高的苏军铜像。塔基正面两侧镶嵌巨幅铜雕,画面的内容是保卫和平和生产建设。塔基上有检阅台,可容纳300人,塔基正面中央镶有一块16平方米的黑色大理石,上面刻着郭沫若撰文并书写中俄两国文字的铭文“永恒的光荣”。这座纪念塔建于1955年,苏军铜雕是著名雕刻家卢鸿基教授完成的。

苏军烈士陵园被列为省级文物保护单位。

辽南小桂林——冰峪沟

冰峪沟自然风景区位于庄河东北部40里的龙华山地区。景区由龙华山、小峪河谷、英那河三个小景区组成,有景观200处,景区面积40多平方公里,是大连境内最大的自然风景区。

相传唐太宗率军征伐高句丽路经此地,当时正是阳春三月,沟外青山吐翠、万物复苏,而沟内冰封雪飘,寒气逼人。唐太宗即兴命名为“冰峪”。这里是屯兵练武的好地方,又是防御外敌万夫莫开的禁区,所以又叫它“兵御沟”。

冰峪沟风光绝伦,融“秀”“幽”“奇”于一体,远离城镇,无人为污染是其最大特点,素有“辽南小桂林”之美誉。景区风光旖旎,山水秀美,峰峦叠嶂,奇峰林立,怪石峥嵘,挺拔峻峭,林木参天,鸟兽出没,河水回环,清澈洁净,大自然的鬼斧神工给万物创造出奇幻的神境。这里植物千种,名木繁多,如天女木兰、水杉、三椏钓樟等;名草花百种,如人参,天麻、龙胆、灵芝等;名花比比皆是,如百合,杜鹃、丁香、玉兰等;野果有松伞蘑、榛蘑、木耳等,野兽有野猪、狍子、狐狸、獾、松鼠、野猫等以及野禽等经常出没其间。

冰峪沟

龙华山位于景区的南端,景区有般若洞、龙华观、圣水寺、望海楼、龙泉飞瀑、石村峪、瞭望台、平湖孤峰等。

小峪河谷位于龙华山之北,景观有宏真墓、虎回头、别有天、神女峰、灵秀峰、群仙居等。

英那河谷在景区北端，景观有云水渡、双龙汇、月剑谭、中流砥柱、龙门谭、万寿石、拦马墙、金雕石、天壁峰、腾龙洞、云盘谷、渔樵石等。

冰浴沟保留着原始森林生态，是一处颇有开发潜力的旅游胜地。由于景区范围过于庞大，景观众多，徒步赏景难于奏效，如果能开辟空中游览，那将会产生另外一番情趣和效益，不知何人肯尝试一下？

碧流河

碧流河古称毕粟河，又称毕列河、毕利河、毕里河，以水清如碧而得名。发源于盖州横盘岭，流经盖州、庄河、普兰店，南入黄海。全长156公里，流经面积2814平方公里，年流量9.51亿立方米，是大连境内最长的一条河。

为解决大连用水的困难，1975年在双塔镇动工修建碧流河水库和引水入连工程。八年后，水库建成落闸蓄水，水库面积54万平方公里，水库容量9.3亿立方米，年供水量5亿立方米，是一座集农田灌溉、城市供水、水力发电、淡水养殖以及防洪排涝为一体的综合性水库。引碧入连工程全长166.92公里，铺设管道176.8公里，隧洞9.72公里，加压站8座，送水机泵48台，总装机容量3.43万千瓦，变电所7座，总容量7.21万千瓦等等。

1894年中日甲午战争时，清军在碧流河附近捕捉三个日军间谍：钟崎三郎、藤崎秀和向野坚一，前二人被处决，后一人逃跑。

郑有仁与金州八景

旧时，金州有八景，皆为风景名胜之地。清末金州厅学附生郑有仁，擅诗词、书法，对八景以“唐多令”词牌加以描绘，成为金州八景唯一的歌者。

大黑山雄踞金州城东10华里，又称“大赫山”、“大和尚山”，海拔663米，包括凤凰山、老虎峰、大黑山，响水峰和四方顶山峰，绵延10余公里，位居金州地峡之北。山上危崖嵯峨，怪石嶙峋，云雾缭绕，林木茂密，是大连的名山。大黑山的古迹众多，是大连的一座文化山，古称的金州八景，该山就占了一半，它们是“响泉消夏”（响水观）、“南阁飞云”（观音阁）、“朝阳霁雪”（朝阳寺）、“山城夕照”（卑沙城），其他的四景分别是“鲸台览古”（钓鲸台）、“龙岛归帆”（龙王岛）、“佛洞滴泉”（古佛洞）、“兜率晨钟”（玉皇庙）。

响水观位于大黑山的西北方，是最负盛名的道观。此观建于唐代。山门是歇山式两层砖楼，门楣上“响水观”3个字是早年住持道士张永祥所题。观内分南北两个院，进入山门便是南院，这里的“后土殿”供奉着后土、女娲、观音3座神像。吴镜湖题写的楹联“坤德已通尘外意，慈云深接洞中天”挂在殿门两侧。殿左，有一天然瑶琴洞，深40多米，有泉水从洞中涌出，泉水流经龙口，飞泻而下，注入蟾口，其声淙淙，故有金州八景之一的“响泉消夏”之美称。响水观北院有精舍数间，1925年仲秋，改良派领袖康有为来大连，曾到此浏览，为道士题七绝一首，刻于石壁上：

金州城外百果香，瑶琴洞内三里深。

尚记唐皇曾驻跸，犹留遗殿耐人寻。

农历四月十四是庙会的日子。响水观今已被列为市级文物保护单位。

郑有仁词曰：

响泉消夏 道院净无烟，潺潺听响泉。这东山，异境天然。最是游人消夏处，琴洞外，画桥边。入耳俗声湔，浑忘六月天。倦游时，石鼎茶煎。除却洗心轩上话，眠一觉，且听蝉。

胜水寺又名观音阁，位于大黑山的东北方，是一座建于明代的佛寺。山门的楹联是“阁峻人随山月上，松高鹤带海云归”。巨大的隐仙洞遮掩着庭院，洞内的“无梁殿”供奉着释迦牟尼、文殊、普贤、十八罗汉诸神像。檐下挂着“一洞天”、“慈云普度”的匾额。殿右的古井水质清冽，亘古不涸，“胜水”之名即来于此。胜水寺前方有一座8米高的南阁，供奉观音大士。登南阁。凭栏远眺，海天茫茫，云雾缭绕，金州八景之一的“南阁飞云”由此而来。农历三月十六是胜水寺庙会的日子。这里已被列为市级文物保护单位。

郑有仁词曰：

南阁飞云 仙阁耸崔巍，新晴雨未稀。剩残云，槛外横飞。试看墙阴松湿处，相掩映，透朝晖。和得篆烟霏，随柳曳缕稀。有时闲，去住忘机。客纵游来迷石磴，遮不断，磬音希。

朝阳寺又称明秀寺，位于大黑山的西部，是明代的佛寺。这里背山朝阳，冬雪过后，阳光璀璨，更是一番奇景，被誉为金州八景之一的“朝阳霁雪”。寺院三道山门，两进院庭，进入第三道山门，便是一排三栋大殿，泥塑神像，栩栩如生，雕梁画栋，五彩缤纷。大殿东侧有一尊硕大的观音，慈眉善目，笑看天下，后壁上的二龙戏珠，威风腾空，更增添这里的神秘色彩。朝阳寺已被列为市级文物保护单位。

郑有仁词曰：

朝阳霁雪 古寺过朝阳，山山暮色苍。趁西风，瑞雪飘扬。僧踏琼瑶归路晚，云衲湿，燎锅旁。晓起扫佛堂，经窗透日光。望前塘，梅折松僵。惟有喜晴檐际雀，飞上下，引空吭。

朝阳寺

石鼓寺又名唐王殿，坐落在大黑山的山巅，为唐代佛殿。这里古迹多，有“搬倒井”、“养病床”、“点将台”，这三处都是唐王当年留下的遗迹。“舍身崖”、“仙人桥”、“仙人台”，这都是神仙们的仙境，同凡人无关。石鼓寺还有三奇，一奇“石头圆”，传说上天降石给唐王筑城；二奇是“无风带”，传说因为唐王在此养病不准刮风；三奇是“枣刺不长倒钩”，传说为了不让枣刺挂住将士的战袍，唐王下令枣刺不长倒钩。石鼓寺今已被列为市级文物保护单位。

石鼓寺不属八景，郑有仁没有诗词之作。

卑沙城是晋时高句丽统治辽东时期修筑的军事城堡，坐落在大黑山中、南两峰峰脊的悬崖峭壁之间，高约3米~9米，周长5000米，用巨大的青灰色石灰岩筑成。卑沙城巍然屹立，蔚为壮观，夕阳辉映，轮廓分明，谷深莫测，暮色茫然，这便是“山城夕照”的由来。现为省级文物保护单位。

卑沙城

卑沙城亦称毕奢城，是一座高句丽古城。在这里曾发生过两次战争。

第一次是在大业十年(614)二月，隋炀帝命右翊卫大将军来护儿率水师渡海，攻打卑沙城，斩杀高句丽千余人。高句丽国王高元惧怕再战，遣使乞降。

第二次是在贞观十九年(645)三月，唐太宗命刑部尚书、平壤道行军大总管张亮率舟师自东莱渡海攻打卑沙城，俘山城高丽兵民男女8000人，从此唐兵控制了山城。

郑有仁词曰：

山城夕照 大好黑山城，卑沙旧有名。对斜阳，一抹霞横。返照殷红煊碧草，城下路，认分明。驱犊画中行，飞鸦古树争。照残些，宫殿唐营。石堞于今犹好在，刚豁眼，暮烟平。

钓鲸台位于金州至龙王庙公路旁，是一块两米见方的巨石，石头正面刻有“钓鲸台”3个大字。古时这里是金州湾的海岸，传说有一仙人坐在这块巨石上钓得一只作害百姓的长鲸，故名。这便是“鲸台吊古”的来历。而今海水西退，这里留下一片芦苇丛生地。

郑有仁词曰：

鲸台吊古 千古一鲸台，登临亦壮哉。惜留题，字啮青苔。远接烟波滩外路，空依傍，北山隈。鸥影漫相猜，月明自去来。几多时，青草渔鞋？对此不禁桑海感，车停处，久低徊。

龙王岛在钓鲸台西侧，岛上松柏青青。龙王庙建于明代，正殿三楹，殿堂壁画，精致传神，有较高的艺术价值。从精舍依窗西眺，烟波浩渺，渔帆点点，这便是“龙岛归帆”的景象。

郑有仁词曰：

龙岛归帆 览胜步龙岩，窗虚向壁间。望海天，一片云帆。影影如归犹未动，须待到，日西衔。举网海风咸，波平镜出涵。傍回樯，语燕喃喃。次第蓬收船泊岸，沽酒酿，煮新蜮。

古佛洞又名梦真窟、佛爷洞、神仙洞。位于金州城西北十里的北屏山西，是一个石灰岩溶洞。洞口刻有“古佛洞”3字。洞深数十米，洞内有3室，石佛20尊，为辽金时代雕刻，另有石鼓石磬若干。洞中有泉水滴落，故名“佛洞滴泉”。今已列为市级文物保护单位。

郑有仁词曰：

佛洞滴泉 十里路萦湾，屏山古洞环。有如来，石像庄严。翅鸟翩翩疑解舞，又谁说，石顽坚？泉滴俗尘删，仙音出壁间。鼓敲残，磬击娴娴。一抹水痕肩湿处，欣照彻，夕阳殷。

玉皇庙原在金州城西门外，庙内古柏茂盛，环境幽雅，兜率宫早晚敲钟报时108次，故名“兜率晨钟”。此景已毁。

郑有仁词曰：

兜率晨钟 古柏晚烟封，城西兜率宫。惊痴聋，更响梵钟。余韵风传濠柳外，拦不住，过城墉。夜色月溶溶，阴移殿阁重。万千家，睡破酣浓。百八时听僧棒击，除朔望，掩关镛。

旅顺八景

旅顺八景是以自然和人文景观为主的综合景点，其中不乏历史遗迹。

望台炮台遗址

黄金秋月 黄金山位于旅顺港口之东，主峰117米，山势西高东低，形似雄狮俯卧于波涛汹涌的海面上，隔海与西面的老虎尾半岛对峙，形成一个狭窄的港口，即著名的旅顺口。黄金山是座古战场，唐初在此鏖战高丽兵，明末皮岛总兵黄龙与叛将孔有德、耿仲明在此血战，后寡不敌众，自刎殉国，葬于此山，清时诰命建有黄龙墓和显忠祠。

白玉夕曛 白玉山海拔130米，山石洁白如玉，故名。又传说李鸿章视察北洋水师，登此山，见与黄金山隔海相峙，便说南有黄金，此有白玉，遂谓之白玉山。白玉山巅有白玉山塔，建成于1909年。登塔俯瞰，旅顺尽收眼底，南观港湾，口门耸峙，水深港阔，老虎尾半岛蜿蜒于碧波之中，口门外是烟波浩渺的大海。

老铁风光 老铁山海拔465米，是旅顺最高峰，山峦面积四十余平方公里。山高谷深，林茂草盛，春秋两季为候鸟迁徙必经之路，素有“鸟站”之称，过往鸟类多达二百余种，其中有丹顶鹤、虎头雕、天鹅等国家一类珍禽，现定为国家重点自然保护区。山中有“镜石”、“云累石”、“陈老婆泉”、“陈家洞”等景。西南麓的海岬处，有1893年建筑的灯塔。登塔远眺，晴日可以直观蓬莱岛，黄、渤二海在此黄蓝二色界线分明，实为少见之奇景。

太阳雁影 太阳沟位于旅顺口西部，指龙河以西的街区，素有“大花园”之美称，面积356万平方米。这里三面环山，东临港口，街道整齐洁净，建筑美观别致，道树成荫，花香草绿，寂静幽雅。此街区为沙俄在本世纪初所形成的，区内有许多规模壮观、设计精巧的外国风格建筑，这里洋溢着异国的风情。太阳沟是旅顺文化艺术的中心，这里有旅顺博物馆、植物园、动物园、蛇馆，还有友谊塔、胜利塔……

虎尾归帆 老虎尾半岛位于旅顺港口西侧，面积400万平方米。港湾内一条老虎尾巴状的沙嘴，插入碧蓝的海水中，与黄金山隔口门相对峙，位置十分险要。半岛像一只卧伏的老虎，虎视眈眈。主峰高171米，形如鸡冠，故称西鸡冠山，与东鸡冠山相对峙而得名，这里有许多炮台遗址和日本闭塞队纪念碑址。

龙河赏雨　龙河是旅顺境内一条大河，发源于水师营镇的龙山，故名。全长9公里，流入西港。潮满时河深3米，下游河宽400米。

灵峰朝雪　后石山位于旅顺西部，日俄战争时在此发生过激烈的争夺战，战后以高地“二〇三”的谐音称“尔灵山”，并修了一座子弹形塔。现在辟为旅游景点，有公路直通山顶。后石山属国家自然保护区，满山绿树如海，风涛不绝于耳，颇为壮观，雪后定然是另一番银白世界。

盐浦晚潮　盐场的黄昏，太阳西沉，云霞飘飘，晚潮款款，海鸥点点，浪花涌涌……

复州八景

复州八景，即永丰夕照、龙口甘泉、龙潭灵异、横山远眺、西屏晓月、烂柯遗迹、水泡荷风、温泉涤垢。

永丰夕照　永丰塔位于复州城内，系辽代佛教建筑。塔高23米，周长28米，是八角十三层密檐式实心砖塔。塔顶扣着护顶锅。塔上檐角挂铃，铃声清脆，洋溢着夕照惆怅的晚情。现为市级文物保护单位。

龙口甘泉　在长兴岛的西南端，有两座山峰如龙相卧，人称龙山。山前龙口村有一眼清泉，终年喷涌，故称“龙口甘泉”。泉水清澈，宜做饮料，今龙泉酒厂就建于此，山枣蜜酒是其重要产品。

龙潭灵异　龙潭山即得利寺山，位于得利寺镇西北三里处，此地群山环绕，气势雄伟，景色清幽。山上有石城，城里有古寺。寺前有深潭，水面亩许，四周石砌。世传潭中有龙，故名“龙潭灵异”。

永丰塔

横山远眺　横山位于长兴岛横山乡西部，海拔328米，群山连绵，挺峻陡峭。因横卧在渤海之滨，故名横山。登上山巅，长兴岛尽收眼底，若天气晴朗时，可远眺锦州、山海关，故名“横山远眺”。

西屏晓月　复州西有座西屏山，濒临渤海，深秋季节，黎明时分，站在山顶望着明月映照的大海，波光粼粼，月影闪闪，如入仙境，这就是“西屏晓月”的由来。

烂柯遗迹　西屏山上有一块四方平整的

大石头，石面上雕刻着巨大棋盘，旁边放着石斧和石凳，这便是“烂柯遗迹”。

水泡荷风 复州城有一片很大的荷花泡子，每当夏季到来，粉红的荷花开遍泡子，熏风吹来，荷叶摇动，更是让人流连忘返。

温泉涤垢 普兰店有处安波温泉（解放前地属复县），泉水源于河谷沙砾石层中，自压溢出，流量为18.3升/秒，平均水温70℃，泉水理化性质极佳，含多种矿物质，有综合治疗的功效。

旅顺南路八景

1924年，建成旅顺南路，并在公路沿线设置了八个景点：黑石礁、凌水寺、小平岛、蔡大岭、老座山、龙王塘、玉乃浦、白银山。

黑石礁 名字源于浅海黑色礁石，位于大连南部海滨风景区西端。这里沉积着厚达600余米的黑石灰岩。地壳构造运动中，海岸上升，许多瑰丽多姿的礁石拔地而起，像宝塔，似雄狮，形态各异，神奇莫测，成为大连有名的“海上石林”。黑石礁是通往旅顺的出口。

凌水寺 位于栾金村凌水河畔，该寺建于明代，是大连西部地区著名的庙宇。茂密的山林给古刹增添了许多神秘的色彩，每年的庙会又是一番热闹的景象。

小平岛 在黄海之滨，是伸入海中的小半岛。在大连港未建之前，这里是繁荣的码头和古镇，清代和俄、日殖民当局曾在此设立海关。这里有古城、古庙、古树，充满着渔家风采。

蔡大岭 南临黄海，北依峰峦，主峰海拔200米。此处崇山峻岭，陡崖峭壁，林深树茂，清泉奔流。田园、果树与菜畦层次错落，农村小舍平布在山沟旁，一派恬静的农村风光，是消暑的好地方。

老座山 有黄泥川洞，山上生长着槲树、柞树和松树。每到秋季山菊盛开，树叶染黄变红，在蓝天白云的衬托下，另有一番风光，旧称“柞山红叶”专指此地。

龙王塘 是久负盛名的风景区，水库公园的樱花、星花玉兰闻名全国。每当春光明媚、万物复苏的时候，这里便成了樱花的王国，芳香的世界，湖光山色，百花怒放，使游人流连忘返。

玉乃浦 现在改称塔河湾，是著名的海水浴场。洁白的沙滩，清澈的海水，给消夏戏水的游人带来无尽的快乐，大海焕发了游人的青春，青春融入了大海。

白银山 隔绝了通往旅顺的道路，是旅顺的天然屏障。白银山洞沟通了旅顺以外的世界。

旧时的八景未做规划建设，纯属自然景观，在景点处只立石碑标识而已。南路彻底改建后，沿路风光和景点作了统筹安排，迎接着四面八方的游客。

旅顺北路八景

20世纪30年代，定出旅顺北路八景，因未做标识，所以很少为人所知。这八景是：砬子山、大东沟、牧城驿、双台沟、玉仙台、长春庵、火石岭和水师营。

砬子山 位于大辛寨子和由家村之间，鞍子山南麓。砬子山草木稀少，石砬子多。山腰处有一块60吨的巨石，石下有洞穴，洞深莫测，洞口怪石嶙峋，人们未敢涉足。

大东沟 位于牧城驿东南方，周围群山环绕，树木茂盛，有河水蜿蜒其间。沟西出口处是牧城驿水塘，风景秀丽，山涧幽深，一片山野景象，是避暑消夏的好地方。

牧城驿 古名木厂堡，为古代重要驿站，这里有古城、古瞭望台、古庙、古树、古井。村西有汉代壁画墓；村北有双坨子和岗上遗址；村南有牧城驿水塘，建于30年代。清末，该村曾出过翰林和举人，并且是亲兄弟。

双台沟 又叫双涧沟，古驿站，因村内有两条山涧得名。村民忌讳“涧”与“奸”同音，便以村西信台子和村边墩台而改名为双台沟。村里有双涧寺和古物铁钟。村南有海拔400多米的城山，山上有古城，城墙的石块上蛎壳累累，可谓一奇。

玉仙台 即信台子，它是甘井子区与旅顺口区的分界处，海拔200余米，地旷天阔，景致清秀，山野静寂，是休闲的好地方。这里是甲午战争的古战场，抗敌将领徐邦道曾在这里率军击败日本骑兵，80年代建立的纪念碑会告诉你一切。

长春庵 建于明代万历年间，位于旅顺口区三涧堡镇土城子村。庙中供奉天仙圣母、释迦牟尼、观世音诸神像。佛殿高大，青砖砌就，花岗岩铺地，现列为市级文物保护单位。

火石岭 在水师营北，遍地火石裸露，草木不生，一片红土，地势险阻，传说唐太宗曾在此地晾晒盔甲，休整军队。

水师营 北距旅顺口5公里，是一个繁华兴隆的村镇。康熙五十四年(1715)，清政府在此设立水师营盘，驻水师500人，建营房1200间。光绪六年(1880)，北洋大臣李鸿章组建北洋水师，移营盘于旅顺口，水师营便成了地名，沿用至今。水师营是中日甲午战争和甲寅日俄战争的古战场。两次战争使水师营的百姓横遭涂炭。“水师营会见所”是日军司令官乃木希典与俄军要塞司令官斯特塞尔谈判投降和受降的地方。水师营的大集远近闻名，刘家大糖火勺和黄米酒已有百年历史。

五大海水浴场

大连地处海滨，当年日本殖民者在这里开辟了5处海水浴场，即星个浦、老虎滩、付家庄、夏家河子和黄金山。

星个浦　地处星个浦游园内，因海面露出一块巨大的“星石”而得名。1909年，日本“满铁”在这里创建游园，并开辟了海水浴场。同时修建了大和旅馆分馆、高尔夫球场、花卉温室、更衣室。1930年10月在公园东侧的高地上建立一座首任满铁总裁后藤新平的铜像。解放后更名为星海公园，是市内最大的海水浴场。浴场滩长千米，沙滩松软平坦，海风清幽，阳光充足，是游泳者的理想场地。在夏季每天都有两三万人，多时可达10万人前来游泳。近年来这里增建了水上乐园、栈桥、圣亚海洋世界水族馆、叠水广场、表演台、蹦极台、休闲台、停车场等，整个面积扩展到19万平方米，是一处环境优美，服务功能齐备的花园式浴场。

老虎滩　浴场位于市区东南的老虎滩公园。老虎滩名称来源于“六户滩”，由于中日语音的变换，演变成了老虎滩。20年代，日本殖民者在这里开辟了浴场，面积10万平方米，滩长千米。浴场以水深礁多为特点，因此不适于初学者游泳。解放后，这里进行了大规模的建设，填湾造地7万平方米，先后建成海豚表演场、空中索道、群虎雕塑、水下世界、鸟语林、根雕艺术馆、极地馆等，是大连南部地区重要的海水浴场和风景浏览地。

傅家庄　浴场在市区南部。传说清代有一个姓傅的渔民从山东移来这里，从此这里便称为“傅家庄”。日本殖民者在这里辟建了浴场，占地40万平方米，滩长600米，水深10米。滩陡水深，风大浪涌是其特点，因此这里不适于老年人游泳。

夏家河子　原来就是一个避暑圣地，海滨建有许多别墅。浴场576万平方米，海滩呈新月形，滩长1000米。以滩平、沙细、水浅、水温高为特点。入海百米水面也不过胸下。所以这里是初学者、老年人和家庭游泳的好地方。

黄金山　浴场在旅顺口黄金山下，以沙细、水清而闻名，滩长600米，是旅顺口著名的海水浴场。传说旅顺口黄金山和白玉山是李鸿章来旅顺口视察时命名的。

蛇岛

蛇岛又名小龙山岛，是当今世界上惟一的一个只有黑眉蝮蛇集中的地方，堪称世界奇观。该岛地处旅顺港西北25海里，距大陆最近处双岛西湖嘴仅7海里。全岛略呈长方形，总面积0.8平方公里，主峰海拔216.9米。1932年，最早登岛考察的日本人声称岛上有蝮蛇50万条。1947年暑假，大连中学生物教师曾组队进行过考察，取回一些蝮蛇制作标本，标本收藏于大连自然博物馆。

蛇岛为什么是蝮蛇的王国呢？岛上坡陡沟深，草木丛生，气候温和，雨量适中，空气湿润，夏无酷暑，冬无严寒；春秋时节有大量候鸟经过，成了蝮蛇的美味佳肴。岛上有许多天然岩洞，夏季蝮蛇可以避暑，冬季可以长眠；岛上没有黄鼬、刺猬等天敌，这一切都为蝮蛇生存提供了有利条件。

蝮蛇又称“草上飞”、“土公蛇”，是一种剧毒蛇。岛上蝮蛇比陆地蝮蛇大，成蛇一米多，三角头，细颈，大眼睛，背灰褐色，两侧有一行黑色圆斑；腹灰白，扁尾巴；口中有两颗毒牙，牙尖有小孔，咬人时毒液注入人体，3个小时就会死亡。蝮蛇忍耐力极强，吃上一只鸟能活上几个月，甚至只要饮水，也可以活下去。

蛇岛的陡峭岩壁上，有海鸥、白鹭、燕，营巢繁殖，成为蝮蛇的伙伴；也有蝮蛇的天敌，如秃鹫、大雕等凶猛飞禽，同蝮蛇在空中的厮杀，是一奇观；蝮蛇有夏眠习性，往往躲在阴凉处，不吃不喝不动，于是便成了褐家鼠的美餐。

1980年8月，蛇岛被列为国家级自然保护区，岛上的自然资源得到保护，有关部门采取了相应措施，改善了岛上的生态环境，在现有万余条蝮蛇的基础上，将尽快增殖，合理开发，为蝮蛇繁殖创造有利条件。

百鸟乐园老铁山

老铁山系千山余脉，位于辽东半岛最南端，方圆170平方公里，包括江西、铁山、双岛3镇。1980年8月，经国务院批准，定为国家重点自然保护区。

老铁山是旅顺的最高峰，海拔465米，三面临海，地处黄、渤二海的分界线，与山东半岛隔海遥望。这里山海相连，峰岭连绵，林木繁茂，气候温暖。每年秋季，生活在西伯利亚、大小兴安岭和我国东北平原的大批鸟类，为了避寒觅食，举家南迁，于是这里便成了候鸟的停歇站。

每年过往这里的候鸟约有200多种，几十万只之多。其中有国家重点保护的一、二类珍禽，如丹顶鹤、白鹤、黑鹳鹤、天鹅、秃鹫、鸳鸯等数十种，还有许多观赏鸟，如太平鸟（十二黄）、小太平鸟（十二红）、红点颜、蓝点颜、红胁绣眼鸟、黄雀、红交嘴雀、朱雀、黑头蜡雀（蜡雀）、黑尾蜡嘴雀（铜嘴）等，而当中数量最多的是鹌鹑。各种飞鸟，竞相比翼，翩然起舞，一时间这里成了鸟的天堂。

由于老铁山的鸟类资源丰富，这里很早就有“照鸟”的习俗。入夜，捕鸟的灯火像龙飞舞；白天，到处悬挂罗网，一旦陷入就难得逃命，尤其不善飞行的鹌鹑，大多变成盘中的美餐。

老铁山划归自然保护区以后,有关部门反复向群众宣传贯彻爱鸟的法令和意义。现在,这里的居民已经改变了捕鸟的旧习俗,爱鸟护鸟蔚然成风,过境的鸟群都能得到安全的停歇和栖息。

老铁山灯塔

旅顺老铁山灯塔

旅顺口老铁山角位于辽东半岛的最南端,延伸于黄海与渤海之中,这里是黄海与渤海自然分界线的北端,与山东蓬莱登州成为对角线,相距 57 海里。东边黄海是蓝色,西边渤海是黄色,这是海边地沟所形成的自然现象。黄海与渤海的潮水,由两边涌来,在此形成一条交汇线。站在老铁山角上,就能清晰地看见黄蓝分明的海面,浪涛汹涌,急流旋涡,发出震耳欲聋的轰鸣。正像渔谣所说:无风三尺浪,有风浪三丈,谁过铁山角,就把命儿丧。

著名的老铁山灯塔就建立在老铁山西南方的岬角上,因山得名。海拔 86 米,灯塔呈圆柱形,塔高 14 米,塔下是险峻陡峭的悬崖绝壁,绝壁下波涛滚滚,巍峨壮观。站在悬崖上,令人胆战心惊,头晕眼花。灯塔建于 1893 年,是清朝海关当局聘请英国人修筑的,灯体主机部件是 1882 年法国制造的。历经 1894 年中日甲午战争,1898 年被沙俄强占,1905 年日俄战后,又沦为日本占据 40 年,1945 年日本战败投降,由苏军接管,直到 1955 年才归我国,现属交通部管理。解放后由电灯代替了油灯,以电机代替了古老的机械传动,又新建了无线电指向标。

登上塔顶,海阔天空,万里波涛,汹涌澎湃,顿感心旷神怡,截然不同的黄蓝海水呈现于眼前,海猫岛和蛇岛就在脚下。天晴时能看到隍城岛和蓬莱湾。入夜,灯塔强烈的光束,时现时灭,划破夜空,指引着航船的航向。

旅顺植物园

旅顺植物园位于旅顺新市区南部,1902 年为沙俄所建,是全国最早的一座植物园。日本殖民当局定名为"后乐园",解放后改为现名。

该园占地4万平方米，有观赏树木170余种，4300余株，其中珍贵树木有20余种，如紫杉、红槲栎、毛黄栌、无刺槐、二球悬铃木、欧洲大叶椴等。其中二球悬铃木是东北地区唯一的一株，树龄上百年，树高10米，胸径1米多，树冠达六七十米；另外光叶榉40多种，是东北地区最大的一群。这些树种都是本世纪初从外地移进这里的。

此外园内还有名贵花卉50多种，每年从4月开始开花，迎春、海棠、杏花、桃花、樱花，紧接着紫罗兰、红鸡冠、六月菊、千日红、百日草、紫微、木槿等，一直延续到深秋。

近年来，植物园做了修整，建成8个大花坛，栽植花木两万余株，使得花园四季常青，三季有花，配合旅顺口近代战迹成为人们游览观赏的去处，每年接待科学考察和观光的人数超过15万人次。

中央公园

1898年，沙俄在绿山北麓辟建公园，因为地处市中心的西边，便命名为西公园。园内有苗圃、农业试验场、木亭、修筑了两间动物笼舍，饲养虎和熊，所以又称老虎公园。

日本占领大连后，对西公园进行了扩建，在园内修建了春日池、体育场、网球场、游泳池、棒球场、弓场、马场，以及温室、音乐堂、凉亭、相扑场、游览路等。1925年，在公园南边为日俄辽南战役中阵亡人员修建了“忠灵塔”（1975年被拆除）。1926年公园改称为中央公园，当时列为日本全国12处名园的第五位。1937年，日本殖民当局在塔前举行庆祝南京陷落大会，抗日志士查子香在此砍死日酋，轰动一时。

解放后，公园一度更名为列宁公园，1949年定名为劳动公园，并将忠灵塔改名为五一塔。市政府号召全市人民开展修建公园的义务劳动，新建园门、草亭、曲桥、荷花池，树立“劳动创造世界”的大石碑，5月2日还举行了公园开园典礼和游园大会。

中央公园（图中左上角为忠灵塔）

20世纪80年代以来，公园增添了园中园，安装了园灯，兴建了雕塑，新辟了儿童乐园,种植了名贵的雪松、龙柏等。

进入90年代,公园又进行了两期改造工程,新建的东大门占地面积3万平方米,铺装方砖4840平方米,绿化面积2.5万平方米,建成具有民族风格的花边图案模纹花坛、草花花坛和面积为160平方米的叠水池等。竹香园面积1万平方米。植物以崂山刚竹、剑麻为主,配以日本杜鹃,在园内草坪上放养着孔雀、鸽子、鹿和仙鹤。荟芳园有玉兰、花石榴。另外,公园内还辟有近5万平方米的游乐场。公园西侧是鹿鸣园,南侧的球形建筑艺术馆,面积2850平方米,分上下两层,馆内展示着各种建筑模型、图片,还有一个大连市区的模型沙盘。公园现有树种103种,3万株,其中有数株树龄超过了百年。

劳动公园位于大连市中心,面积101万平方米,是功能比较齐全的综合性文化休闲公园。

大连俄罗斯桥

沙俄强租大连后,1899年末,在俄罗斯大街(今上海路)与铁路交叉处修建了一座坚固的大木桥,桥下通行火车,桥上供车行人走。一年后大桥竣工,沙俄市长沙哈罗夫为其命名为俄罗斯桥。大桥北面是沙俄大连市政厅(大连自然博物馆原址)和其他重要行政机关的所在地——行政区,桥南辟为欧洲人居住区。这座桥在疏通市内南北交通方面是非常重要的,它是沙俄在市内修建的唯一的一座桥。日俄战争时,该桥被撤退的俄军部分毁坏。

日本占领大连后,将该桥更名为日本桥,桥名针锋相对,以显示胜利者的骄傲。1907年,日本殖民当局对该桥进行了改建,改建后为米兰式钢筋砼五跨连续拱桥

俄罗斯桥旧址

结构,桥长 108.6 米,宽 16.4 米,设计荷载 15 吨,这是大连市区内建造最早的钢筋砼结构桥梁。这座桥是通往大连北站、黑嘴子码头和东部港口的必经之路,著名的《泰东日报》就座落在大桥南头东侧。1930 年,在大桥南端建成大连中央邮便局(今胜利桥邮局),这座四层高楼是大连著名的现代建筑之一。

日本投降后,为庆祝大连解放,改称胜利桥至今。自改革开放以来,大连经济迅猛发展,该桥车辆运输难以适应交通的需要,经常出现堵车现象,遂于 1993 年末,在桥体两侧增建了行人步行栈桥,使人车分流,各行其道,堵车的问题得到了缓解,后又在桥的西侧又增建了一座大桥,堵车问题得到彻底解决。

胜利桥历经世纪风雨,目睹大连百年变迁,它见证了这座城市历史的发展。

尼古拉大广场

1899 年,沙俄在大连开港建市,中东铁路总工程师沙哈罗夫和他的助手特莱寥辛工程师,仿照法国巴黎城区的模式,在市中心修了圆形广场,然后向四面八方辐射出大街。为了炫耀沙皇的功绩,将其定名为尼古拉耶夫斯卡娅大广场。该广场位于大连市中山路和人民路的结合部,中山区中心地带,为 10 条道路交汇处,直径 200 米,面积 2.26 万平方米。

日本占领后,改名为大广场。1914 年 7 月,殖民当局在广场南面建立了一座日本首任关东都督府都督大岛义昌大将的铜像。这是大连历史上第一座铜像。日本战败后,推倒了铜像,为纪念孙中山先生,将广场更名为中山广场。

解放后,中山广场进行了多次整修,1995 年大连市和中山区政府投资 502 万元,对广场进行改造。改造后的广场由三环组成:广场中心是圆形平台;二环是由 8 个五边形的草坪对等组成,围绕广场中心,二环与外环的中间有一圆环步道;外环是由 4 个大扇面草坪组成,环绕整个广场。十字步道贯穿广场中间,平台与步道铺设雪花黑白大理石。广场外环铺装红色和黄色步道砖。为残疾人铺设无障碍道口 16 处,在盲人道内铺装导向方砖。安装欧式照明灯具 135 组和音响 1 套,增设地下喷灌网络 950 延长米和旋转式喷灌设备 24 组,栽植外围绿篱 521 延长米。改称中山音乐广场。

改造后的中山广场,中心绿地与周围十大建筑、十条马路相互辉映、浑然一体,显得十分明净、敞亮,给人以舒适、通透之感,集观赏、休闲、娱乐于一体的欧式格局,被市政府评为大连市最佳广场之一。

小村电气游园

1909年,在大连火车站西侧,由日本南满洲铁道株式会社投资兴建了电气游园,因园内有电动木马,所以叫做电气游园。该园占地面积7.2万平方米,园内有小型动物笼舍,饲养狼、鸟等少量动物,还有一处著名的登瀛阁饭庄。1940年10月,日本殖民当局在游园高处为日本外务大臣、侵华急先锋小村寿太郎建了一座铜像,由此改称小村公园。

解放后,小村公园改为文化公园。1948年,为纪念鲁迅先生逝世12周年,园内修建了一座鲁迅铜像,园名随之改为鲁迅公园。1966年,鲁迅铜像移至植物园,公园改称大连动物园。

1997年,动物园迁往白云山风景区,更名为大连森林动物园,占地面积720万平方米,四面环山,环境优美,展示动物130余种,1000多只,园内分为六大动物展区:食草动物区、狮虎山、猴山、熊山、大象馆、杂食动物区,此外还有园区广场、热带雨林馆、科普馆、两栖馆、爬行动物馆、海豹表演馆等综合展区。

新建的森林动物园重点体现了自然与现代意识的结合,本着森林——花园——动物的基本思路,以七分环境、三分动物为基调;在造园方式上,不破坏原山景物,依山就势,追求自然,体现森林意境;在动物品种上,突出新、奇、特的特点;在动物群种上,要求少而精和大种群;在展养方式上,有圈养和散养之分,注重人与动物的交流;在环境处理上,以自然风光为主,形成自然景观与人文景观的有机结合,处处体现出"动物是人类永远的朋友"这一主题,展示出大连人对自然的爱心和对环境的保护意识。

周家炉与义犬碑

上了年纪的大连人,都知道在民国初年有个大名鼎鼎的周家炉,周家炉修了座义犬碑。

周家炉是旅顺人周文贵在西岗子大龙街创办的修造马车的作坊,他经营得法,诚信尽责,不几年的工夫,便发展成上千人的顺兴铁工厂,专门制造油坊用的机器设备和矿山用的各种机械。

周文贵的母亲笃信佛教,每天都要拈香拜佛,祈求神佛保佑。眼看自己的儿子有出息,家业兴旺发达,老太太把这一切当成是因为有菩萨的保佑,更加虔诚地笃信神佛。

周老太太养了条黑狗,这条黑狗与她形影不离,她在佛堂窗外特意修了一个狗窝。1915 年冬夜,周家炉突然发生了大火。睡在窗外的黑狗第一个发觉,看到屋里烧起了一片火光,这条通灵性的黑狗,知道东家出了大事,便挣脱绳索,迅速地顺着楼梯蹿到二楼平台上,惊恐地跑着、叫着,又不停地抓着门。熟睡的人们被惊醒了,没有发现什么意外,便气愤地把它赶跑了。因为在冬夜,各屋门窗都关得很严实,虽然着火了,可是人们都没有觉察到,又都进屋睡觉了。不大工夫,黑狗又蹿了上来,爬到窗台上叫,来回地跑着、叫着。终于,人们发现了火情,许多工人从屋里冲出来,忙着找工具灭火。黑狗又跑到主人那里撞开门,咬着主人的裤角往外拽,周文贵被黑狗拽到屋外时,院子里已是一片火海,黑狗绕着主人前前后后噢噢地叫,用头推着主人下楼,这时消防队赶来了,很快把火灭掉了。事后人们发现这条黑狗被烧死在火场上,模样十分悲惨。

周家炉的义犬碑

后来得知火灾是因为周老太太做佛事引起的,有个山东老客来买榨油机,知道老太太信佛,特意从南方带来一批高香,这种香又高又粗,烧起来时间长、香味浓,老太太很喜欢。但是她万万没有料到她的香炉小,底子浅,香炉里装的是香灰,高香插上去不牢实,点燃的高香倒在神桌上的黄纸上,把黄纸点着了,连上神桌前的帏子,帏子又连上幔帐,大火就这样烧起来了。

后来,周文贵和周老太太为了表示对这条忠勇黑狗的感恩和怀念,特意把它葬在寺庙的路旁(今沙河口净水场五一路北侧),同时又修建了一座义犬碑。碑座高 3 米,用青砖砌成,白灰抹缝,碑座呈"工"字形,黑石雕成的义犬屹立在碑座上,义犬竖着两只尖利的耳朵,远眺西方。在义犬碑前,另立一块白色的"义犬碑志"石碑,上面镌刻着义犬忠主的动人故事。那时这里是旅顺南线必经之路,每天都有许多行人从这里经过。

义犬碑在"文化大革命"期间被毁。

金州"铁牛"

金州有只"铁牛",谁也说不明白它的来由,目前它收藏在金州博物馆里。

"铁牛"原本埋在金州古城西门玉皇庙的墙外,是块生铁铸成的扁圆形器物,状如牛头,四只角,如同汉语拼音字母"X"。这件器物长五尺半,每只角长二尺,宽三尺,厚一尺有余,重约一吨。

相传有一年,金州西海发大潮,老百姓都跑到城北虎头山上去避难,到了山上向西一望,轰轰响的海浪像山一样,一浪接一浪扑向金州城。海里冲出来一只黑牛,站在城下不动,回过头朝海里"哞哞"大叫三声,海浪立刻便退了下去。这只黑牛不吃不喝站在那里,把海水挡在龙王庙西边,保护金州城,日子久了变成了"铁牛"。长年的游沙逐渐埋了它的腿,埋了它的身,埋了它的头,只剩下两只角。金州清朝驻军首领刘盛休的营官,带领一营兵要把这只"铁牛"挖出来,挖了三天三夜也没有挖出来,反而越挖"铁牛"越往下沉,最后只好住手不挖了。"铁牛"是有点名气的,日本统治时都上了小学教科书。斗转星移,到了"大跃进"年代,金州博物馆的工作人员把它挖出来了,使得"铁牛"重见天日,又满足了人们的眼福。

这只"铁牛"有什么用途呢?议论不一,最终大家还是认定它是拴船用的固定物。明清时期,从山东来金州的船只,都是从西海岸上陆的,海岸就在西门外,那里是一片盐碱地,不长树木,无法拴船,只得铸只"铁牛"权当拴船的器物了。

大连第一岛——圆岛

凡是从南方海域来到大连的船舶,最早见到陆地目标就是圆岛,素有"发现了圆岛,就是看到了大连;走到三山岛,就是进了大连港"之说。所以圆岛就有"大连第一岛"的美称。由于它形如馒头名为圆岛,虽然它很小,但其价值很大,是国家的宝岛。

圆岛位距大连港东南方约 40 公里的黄海中,是辽东半岛沿海最南端的一个孤岛。海拔 65 米,长 300 米,宽 140 米,面积 0.032 平方公里,顶部只有半个篮球场大。该岛终年经受狂风巨浪的冲击,是一座极其坚硬的花岗岩岛。圆岛海域属于深水海域,岛周水深 40 米以上,暗礁密布,海沟纵横,水深流急,清澈透明,鱼群多在此觅食,是钓鱼的好去处,尤其在春节前后,是钓鱼的好时机。

圆岛上设置大型灯塔,该灯塔建于 1925 年,装有无线电指向标和雾警设备。塔身为白色圆柱形钢筋混凝土结构,安装封闭式集束旋转灯器,塔高 65.6 米,灯光射程 20 海里。白天可直接利用圆岛测定船位,晚间借用灯光定位。所以海员说它是黄海北部的导航安全岛。

圆岛本身不大,但它可以在其周围拥有 1500 平方公里的领海海域或 430000 平方公里的专属经济区海域,相当于 4 个浙江省面积海域的"海洋国土"。由于它突伸外海 20 多海里,是一个天然的国家领海"基点"。它和海洋岛是我国的领海基点,这两岛的直线便是国家的领海基线,其内测为国家的内水,外测为划定领海、毗连区、专属经济区和大陆架的起始线,一直延伸至 200 海里,圈定了这一地区的海洋国土范围。可见小小的圆岛，可为国家划得广阔的海洋国土，真是“一点顶万里”！

三山岛

三山岛位于大连湾口，是大连的象征，乘船来大连，看见三山岛，就等于来到了大连。唐时称“三山浦”，明清时称“三山海口”，指的就是三山岛。

三山岛是南北排列的三个岛屿的总称，由南向北分别称大山岛、二山岛、小山岛、三岛相连

大山岛南北长3.5公里，东西宽0.75公里，面积约2.6平方公里，全岛多山，海拔159.3米；二山岛长宽均约1公里，面积0.9平方公里，全境皆山；小山岛东西长0.95公里，南北宽0.35公里，面积0.335平方公里，海拔131.4米。

三山岛峰峦叠嶂，悬崖峭壁，草木丛生，风景秀丽。礁石密布，水深30米，海洋生物繁多，鱼类资源丰富。

大山岛上建有航标灯塔，有简易公路，有水源，为吸纳游客，建有度假村、酒店和供娱乐、垂钓的地方。该岛距离大陆最近3公里，航行方便，是夏日游海玩水的好地方。

大广场的著名建筑

大连中山广场是沙俄1899年设计并修建的，当时名叫尼古拉耶夫斯卡娅广场。1904年日本占领后改称大广场。1945年日本投降，更名为中山广场。广场直径213米，面积3.56万平方米。以广场为中心向外辐射10条大街。围绕广场共有10个建筑，其中有两个是解放后新建的，即3号英国领事馆已拆除，新建金融大厦；8号人民文化俱乐部。另外8个是解放前建设的，其中1号、2号、4号为国家级文物保护单位，5号、6号、7号、9号、10号为市级文物保护单位。

朝鲜银行大连支行旧址（今中国工商银行大连市中山广场支行行址）。中山广场1号，建于1918年，由中村与资平事务所设计。建筑面积4925平方米，地上3层，地下1层，钢筋混凝土结构，古典复兴式建筑风格。正立面采用6根圆形克林斯柱式门廊，侧立面采用4根方形半扶壁柱。内部大厅巨柱擎顶，造型尺度粗大，形象浑朴、庄重。

大连民政署旧址（今辽宁省对外经济贸易厅办公楼），中山广场2号，建于1908年，由前田松韵设计。建筑面积3350平方米，二层砖木结构，哥特式文艺复兴

建筑风格。正面对称，两端突出三角形山花，中央高耸尖塔，底层彩用连卷窗楣，上层窗采用柱式划分，红色墙面包着白色隅石与装饰线脚，有垂直向上的动感，建筑整体显得清俊挺秀。日本统治时，先是大连民政署衙署，1922 年改为大连警察署。

大和旅馆旧址（今大连宾馆），中山广场 4 号。已有专文介绍，不重复。

大连市役所旧址（今中国工商银行大连分行办公楼），中山广场 5 号，1915 年始建，1919 年竣工。建筑面积 9810 平方米，地上 3 层，地下 1 层，为和风欧式折中主义建筑风格。日本统治时期原为大连民政署，后为大连市役所，即大连市政府。

东洋拓殖株式会社大连支店旧址（今交通银行大连分行办公楼），中山广场 6 号，1935 年始建，1936 年竣工，由宗像主一建筑事务所设计承建。建筑面积 8105 平方米，地上 6 层，地下 1 层。为西洋古典主义建筑风格，采用三段式设计手法，底层为拱窗，女儿墙和其细部都作了花饰处理，显得庄重典雅、富丽堂皇，中段墙面贴有装饰砖，显得简洁、明快。东洋拓殖从事不动产和企业金融业务，是一个与朝鲜银行和横滨正金银行鼎立的日本在东三省的中枢金融机构。

大清银行大连分行旧址（今中信实业银行大连中山广场支行），中山广场 7 号，始建于 1909 年，由中国人设计、承建。建筑面积 1762 平方米，折中主义建筑风格，地上 3 层，地下 1 层，砖混结构，立面对称，中间突出，两侧屋顶为半圆形，中间为梯形，变化奇异，为典型的三段手法，层次跌宕，富有神韵。初称大清银行，1913 年改名为中国银行大连分行。

横滨正金银行大连支店旧址（今中国银行辽宁省分行），中山广场 9 号，建于 1909 年，由太田毅、吉田宗太郎设计。建筑面积 2804 平方米，地上 2 层，局部 3 层，地下 1 层，钢筋混凝土结构。文艺复兴建筑风格，吸收拜占庭的建筑特点，建筑立面为五段划分，窗楣作为断裂山花，屋顶采用 3 个圆形穹隆，中间大，两边小，造型别致，设计新颖，色调醒目。

关东都督府邮便电信局旧址（今大连邮政局办公楼），中山广场 10 号，始建于 1925 年，建筑面积 2556 平方米，具有和风欧式折中主义建筑风格。地上 2 层，地下 1 层。日本统治时该楼为大连递信局，后改为中央电报局、中央电话局。

石城岛

石城岛位于长山群岛东北部的海域中，长 8.25 公里，宽 6.7 公里，面积 26.7 平方公里。岛上建有唐代的石城，故名石城岛。岛上居民万人，耕地 1000 公顷。水产和旅游是该岛两大支柱产业。

海岛石林奇观为辽南所罕见，落潮时石林得以展现，形状各异，非常壮观。

岛上有一座建于明代崇祯三年(1630 年)的海峰寺,遗有明清两通石碑。渔民为祭祀海神,又重新修起了海峰寺,以满足自己的心愿。

石城岛有座鸟形岛坨子,面积 0.3 平方公里,它是世界珍禽黑脸琵鹭中国惟一的繁殖地。世界上这种鸟不足 1000 只,十分罕见。为此引起美国世界鸟类协会和中国台湾鸟类专家的关注,他们曾来此进行考察与研究。当地女作家张海燕专门写了一部黑脸琵鹭的电影,呼吁大家要爱护鸟类。近年来,这里的自然环境有了极大的改善,迎来了黄嘴白鹭、海鸬鹚、蓝矶鸫、栗耳鹀、黑尾鸥等珍稀鸟类,足见其自然环境的优化。

石城岛边还有一个响岛,人在这里走动,就会发出嗵嗵的响声,小岛因此得名,确实有几分神奇之处,其发声的原因至今无人知晓。

地名探源及其他

大连古称青泥洼

青泥洼是大连的古称。

大连最早称“三山”，三山即指今大连湾的三山岛。三山岛名声远播，是航海的天然标志，以山名为地名。

唐代初年，大连地区又称“三山浦”，三山浦与三山均指大连湾外的三山岛。唐代中期，又将三山浦改称“青泥浦”。青泥浦即指今大连青泥洼桥一带，这里的淤泥海滩，从海上看是一片青色，故称青泥浦，以地方特色得名。

明代，青泥浦又改称青泥岛。当时有个习俗，就是常把半岛上的邑镇叫做“岛”，而并非实际意义上的岛。

清代，又称作青泥洼，青泥海口。因为当时这里仍然是一片荒凉低洼的青泥海滩，是为名称的本源。青泥洼有东、西两个村子，两村之间有河相隔。今天劳动公园的荷花池就是这条河的一部分，河水沿着今天大连火车站西侧流入大海。青泥洼桥便是架设在这条河上的桥，大约在今天的大连商场一带。

今天，青泥洼这个名字还在沿用，如青泥洼桥派出所、青泥洼桥街道、青泥洼桥车站等。

“大连”的由来

大连就建城来说，只有百年的历史，是个年轻的城市。

据说，早在16世纪明代万历年间，北京天主教教士柴伊士脱绘制的中国地图上，就标有Da Lian Wan，这是根据当地居民的口语标注的。1860年，英国人约翰·瓦特在辽东半岛绘制的海图，日本人译作《辽东大联湾海图》。1879年（清光绪五年），在直隶总督李鸿章的奏折中，第一次出现了“大连湾”的字样。

大连湾名称的来源，说法有五：

一说大连湾口的三山岛有两岛相连，形似褡裢，人称褡裢岛，该岛附近的海域叫做褡裢湾；

二说南方客商来此贩卖褡裢，海湾便称作褡裢湾，后改为大连湾，由物得名；

三说满语“达连”，即海的音译，大连湾由满、汉语结合而来；

四说连诸小湾为一大湾，故称大连湾，乔德秀的《南金乡土志》就提到这种说法；

五说湾内盛产牡蛎，俗称大蛎湾，以物得名，后演化成大连湾。此说颇有根据，1934 年 11 月，为西岗商会副会长徐香圃竖立的纪念碑中，就有“大蛎湾”三个字。

大连湾海域辽阔，东起东嘴子，西至黄白嘴，海湾面积 200 平方公里。大连湾北岸有个大连湾村，1936 年以前叫做柳树屯。1879 年（清光绪五年）清政府在此设防，构筑工事并驻军，以保旅顺后路。1898 年（清光绪二十四年），沙俄强租大连后，初拟在此兴建商港，后因港址不佳，改在青泥洼建港筑市，并把青泥洼改称为“达里尼”（俄语远方），意思是远离彼得堡的港城。这是俄国财政大臣维特向沙皇提出的建议。日俄战争后，日本辽东守备军司令官男爵西宽二郎命令废除“青泥洼”，自 1905 年 2 月 11 日（日本纪元节）起改称为“大连”。

解放后，1950 年 12 月，大连市改称旅大市，取旅顺、大连的字头组成。1981 年 2 月 9 日，经国务院批准，将旅大市改称大连市。

大连市现辖 6 区 3 市 1 县，即中山区、西岗区、沙河口区、甘井子区、旅顺口区、金州区、瓦房店市、普兰店市、庄河市和长海县。总面积 1.2 万平方公里，人口 537 万（1996 年末统计数字，下同）。

金州名称探源

金州是辽东半岛南端一座著名的古城，自汉朝至清末，是州、县治所的所在地。金州东依肖金山、西濒金州湾，南屏南山，北接北大河。面积 5.58 平方公里，人口 10 万。

远在西汉武帝元封四年（公元前 107），定辽东郡 18 县时，其中沓氏县就设在今天的金州。这是金州历史上，有记载的最早名称（沓氏县址未定）。

辽代辽太祖神册四年（919），将南苏城（今辽宁新宾）的居民靺鞨人强迁至金州地区，并立苏州（从南苏来的人，故取“苏”字为州名）。这是金州历史上又一名称。

金代，皇统三年（1143），降苏州为化成县。

金代末年，贞祐四年（1216），升化成县为金州。金州之名始于此，至今已有 800 年的历史。

为何取名金州，说法有三：

一说金州产金，以金为名。据查金州确有金矿点，分布在杏树屯、二十里堡、亮

金州会旧址

甲店、登沙河一带,含金量极低。亮甲店金矿点在清末45年间曾开采过,得金1416两。杏树屯金矿点也开采过,得金甚微。金州命名是在1216年,而金矿开采是在1862年,前后相差600年,况且在金朝时是否知道地下有金呢?所以此说未必可靠。

二说是公元1216年,新兴的蒙古族挥戈南下,金王朝企图在金州一地设金城抵御蒙古骑兵,所以用"金"字来命地名,"金者,禁也"。这一说法过于牵强,一个小城岂能阻挡蒙古铁骑,又岂能用国名命城名?

三说是金州东边有座肖金山,以山得名。肖金山高158米,是一座普通山,没有特殊之处,不过用它来命地名还是可能的。

旅顺口地名的演变

旅顺口位于辽东半岛的南端,东、南面黄海,西临渤海,北接陆地,是辽沈地区的前哨;越渤海海峡与山东半岛相望,共扼渤海咽喉,为京津海上门户,地理位置极为重要。黄金山、白银山、白玉山、老铁山从东、西、北三面环抱旅顺口,因此自古以来就是一座名港。

旅顺口最早的名字叫将军山,它是老铁山主峰的名字。汉武帝元封四年(公元前107)建辽东郡,其中沓氏县就设在辽东半岛南端,当时旅顺口称沓渚、沓津,即沓氏县境内的港口。

西晋武帝泰始十年(274),旅顺口属辽东郡北丰县的辖区,改称马石津。

大业十年(614)隋炀帝派泉州刺史来护儿率军渡海由马石津登陆,击败高句丽于卑沙城(今金州大黑山)。这时旅顺口改称都里镇,港口称都里海口。

辽、金时代,又称旅顺口为老铁山,海口改称狮子口。

明初,洪武四年(1371),马云、叶旺二将军为辽都指挥使,率兵渡海于狮子口登陆,为纪念这个海上交通重镇,取"旅途平顺"之意,于是改狮子口为旅顺口,一直沿用至今,已有600多年历史了。

第二次鸦片战争期间(1858~1860),英舰萨普林号入侵大连湾,舰长绘制海图时,将大连湾命名为"维多里亚湾"(英国女王名),将旅顺口命名为"亚瑟港"(英王女婿名)。俄国人对旅顺口情有独钟,称之为"保尔特——阿尔杜尔"(порт-Артур)。

历史上,旅顺曾九易其名:将军山、沓渚(沓津)、马石津、都里镇(都里海口、涂里浦)、老铁山、狮子口、旅顺口、亚瑟港、保尔特——阿尔杜尔,其中最后两个外国名称在中国没有使用,只是侵略者一厢情愿罢了。

旅顺口区面积512平方公里。

瓦房店由瓦房得名

300多年前,瓦房店一带是古木参天、杂草丛生、人口稀少、地势低洼、经济落后的无名小村。清朝初年,这里才成为盛京(今沈阳)至旅顺口,复州至庄河的官道交汇处,设过译站,成为调动军队和运送粮饷的必经之处。

康熙年间,瓦房店还只是个村,当地百姓的住房简陋矮小,都是泥土砌成的平房。独有四家客店:王家、曲家、金家和栾家,在今天的文兰街道新立委处,曲家盖了青泥瓦房,经营客店生意,为来往行人提供吃住的场所,因此人们都叫它瓦房店,长久以后,便当作村名叫开了。1901年沙俄修建的南满铁路在此设站,把火车站定名为瓦房店。

复州城东门旧址

1925 年，复县公署由复州城迁至瓦房店，从此，瓦房店便成为复县政治、经济、文化和交通的中心，城镇规模初步形成。

日本占领东北之后，在这里修建了滚珠轴承厂和纺织厂，使瓦房店逐渐变成工业城镇，成为掠夺辽南资源的一个据点。

解放战争时候，瓦房店曾一度为辽东省政府所在地，复县政府机关则迁回复州城。1949 年 4 月，省政府迁往安东（今丹东），复县政府又由复州城迁回瓦房店。

1985 年 1 月 17 日撤销复县，设瓦房店市，成为大连市卫星城之一，是大连北部地区重要的工业城市和经济中心。

全市面积 3576 平方公里。

复州的名字来自扶余

复州历史悠久，是辽南的一座古城，一直是州县治所的所在地，是州县的政治、经济、文化的中心。

复州在汉代称汶县。魏晋时称北丰县。辽太祖天显元年（公元 926），耶律阿保机灭渤海国以后，担心女真为患，把扶余城（今吉林农安县）的强宗大户迁移到今天的复州城。移民为纪念祖籍，不忘故土，将此城命名“扶州”，后改为“复州”，这就是复州地名的由来。

复州在元时置万户府，明代设复州卫，清代设复州城守尉。20 世纪初，由于南满铁路建成通车，瓦房店逐渐繁荣，代替了复州城。1913 年，民国政府将复州改为复县，县治仍驻复州城。1925 年，复县公署由复州城迁往瓦房店，复州城降为县辖的乡镇。现今是瓦房店市西部的重镇。

普兰店原称孛兰铺

普兰店市由新金县改置。新金县一名源于金县。1945 年 8 月抗日战争胜利后，中共胶东区委根据形势的需要，决定将复县南部和金县北部地区划出一部分，创建一个县，取名新金县。“金”字表示原为清代金州厅辖地；冠以“新”字，以与毗邻的金县相区别。新金县成立之初，县治所在貔子窝。1958 年 11 月，县城由貔子窝迁至普兰店镇。

普兰店是一座古城，为沈州（今沈阳）至金州重要的驿站。元代建有石城，城门的石额上凿刻“孛兰铺”3 个字，这是该地最早的名称。孛兰为蒙古族的姓氏之一，以姓氏为地名。至今在普兰店市郊太平乡还有个孛兰村。此外，还曾经叫过勃兰堡、孛兰店、孛萝铺、捕拉店、博罗堡，大多与“孛兰”音相近。

1901年，沙俄修建南满铁路，在此设站，将站名定为普兰店，这是俄国人按照孛兰的语音标定的，这便是今天称之为普兰店名称的由来。

1958年，县城由貔子窝迁入后，逐渐发展成为新金地区的政治、经济和文化中心。1991年11月30日，撤县建市，以普兰店命市名，通行46年的“新金县”名从此消除。全市面积2769平方公里。

普兰店古城

庄河古称红崖子

庄河之名源于河流及船坞。

庄河附近的天秤山一带土岗子呈红色，旭日映照如丹霞铺地，故名红崖子。红崖子处在大东河与小寺河之间，两河入海口即为海港。明朝隆庆至万历年间，港口曾兴盛一时，南来北往的渔舟和商船纷纷溯河而上，在红崖河道停泊或装卸货物。天秤山东麓的大东河岸居民渐多，逐渐发展成一个村庄。因村旁河道浅水处钉有连排木桩以系船缆。故时人称此为“大河庄坞”，简称“大庄坞”。

清乾隆三十九年(1774)当地居民在大河庄坞之西岸建海神庙天后宫。工匠在铸钟时，将钟文落款“大河庄”误铸成“大庄河”，从此船坞易名“大庄河坞”，河流亦易名大庄河，简称庄河。至道光、咸丰年间，河道淤塞，舟船不能溯至大庄河坞，便改在天后宫前停泊。此处居民、店铺日渐增多，昔日小村，渐而发展成为集镇，并以河名取代旧日红崖子。

庄河旧时属岫岩州管辖，曾是岫崖州滨海商业及海运重镇。清同治、光绪年间，海盗猖獗，1906年9月，清政府设置庄河厅，以庄河命厅名。民国年间仍沿用庄河为县名。1992年9月21日，撤县建市，仍以庄河为市名。

全市面积3655平方公里。

长海县岛名趣谈

长海县各岛的名称始于明末，都是水手们起的名字。

大长山岛·小长山岛　水手从远处看这两个海岛像一道长长的山脉，于是就叫做长山。后来发现是一长一短两个海岛,为了区别就把长的叫做大长山岛,短的叫做小长山岛。

塞里岛 该岛夹在大小长山岛和哈仙岛之间,就像东西塞在里面,故名。

瓜皮岛 有个水手渴了,指着眼前的海岛对另一个水手说:“这个岛上有西瓜,吃上一顿该多好啊!”另一个水手嘲笑他说:“你还想吃西瓜?上去吃瓜皮吧!”于是就叫它瓜皮岛。

哈仙岛·格仙岛 庙上的守门神叫做哼哈二将,这两个小岛就像哼哈二将把守着大长山岛。水手就叫它哈仙岛、哼仙岛,后来哼仙岛变成了格仙岛。

蚆蛸岛 该岛位于小长山岛的最东边,有把边的意思,后来将杷梢写成蚆蛸,成了海洋生物。

乌蟒岛 该岛太小,遇上雾天就看不见了,叫做雾蒙岛,后来谐音乌蟒岛,有了神话味。

广鹿岛·獐子岛·大小耗子岛 根据岛上的动物起的名字。不过耗子不分大小,而是海岛的大小。

褡裢岛 一条沙岗连接两个小岛,就像褡裢,故名。

海洋岛 以其远在深广的海洋中而得名。

石城岛 因其岛上有建于唐代的石城而得名。现已划归庄河市管辖。

寿龙岛 本为瘦龙岛,因其不雅,改为寿龙岛,有长寿之意。

长海县 1953 年 1 月 31 日建长海县,“长”取长山列岛字头,“海”指县城由海岛组成,散列于黄海之中。

长海县位于辽东半岛东南部黄海中,由 400 多个岛屿组成,面积 170 平方公里,跨海城 4000 多平方公里,海岸线长 390 多公里。

中山区

中山区位于市区东部,东、南、北三面临黄海,西接西岗区。解放前,中国人将这个地区叫做“东大连”(岭前除外)。以大广场(今中山广场)为中心的山县通(今人民路)、奥町(今民生街)、大山通(今上海路)、伊势町(今友好路)、信浓町(今长江路)、西通(今中山路)、播靡町(今延安路)、东公园町(今鲁迅路)、土佐町(今五五路)等地方是大连的中心区域,中国人叫它“街里”。这里是日本人和其他外国人经营商业的重地,如大山通(今人民路)就聚集着许多大企业商号,像著名的日本三井物产株式会社、三菱商事株式会社、大阪商船株式会社、正金银行、东洋拓殖株式会社,英国的太古洋行、嘉利洋行、内门公司,俄国的比利洋行,希腊卡瓦基斯商会，德国的伊利斯商会、赫尔斯坦商会，丹麦的宝隆洋行，美国的德士古洋行等。这里是日本人的居住区，房屋漂亮，街道整洁，生活设备齐全，又接近码头，进出日本方便。而其中浪速町（今天津街等）是最热闹的商业街，几久屋、辽东旅馆、浪华洋行、大阪书屋、吴服店、龙口银行等，就设在这条街上。1937 年，浪速町树起铜制门式吊灯，入夜灯火辉煌，商家栉比，顾客盈门，别有一番情调。二战爆发后，日本急需铜料制造军火，便将吊灯门全部拆除。

解放后，1945 年 12 月，为纪念孙中山先生，大连市政府将组建一个月的黑嘴子区改称中山区，中山区名称即始于此。黑嘴子是浅水船舶码头，始建于 1930 年，码头栈桥由中国商会集资修建，这里是中国商家船运货物的装卸地。1946 年 2 月，大连市政府决定将中央区、南山区一同并入中山区；1950 年 12 月，又将寺儿沟区并入中山区；1959 年 7 月，最后将岭前区（即老虎滩区）又并入中山区。

中山区是大连市港口、火车、国内外贸易、金融银行、旅游交通、商业服务业的中心。陆地面积 43.85 平方公里。

西岗子曾叫小岗子

西岗子之名源于小岗子。东关街至北京街有一条土岗，旧称小岗子。小岗子地处大连市区的西部，又叫西岗子。1946 年 2 月 18 日，区政府成立，以西岗命区名。它是大连市最小的一个区。

在日本殖民统治时期，西岗子是中国人的居住区。街名都是中国传统的名称，解放后没有更改。这里商业非常繁华，聚集着许多富商巨户，有创立最早的小岗子商场、繁荣的露天市场、热闹的新开大街和货场小岗子驿（今大连西站）；还有大连西岗子公学堂、大连商业学堂、中华青年会、基督教堂、回教教堂、天后宫、宏济善堂、博爱医院、赤十字医院、大连运动场、福兴大戏院、世界电影院、制麻株式会社、泰来油坊等；这里又是大连的政治中心，日本殖民当局三大统治机关：关东州厅、地方法院、警察部均设在长者广场（今人民广场）周边。

西岗区面积 23 平方公里。

沙河口与马栏河

沙河口的名称同马栏河有直接的关系。

马栏河位于市区西郊，发源于甘井子区西部的鞍子岭。自西北流向东南，流经柳树村、棠梨沟村，积成西大山水库。出水库后，经马栏村，渐向南转至台山东侧，注入黄海。全长20公里。

早年,马栏河下游河床宽阔,沙洲漫滩,人们称之为沙河。沙河入海处称作沙河口。后来居民渐多,形成村落,就以沙河口为村名,这就是今天沙河口名称的由来。

1899年,沙俄建置关东州,州下设三市五行政区,大连市为沙俄财政部的直辖市。大连市下设三个区,沙河口区为其中之一,沙河口区名称始于此,并由此派生出东沙河口、西沙河口、南沙河口和北沙河口四个地片名称。由于经济的发展,事业的变迁,四个地片名称也起了变化。今天只有南沙河口地名、南沙河口街道、南沙车站等,还完整地保存下来,西沙河口地名仅流传在人们的口头上;东沙河口早被刘家屯所代替;北沙河口当初就没有叫起来,更别说流传下来了。

1946年2月3日,沙河口区政府成立。面积34平方公里。

甘井子的由来

甘井子在清初是大连湾北岸的一个小渔村,名叫黄山嘴子。

当时,这里的居民饮用的井水都是咸水。后来在今天的五二三厂院内打出了一眼甜水井,居民们都很高兴,取其甘甜之意,就叫它甘井子,后来就把它当作村名叫开了。

甘井子是个老工业区,早在20世纪30年代,日本殖民当局就兴建化工和冶金等工厂,开采石灰石,又先后修建铁路、公路、码头,人口也随之增加,服务行业也兴盛起来。

1945年11月,甘井子区政府成立,该区是大连市重工业中心和蔬菜生产基地,乡镇工业发达。面积451平方公里。

水师营

康熙五十二年(1715),旅顺水师营成立,驻兵500人,另有家属及随军人员700人。设协领1人,佐领2人、防御4人、骁骑校8人。初建营房1200间,官员按级分配居住。水师营驻地开设十字大街,俗称衙门街。官衙设有协领公署、佐领公署、防御公署、接管所等。水师营的附近龙引泉水量丰富,蟠龙山侧的龙河直达海口。这里适合水师操练出哨,又便于水师家属定居生活。

光绪六年(1880),清廷撤销旅顺水师营,筹建北洋水师,于是水师营由军营演变为集镇村落,成了一个村落的名称,已不再含有任何军事意义。居民除经商外,大部仍以农耕为生。

水师营是旅顺最为繁华的商业集镇,有定期的集市贸易,每年农历四月十八日是水师营蟠龙山庙会,盛况空前,甚为热闹。

辛寨子

辛寨子地处周水子国际机场之西,其地名来源有三说:

一说古代以天干记营寨序列,辛寨子位于旅顺南城之北的第八位古铺寨,因其位于天干的“辛”,故名辛寨子;

二说相传唐王征东,在此安营扎寨,在村中立了两通1尺粗、6尺高的石寨子,作为立旗、拴马之用,又因村中姓辛的人家多,故名辛寨子;

三说唐王征东,在此安营扎寨,其军队首领姓辛,故名辛寨子。

三种说法第一种说法最具说服力,《甘井子区志》采用第一种说法。

革镇堡源于满语

革镇堡地处周水子与夏家河子之间,原名葛针堡,来源于物名。

传说清朝康熙年间,满族人在这里开荒种田,满山遍野荆棘丛生。满语称荆棘为葛针。古时,在革镇堡东西两侧修筑有烽火台古堡,故称此地为葛针堡。1905年,日本殖民当局在此立会,将葛针堡改写为革镇堡。

革镇堡土地瘠薄,素有“石板铺地、枣刺镶边”之说。石灰石蕴藏量较多,是水泥制品的原料。近海地区淡水资源不足,居民吃水比较困难,现在饮用自来水。

1985年革镇堡改为镇建制,面积50平方公里,汉族占93%。

皮口因貔子得名

皮口是普兰店市管辖的一座港口城镇。

明代,皮口称红嘴堡,其名称来源于临海处有一个红土岬角,城堡建在岬角之侧,故名红嘴堡。这座军事城堡的修建是为了防御日本海盗的侵扰。到了清代,红嘴堡改称貔子窝,传说明末皮岛总兵官毛文龙在此抗击金军,发现遍地是貔子(即黄鼠狼),随口说道:“此地真乃貔子窝也!”又传说该地貔子甚多,由此便叫做貔子窝,直到今天。

清代中期,山东移民来此居住逐年增多,工商业随之繁荣,貔子窝一度同安东

（今丹东）、柳树屯（今大连湾）、小平岛同为黄海沿岸的名港。自沙俄租借大连地区以后，修建大连港，铺设铁路，大连成了工商贸易中心，貔子窝便失去了往昔的繁荣景象。

清末，貔子窝属金州堆金社。沙俄租借时期，设置貔子窝市和貔子窝行政区，下设貔子窝抚民府，貔子窝行政区管辖4个乡、12个村会、326个村。日本殖民统治时期，设貔子窝民政支署，管辖20个会。

1905年8月，金州警察支署长鹤岗永太郎诱杀了辽南义勇军首领马福连。翌年，马福连部下袭击了貔子窝警察支署，击毙日本警察6人，烧毁警察支署，这便是震惊日本殖民统治的"貔子窝袭击事件"。

与貔子窝同时出现了另一个地名——貔口，这是因为貔子窝临近海口之故。这一地名叫起来比貔子窝简单顺口，越叫越响，越响越叫，久而久之，貔口便代替了具有300年历史的貔子窝这一地名。但是"貔"字书写起来费事不便，便有人以"皮"代替了"貔"，约定俗成，在群众中形成了习惯。1965年8月，辽宁省人民政府正式批准将貔子窝改名为皮口。

解放后，1945年9月新金县成立，貔子窝一度作为县政府所在地，1958年11月，县政府移往普兰店镇。

皮口镇，面积104平方公里。自改革开放以来，发生了天翻地覆的变化，农田开发工程、对外贸易和国际交往、城乡建设等，都有了新的发展，皮口的矿泉水是闻名遐迩的。

从归服堡到城子坦

城子坦镇位于普兰店市东60公里，碧流河口入海处，黄海之滨。

城子坦原称归服堡。明初，日本正处于南北分裂时期。战败的封建主和武士们流亡海上，组成海盗集团，骚扰中国沿海地区，沿海百姓深受其难。明朝政府为了抗击倭寇入侵，在城子坦修建城堡，派官兵驻守，使之成为辽东黄海沿岸抗击倭寇的据点之一。

该城堡周长1500米，临海筑有城门。归服堡东接黄骨岛堡（今英那河入海处），西连红嘴堡（今皮口镇），与大长山岛隔海相望，下有杨家套台等9座墩台。倭寇本来是些乌合之众，一击即溃，常被明军活捉，归服明朝，于是便把这座城堡命名为归服堡，以震慑倭寇，彰扬明军的威力。到了清代中期，城堡荒废，人们在这里设置村庄，便改称城子疃，意思是城堡里的村庄。

清末城子疃属复州辖区。日本殖民统治时期属于关东州北部边境镇，划入貔子窝会辖区。解放后划归新金县，当地人将疃（tuǎn）读作（tǎn），为了书写简便，将“疃”改写为“坦”，有安定、平坦之意，于是城子疃改叫做城子坦。

城子坦现属于普兰店的一个大镇，面积103平方公里，为粮食、副食品生产基地，金庄（金州至庄河）铁路的大站，是大连东北部陆海交通枢纽，也是一个颇有发展前途的黄海海滨的城镇。

周水子原叫臭水子

早年，周水子一带是一片涝洼地，长年积水，杂草丛生，蚊蝇成群，臭气熏天，所以当时被叫做臭水子。

当年沙俄在阎家坨子修的石灰窑就叫做臭水子石灰窑场。1920年5月设立的邮电局也叫做臭水子邮电局和臭水子电话代办所。

1920年，日本殖民当局开发此地，雇用中国劳工挖掘河沟，引臭水入海，洼地填平，变成了一片平地。从1921年起，这里便正式改称为周水子。为什么叫周水子呢？据说当时引水流经周家屯，加上周臭二字音近，就用周水子来代替臭水子，所以此地以水得名。如今这条河水入海口的水域还叫做臭水套。

周水子一称已经有80个年头了，现在许多人都不知道臭水子这段不雅的历史。从地名的改变可以看到周水子一带的发展变化。

自从周水子洼地改造完成之后，在那里便陆续建立起许多工厂和厂用铁路，如满洲福岛纺绩株式会社周水子纱场（今大连纺织厂）、大连铁工所、安治川铁工所（此二厂为今大连橡胶塑料机械厂）、李德尚的周水子机械所等等。解放后，周水子街道有很大的改观。居民区新建的楼房鳞次栉比，西北部为住宅区、商业区，东南部为工业区，有玻璃制品、机械制造、化工冶金、纺织制品等工业企业，是大连重要的工业区之一。

南关岭与哈斯罕关

南关岭位于周水子北8公里处，是金大公路线上的一个重镇。

南关岭又称南关铺、难过岭、南三十里堡。

以金州为中心南北各有一个三十里堡，时称南三十里堡、北三十里堡，而且又都是火车站。这种称谓既麻烦，又容易发生误会，于是在1919年11月南三十里堡被改称为南关岭。

南关岭地名的来历是这样的：辽金两朝为防止北方女真族人越海南下通宋，在金州城南土城子、后关村、前关村、前盐村地峡一带设置土石关隘，称哈斯罕关。这个关又叫合斯罕关、合思关、苏州关、化成关，南三十里堡就在哈斯罕关的南面，而且又处在山岭上，故名南关岭。

寺儿沟的由来

寺儿沟地处大连最东端，东、北两边靠近黄海，西边与荣民街和春和街道为邻，南边连接转山街道，面积5.2平方公里，这就是现今的春海街道。

寺儿沟的名字始于20世纪初年，当年沙俄在大连修建港城，急需一批熟练的建筑工人，尤其是海港建筑技工。那时旅顺口有一批旅顺军港修建者，居住在水师营寺儿沟一带。俄国人把他们征调到大连，全都聚居在离港口不远的东青泥洼海边。人们问起他们是哪里的人，他们便说自己是寺儿沟的人，日久天长这样说来说去，人们便习惯把他们住的地方叫做寺儿沟。这便是大连寺儿沟的由来，其实它是水师营寺儿沟的延续。

寺儿沟是大连劳工的聚集地，这是它的一大特点。日本人福昌华工公司经理相生由太郎为了控制劳工，在这里修建红房子，专门用来收纳码头劳工，成为两万劳工的栖身之所。红房子东边有一个“穷汉岭”，在棚厦里住着上万名来自山东的穷苦农民。他们有的和红房子劳工一样，在码头当装卸工，有的做商贩、捡破烂，过着社会最低层的生活。这里是大连四大贫民窟之一。

日本殖民统治初期，这里属老虎滩会寺儿沟区。1937年12月，随着城区扩建，划归大连市东山、汐见、日出、千代田町。

解放后，大连市政府组建寺儿沟区，1950年12月划归中山区，寺儿沟划为春海街道，设23个居民委，居民4万。改革开放以来，这里发生了天翻地覆的变化，高楼大厦拔地而起，东海明珠、蓝色海洋、碧海蓝天、北斗家园、环海公寓等高层建筑遍布其间，海之韵广场和东山公园已经成为大连的一个新景点，吸引着众多游客前来观光。

寺儿沟是历史的产物，提起它总是伴随着抹不掉的贫穷和苦难的阴影。作为地名寺儿沟已经淡化了，现今只有车站尚且用这个名称，其他地方都不见了，但是作为大连人不应该忘记它，大连的开建和发展同它有着密切的关系。

至于旅顺水师营寺儿沟名称的由来，是因为那里在明代修建了一座天王寺，人们称该地为“寺沟”，叫常了便成了“寺儿沟”。60年代，天王寺做了猪场，现在已经不见了，但寺儿沟的地名仍保留着。

春柳曾叫拴船柳

春柳街道地处沙河口区北部。

春柳地名的由来是经过一番变化的。

20世纪初年,春柳附近还是一片大海,住在这里的渔民为了拴船,就在今天耐火材料厂一带,竖立许多柳木桩子,打渔归来的渔民把渔船拴在桩子上,渔民们都叫它拴船柳,时间长了便成了地名,后来发生了音变,拴船柳叫成了三春柳,这就是三春柳地名的由来。春柳的称谓始于1950年末春柳街道创建时,为了书写和说话的方便,就把“三”省略掉了。三春柳这个地名已经成为了历史,现在很少有人知道它。

春柳填海造地工程始于30年代,日本殖民当局雇用中国工人就地取土填海,今天香炉礁臭水套一带的陆地都是填海造成的。

解放前春柳是贫民区,居民为工人、渔民、农民,大多来自山东、河北或其他地方。那时该地区有多处窑场,烧制砖瓦、花盆,因为这里盛产黄黏土。

解放后,春柳发生了巨大变化,往日贫民区已经盖上了高楼大厦,不可同日而语了。

香炉礁

香炉礁同寺儿沟一样,都是外来劳工的聚集地、贫民窟。

香炉礁位于大连湾西南侧,东接民乐街道,北连工人村街道,西临车家村街道,南至哈大铁路线,面积约2平方公里。日本殖民统治时期隶属沙河口会,1930年12月划归大连市街。解放后属沙河口区香炉礁街道,1969年8月划入西岗区管辖。

香炉礁名称源于大连造船新厂海边一块高达15米的礁石,其形状像香炉而得名。1973年,船厂修建船坞时,偌大的香炉礁被炸掉,今天只留下这个耐人寻味的美名了。该地的政权机关、教育机构和工商企业仍然冠以“香炉礁”三个字,看来这“香炉礁”地名将同大连永存。

香炉礁居民村落的形成同大连港城的开发、建设是分不开的。19世纪末,沙俄在大连修建商港、城街、铁路,需要大批劳工。洼口公议会(大连商会)总经理刘肇亿、协理张德禄都是大承包商,他们趁机前往山东、河北、河南一带招来许多民工。市中心的东部专供洋人居住,西部的西岗子是华商经营地段。刘肇亿把招来的民工，便安置在香炉礁这片临海的荒滩上，他又出资修造了一批简易房，租给民工栖居。

1905年，日本占据大连后，沙河口铁道工厂、大连船渠工厂和西岗子周家炉的顺兴铁工厂三大家，年年扩厂招工，三家工厂都在千人以上，招来的工人沿袭旧规也都住在香炉礁。进入20年代，大连油坊业突飞猛进，油坊工人剧增，他们大都也住在这里。香炉礁工人越聚越多，原先的房子不够住，工人便自己动手，搭造了一些油毡纸压顶的棚厦子，一处接一处，质量低劣，不堪风雨，卫生条件极差，久而久之，便成了一个肮脏破烂的贫民窟。1945年解放时，这里的人口已达万人。

香炉礁地处沙河口和西岗子的边缘地带，老百姓都叫它“三不管”，其实日本殖民当局一点也没放松对这里监管。汉奸、巡捕经常在这里捕抓抗日分子、抓劳工、征税，藏身在这里的抗日志士巧妙地对付着汉奸爪牙，隐蔽地进行着地下活动，地下工作者白天在露天市场卖衣服，晚上在这里策划革命活动。

为了适应居民的生活需要，香炉礁也有一些低档次的店铺，包工头子在这里设立妓院、赌场、烟馆、饭馆、杂货店等。今天的香炉礁街、香一街和华北路交通岗一带，都是最热闹的地段。

改革开放以来，香炉礁改天换地，新建的新村拔地而起，一改往昔的破败旧象。被誉为辽宁省第一街的香炉礁街道给这里带来了繁荣……

一对马蹄金

1983年，普兰店张店村农民王兆和在挖碱泥时发现了一对马蹄金。含金量98%，一块重259.45克，一块重260.45克。为旅顺博物馆所收藏。有关部门发给他奖状一纸、奖金若干元。

马蹄金是汉武帝太始二年（公元前95年）才出现的新型金币。《汉书·武帝纪》记载：“今更黄金为麟趾马蹄以协瑞焉。”唐颜师古注：“武帝欲表祥瑞，故普改铸为麟足马蹄之形以易旧法耳。今人往往于地中得马蹄金，金甚精好，而形制巧妙。”马蹄金是西汉称量货币，金质，一般重250克左右，相当于汉代一斤。正面为椭圆形，背面中空，形如马蹄。一般作为帝王赏赐、馈赠的上币，它不是流通在民间的货币。自汉代以后，黄金就基本上退出流通领域，成为一种玩赏、保值的物品。

马蹄金在普兰店的出土，这在大连地区是首次，甚是珍稀的历史文物。证明此地在古时是达官贵人活动的地方。为认定张店是汉代沓氏县治所提供了佐证。

侯家沟的故事

侯家沟地处沙河口区的北部,华北路的西侧。

清康熙六年(1667)侯氏祖先侯世秋从山东即墨县携妻带子闯关东,来到这里安家落户,成了占山户,以姓名地,叫做侯家沟。后来,侯世秋的次子侯玉与三子侯俊相继迁往金州华家屯和凌水子栾金村。今天侯家沟的侯氏诸民都是其长子侯显的后裔。大侯家沟即在中心医院周围,是侯氏家族的中心居住区。由于支脉繁衍旺盛,大侯家沟逐渐饱和,后代便向车家村一带延伸,就成了小侯家沟。在历史上,这里确实有一条侯家沟,它是大小侯家沟的分界线,雨季流水,旱季行车走人,即今天的沙城街。

300 多年来,侯氏家族对大连的开发建设作出了贡献。尤其改革开放以来,侯家沟变化更大了。

20 世纪 20 年代,侯家沟曾出现过一位著名的工人运动领袖侯立鉴(1891 ~ 1935)。他自小就在满铁沙河口工厂(今大连机车车辆厂前身)做工,受尽了日本人的欺凌,心中积满了民族仇恨。他在地下党的教育下,参加了共产党和大连中华工学会。他在周水子福纺纱厂组建工学会分会,出任分会委员长、党支部书记。1926 年,他领导了震惊全国的福纺纱厂"四二七"大罢工。日本殖民当局将其逮捕,他在狱中坚贞不屈,毫不动摇,最终取得百日大罢工的完全胜利。他出狱后,远走黑龙江,参加苏联国际情报组。在复杂艰难的环境中,身染不治之病,1935 年 6 月故去,终年 44 岁。

沓氏县在哪里?

汉初定辽东郡 18 个县,其中沓氏县就设在金州一带,它是这里最早的县治。

沓氏县的城址在哪里?

明末清初地理历史学家顾祖禹在《读史方舆纪要》中说:"沓氏县在金州卫东南,汉县,属辽东郡,晋废。县西南临海谓之沓渚。"其具体地址在哪里呢?众说不一,大致有四种说法。

一说在金州区大李家镇大岭村。1923 年,日本考古学家三宅俊成曾在此地发掘一座汉代古城遗址,推断为沓氏县城。该城墙东西长 156 米,南北宽 154 米。城内新石器时代遗物有石斧、石刀、石剑、石纺轮、陶片等;战国时期的遗物有明刀钱、铜镞等;汉代的遗物有铜带钩、铁镢、货泉、瓦当等。

二说在普兰店市北张店村。该城址西南面临普兰店湾,城南北长 340 米,东西宽 240 米。曾出“临秽丞印”字样的封泥和“万岁千秋”字样的瓦当,及绳纹瓦当、铜币、铜镞、安阳布、货泉、五铢线等遗物,在其附近又发现两块马蹄金,这都是汉代的遗物。

三说是在金州区东南董家沟的汉城遗址。主张此说是日本文化人岩间德也。

四说是牧羊城。据《满洲旧迹志》载:“沓氏在旅顺木羊城。”牧羊城亦称木羊城。位于旅顺口区铁山镇刘家屯。据《奉天通志》称:“牧羊城,城(指金州)西南一百五十里,周围二百五十步(一步为当时五尺),门一。”城为长方形,东西宽约 82 米,南北长约 133 米,周长 430 米。城基用石头砌成,城墙为土夯筑。隆起地面约 2 米,现存残壁 3 米左右。城内出土文物丰富,有新石器时代的石器:石刀、石镞、石纺轮、陶片等;有战国时代的铜镞、铸铜斧范、明刀钱、明字圆钱、一化钱等;有汉代的铜镞、铜扣、铜带钩、铁镢、铁刀、板瓦、半两钱、五铢钱及“河阳令印”、“武库中丞”封泥等。

目前,对上述四种说法,大连考古工作者认同第二种,其根据是古城的具体位置与《读史方舆纪要》的证述相吻合。

小平岛

小平岛最早的名字叫做比顽崖,明时更名为小滨岛。其时习惯上把半岛也叫做岛,本不是实际的岛。小滨岛是伸入黄海的一个小半岛,形如鲸鱼尾。小滨岛叫久了便成了小平岛,这已是清代的事情了。

小平岛上山南坡钓鱼台有辽代石城,南、西、北三面是悬崖,这便是比顽崖的由来,东面有石砌的崖头,现在仅存 1 米。

自明嘉靖开海禁后,一直到清末,小平岛是通往山东的水路要道和货物集散地,又是一个重要的渔港,小平岛本是一个渔村。清代和俄日殖民当局曾在此设立过海关,想必那时有一番热闹的景象。自从大连港启用后,小平岛顿失繁荣,日趋衰落。

小平岛还有一棵古银杏,那可是大连的稀有之物。

大连街名的日本化

1898 年,俄国强租旅大后,将旅大改称为关东州,作为俄国远东的一个边疆省,又将青泥洼改称达里尼,意思是遥远的城市,将旅顺口叫做保尔特——阿尔杜尔。俄国在开发大连时,对新建的广场和街道全都冠以俄国名字,如中山广场叫做尼古拉耶夫斯卡娅大广场,人民路叫做莫斯科大街,长江路叫做克里乌斯科大街,上海路叫做乌伊茨特大街,友好路叫做克鲁别茨科大街,民生街叫做阿列克耶夫大街,五五路叫做乌拉吉米斯科街,胜利广场叫做基辅大街等。

日本占据大连后,于 1905 年 2 月 11 日,首先废除青泥洼这一名称,改称大连,这个名称一直沿用至今。同时又继续使用俄国殖民地名称"关东州",这是大连、旅顺、金州整个地域的特殊殖民地的称谓。

日本殖民当局企图永久占据大连,将大连日本化,除了西岗子中国人居住街道保留了原有的街名外,其余新建街道全部都用上了与日本有关的名称,这是十足的殖民地化。命名方式大致有以下几种:

一、以日本天皇、陆海军将领的名字命名　明治町(取日本天皇名,今鲁迅路)、大正通(取日本天皇名,今西安路)、乃木町(取日本第三军司令官名,今兆麟街)、儿玉町(取日本大本营总参谋长名,今团结街)、东乡町(取日本联合舰队司令长官名,今修竹街)、奥町(取日本第二军司令官名,今民生街)。

二、以日本军舰名命名　浪速町(今天津街)、吉野町(今中和街)、爱岩町(今同兴街)、敷岛町(今七一街)、须磨町(今丹东街)、朝日町(今朝阳街)、常磐町(今中山路)等。

三、以日本的地名命名　武藏町(文林街)、萨摩町(今杏林街)、美浓町(今新安街)、磐城町(今天津街)、岩代町(今普照街)、佐渡町(今白玉街)、若狭町(今昆明街)、信浓町(今长江路)、但马町(今一德街)、丹后町(今白玉街)、淡路町(今安乐街)、能登町(今武汉街)等。

四、以日本的山川岛屿命名　千代田町(今鲁迅路)、鹿岛町(今丹东街)、土佐町(今五五路)、八幡町(今自卫街)、飞骅町(今新生街)、伊势町(今友好路)、越后町(今玉光街)、对马町(今华昌街)、骏河町(今民康街)等。

五、以日本人喜欢的花草树木命名　柳町(今南山路)、樱町(今七七街)、楠町(今望海街)、桂町(今桂林街)、枫町(今枫林街)、水仙町(今云山街)、桔梗町(今大同街)、草蒲町(今长春路)、白菊町(今对山街)、红叶町(今保健街)、芙蓉町(今联合路)、藤町(今白山路)、葭町(今连胜街)、荻町(今太原街)等。

六、按日本人习惯命名　大和町(今清爽街)、宝町(今长江路)、荣町(今通汇街)、弥生町(今福寿街)、神明町(今解放街)、天神町(今独立街)、银座通(今荣盛街)、长者町(今民政街)、黄金町(今民胜街)、白金町(今连胜街)等。

七、岭前一带是山地高坡,日本人称为"台",如松风台(今松风街)、秀月台(今秀月街)、清见台(今清溪街)、向阳台(今向阳街)、樱花台(今智仁街)、青云台(今青云街)、桃源台(今桃源街)、光风台(今光风街)、长春台(今长春街)等。

1945 年 8 月,日本战败投降,大连人民政府铲除了日本殖民化的街名,更换了新名。

“边外”在哪里?

清代中期,大连农民为生活所迫,常携眷前往“边外”谋生,这个“边外”在哪里呢?这件事要从柳条边说起。

柳条边又称边墙、柳墙、柳边、条子边。柳条边有两条:一条叫“老边”,又叫“盛京边墙”,自山海关至开原的威远堡,再向东南至凤凰城,全长 1050 余华里。以威远堡为中心,东段是清太宗皇太极时修筑的,西段是顺治年间修成的。另一条叫“新边”,自威远堡向东北至法特哈(今吉林市法特),康熙年间筑成的,长 690 华里。整个柳条边呈“人”字形,连接山海关、威远堡、凤凰城、法特哈 4 个交通要隘。

柳条边以插柳结成篱笆而得名。沿边走向用土堆成高、厚各 3 尺的土堤,堤上每 5 尺植柳 3 株,每株间用绳连接横条柳枝。在柳条边外侧挖掘口宽 8 尺,底宽 5 尺、深 3 尺的土壕,壕中注水,以阻挡行人。在柳条边的墙上筑门设防,负责巡守稽查,如无印票,严禁出入。

清政府修筑柳条边的目的是为了实行封禁政策,把辽东乃至白山黑水,看作“龙兴重地”,严禁他人骚扰祖宗发祥之地;阻挡蒙古人入边,不使满人失去民族特色,不动摇其根本,防止流民开垦荒地,以使满汉同化。但是以划界的办法,阻挡民族融合与文化交流的大趋势是办不到的,最终失败。

“边外”所指的地方就是柳条边以外的地方,即沈阳以北之地。其时,大连缺地的农民大多去往吉林东、西丰的平原地带和黑龙江双城堡的黑土原野,那里出产的粮食填饱了饥饿的肚子。此后每年总有一些缺粮的农民前往“边外”垦荒谋食,上“边外”便成了当时农民解决吃饭问题的唯一办法。

“金复海盖,辽阳在外”

俗话说“金复海盖,辽阳在外”,这句话是什么意思?在明代,金州、复州、海州、盖州四卫,与山东同属一个管辖区,这四卫的政治、军事、经济、文化、科举等都属于山东管理。

明永乐五年(1407 年),朝廷开始设立辽东苑马寺,这是一个管理牧养军马的机构。苑马寺卿驻盖州,下设永宁、新昌、升平、长平、安市、辽河等六个苑马监。到了万历年间，辽沈边事紧张，辽南兵备、金复两卫的海防和从山东运来的军粮，没有一个专门管理机构。于是朝廷把辽东苑马寺从盖州移驻金州，并委派苑马寺卿兼管金、复、海、盖四卫的兵备和海防、海运。

明嘉靖三十七年(1558 年)，总督蓟辽兵部右侍郎王抒奏议："山东、辽东旧为一省，近虽隔绝海之两边，然金州、登莱两岸间渔船往来，动以千计，官吏不能尽诘，莫若因势利导之，明开海禁，使山东之粟，可以方舟而去，此一救荒之一计也。"这年六月，朝廷就命令辽东苑马寺卿发放各岛船证往来贩运货物不得抽税。于是山东与辽东之间的帆船往来，货物畅通，被封锁 160 余年的海禁被打开。这期间驻金州的苑马寺卿都是由山东的军政官员兼任。万历十七年(1589 年)七月，命山东按察使兼管辽东苑马寺。八月，又命山东右参政部性元管理辽东苑马寺及金复海盖兵备。从此两岸间的军政要员和公文往来日渐增多。同时这期间的科举考试，都在山东设场，辽南的士子必须跨海到山东应试，两岸间又增加了文化人的往来。如此，从行政领导、军事防御、科举考试等各个方面，都把辽南四卫划归山东统一管理。这虽然密切了两岸间的关系，但也造成了许多不便，特别是学子去山东科考，往往遇到大风浪，发生舟覆丧命的惨事，盖县熊岳城望儿山的故事，就反映了当时母亲望儿归来这一悲惨遭遇。

"韩边外"

韩效忠(1805～1885)，原名宪宗，字国瑞。辽宁复州人。祖籍山东省登州府文登县。1825 年随父韩言毓闯关东，落户在复州骆驼山西部后大地村，以打工为生。

1846 年，韩效忠因赌博失败，逃赴吉林夹皮沟盗采金矿。因为他是闯过柳条边而下边外的，故称"韩边外"。夹皮沟位于吉林桦甸市东南，以产金出名，出现许多金矿主，他们为了抵制官府的横征暴敛和地痞流氓的敲诈勒索，1854 年各矿主联合成立"金矿总会"，韩边外以其侠义多谋，被推举为金矿的首领。

1865 年，官府为镇压"马贼"招募乡勇，韩边外率乡勇 300 人，协助官兵剿匪，立下功劳，清政府赏给他林产、荒地数百垧。后来韩边外的势力不断发展壮大，逐步形成了以采金业为主，兼营农耕生产、林木采伐、商务贸易等多项产业。韩边外占地桦甸、濛江、安图等 3 县。辖区内的土地、森林、矿山均为其所有，并享有行政、司法、税收、兵警等管理特权，并拥有 3000 多人的武装自卫队和衙门公堂。因为他多次帮助官府打败土匪，维护社会治安，1882 年清廷授予他从五品先锋官。

韩边外一家四代，从 1854 年韩宪宗被推举为金场总会会首始，直至 1934 年韩家产业被日本"满铁"全部接收止，统治吉林东南地区长达 80 年。他们四代最重要的是韩宪宗、韩登举祖孙二人。韩登举参加过抗日、抗俄的爱国活动。1894 年中日甲午战争,日军进逼辽东半岛,他率领 3000 人协助吉林将军长顺、黑龙江将军依克唐阿赴辽抗日,转战于凤城、海城、辽阳一带。1900 年八国联军镇压义和团起义、俄军侵占东三省,他率乡勇 500 人袭击前来夹皮沟的俄军,给以重创。清廷授以四品统领。1919 年韩登举病故,家业从此衰落。

刘雨田

刘雨田(1870~1951),原名刘逢霖,又名刘贵山、何文泉、龟山松太郎,字癸山、龟山,外号"刘秧子",大连普兰店泡子乡人。其父刘振之是大商人。

刘雨田出生于大地主家庭,自 8 岁读私塾至 24 岁,参加过两次省考均未中。1894 年中日甲午战争,日军从庄河花园口登陆,他同恩师金品三一道投靠日军,接受日谍神尾光臣少佐(化名郑永昌)的指使,为日军做向导,帮助日军宣传"安民告示",同时献给日军黄金 50 两和大批物资及一张旅大详图,日本人写诗称赞他"辕门献礼表归顺,明代遗民刘雨田"。日军司令官大山岩很欣赏他,他认大山岩为义父。战后大山岩带他去东京,加入日本籍,起了个日本名字叫龟山松太郎,又娶日本女人为妻。在日本 10 年间,他学过俄语,先后在商业学校、善邻书院和日本陆军大学任过汉文教师,1898 年他被授予日本陆大教授。此间,孙中山先生曾劝他参加革命活动,被其拒绝。

1904 年 2 月,日俄战争爆发,刘雨田随日军充当向导,在金县猴儿石登陆,为日军筹措军需物资,替日军"安抚民心"。他同日本军官斋藤隐居在革镇堡一个多月,搜寻情报送给日军司令官乃木大将,乃木曾多次召见他,与其密谈,面授机宜,并同他一起合影。1906 年日本天皇召见他,赐六等功。

战后刘雨田移居旅顺口,任关东都督府嘱托,为日本殖民当局谋计划策。1907 年,他协助殖民当局先后成立了普兰店公学堂和貔子窝公学堂。兴办殖民地教育,灌输奴化思想,大肆宣传"中日同文同种"、"友好亲善"、"日满一德一心",为日本"建设大东亚共荣圈"效力。由于他积极协助日本人统治旅大,1915 年日本政府又晋赐他五等功和礼服一袭。1920 年,他在普兰店创办了辽东银行,任经理,又在大连、貔子窝建立支行,后来辽东银行和龙口银行合办成满洲银行。1940 年,即日本纪元 2600 年,他作为地方代表前往日本参加祝贺典礼。

刘雨田以日本为靠山,不断扩大自己的经济实力,占有土地 3000 亩(其中果园 200 余亩),房屋 400 多间。为效忠日本,他卖掉 1200 亩土地和 200 间房屋,献给日本两架"雨田"号飞机及其他战时费用。

1945 年日本投降，刘雨田畏罪潜逃在吉林辽源，以务农为掩护。1951 年 9 月被捕，以汉奸罪被处决。

溥仪在旅顺

爱新觉罗·溥仪(1906~1967)，满族，北京人。祖父醇贤亲王奕譞，父亲载沣。

1909 年，溥仪登极，为清朝第十二代皇帝，年号宣统。1911 年 10 月辛亥革命爆发，次年中华民国成立，溥仪退位，但是仍在紫禁城里保留一个小朝廷。1917 年 7 月，封建军阀张勋率两万辫子军进驻北京，请出溥仪第二次登极。这个复辟闹剧演了 12 天便收场了。

1924 年 11 月，冯玉祥的国民军占据北京，派鹿钟麟进宫处理清室问题，废除皇帝称号，移出宫禁。1925 年末，在日本人的策动下，由郑孝胥、罗振玉主持迁居天津。他在天津的七年中，同各方面联系进行复辟活动。

1931 年，日本发动“九一八”事变，占领东三省，为掩人耳目，成立伪政权。溥仪急不可待，为了实现复辟愿望，就在这一年的 11 月 10 日，日本人把他从天津送到旅顺，住进大和旅馆。过了一个月，关东军又把他迁到善耆的儿子宪章家里去住，这时他才同婉容住在一起。

溥仪在旅顺期间，郑、罗二人出面同日本关东军板垣征四郎进行秘密接触。他俩为争夺“总理”一职，各自使出了浑身解数。罗坚决要恢复大清帝国的名号，穿龙袍，当皇帝。但日本人对这个不感兴趣，便抛开了他。郑氏父子十分清楚日本人的心意，他对板垣保证：“皇上的事，我全可以包下来，皇上如同一张白纸，你们军部怎么画都可以。”于是郑便成了关东军心目中的总理的理想人物。1932 年 2 月 23 日下午，溥仪同板垣为了皇帝的名分争执了 3 个小时，结果不欢而散。第二天早晨，郑向溥仪传达了板垣的指令：“军部的要求再不能有所改动，如果不接受，只能被看做是敌对态度，只有用对待敌人的手段做答复，这是军部最后的话。”溥仪一听吓得怔住了，再也不敢坚持什么皇位了。关东军一手导演的闹剧开场了，1932 年 3 月 1 日，“全满洲会议”的代表张燕卿等人前来旅顺，请溥仪出任“新国家执政”，他按照日本人的指示表演了一番。3 月 6 日早晨，他离开了旅顺，前往长春去当“执政”。这是他首次旅顺之行。

1935 年 1 月 21 日，溥仪由新京(今长春)来到旅顺，这是他第二次旅顺之行。他来的目的是要废掉皇后婉容，把她打入冷宫，但是日本人不同意，婉容也坚决不来旅顺，溥仪无奈，只好一人前来。他来到旅顺，受到日本殖民当局的隆重接待，他先是来到关东军司令官官邸，面见司令官。第二天，旅顺市举行欢迎会，下午他去白玉山纳骨祠祈祷日军亡灵。第三天上午赐见恭亲王溥伟,并与他共进午餐。下午五时,在关东州厅长官官邸,欣赏旅顺学生音乐会,会后他讲了话,并赐给学生赏金。第四天他前往肃亲王府和大和旅馆,缅怀他第一次来旅顺住过的地方。晚间观看旅顺市民和学生为他举行的提灯会。第五天他去大连满铁星个浦大和旅馆,大连民政署长水谷和肃亲王的三格格等人在门口欢迎,他们共进午餐、畅谈、摄像留念。26 日启程返回新京。

1934 年和 1940 年,他两次访日都是在大连上船。他在船上写了两首诗,以表达对日本主子的"亲善"和"忠心"。

他的诗如下:

海平如镜,万里远航。
两邦携手,永固东方。

万里雄航破飞涛,碧苍一色天地交。
此行岂仅览山水,两国申盟日月照。

1945 年 8 月 8 日,苏联对日宣战,出兵东北。8 月 17 日,溥仪在沈阳机场被苏军俘获,作为战犯关押在苏联伯力收容所。1950 年 7 月移押在抚顺战犯管理所。1959 年末特赦。任全国政协文史资料委员会委员、政协全国委员会委员。1967 年 10 月病逝于北京,终年 61 岁。著有《我的前半生》。

郑孝胥出任伪满总理

郑孝胥(1860 ~ 1938),字苏戡,号海藏,福建闽侯人。1891 年任驻日使馆总领事。1903 年任广西边防大臣。1907 年任安徽按察使。辛亥革命后,退居上海,以卖字为生。

郑孝胥

1923 年,郑孝胥由帝师陈宝琛推荐给溥仪任内务府大臣。1924 年,溥仪被逐出宫,郑孝胥帮他转移到天津日租界。"九一八"事变后,郑孝胥更积极策动溥仪投靠日本帝国主义,企图借用日本人的势力复辟大清王朝。在日本人的监护下,郑孝胥和溥仪来到了旅顺。

郑孝胥在旅顺同日本人做了一桩出卖东三省的买卖。他向关东军司令官本庄繁和参谋长板垣征四郎表示:只要让他出任新国家内阁总理,皇上的事情由他包下来,无所不可。于是他得到了关东军的好感,成了关东军的一条狗。溥仪一心要恢复大清王朝,要当大皇帝,但是日本人坚决不答应,郑孝胥百般劝导溥仪也不奏效,于是只得让他与板垣征四郎直接面谈。经过 3 个多小时的争执,他们各持己见,没有结果。郑孝胥提醒溥仪说:“无论如何不能同日本军方伤感情,伤了感情没有好下场,张作霖就是殷鉴。”第二天,郑孝胥转达关东军的最后命令:“如果还不接受,只能被看做是敌对态度,只能用对待敌人的手段做答复。”溥仪意识到无路可走,只好点头答应了。郑孝胥为关东军说服了溥仪,于是当上了伪满的“总理”。

1932 年 3 月初,郑孝胥陪同溥仪离开了旅顺,一起前往长春去做他们的“总理”和“执政”。

郑孝胥自以为是日本人的功臣,便对日本主子的专权说三道四。1935 年 5 月,他在王道书院讲演时,发了一通满洲国已不是小孩子的牢骚。这句话触怒了日本主子,10 天后他就被免职了,他想回北京闲居都不准,30 万元的“功劳金”全被没收,只得在家里作诗写字打发日子。三年后,郑氏父子不明不白地双双死去。

金州伪满三大臣

1931 年,日本帝国主义发动了侵占东三省的“九一八”事变,为掩人耳目,翌年成立伪满洲国。在东北沦陷期间,金州城里出现了三个大汉奸。

卢元善(1888 - 1959),字仰三,金州人。1912 年毕业于日本仙台宫城农业学校。回国后,先后任金州南金书院、金州农业学堂教员。后离开教育界,去山城镇创办裕华电气公司。1932 年,伪满洲国成立,投身政界,出任伪满洲国军政部高级秘书,后历任伪黑龙江省实业厅长、民政厅长、专卖局长等职。1939 年任伪三江省(今松花江下游)省长,为日本开拓团圈地服务。后调升伪国务院总务厅次长,一年后任文教部大臣,为推广奴化教育出谋划策。1945 年 8 月被苏军逮捕。1950 年押送回国。1959 年 2 月病死于抚顺战犯管理所,终年 71 岁。

阎传绂(1895 ~ 1962),字纫彧,金州人。出生于官宦之家,祖父阎邦鼎任清廷户部郎中,父阎培和任正黄旗校政,养父阎培元(福升)任旅顺水师营协领署金州副都统。

1923 年阎传绂毕业于日本东京帝国大学经济学部。回国后,任职于南满洲铁道株式会社、大连中华青年会副会长、关东州嘱托、大连市议会议员。“九一八”事变后,任伪奉天市政厅咨议。1932 年 3 月任伪奉天市市长,后任伪滨江省(今哈尔滨)省长兼北满特别区长官。1937 年任伪吉林省省长。1942 年任伪满司法部大臣。1945 年 8 月被苏军逮捕,1950 年押解回国。1962 年 4 月病死于抚顺战犯管理所，终年67岁。

韩云阶(1894～1982)，原名乐升，金州人。1916年毕业于日本名古屋高等工业学校。回国后从事商业活动，先后在铁岭、哈尔滨、海伦等地创办贸易公司，出任山城镇裕华电气公司经理、东亚实业公司经理、亚细亚制粉公司总办等职。1931年“九一八”事变后，韩云阶投靠日本关东军，去海伦劝说马占山降日，深得日本人的赏识。后历任伪黑龙江省政府参议、警备司令部高等顾问、实业厅长、财政厅长、黑龙江省长等职。1935年任伪新京特别市长。1937年调升伪满洲国经济部大臣。1940年改任满洲电业株式会社理事长。1945年8月，日本战败投降，韩云阶只身逃往台湾，转赴日本去美国。1982年病死于加利福尼亚州，终年88岁。

放足运动

放足运动又叫天足运动，天足是指未缠裹的天然足。在大连首倡放足运动的是中华青年会会长傅立鱼。1924年11月30日，傅立鱼组织青年会小学校学生进行放足游行宣传活动。学生们手执三角旗，吹号打鼓，经西岗子市场、电气花园来到最繁华的浪速町(今天津街)。他们向市民散发了5万多张宣传单，全文如下：

人身本属天生，不庸矫揉造作。
五官四肢百骸，件件都能用着。
双足赖以行路，尤其不可断削。
可恨陈朝后主，居心何其轻薄。
女子视同玩物，缓步金莲取乐。
后世相习成风，妇女家家裹脚。
不惜残害肢体，幼时强为束缚。
可怜号泣时闻，此刑俨同炮烙。
长大即成废人，行动难以踊跃。
外人讥我野蛮，种族因而微弱。
第一人道攸关，第二观瞻丑恶。
第三妨害做工，经济渐渐衰落。
奉劝女界同胞，决心进行勿却，
已缠赶紧解放，未缠效尤切莫。
大脚即好做事，精神又常活泼，
个人身体强健，子孙必定不错。
家庭男女分劳，国命有所寄托，

放足放足放足，一纸当做木铎。

提倡放足是一件深得人心的大好事，备受各界的欢迎。所以放足运动很快就在大连城乡普遍开展起来，不久缠足的恶习便完全绝迹了。

四大贫民窟

在日本统治大连期间，大连市内有四大贫民窟：以码头工人为主的寺儿沟“红房子”华工收容所和附近的穷汉岭贫民窟；筑路工人为主的香炉礁朱家屯贫民窟；以人力车夫为主的“小车大院”贫民窟；石道街贫民窟。

寺儿沟“红房子”贫民窟。日本殖民当局为了集中统治大连码头的装卸工人，于1911年由福昌华工株式会社董事长相生由太郎主持，修建了华工收容所，日本人叫它“碧山庄”，因为该收容所是用红砖砌成的，所以中国人称之为“红房子”。红房子总建筑面积约4万平方米，建有平房和二层楼房近百栋，除了办公、商店、医院占用外，仅能容纳1.5万名工人，可是日本资本家却硬塞进近3万人，所以这里非常拥挤，工人们不能侧身弯腿睡，只能伸直身子睡。工人宿舍简陋，卫生条件差，室内空气浑浊，屋外垃圾遍地，杂草丛生，冬天不取暖，宿舍像个冰窖；夏天蚊蝇成群，臭虫满屋，咬得工人睡不着。这种卫生状况，很容易得上传染病，而得了传染病，就只有死掉。红房子外面还有个“穷汉岭”，在1平方公里的沟渠地带，聚居着2000多户、1万多穷人。他们是“闯关东”来的穷苦农民，大多是捡破烂的或者是小商贩，在临时搭建的棚厦里栖身，这里是有名的贫民窟之一。

“小车大院”贫民窟。为了统治和剥削中国人，日本资本家山田森一在昆明街一带开办了人力车株式会社，雇用了上千名劳工为其拉洋车。20年代初，在这里建筑了50余栋红砖房，占地4万平方米。每栋房5间，每间20多平方米，规定每间房住20人，实际上都住30多人。月租房费每人1.8日元，月租人力车费12元。大院西侧是人力车夫家属住房，一家不管多少人，都挤在6平方米的小屋子里，每月房租3.8元。日本人采取“以华治华”的手段，对小车大院进行分小组监管，人们毫无人身自由，经常挨打受骂。

香炉礁贫民窟。香炉礁原本是荒凉的海滩。大连开埠时，需要大量民工建城修路，于是大连商会会长刘肇亿从山东、河北招来大批民工，他就在这里搭建简单的棚厦，让民工住下来。后来民工逐渐多起来，就自已动手盖棚厦，于是这里便成了贫民窟。至1945年，居民已达万人。

石道街贫民窟。这里的居民多是农户、渔民、小手工业者、小商贩和人力车夫。30年代以后，外地来的民工和逃荒者都聚集在这里。这里交通闭塞，进出走山路，没有像样的房子和道路，到处是荒草、树木、坟墓……

解放后，经过多年的发展建设，这些地区早已发生了翻天覆地的变化，特别是改革开放以来，这里已高楼林立，成了人民生活的乐园。

董彦平视察旅大

日本垮台后，苏联红军进驻了大连。南京政府多次同苏方谈判，要派军登陆大连，均遭拒绝。又提出要接收大连行政权，苏方由于《中苏友好同盟条约》的制约，表示同意。于是南京政府派出以东北行辕副参谋长董彦平中将为首的旅大视察团来连实地考察。

中共旅大地委密切注视国民党企图接收大连的各种阴谋活动。1947 年 5 月 29 日，旅大地委召天紧急会议，对国民党视察团来连的企图和活动作了分析研究，决定采取“拖延、孤立、留难、限制、监视”的对策，并组成由韩光牵头的临时工作委员会，负责领导这场斗争。

1947 年 6 月 3 日 12 时，南京政府旅大视察团乘“长治号”军舰来到旅顺港口。进港后，苏军即刻派出快艇封锁海面，加强巡逻警戒。同时黄金山炮台大炮齐鸣，以示“欢迎”。

视察团由南京政府东北行辕副参谋长董彦平中将任团长，成员有南京政府外交部东北特派员张剑非、中长铁路局副局长王竹亭、大连港口副主任徐祖善、国防部代表叶南、陈思永、视察团秘书长邱南、行辕政治顾问朱新民、国民党大连市政府社会局长兼东北敌伪财产接收委员会大连分会副主任王治民（旅顺人）、副官王源燮、郭中祺及吴文甫，共计 12 人。苏军指挥部代表秦琴科少将、关东公署主席迟子祥、旅顺市长王世明、关东公安总局局长周光等到港口迎接。

视察团到达旅顺后，在俄罗斯旅馆（今黄金山海军疗养院）稍事休息，董彦平与政治顾问朱新民召集视察团会议，接着即回拜苏军当局。苏军少将秦琴科通告视察团：“不宜随便外出，恐怕碰上地雷，要出去时，由我方引路。”公安总局局长周光提出：“长治号舰上人员下地，须着军装，不准带照相机。”

视察团视察旅大的调查提纲，曾事前交由苏方转莫斯科批准，具体内容是：(1)旅顺海军根据地执行行政职务之机构及其设施；(2)大连市执行行政职务之机构及其设施；(3)担任维护地方治安之华籍武装；(4)中苏友协、中华青年会、职工总会等团体；(5)各类学校、图书馆、书店、报社；(6)公用事业；(7)金融财政机关及商业；(8)港口；(9)铁路、公路。视察团划分 3 个组，具体安排视察日程，以实现其预定计划。但在苏军当局和人民公安机关有组织、有计划、有理有节的限制和拖延下，其计划大部落空，仅参观了旅顺博物馆、大连港、铁道工厂（今机车车辆厂）、船渠（今造船厂）、金县，访问了市政府和美、苏领事馆等处。

视察团一开始就不承认旅大地方民主政府，旅大地委采取针锋相对的措施，即由关东公署向各单位下达指示：凡未经公署批准，没有公署的介绍信，对视察团不予接待，拒绝参观。视察团所到之地，无不遭到冷遇、拒绝、讥讽。

10 天之后，6 月 12 日上午 10 时，视察团人员登上"长治号"军舰离开旅顺港口，驶往葫芦岛港。

这场斗争，形式上是苏联同南京政府的一次外事较量，实质上则是共产党与国民党为争夺旅大地区进行的一场尖锐复杂的政治斗争。这场斗争，在旅大地委的直接领导和苏军当局的大力配合下取得了胜利。

国民党军长姜鹏飞

姜鹏飞（？ ~1946），大连市金州人。

早年毕业于东北讲武堂高等研究班。"九一八"事变后，投靠日本，参与围剿抗日武装，受到关东军的信任，被送往日本陆军大学深造。结业后任伪奉天训练学校教导总队长、伪满第七军管区（驻佳木斯）少将参谋长、伪奉天训练学校教育部长等职。

1940 年，调任华北绥靖总司令部部副、冀东特别行政区长官等伪职。1941 年 1 月，他指挥冀东日伪部队，在河北丰润县制造"潘家峪惨案"，烧毁房屋，屠杀居民，死者千余人。

1945 年，他看到日本败局已定，暗中勾结国民党，蒋介石任命他为冀东挺进军总指挥。日本投降后，蒋介石收编他的部队为陆军新编第 27 军。任他为军长，并指令他向东北挺进，接收东北日伪部队，与共产党争夺东北。

1946 年 1 月，他在锦州见到了国民党东北保安司令长官杜聿明，杜聿明要他潜入哈尔滨，组建军队，以应国军接收哈尔滨。他在自制的《陆军新编第 27 军所属各部队接收东北工作纲要》中指出："该军直属于国民政府军事委员会，接受东北行营长官部的指挥，以旧东北军、伪满军、潜伏日军及地下各武装团队混合编成之。"他在不长的时间内，收编了 16 个师和 3 个独立旅，其中包括活动在黑龙江和吉林各地的谢文东、李华堂、左建堂 3 股土匪武装。又通过佐佐木义三、三内英雄、森明建等日本军官收罗到 3.6 万日军残余部队。另外在哈尔滨市内还有尚未遣返的日军 1800 人。他得意地说："国军一旦进攻哈尔滨，在市内就有 1800 名日军配合我军共同作战。"

姜鹏飞两次派人前往长春东北保安司令部进行联系,杜聿明许诺新一军一定接收哈尔滨。但是过了相约的日期,仍不见国军行动。姜鹏飞急得不耐烦,自己便率军进攻哈尔滨,战败被捉。1946 年 9 月 10 日被处决。

安重根旅顺就义

1905 年,日本在朝鲜京城设立统监府,又在其他城市设立理事厅和分厅,将朝鲜变成了殖民地。日本侵朝元凶、枢密院议长伊藤博文担任朝鲜统监府第一任统监,是朝鲜的太上皇。

朝鲜黄海道海州府人安重根为了挽救祖国的危亡,把希望寄托在振兴教育、启蒙后代的身上。他变卖家产,在镇南浦开办了两所学校,并自任校长。后来,他意识到教育救国的成效不大,于是离开了学校,决心组织义兵,以武装斗争击败日本殖民者,争取祖国的独立。他先来到中国东北的延边地区,因为那里统治很严酷,一时无法活动,于是又前往西伯利亚。在那里,他参加了大韩青年教育联合会,任临时司察。他同抗日志士一道组织义兵,进行巡回演说,向朝侨宣传反日救国的道理。他的口才很好,演讲感动了许多侨胞,不久就募集了 30 万元,募兵 4000 人,组成了一支反日义兵队伍。但是出师不利,全被日军击溃。后来他召开反日救国斗争大会,建议结成断指同盟。他首先将左手无名指切断,用鲜血在太极国旗上书写"大韩独立安重根"。接着众人依此而行,全体宣誓:"我必须竭尽全力,恢复大韩的独立。如果违背誓言,愿雷劈电击,焚烧我的身体,并且连累我的家属族人。"誓毕三呼:"大韩独立万岁!"安重根被推为盟主,并以《大东公报》的记者身份进行反日爱国活动。

1909 年 4 月,日本首相桂太郎、外交大臣小村寿太郎和伊藤博文举行密会,阴谋最后吞并朝鲜。7 月,日本内阁通过吞并朝鲜的决定。伊藤博文为谋求沙俄的支持,共商日俄瓜分中国东北的权益,决定前往哈尔滨与沙俄财政大臣柯科夫佐夫会谈。

10 月 19 日,安重根得到这个消息后,为了探听虚实,连夜赶往海参崴,见到《大东公报》的编辑主任李刚,询问伊藤博文访问哈尔滨之事。李刚详细地介绍了情况,并意味深长地说:"捞一网小杂鱼,不如拦一条大鲸鱼。"然后李刚带领他去拜访报社社长俞镇律。安重根声泪俱下地说:"日本是我国的仇敌,伊藤博文是侵犯我国的元凶,他此行一定与进一步侵略我国有关,若不剪除此贼,则我亡国有日,安某愿以死报国,剪除老贼。"俞镇律、李刚都坚决支持他的爱国行动。第二天,俞镇律召集在海参崴的反日志士集会,会上讨论了行动计划,最后决定此次行动由安重根负责，另派二人协助。10 月 21 日，俞镇律亲自陪安重根等人乘车离开海参崴，安重根握住俞镇律的手说："不剪除老贼，决不生还。"然后前往哈尔滨。

10 月 26 日清晨，安重根换上西装，手枪放在大衣兜里，来到车站。在站前一家小茶馆里，一边喝茶，一边观察车站的动静。上午 9 时，伊藤博文乘坐的专列驶进车站。顿时军乐队的鼓号声响成一片。沙俄财政大臣登上车厢，陪同伊藤博文走下车厢，接受沙俄仪仗队的检阅。安重根在仪仗队的后边，已经猜出那个黄面白发的小老头就是伊藤博文。他愤懑地默念着："强夺邻邦，残害国人，如此嚣张，毫无忌惮！"安重根从仪仗队的后边来到前边，迅速地掏出手枪，对准伊藤博文连开 3 枪，伊藤博文身子一晃，扑倒在地，挣扎着，呻吟着。在这一瞬间，安重根心想，万一被击中的不是伊藤博文怎么办？于是他对准其他的日本人又连开数枪。此刻月台上大乱，沙俄大臣、外交官员和日本侨民都吓得四处逃散。安重根英姿勃勃，泰然自若，高声喊道："大家不要惊慌，杀死伊藤博文的就是我。"说完他双手展开太极旗，上面用鲜血写着"独立自由"。他仰天三呼："大韩独立万岁！"一群沙俄士兵扑上去，将他扭住。安重根对沙俄士兵说："用不着捆绑，我不想逃走，我若想逃，就不来此地了。"当他得知伊藤博文已死，高兴地大笑道："老贼终得此报，吾愿已偿，纵死无憾！"

12 月 3 日，日本宪兵将安重根押送到旅顺监狱。他在法庭上说："击毙伊藤博文是为了朝鲜独立和东洋的和平，我不认为我的行为是不合法的，因此我没想到逃跑。我是为了具有 4000 年历史的祖国和 2000 万同胞，一举处决了蹂躏朝鲜主权、扰乱东洋和平的奸贼。我的目的是正大光明的，我作为一个国家的公民，尽了自己应尽的义务。"关东都督府地方法院判处他死刑，另外 3 人被判处有期徒刑。

安重根在狱中写了 1.7 万字的《狱中自传》，记叙他的生平和战斗历程，揭露日本帝国主义侵略朝鲜的种种罪行。临刑前赶写了《东洋和平论》，呼吁亚洲各民族团结起来，争取独立，保卫和平。另外还书写"为国献身军人本分"等 200 多幅气势磅礴的条幅。

1910 年 3 月 26 日上午 10 时，安重根身穿一套朝鲜民族新装，从容不迫，昂首阔步来到刑场。他说："人生只能死一次，我绝不怕死，死如长眠，这没有什么。我相信，我们朝鲜必定独立，东亚必定和平。我为大韩独立而死，为东洋和平而死，死而无憾！"临刑前作绝命诗一首："天地翻覆，义士慨叹。大厦将倾，一木难支。"慷慨陈词，英勇就义，年仅 32 岁。

中国人非常敬重安重根，编写了京剧《安重根》在关内外上演；又将他的生平事迹写成了长篇章回小说《英雄泪》。

岩间德也推行奴化教育

1904年10月，日俄战争还没有结束，日本金州军政署为了笼络人心，稳定局势，巩固统治，便在金州设立了南金书院民立小学校并且从日本国内聘来岩间德也来担任校长。这是日本殖民当局在大连地区推行奴化教育的开始。

岩间德也在南京同文书院受过奴役中国人的特殊训练。他按照殖民当局的指令改校名为关东都督府立金州公学堂南金书院，以教授日语为主，兼学修身和技术课，而史地、理科一概不设，企图消灭中国人的民族意识和国家观念。于是，遭到金州有识之士的强烈反对，迫使他不得不做些让步。

自1905年至1929年，岩间德也任南金书院院长25年，在他的操纵下，南金书院成为奴化中国青少年的场所。在这里培养了一批丧失民族气节、追求权势、效忠日本和伪满洲国的汉奸走狗，其中如伪满文教部大臣卢元善、司法部大臣阎传绂、经济部大臣韩云阶等。

岩间德也向关东厅献策称："欲灭中国固有之文化，当由教科书开始。"这一主张同殖民当局不谋而合。关东厅委任他为南满洲教育会教科书编辑部中文科编辑主任。他用了6年时间，编辑成一套小学《中国文教科书》12册。其内容全是宣扬日本文化、歪曲中国历史的糟粕，于是遭到大连地区中国教师的强烈反对，纷纷拒绝采用这套教科书。1928年秋，中日教育界200多人，在西岗子公学堂（今大连一中）召开"中国文教科书研究会"，与会者痛斥岩间德也的不当，他理屈词穷，只好答应重新修改教科书。

日本殖民当局为了改变岩间德也的被动局面，将他调往奉天公署。

满洲战迹保存会

1916年5月，关东都督府中村觉（1854～1925）为了对日本青年学生进行军国主义教育，宣扬日本国威和军人的武士道精神，灌输侵略思想意识，在他的倡议下，成立了"满洲战迹保存会"。将日俄战争中重要的战役地点全部树立石碑。

他以满洲战迹保存会会长的名义，向陆军大臣大岛健一提出《关于建立旅顺纪念碑》的书面申请，很快得到核准，并且拨出30万日元。

中村觉在一年的时间里，先后在旅顺建起了30多座纪念碑，如水师营会见所碑、旅顺港闭塞队碑、剑山碑、第三军司令部驻营地碑、攻城山碑、东鸡冠山碑、东鸡冠山第二堡垒碑、东鸡冠山北堡垒碑、尔灵山碑、龙眼北方堡垒碑、一户堡垒碑、二龙山堡垒碑、盘龙山东堡垒碑、盘龙山西堡垒碑、一六四高地碑、高崎山碑、大顶子山碑、南山坡山碑、老虎沟山碑、乃木保典君战死之所碑、水师营三里桥露兵之墓碑等。除此之外,在金州和其他地方也树立了纪念碑。至今,这些石碑,除第三军司令部驻营地、金州南山两石碑移到旅顺日俄监狱博物馆外,其余依旧在原地。

南山宾馆之谜

1928 年 6 月 4 日清晨,奉军首领张作霖在退回奉天(今沈阳)的路上被炸死,其凶手就是日本关东军高级参谋河本大作(1883 ~ 1955)。

自日俄战争以后,日本便把“侵占满蒙、控制中国”作为国策,企图将奉军纳入日本势力之下,把满蒙从中国分离出来。但是张作霖不肯就范,他便成了日本推行大陆政策的绊脚石。在 1927 年 6 月召开的东方会议上,河本大作提出“使满洲脱离中国本土,置于日本势力之下”的侵略主张。会后他回到旅顺,立即着手制定谋杀张作霖的计划,组织暗杀行动小组,把炸毁张作霖专列作为谋杀手段,把炸车地址选在奉天皇姑屯铁路交叉点,在那里埋下 200 公斤炸药。于是,除掉“东北王”的阴谋如期得逞了。此后,他又积极参与发动“九一八”事变的罪恶活动,成为侵华的急先锋,受到关东军的赏识。

为了使满铁会社进一步配合关东军的行动,实施日本的大陆政策,1932 年,陆军大臣荒木贞夫、关东军司令官本庄繁,保荐河本大作出任满铁理事兼满铁经济调查局委员长和满铁新京(今长春)支社社长。这是关东军安插在满铁的“内线人”,起到对关东军经济的监督作用,是满铁内部军国主义人物的代表。

1936 年,河本大作理事一职任期届满,满铁给他一笔可观的退职金。他用这笔钱在大连南山麓楠町(今望海街)建造了一栋漂亮的别墅,即今天的南山宾馆。他将妻子和两个女儿安置在那里居住,直到日本战败日侨迁返回国。

不久,他出任满洲炭矿会社理事长,在任 6 年期间,以中国人的生命换取资源,在东北各地留下了许多“万人坑”。

1942 年,他从大连前往山西太原,经营日军垄断的山西产业会社,出任社长。他把中国农民骗到矿山,进行长年的禁闭劳动,害死数以万计的矿工。1945 年日本战败投降,摇身一变,成为阎锡山的高级顾问。太原解放,河本大作被俘。1955 年病死于狱中。

鸟笼山引发出来的故事

鸟笼山地处甘井子区政府后边的鼎山(周山)。

解放前,日本人大谷光瑞(1876～1948)在鼎山上修建了一座浴日庄圆形大教堂,教堂的铁架子刚刚搭成,砖石工程还没动工,日本便垮台了,大教堂的工程也就停工了。从外观看大教堂酷似一只大鸟笼子,因物得名,人们便把这个山叫做鸟笼山。1950年,铁架子被拆除,鸟笼山名存实亡,只留下这个诱人的山名。现今,这里修建了一座10000平方米的太极广场,叫做鼎山,名字确实很美,又因地处周水子,又叫周山,现在周山一名用得广泛,有周山公园、周山街等。

当年,与鸟笼山毗邻是日本陆军飞机场(今周水子机场),大教堂的建筑影响飞机起降,因而遭到军方的反对。大谷反唇相讥:"如此建筑物都不能飞越,日本靠这种技术还能打赢战争吗?"军方对此无可奈何,也就只好作罢了。由此可见,这个大谷绝非等闲之辈。

大谷是日本大正天皇的连襟,与皇室有特殊关系,西本愿寺法主、佛教教团领袖、伯爵,曾任近卫、东条、小矶等内阁参议顾问,是日本统治大连时期进行宗教、文化侵略的代表人物。

大谷早年精读汉籍,深谙汉学。日俄战争后,他担负着经营满洲的特殊使命。踏遍东北的山山水水。此后,他组织"探险队",先后3次深入我国西北地区,掠走了大量珍贵的历史文物和图文资料。1929年9月,他将其中的7531件文物索价37616日元,卖给了关东厅博物馆(今旅顺博物馆),成为该馆的主要馆藏展品。1930年7月,他又将在中国各地掠得的250余箱汉籍,以偿还满铁的借款,转手给满铁大连图书馆。这就是现存于大连图书馆的大谷文库藏书的由来。

自1916年,大谷长期住在大和旅馆(今大连宾馆)。在旅顺开设培养宗门弟子的"策进书院",建立佛教团体。为推行殖民主义教育,1935年创办了大连高等女学校(今大连21中学)。当时规定,非官方办学概不能冠以"大连"之名,而惟大谷例外。

大谷主张武力侵略中国,宣扬"大东亚共荣圈",但终究改变不了日本必败的命运。1947年2月他随日侨回国,翌年病死。

日本移民爱川村

日本占据大连之后,即开始推行"开发满洲"的政策,而移民是其主要内容之一。1912年日本农商务省经过调查,认为金州大魏家屯西海岸的小盐场是适宜种稻的地方。于是关东都督府投资2.15万日元,责成都督府农事试验场场长木下义道和土木建筑师仓塚良夫负责建房、修路、筑堤,购置荒地272公亩,建立日本移民模范村。1915年4月竣工,并开始迁居移民。

小盐场原是中国官有荒地。早在1911年,大魏家屯警察官吏派出所的日本人桥木曾在此开垦种稻,效果良好,收获可观,于是引起关东都督福岛安正的注意,决定在那里建立第一个日本移民实验村。

首次迁居的日本移民共19户48人。他们当中除一户是新潟县外,其余都是来自山口县玖珂郡的爱宕村和川下村,因此便将迁居后的新村定名为“爱川村”。他们属于散居的自由移民,即由官方招募,自愿报名,然后由官方组织迁居,提供资金、输送、食宿、落户等。他们不像后来的“开拓团”那样军事化的严密组织,集团方式的生活和劳动。头一年由于管理不善,又加上旱灾、虫灾,秋后竟然颗粒无收。移民携带的资金耗尽,因此大部分移民回了家或转业,到年底只剩下了3户,第二年又走了1户。

后来,已经离任的爱川村倡导者福岛安正,又募集了12户移民,再次移居爱川村,以实现他的移民模范村的计划。但是这14户移民到了“九一八”事变后,已负债累累,不堪忍受。1936年全村负债高达3.5万日元。鉴于爱川村不景气的情况,关东州厅决定将移民耕种的土地无偿转让给他们。移民们将大约1/3的土地卖掉后,还清了全部债务。到了1937年只剩下了7户65人。总体看来爱川村移民计划是失败的,但是它给后来日本开拓团移民东北创造了经验并奠定了基础。

日本战败后,爱川村的日本移民全部回国,爱川村这个异物也就消失了。

日本作家来大连

据不完全统计,20世纪年代前来过大连的日本作家有:

正冈子规(1867-1902)爱媛县松山市人。著名诗人。东京大学日文科毕业。一生致力于俳句和和歌的研究与革新。具俳句有《獭祭屋俳话》、《俳句诗人老村》、《杜宇》等;小说有《月亮的都城》、《花枕》等;随笔有《松萝玉液》、《墨汁一滴》、《病床六尺》等。1895年零星,他以记者身份来辽东,金州遗有他的诗碑,碑上刻有他当年写的俳句:酒别春天于金州。现藏于金州副都统衙门博物馆。

二叶亭四迷(1864-1909)东京人。著名小说家。东京外语学校俄语科毕业。1887年开始发表作品,小说有《浮云》、《面影》、《平凡》,大多描写软弱无能的“多余的人”。1902年,他以《朝日新闻》记者的身份,来到正在处于沙俄统治下的大连、旅顺。1908 年去彼得堡采访,翌年 5 月死在回国的轮船上。

夏目漱石(1867 - 1916)东京人。著名小说家。1893 年毕业于东京帝大英文科。1900 年去英国留学。回国后在东京帝大任教。1905 年发表小说《我是猫》,赢得社会声誉。1907 年被聘为《朝日新闻》专业作家,光后创作小说 10 余部,有《三四郎》、《门》等。1909 年 9 月应满铁总裁中村是公之请柬大连和东北旅游。在一个半月的旅途中,陆续写了游记《满朝处处》,发表在《朝日新闻》上。

菊池宽(1888 - 1948)香川县人。著名小说家、戏剧家。1916 年毕业于京都大学英文科。小说有《珍珠夫人》、《新珠》、《红天鹅》、《结婚二重秦》、《再和我接吻》等;剧本有《屋顶上的狂人》、《藤十郎之恋》等。1926 年他组织文学家协会,创办《文艺春秋》杂志。1935 年为培养文学新人,提高作家社会地位和经济能力,创立三个文学奖:芥川奖、直木奖、菊池奖。1931 年 9 月来大连参观,当年《泰东日报》还作了他访问旅顺、大连等地的新闻报道。

此外,还有女诗人**与谢野晶子**(1878 - 1942)、小说家**鸥森外**(1862 - 1922)等,也先后来过大连。

丧生旅顺口的俄国画家

1904 年 2 月 8 日午夜,日本海军联合舰队司令东乡平八郎对旅顺口俄国舰队实施突然偷袭,日俄战争爆发。4 月 13 日晨 8 时,俄国舰队司令马卡洛夫率领舰队出海与日本舰队交战,击退日本舰队后,返回旅顺途中,在电岩炮台东南方 3.6 公里处,触上了日本军前一天晚上布设的水雷。9 时 43 分舰队旗舰“彼得罗巴甫洛夫斯克”号装甲舰右舷发出一声巨响,紧接着舰桥下面又是一声巨响,这是该舰弹药舱的爆炸声,于是舰体快速向右倾斜,舰尾高高翘起,推进器露出水面,两分钟后全舰沉入海底。舰队司令马卡洛夫海军中将、舰队参谋长莫拉斯海军少将、27 名军官和 620 名水兵,还有一名俄国著名军事画家维列夏金全部丧生。

维列夏金(1842 ~ 1904),生于初列波韦茨市一个贵族家庭。幼年在海军士官学校读书,由于爱好美术,1861 年毕业后即投考皇家美术学院,3 年后因不满学院的守旧传统,便离开学院前往巴黎学画。

画家一生喜欢旅行,到过许多地方,有高加索、克里米亚、多瑙河流域、中亚、印度、叙利亚、巴勒斯坦、美国和日本。他对所到之处的风土人情有很大的兴趣,常常以此作为绘画的题材。

画家所处的年代,正是俄国南方经常发生战争的时候。他曾说:“我想看一看各式各样的战争,并在画面上正确地表现出来。”为此,他亲自参加了俄土战争、巴尔干战争和日俄战争，结果最后丧命在旅顺口海域。

他的主要画组有《中亚画组》、《巴尔干画组》、《印度画组》、《1812 年的卫国战争》等。

维列夏金的作品，体现了画家反对侵略战争和暴露战争罪恶的人道主义思想。他突破了当代描绘这类题材为统治者歌功颂德的思想局限和倾向，使军事画题的表现方法获得了一定的进展，达到了一个新的领域。

斯捷潘诺夫与《旅顺口》

阿列克山大·尼古拉耶维奇·斯捷潘诺夫生于 1892 年。他的童年时代是在中国的旅顺口度过的。

斯捷潘诺夫的父亲叫尼古拉·伊凡诺维奇·斯捷潘诺夫，是乌克兰黑海港口城市敖德萨人，他是俄军中的一员。日俄战争时，他是旅顺炮台的指挥员。这时，12 岁的斯捷潘诺夫一直在他父亲的身边，所以说，《旅顺口》的作者是旅顺战役的目击者和参与者。其母利齐娅·尼古拉耶芙娜在敖德萨一所中学教俄语。

沙俄军队在旅顺口被日军打败以后，斯捷潘诺夫和他的父亲作为战俘被送到了日本长崎。后来再从那里与伤员一起搭乘轮船，绕过亚洲去敖德萨，回到了母亲的身边。

在母亲的影响下，斯捷潘诺夫从小就热爱书籍，并学会写日记和回忆录。1913 年，他从彼得堡工艺学院毕业，不久便应征入伍。整个第一次世界大战，他都是在前线度过的。

1917 年，他被派遣去彼得格勒炮兵学院学习。十月革命后，他和红军队伍参与歼灭登尼的战斗。1918 年 2 月，他参加了与邓尼金军队的作战。1921 年 3 月，在参加镇压喀琅施塔得叛乱的攻击战中负伤，于是他去乌克兰的克拉斯诺顿治疗。在那里他担任工程师，在高校里任教。

1932 年，他病倒了，卧床不起，这使他有机会以全部的思想和精力，着手写关于旅顺口的回忆。他利用在旅顺口战役中所写下的记事，并阅读有关旅顺口和日俄战争的材料，紧张地工作了 5 年，到 1939 年，终于写成了历史小说《旅顺口》第一部，并于第二年出版。小说出版后，小说评论家伊格纳切耶夫说："无论在海上，也无论在陆地上，战争场面都是如此辉煌壮观"，"描写生动真实"，"而且还恰到好处地表现了战争的技巧。"

1946 年，历史小说《旅顺口》荣获斯大林文学一等奖。接着与剧作家波波夫合作改编成剧本《旅顺口》，在全苏剧院上演。同时又完成了对《旅顺口》电影剧本的改编。小说出版之后，作者收到了来自旅顺口战役参加者们的百封信件，提供了一些战斗事实和插曲，这为作者另一部小说《兹芳纳列夫一家》增加了有益的补充，一直到1965年作者的生命结束。

谢苗诺夫与夏家河子

在夏家河子铁路疗养院内，有一栋灰色楼房，房主就是颇具传奇色彩的白俄将军谢苗诺夫。那时，每年夏天他总要在这里歇伏消夏，而他的卫队在这里操练、游水，忙活一个夏天。秋天来了，他们便离开这里。

这个白俄将军很是有些手腕，1925年10月，他同在天津的废帝溥仪有过接触。溥仪"在他身上花了大量的钱，对他寄托了无限的希望"，这个"希望"就是复辟。将军告诉他，要"夺取满蒙地区建立起'反赤'根据地"，要他"在那里就位统治"。溥仪信以为真，听了很是高兴，一次就给他5万元，还专门为他立了一个银行存折，"后来究竟拿去了多少钱，我已经无法计算"。

这个谢苗诺夫1890年出生于赤塔州。毕业于奥伦堡军事学校，参加过第一次世界大战，当时为大尉。1917年7月，任贝加尔州临时政府委员，负责组织武装，发动反对苏维埃政权的武装叛乱，失败后逃往哈尔滨。翌年9月，在日军的支持下占领赤塔，建立军事政权，任赤塔军区哥萨克军团中将司令。1920年11月，苏联红军击溃了高尔察克和他的叛军。高尔察克被处死，他撤退到远东滨海地区，自称是高尔察克的继承人。此后他经常在中苏边境进行反苏军事活动，抢劫满洲里税关的存款，并在那里建立"白俄远东临时政府"。1922年初，张作霖将他驱逐出境，此后他侨居于朝鲜、日本、哈尔滨、满洲里和大连等地。在日本人的支持下，1928年10月15日，他与张宗昌在大连分别以"大中华民国政府代表"和"大俄国远东政府代表"的身份签订了《中俄讨赤军事协定》。1932年，张宗昌被刺身亡，谢苗诺夫兵败受挫，只得在日本人的庇护下苟且偷生。

1945年8月9日凌晨2时，苏联红军第36集团军攻占满洲里，谢苗诺夫随即被苏军的特工人员从一栋俄式的住宅中捕获，押回苏联。1946年8月30日，被苏联最高法院军事法庭判处绞刑。

克里曼披露旅顺大屠杀

克里曼是美国纽约《世界新闻》的随军记者，日军旅顺大屠杀的目击者，向西方披露日军野蛮大屠杀的第一人。

1894年11月22日，是日军旅顺大屠杀的第二天。他从旅顺口向美国《世界新闻》发出战地通讯，详细地披露了日军大屠杀的真相，引起世界舆论的关注。他在通讯中这样写道：

“……根据全境百姓尽为日军残杀，日军连日屠戮手无兵器、非抗敌之居民，多至无数，残体死尸堆满街衢。我目下执笔之际，仍闻枪弹之声。”

“……我见一人在日兵前叩头乞命，日兵一手以刺刀插入其头于地上，一手以军刀斩断其身首。一人潜身于墙角，一队日兵放枪弹碎其身。一老人跪于街中，日兵斩之为两断。一难民爬上屋脊亦被射杀。一人从房上跌落街心，日兵以枪刺刺其十余次。我居处附近医院悬有红十字旗，日军仍对由内而出的百姓枪杀……”

“日兵由屋内拉出惊恐万状之人，或用枪杀，或用刀砍，以致尸身分数段。日兵踏过尚能颤动之尸，闯入室内抢掠财物，肆无忌惮，毫无廉耻……第二日仍全日屠戮，我所目睹之被杀者已达数百人之多，仅一条路街就横尸227具……”

克里曼的报道使旅顺大屠杀的真相公之于世，在国际上引起极大震动。日军暴行遭到许多学者的斥责：“日本是披着文明的皮而带有野蛮筋骨的怪兽。日本今已摘下文明的假面具，暴露了野蛮的真面目。”而以伊藤博文为首的日本政府采取颠倒黑白、捏造事实的手法，对大屠杀予以否认。这更证实了克里曼的报道切中要害，揭露了大屠杀的真相。

詹姆斯·艾伦的《在龙旗下》

富于冒险精神的詹姆斯·艾伦是传奇式的人物。在一次海运中，无意陷身于1894年旅顺大屠杀中，他亲临其境，目睹了日本侵略军惨无人道的大杀戮。事后，他将这段经历写成一部长篇纪实《在龙旗下——甲午战争亲历记》。这是当今世界上唯一的一部淋漓尽致地揭露旅顺屠城惨烈景象的书，是一部珍贵的历史文献，是一本难得的实情录。该书1898年在伦敦由威廉·海曼出版。1973年美国特拉华学术资料公司重印。1985年中国社会科学出版社出版的《近代史资料》收录此书。

全书7章。第一章叙述作者当水手的缘由。他本是英国棉商的儿子，4年工夫花尽了8万英镑的家产。在走投无路之际结识了水手韦伯斯特，决心随他当水手。1894年夏，在旧金山他认识了水手恰伯。当时清政府向美国购买军火，哥伦比亚号船主雇佣他们运送军火。8月下旬来到黄海，被日舰发现，他们把日舰检查人员扔进海里，得以逃脱，将军火送到天津。

第二章，临时调用哥伦比亚号到大连湾运送清兵赴鸭绿江口。完成任务返回时，遇到了中日黄海大战。作者和恰伯来到一个海岛上，观看了整个海战的全过程。作者说："海战的指挥是德国大尉汉纳根，丁提督听他的意见，一个陆军军官指挥一场海战，惨败就毫不奇怪了。"

第三章，哥伦比亚号来到英国人叫做亚瑟港的旅顺港。该船决定晚间启航，于是作者趁机和清官下船游览旅顺口。旅顺口防备给他的印象是"海岸工事是难以夺取的，即使陆地工事易受攻击，但在敌人并非占有绝对优势的情况下，也决不应失守"。"市内干净、整齐，较之天津，旅顺口建设得要好得多，市面上一派繁忙景象。"晚上作者回到码头，该船已经不见了。

第四章，作者和清官住在一家姓沈的客店。第二天乘快轮向天津进发，夜里突然被日舰截住击沉，作者成了俘虏。在一天夜里，日舰停泊在旅顺港外，作者趁机跳海得逃。

第五章，作者被清军救出，回到沈家客店，养病半个月。日军进犯旅顺时，作者"要见识见识战事的某些场面"，他来到"白岩"高地观战一天。

第六章，作者具体描述日军进城第一天夜里屠城的情况。抄录两段如下：

……湖被好多日军团团围住，日军把无数的难民赶到湖中，从四面向他们开枪，并用刺刀把那些力图挣扎逃出湖面的难民赶回湖水中去，湖面上漂浮着死尸，湖水被血染红了。为复仇之欢乐而大叫大笑的日军，似乎对受害者所遭受的痛苦幸灾乐祸呢。眼前那些满身血污的难民，在混水中挣扎的情景真令人可怕，而那些还活着的难民，拼命想从无数尸体绊缠之中逃出来，却很快摔倒了；常常拼着最后一点力气又站了起来，满身淌着血水，发出可怜的叫声和哀求声，而他们周围的杀人魔鬼还学他们的叫声。难民之中有很多妇女。我看到一个抱着孩子的女人，孩子拼命向前扑，妈妈将孩子举向日军，似乎在哀求。她涉水到湖边时，一个鬼子用刺刀把她捅穿，她倒下时，鬼子又刺了一刀，将这约两岁的孩子刺穿了，小小的尸体高高地挂在刺刀上。妈妈爬起来，发狂似的想夺回孩子。很显然，她已精疲力竭快咽气了，又跌倒在湖水中。她的尸体被砍成碎片。新的受害者不断被赶进湖中，直到湖里再也没法容纳更多的人才罢休……

作者一心要回到沈家客店去看个究竟：

终于我回到沈先生的客店，发现刽子手已经光临过了……我点着灯笼后，就开始巡视。我看到的第一种东西就是店主的尸体，直挺挺躺在有天棚的院子里。他的脑袋差点被割下来了，腹也破了。底层屋子的门都朝院子开着，一个女仆的尸体横躺在门栏上，被剐得无法形容。客店里共有十至十二人，我发现其中八人被杀死在店内不同的地方。客店被彻底洗劫一空，凡值点钱的东西都被席卷走了……

第七章，作者终于死里逃生，再见到哥伦比亚号和老朋友韦伯斯特。

作者在书后写道："……要是我这简短的叙述，对一些人不仅仅只是消遣娱乐，而是有所教益的话，那我这一段酸甜苦辣痛苦的生活历程也不算枉费。"艾伦的文笔很好，生动简捷，叙事清楚，他的这段生活历程确实没有"枉费"，为我们留下了无法得到的日本侵略军屠杀旅顺百姓的详情。

汉纳根与旅顺炮台

汉纳根（1855～1925），德国退役工兵少校、军工工程师。

1879年，由岳父天津税务司德璀琳推荐来华，充当李鸿章的军事顾问。第二年被派到旅顺口监修炮台。先后用了10年时间，主持设计、修建黄金山、老虎尾、蛮子营、模珠礁、馒头山、老砺嘴、威远、田鸡、盘龙山、大坡山、小坡山、东鸡冠山、望台、二龙山、松树山、案子山和大连湾炮台，共计23座炮台。其中黄金山炮台是旅顺诸炮台中最大的一座，耗银18.6万余两。大连湾和尚岛炮台采用最新军事工程技术，功能设备齐全，为北洋炮台之精华。

1886年5月，醇亲王奕譞来旅顺巡阅时说："洋人汉纳根监修炮台，坚固如城，著再加恩赏给三品顶戴，以示鼓励。"

1925年病死于天津，终年70岁。

爱罗先珂的遭遇

爱罗先珂（1889～1952），是俄国盲诗人、童话作家。生于南俄库尔斯科州奥布霍夫村。

1914年毕业于英国伦敦皇家盲人师范学校。他先后到过日本、泰国、缅甸、印度、中国。1921年，因为他参加日本社会主义联盟和五一游行活动被驱逐。由鲁迅引荐，在北京大学讲授世界语。他同鲁迅、周作人结下深厚的友谊。

1922年7月3日，他应邀出席芬兰第十四届国际世界语大会，在天津乘船抵大连。下船后就遭到日本水上警察署的拘留，经过查询验证，由两个日本便衣警察将他监护到哈尔滨。当年11月他又回到北京。但是思念故国之情，使他最终离开了北京。他在天津乘上日轮长华丸取道大连回国。大连日本警察把他监护到哈尔滨。盲诗人对警察说："我再不来了，这是你们最后一次护送我，我很感谢你们。"诗人把自己写的日文童话集送给他们，作为纪念。

爱罗先珂在莫斯科东方大学教书，卫国战争时，他被疏散到土库曼库什卡城教英文。战后回莫斯科盲人学校讲授英文。

1952 年 12 月 23 日，病逝于家乡，终年 63 岁。著有《爱罗先珂选集》。

魏列萨耶夫在旅顺口

维柯金·维克基维奇·魏列萨耶夫(1867~1945)，苏联俄罗斯作家和医生。生于医生家庭。1888 年毕业于彼得堡大学文史系，旋入杰尔普特大学医学系学习，1894 年毕业，当过医生。

1887 年，他开始小说创作，作品有《无路可走》(1895)、《两死》(1899)、《医生笔记》(1901)、《绝路》(1922)、《姊妹们》(1933)等，这些作品分别描写农工的悲惨生活和知识分子的生活，以及他们走向革命的曲折道路。

1904 年，日俄战争爆发，他被召入伍来到旅顺口。以军医的身份活动在前线阵地，直到战争结束。战后在莫斯科出版了两本描写日俄旅顺之战的随笔:《关于战争的故事》、《在战争中》。书中揭露了俄军指挥机关的腐败无能，俄国必败已成定局。1914 年又参加了第一次世界大战，在前线救护伤员。

他还从事文学研究和评论工作，著有《陀思妥耶夫斯基和托尔斯泰在生活中》(1910)、《普希金在生活中》(1927)、《果戈理在生活中》(1933)等书。晚年译著《伊利昂纪》(1949)和《奥德修纪》(1953)。1943 年，因其毕生卓越的文学活动荣获斯大林奖金。

“州民”皇民化

日本统治旅大期间，当地中国人是没有国籍的，只能叫做“州民”，即在日本奴役下的“关东州”“州民”。在其统治末期，殖民当局企图把大连的中国人皇民化，下令改为日本姓，加入日本国籍，并给予优待，如供应大米、白面、衣服、去日本旅行等等。但是遭到中国人的坚决抵制:难道为了吃大米就不要自己的祖宗吗? 日本人企图泯灭中华民族和历史的阴谋诡计最终胎死腹中。

参考书目

董志正:旅大史话·沈阳:辽宁人民出版社,1984
顾明义:日本侵占旅大四十年史·沈阳:辽宁人民出版社,1991
户鸿德:日本侵略东北教育史·沈阳:辽宁人民出版社,1995
顾明义:大连近百年史·沈阳:辽宁人民出版社,1999
王胜利,王子平,韩悦行:大连近百年史人物·沈阳:辽宁人民出版社,1999
韩悦行:大连近百年史见闻·沈阳:辽宁人民出版社,1999
韩行方:大连近百年史文献·沈阳:辽宁人民出版社,1999
孙承岱:帝国主义侵略大连史丛书·卫生卷·大连:大连出版社,1999
刘功成:大连人民反抗帝国主义斗争史·大连:大连出版社 1999
韩行方,王宇:旅顺历史与文物·北京:中国文联出版社,1999
大连史志办公室:中共大连地方史·大连:大连出版社,1996
张玉芬:大连爱国主义教育基地寻踪·大连:辽宁师范大学出版社,1995
刘功成:大连工人运动史·沈阳:辽宁人民出版社,1989
刘功成:大连工运著名人物·沈阳:辽宁人民出版社,1982
大连史志办公室:大连英烈·大连:大连出版社,1990
田永刚:大连港史·大连:大连出版社,1995
胡立人:中国近代海军史·大连:大连出版社,1990
周义:大连地理·大连:东北财经大学出版社,1989
崔粲:辽宁地方史·沈阳:辽宁教育出版社,1992
邸富生:辽南名胜古迹漫谈·大连:大连海运学院出版社,1990
金州政协,大连文管会:王永江纪念文集·大连:大连出版社,1993
大连史志办公室:苏联红军在旅大,1995
孙邦:伪满人物·长春:吉林人民出版社,1993
孙邦:伪满社会·长春:吉林人民出版社,1993
孙邦:伪满文化·长春:吉林人民出版社,1993
于植元,董志正:简明大连辞典·大连:大连出版社,1995
李振远等:长夜·曙光·大连:大连出版社,1999
韩悦行:辽东古邑——大连牧城驿·大连:大连出版社,2000
爱新觉罗·溥仪:我的前半生·北京:群众出版社,1980

张子申:走向神社的哀歌·北京:解放军出版社,1994
邢富君:从荒原走向世界·大连:大连海运学院出版社,1992
大连市戏曲志编纂委员会:大连市戏曲志·大连:大连出版社,1991
大连市金州区地方志编纂委员会:金州县志·大连:大连出版社,1989
张本义,吴青云:甲午旅大文献·大连:大连出版社,1998
薛峰:大连金融百年图史·北京:中国金融出版社,1999
中共大连市委党史研究室:大连地下党人物传略,1989
中共大连市委党史资料征编委员会:大连地下党史资料选编
中共大连市委党史研究室:大连中华青年会史料集,1990
中共大连市委党史工作委员会:大连中华工学会史料集,1988
张殿选:大连市公安史选编·大连:大连出版社,1990
大连日报社:大连报史资料,1989
杨万山:关向应专辑,1995
大连市史志办公室:大连春秋
大连市艺术研究室:大连文化艺术史料
政协大连市文史资料委员会:大连文史资料
政协大连市旅顺口区文史资料委员会:旅顺口区文史资料
政协大连市金州区文史资料委员会:金州文史资料
政协大连市西岗区文史资料委员会:西岗文史资料
政协大连普兰店市文史资料委员会:普兰店文史资料
乔德秀:南金乡土志·大连:大连亚东石印所,1931
关东报社:东三省人物志,1931

后　记

《大连掌故》出版了，俗话说“好事多磨”，这本书磨了将近10年，终于和读者见面了。读者会从这里了解和领略大连历史发展的轨迹，获得有益的启迪。

我是大连人，出生于农家，14岁那一年才知道自己是一个中国人，再也不做什么“州民”了。幸好这段灾难史，早已成为过去。

大连是我的故土，自有一份热忱。许久我就想写一部关于它的书，幸承出版社之约，在社长的关怀下终于实现了自己的愿望，甚感欣慰！我为了写好它，翻阅了许多书籍，搜集了大量材料，查访了一些知情人，整理成篇，分为历史、事业、人物、文化、名胜古迹等六个方面加以陈述，以展现大连自秦汉至建国前，这段长达数千年的历史演变过程，而侧重在俄、日殖民统治时期，这是大连历史的特点。

大连有7000年的历史，但如从清光绪六年(1880)旅顺建港修坞(工业文明方才步入这里)算起，大连是一个年轻的城市。由于大连地理位置的特殊，遭到俄、日的相继入侵，给这里的黎民百姓带来了深重的民族灾难和无尽耻辱。这段历史永远警示着后来者。改革开放之后，大连同全国一样发生了天翻地覆的变化，一改往日的贫穷和落后，大连以一个崭新的姿态屹立于祖国的东方。

本书下限至1949年建国前，个别篇章因内容之需有所延伸。在编写过程中，参阅了前人的研究成果，在此一并致谢。由于时间久远，历史跨度较大，史料匮乏，加之个人水平有限，本书必有疏漏，请读者指正。

作者

2007年3月大连